普通高等教育"十三五"汽车类规划教材

电动汽车电机系统原理与测试技术

宋 强 等编著

机械工业出版社

本书对国内外日益发展的电动汽车电机系统的原理、结构和测试技术进行了基本阐述，分析了测量误差理论，介绍了试验系统的设计方法和试验信号测试与处理技术，并在此基础上，详细阐述了专用实验设备的工作原理和应用方法；介绍了电机关键参数，如转速、转矩、电压、电流、温升、电感、惯量动静态测试方法，并对涉及电机系统产业化发展的温湿度、防水防尘、振动噪声、电磁兼容等方面的试验参数和试验方法进行了分析。书中最后介绍了现代试验新技术及其在电机测试中的应用。

本书可作为高等院校机械工程、车辆工程、交通运输等专业本科生和研究生的教材及技术参考书，也适合相关科研机构和汽车行业的技术人员，以及对电动汽车驱动电机系统感兴趣的读者参考。

图书在版编目(CIP)数据

电动汽车电机系统原理与测试技术 / 宋强等编著.
—北京：机械工业出版社，2016.4 (2018.7重印)
普通高等教育"十三五"汽车类规划教材
ISBN 978-7-111-53311-5

Ⅰ.①电… Ⅱ.①宋… Ⅲ.①电动汽车-电机-高等学校-教材 Ⅳ.①U469.720.3

中国版本图书馆 CIP 数据核字(2016)第 061503 号

机械工业出版社(北京市百万庄大街22号 邮政编码100037)
策划编辑：何士娟 责任编辑：何士娟 张利萍
责任校对：张晓蓉 封面设计：张 静
责任印制：常天培
北京铭成印刷有限公司印刷
2018年7月第1版第2次印刷
184mm×260mm · 20.5 印张 499 千字
3001—4500 册
标准书号：ISBN 978-7-111-53311-5
定价：49.80 元

凡购本书，如有缺页、倒页、脱页，由本社发行部调换

电话服务	网络服务
服务咨询热线：010-88379833	机 工 官 网：www.cmpbook.com
读者购书热线：010-88379649	机 工 官 博：weibo.com/cmp1952
	教育服务网：www.cmpedu.com
封面无防伪标均为盗版	金 书 网：www.golden-book.com

前　言

发展电动汽车技术有利于汽车行业发展和社会进步，十几年来，电动汽车技术获得了各个国家的大力支持，国内外所有汽车厂商都为此倾注了大量的时间、人力、物力和财力、作为电动汽车三大核心部件之一的驱动电机系统，是电动汽车的心脏，对于电动汽车整车行驶的动力性、经济性、安全性、操纵稳定性等性能具有重大影响。至今，我国已自主开发了永磁同步电机、交流异步电机和开关磁阻电机等满足各类电动汽车需求的驱动电机系统产品，基本形成了具有核心竞争力的批量生产和配套能力。

电动汽车用驱动电机系统的控制方式、性能评价体系和试验方法完全不同于传统工业用电机系统，传统工业用电机系统的性能试验测试方法也无法照搬应用于电动汽车驱动电机系统的测试。虽然新修订的国家标准 GB/T 18488.1—2015《电动汽车用驱动电机系统第1部分：技术条件》和 GB/T 18488.2—2015《电动汽车用驱动电机系统第2部分：试验方法》为车用驱动电机系统提出了数十项专用的性能指标和试验方法，但是在试验测试理论和试验设备工作原理及应用方面还需要做出必要的技术补充，因此，需要总结国内外的行业知识，编著专门著作论述电动汽车用驱动电机系统的试验测试技术，以便于为读者提供一个具有较高理论基础的、系统的车用驱动电机系统性能试验测试体系。

在结构上，本书分为上下两篇。

上篇为基础篇，专注于试验设计和测试技术基本理论知识。第一章和第二章主要介绍电动汽车电传动系统的结构特点、工作特性和控制技术，使读者可以对电动汽车电传动系统有一个全面的认识。第三章介绍试验误差理论，涉及误差基本概念、不确定度误差分析和数值修约方法。第四章介绍了试验系统的动态特性、静态特性和负载耦合特性，分析了系统特性的参数指标和表达形式。第五章介绍了多因子试验、正交试验和均匀试验的试验设计方法。第六章介绍了试验信号的滤波、调理、传输、采集和试验数据的处理技术。

下篇为测试篇，专注于车用驱动电机系统试验设备及关键参数的测试方法。第七章介绍了测量仪表、转速转矩测量仪、电功率分析仪、测功机、直流电源、高低温和盐雾试验设备、振动试验设备等主要试验设备的工作原理。第八章介绍电机本体参数的测量方法。第九~十一章分别介绍了车用驱动电机系统电量参数（如电压、电流、电功率、绝缘、耐压等）、非电量参数（如转速、转矩、机械功率、温升、磁场、振动、噪声等）的测量，以及基于台架的输入输出特性试验方法。第十二章介绍了车用电机驱动系统的最新试验测试和仿真技术。

本书专门针对电动汽车驱动电机系统的工作特点和性能要求，从试验测试理论分析逐渐引导至试验设备及测试方法的应用，使读者在理论上和实际中能够受益。书中采用了大量的图表和曲线，便于读者对知识的理解和对试验测试技术的掌握。书中介绍的相关试验和数据分析方法，在技术实施上具有可行性和先进性，可以有效指导试验设计，便于读者使用。本书注重国内外新技术的应用，书中所介绍的内容均为国内外现阶段的技术，与实际结合紧密，并充分体现了国内外的技术发展趋势，为读者对相关知识的进一步学习奠定了基础，便于读者进一步的综合应用。

本书在编写过程中得到了北京理工大学电动车辆国家工程实验室以及北京市电动车辆协同创新中心的支持，并获得了"国家国际科技合作专项（2014DFG70840）"和"国家自然科学基金（51575041）"的资助。其中，宋强编写了本书上篇的第一章、第二章、第三章、第四章、第六章，以及下篇的第七章、第八章、第九章、第十一章、第十二章，河北师范大学王再宙编写了本书上篇的第五章，北京理工大学王志福编写了本书下篇的第十章。北京理工大学翟丽、郭汾、李军求、董玉刚、王红、曾奇、罗淋、吴小同、史渊芳、杨凯丽、翟继亮、靳建波、王文俊、吕晨光、高朋、叶山顶、贾超、赵凭、隋平阳、万海桐、李松等人员也参与了该书的编写和文字整理工作，对以上人员的辛勤工作表示感谢。同时，也感谢孙逢春教授和张承宁教授对此书编著工作的指导和帮助。

书后列出了主要的参考文献，限于篇幅，难免著录不全，在此，对本书涉及内容的参考文献作者表示诚挚的谢意。

本书可作为高等院校机械工程、车辆工程、交通运输等专业本科生和研究生的教材及参考书，也适合相关科研机构和汽车行业的技术人员以及对电动汽车驱动电机系统感兴趣的读者参考。

由于编者水平有限，书中不当之处在所难免，殷切希望使用本书的师生和广大读者对其中的疏漏之处予以批评指正，并将意见和建议反馈给我们，以便及时修订完善。

编　者

目　录

前　言

上篇　基　础　篇

第一章　概述 ... 3
第一节　电动汽车发展特点、分类及基本特征 ... 3
一、电动汽车特点 ... 3
二、电动汽车分类及基本特征 ... 3
第二节　电动汽车电传动系统典型结构 ... 5
一、电动汽车的系统结构 ... 5
二、电动汽车电机传动系统典型结构 ... 6
三、新型机电耦合结构 ... 7
第三节　电动汽车用驱动电机系统工作特性 ... 9
一、电机系统的工作特性要求 ... 9
二、电机系统的主要技术特性 ... 11

第二章　车用驱动电机类型和控制 ... 12
第一节　车用驱动电机类型及特点 ... 12
一、直流驱动电机 ... 13
二、异步驱动电机 ... 13
三、永磁同步驱动电机 ... 14
四、开关磁阻驱动电机 ... 14
第二节　电力电子功率器件 ... 15
一、常用电力电子功率器件 ... 15
二、IGBT 的原理及物理模型 ... 15
三、软开关变换技术（Soft-Switching Conversion） ... 18
第三节　车用电机控制技术简介 ... 18
一、VVVF 控制技术 ... 18
二、矢量控制技术 ... 18
三、直接转矩控制技术 ... 19

第三章　测量误差理论 ... 20
第一节　概述 ... 20
一、测量的定义 ... 20
二、测量方法的分类 ... 21
第二节　测量误差的概念和分类 ... 23
一、测量误差概念 ... 23
二、测量误差分类 ... 24
第三节　测量不确定度分析 ... 25
第四节　测量误差分析处理 ... 27

第五节　数值修约及容差 … 29
　一、数值修约规则及其在电机试验计算中的应用 … 29
　二、电机性能指标考核标准容差的一般性规定 … 32

第四章　试验测试系统特性分析 … 35
第一节　基本概念 … 35
第二节　试验测试系统的静态特性 … 36
第三节　试验测试系统的动态特性 … 38
第四节　试验测试系统的动态响应 … 39
第五节　试验测试系统特性的测量 … 41
　一、测试系统静态特性的测定 … 41
　二、测试系统动态特性的测定 … 42
第六节　试验测试系统的负载耦合特性 … 44
第七节　不失真测量 … 49

第五章　试验设计理论 … 51
第一节　基本概念 … 51
　一、试验研究的基本要求 … 51
　二、与试验有关的术语 … 52
第二节　多因子试验设计 … 52
　一、因子设计的概念 … 52
　二、2^k因子设计 … 54
第三节　正交试验设计 … 57
　一、正交表 … 57
　二、正交设计的基本方法 … 59
　三、混合水平正交设计 … 62
第四节　均匀试验设计 … 65

第六章　信号测试与处理技术 … 70
第一节　基本概念 … 70
　一、信号的分类与描述 … 70
　二、采样定理及频率混叠 … 74
第二节　信号分析 … 75
　一、信号的时域分析 … 75
　二、信号的频域分析 … 82
第三节　信号调理与传输 … 88
　一、信号调理 … 88
　二、信号传输 … 93
第四节　滤波技术 … 97
　一、概述 … 97
　二、滤波器的一般特性 … 98
　三、滤波器应用类型 … 100
第五节　数据采集系统设计 … 102
　一、系统设计的基本原则 … 102
　二、数据采集系统的基本结构 … 102
　三、数据采集系统的主要性能指标 … 104

  四、数据采集系统标定的概念 106
第六节　试验数据的插值及图形表示 107
  一、试验数据的插值表示 107
  二、试验数据的图形表示 109
第七节　试验数据的回归处理 111
  一、线性回归处理 111
  二、非线性回归处理 117
第八节　异常数据的处理 117
  一、拉依达（Layard）准则 118
  二、肖维纳（Chauvenet）准则 118
  三、格拉布斯（Grubbs）准则 119
  四、三种取舍准则的讨论 119

下篇　测　试　篇

第七章　主要试验仪器和设备 123
第一节　概述 123
  一、测试用仪器仪表 123
  二、仪器仪表的主要性能指标 124
  三、仪器仪表板面标记说明 125
  四、仪器仪表的选用 126
  五、测量准确度和精密度 126
第二节　指示式仪表 127
第三节　数字式仪表 128
  一、数字化测量技术的发展 128
  二、数字式仪表的结构 129
  三、数字式仪表的特点 129
  四、数字式仪表的分类 130
第四节　转速转矩测量仪 130
  一、相位差式转速转矩仪 130
  二、应变片式转速转矩仪 132
第五节　电功率分析仪 133
第六节　测功机 135
  一、磁粉测功机 135
  二、水力测功机 136
  三、电涡流测功机 137
  四、直流电力测功机 139
  五、交流电力测功机 139
第七节　直流电源 141
第八节　环境适应性试验设备 143
  一、环境适应性设备的选择原则 143
  二、高低温试验设备 144
  三、盐雾试验设备 145
  四、防水试验设备 147

五、防尘试验设备 ……………………………………………………………………… 149
　第九节　振动噪声试验设备 ………………………………………………………………… 151
　　一、振动试验设备 ………………………………………………………………………… 151
　　二、噪声测量设备 ………………………………………………………………………… 156

第八章　电机参数的测试方法 ………………………………………………………………… 161
　第一节　电机的转动惯量和时间常数 ……………………………………………………… 161
　　一、电机转子转动惯量的测定 …………………………………………………………… 161
　　二、电机时间常数的测量 ………………………………………………………………… 165
　第二节　电机系统杂散损耗测试方法 ……………………………………………………… 166
　　一、测功机法 ……………………………………………………………………………… 167
　　二、回馈法 ………………………………………………………………………………… 167
　　三、反转法 ………………………………………………………………………………… 168
　第三节　直流电机参数的测试方法 ………………………………………………………… 170
　　一、电刷中性线位置的测定 ……………………………………………………………… 170
　　二、无火花换向区域的测定 ……………………………………………………………… 170
　　三、整流电源供电时电机的电压、电流纹波因数及电流波形因数的测定 …………… 171
　　四、电枢绕组电感的测量 ………………………………………………………………… 172
　　五、主磁路时间常数的测定 ……………………………………………………………… 174
　　六、励磁绕组电感的测定 ………………………………………………………………… 175
　　七、电机的轴电压测定 …………………………………………………………………… 176
　第四节　异步电机参数的测试方法 ………………………………………………………… 176
　　一、空载试验 ……………………………………………………………………………… 177
　　二、短路(堵转)试验 ……………………………………………………………………… 178
　第五节　永磁同步电机参数的测试方法 …………………………………………………… 180
　　一、直接负载法——稳态参数的测定 …………………………………………………… 180
　　二、电压积分法——稳态参数的测定 …………………………………………………… 181
　　三、直流衰减法——稳态和瞬态参数的测定 …………………………………………… 183

第九章　车用电机系统电量的测量 …………………………………………………………… 185
　第一节　电量测量传感器及其特性 ………………………………………………………… 185
　　一、霍尔式电压电流传感器 ……………………………………………………………… 185
　　二、霍尔传感器的工作原理 ……………………………………………………………… 185
　　三、霍尔传感器/变换器的连接方式 ……………………………………………………… 186
　第二节　电压与电流的测量 ………………………………………………………………… 188
　　一、指示式仪表 …………………………………………………………………………… 188
　　二、示波器 ………………………………………………………………………………… 188
　　三、电压、电流变换器 …………………………………………………………………… 190
　第三节　电功率的测量 ……………………………………………………………………… 190
　　一、直流电机电功率的测量 ……………………………………………………………… 190
　　二、单相交流电机电功率测量 …………………………………………………………… 191
　　三、三相交流电机电功率的测量 ………………………………………………………… 192
　第四节　频率和相位的测量 ………………………………………………………………… 194
　　一、频率测量 ……………………………………………………………………………… 194
　　二、相位的测量 …………………………………………………………………………… 196

第五节　电阻的测量 …………………………………………………………………… 199
　一、电阻的测量方法 ……………………………………………………………… 199
　二、提高测量范围和精度的方法 ………………………………………………… 204
第六节　非正弦电量的测量 ………………………………………………………… 204
　一、谐波分析 ……………………………………………………………………… 204
　二、非正弦电压与电流的测量 …………………………………………………… 206
　三、功率与功率因数的测量 ……………………………………………………… 209
　四、谐波的测量 …………………………………………………………………… 210
第七节　耐电压试验方法 …………………………………………………………… 212
　一、耐电压试验设备 ……………………………………………………………… 212
　二、工频耐电压试验 ……………………………………………………………… 213
　三、冲击耐电压试验 ……………………………………………………………… 215
第八节　绝缘电阻的测量 …………………………………………………………… 216

第十章　车用电机系统非电量的测量
第一节　转速测量原理及实现 ……………………………………………………… 219
　一、转速表测速 …………………………………………………………………… 219
　二、光电数字测速 ………………………………………………………………… 221
　三、闪频法测速 …………………………………………………………………… 222
　四、基于霍尔传感器的速度测量 ………………………………………………… 224
　五、转差率的测量 ………………………………………………………………… 224
　六、瞬时转速的测量 ……………………………………………………………… 225
第二节　转矩测量原理及实现 ……………………………………………………… 226
　一、测量转矩的方法 ……………………………………………………………… 226
　二、常用转矩测量装置的类型和工作原理 ……………………………………… 228
第三节　电机温度及工作温升的测量方法 ………………………………………… 237
　一、电阻法 ………………………………………………………………………… 237
　二、检温计法 ……………………………………………………………………… 238
　三、温度计法 ……………………………………………………………………… 239
　四、叠加法 ………………………………………………………………………… 240
第四节　电机磁场的测量方法 ……………………………………………………… 241
　一、探测线圈法 …………………………………………………………………… 242
　二、霍尔效应法 …………………………………………………………………… 243
　三、磁通计法 ……………………………………………………………………… 245
第五节　电机振动试验 ……………………………………………………………… 247
　一、电机振动的测定方法及限值 ………………………………………………… 247
　二、车用电机系统的扫频振动和随机振动试验方法 …………………………… 248
第六节　电机噪声的测量方法 ……………………………………………………… 248
　一、电机噪声的物理量度 ………………………………………………………… 249
　二、电机噪声的测定方法及限值 ………………………………………………… 251

第十一章　车用电机系统台架试验
第一节　试验台架结构 ……………………………………………………………… 255
第二节　关键参数的台架试验方法 ………………………………………………… 258
　一、驱动电机及控制器效率的测量 ……………………………………………… 258

二、转速/转矩工作测试点的选取 259
三、测量参数的选择 260
四、参数测量过程中的注意事项 260
五、关键参数的台架试验和验证 261
六、电机系统的馈电性能测试 264
第三节 基于整车行驶工况的测试技术 264
第四节 可靠性耐久性试验简介 266
一、可靠性数量特征 266
二、常见的寿命分布类型 267
三、电机系统的失效模式 268
四、电机系统的可靠性串联模型 270
五、电机系统的可靠性影响因素 270
六、加速寿命试验基本理论 271

第十二章 车用电机系统的现代试验测试技术 276
第一节 多通道数字信号测试技术 276
一、与单片 DSP 构成的时分多通道模式 277
二、与多片 DSP 构成的时分多通道模式 277
三、多片 A-D 与单片 DSP 构成的时分多通道模式 277
四、多片 A-D 与多片 DSP 构成的时分多通道模式 278
第二节 智能仪表 278
一、定义 279
二、组成 279
三、功能特点 279
四、常用的智能仪表 280
五、智能仪表的设计 282
六、智能仪表的发展 283
第三节 接口技术及现场总线发展简介 283
一、接口技术 283
二、总线技术发展简介 286
第四节 PLC 及其在电机测试中的应用 288
一、PLC 概述 288
二、PLC 工作原理 290
三、PLC 在电机测试中的应用 291
第五节 自动测试技术 293
一、自动测试系统硬件拓扑结构 293
二、自动测试系统中的数据采集系统 294
三、电机运行状态与自动控制 297
四、计算机控制输出通道 298
五、电机自动测试系统软件 299
第六节 硬件在环仿真试验技术 302
一、硬件在环仿真概述 302
二、硬件在环仿真的关键技术 304
三、常用硬件在环仿真系统简介 305

第七节　虚拟仪器技术 …………………………………… 309
　　　一、虚拟仪器定义 ………………………………………… 309
　　　二、虚拟仪器的特点 ……………………………………… 310
　　　三、虚拟仪器的构成方式 ………………………………… 310
　　　四、虚拟仪器的软件结构 ………………………………… 311
　　　五、虚拟仪器未来的发展 ………………………………… 311
参考文献 ……………………………………………………… 313

上 篇

基础篇

第一章 概 述

自世界上第一辆汽车于 1886 年诞生于德国至今已有百余年的历史。如今，汽车已经与人们的日常生活和工作密不可分。然而，在汽车保有量不断上升的今天，汽车尾气在大气污染中的分担率也越来越高。如果仍然采用传统的内燃机技术发展汽车工业，将会给燃油的需求和环境保护造成巨大压力。据有关资料显示，城市大气中 CO 的 82%、NO_x 的 48%、HC 的 58%和微粒的 8%均来自汽车排放物，严格限制汽车排放备受世界各国政府与人民的关注。研制开发更节能、更环保、使用替代能源的新型汽车，成为各大汽车公司的当务之急，电动汽车就是其中的一种类型。

第一节 电动汽车发展特点、分类及基本特征

一、电动汽车特点

电动汽车可以部分或者全部地利用电能。电能可以通过其他形式的能量转换获得，包括水能、内能、原子能、风能、化学能及光能等，可以减少石油资源的使用量，而且这些新能源不会产生直接有害的排放和温室气体。电动汽车还可以充分利用晚间电网用电低谷时富余的电力充电，使发电设备的效能在夜间也能充分利用，大大提高其经济效益。有研究表明，同样的原油经过粗炼，送至电厂发电，经充入电池，再由电池驱动汽车，其能量利用效率比经过精炼变为汽油，再经汽油机驱动汽车高，因此发展电动汽车有利于节约能源。

电动汽车直接排放物中的有害物质很少，甚至可以实现零排放，减小对环境的污染。在全球范围内，由电动汽车产生的有害排放物比燃油汽车少得多，同时，电动汽车的使用也为能源全生命周期中污染物的排放提供了集中处理的可能。在发电过程中产生的排放物，通过集中处理的方法，可以较为容易地被收集起来。

电动汽车的另外一个明显优势是低噪声污染，电动汽车（尤其是纯电动汽车）采用了工作噪声低的电机系统，从而避免了燃油车发动机和复杂机械传动装置工作时所产生的噪声污染。

二、电动汽车分类及基本特征

按照目前技术状态和车辆驱动原理，电动汽车划分为纯电动汽车、燃料电池电动汽车和混合动力电动汽车三种类型。

1. 纯电动汽车

纯电动汽车又称为蓄电池电动汽车，是一种仅采用蓄电池作为储能动力源的汽车。电池通过功率变换装置向电机提供电能，电机经传动装置带动车轮旋转从而推动汽车运动（图 1-1）。纯电

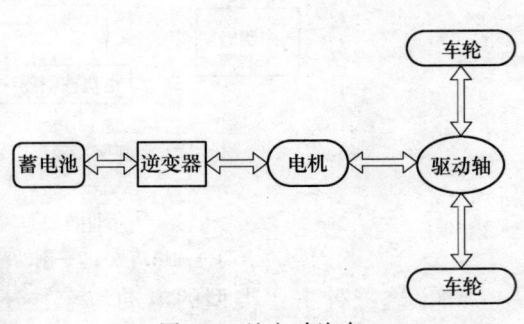

图 1-1 纯电动汽车

动汽车主要由蓄电池、电池管理系统、驱动电机和传动系统、车身和底盘、安全保护系统等构成。电动汽车用蓄电池主要有磷酸铁锂电池、三元材料电池、钛酸锂电池、铅酸电池、锌空气电池、镍氢电池、镍镉电池、钠硫电池等。

2. 燃料电池电动汽车

燃料电池电动汽车是以氢为燃料,氢气与大气中的氧气发生化学反应,通过电极将化学能转化为电能,以电能作为能源驱动汽车前进。燃料电池在化学反应过程中不会产生有害排放物,具有高效率、无污染、零排放、无噪声等优势。燃料电池的能量转换效率比内燃机要高2~3倍,因此,从能源利用和环境保护方面看,燃料电池汽车是一种理想的车辆。

燃料电池汽车的基本结构按照驱动形式可分为纯燃料电池驱动和混合驱动两种;按照能量来源可分为车载纯氢和燃料重整两种;根据燃料电池所提供的功率占整车总需求功率比例的不同,燃料电池混合动力汽车可分为能量混合型和功率混合型两种。

3. 混合动力电动汽车

目前还找不到理想的高质量比能量和高质量比功率的车载电源,电动汽车的发展暂时受到限制。在此条件下,混合动力电动汽车获得快速发展,混合动力电动汽车既是一种过渡型车型,也是一种独立型车型。根据国际机电委员会下属的电力机动车委员会的建议,混合动力电动汽车是指有两种和两种以上的储能器、能源或转换器做驱动能源,其中至少有一种能提供电能的车辆。根据这个通用定义,混合动力电动汽车可以是汽油机和蓄电池混合、柴油机和蓄电池混合、柴油机和燃料电池混合、蓄电池和超级电容器混合、蓄电池和飞轮混合,以及不同的蓄电池混合等。但是一般认为混合动力电动汽车是既有内燃机又有电机驱动的车辆。

混合动力电动汽车能够把电动汽车的续驶里程延长,而且能够快速添加汽油或柴油,并且内燃机稳定的工况使得对其排放气体的成分易于控制,不过混合动力电动汽车结构相对复杂(图1-2),也不是完全零排放。与燃油车相比,在相同行驶里程条件下,它的燃油消耗和排放要小得多,也可以工作在零排放区域。

混合动力电动车按照能量合成的形式主要分为串联式、并联式、混联式和复合式。

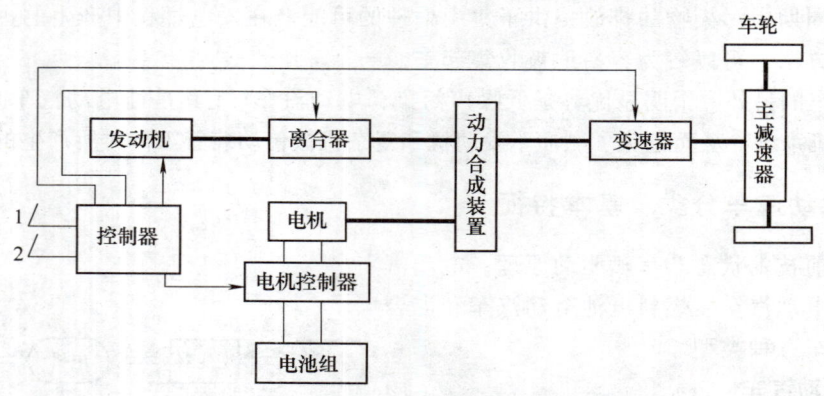

图1-2 混合动力电动汽车

1—加速踏板 2—制动踏板 ——机械连接 —电气连接

除了这三种主要类型的电动汽车,还有几种运行模式介于这三者之间的电动汽车类型,包括增程式电动汽车、插电式电动汽车和双模电动汽车等。增程式电动汽车通常运行在纯电池电动汽车模式,而当在连续行驶里程不足时,发动机和发电机集成的动力推进系统会以汽油、生物柴油或乙醇等为媒介使车辆运行在串联式混合动力电动汽车模式;插电式电动汽车在短途行驶时消耗存储电能,而在行驶里程较长时运行在以内燃机为主的混合动力电动汽车模式,车辆通常采用并联式或者混联式,而且多为重度混合型;双模电动汽车允许驾驶人采取更加自主的决策,在储蓄电量允许的条件下,驾驶人可以根据实际路况和动力性要求在纯电动和混合动力模式之间切换,以求满足排放标准、动力性和驾驶体验的不同要求。

第二节 电动汽车电传动系统典型结构

一、电动汽车的系统结构

一般地,如果把纯电动汽车看成是一个大系统,则该系统主要由电力驱动子系统、电源子系统和辅助子系统组成。图1-3所示为一种典型的电动汽车系统组成。图中双线表示机械连接,粗线表示电气连接,细线表示控制信号连接,线上的箭头表示电功率或控制信号的传输方向。

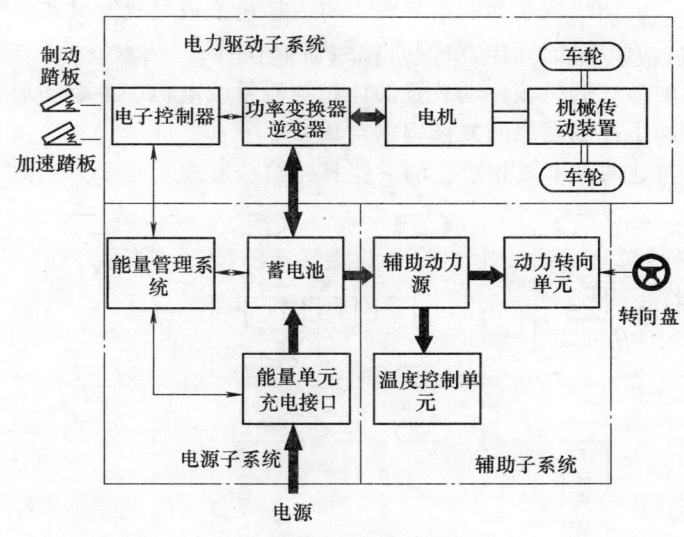

图1-3 纯电动汽车系统简图

来自加速踏板的信号输入电子控制器并通过控制功率变换器(逆变器)来调节电机输出的转矩或转速,电机输出的转矩通过汽车传动系统驱动车轮转动。在汽车行驶时,蓄电池经功率变换器向电机供电。当电动汽车采用电制动时,驱动电机运行在发电状态,将汽车的部分动能转化为电能并回馈给蓄电池以对其充电,延长电动汽车的续驶里程。

电力驱动子系统(以后简称驱动系统)是电动汽车的核心,也是区别于内燃机汽车的最大不同点所在。一般地,驱动系统由电子控制器、功率变换器、驱动电机、机械传动装置及车轮等部分构成。驱动系统的功用是将存储在蓄电池中的电能高效地转化为车轮的动能进而推进汽车行驶,并能够在汽车减速制动或者下坡时,实现再生制动。电子控制器即电机调速控制装置,其作用是控制电机的电压或电流,完成电机的驱动转矩和旋转方向的控制。机械传动装置的作用是将电机的驱动转矩传递给汽车的驱动轴,因为电机可以带负载起动,并可以实现正反转控制,所以电动汽车上无需传统内燃机汽车的离合器和倒档装置。

电源系统包括电源、充电器和能量管理系统等。作为电动汽车的电源应该具有高比能量和高比功率等性能,以满足汽车的动力性和续驶里程要求。另外,还应具有与汽车使用寿命相当的循环寿命、效率高、成本低和免维护等特点。早期电动汽车上应用最广泛的电源是铅酸蓄电池,但随着电动汽车技术的发展,铅酸蓄电池由于比能量较低、充电速度较慢、循环寿命较短,逐渐被其他类型蓄电池所取代。目前正在发展的电源主要有锂电池、三元材料电池、燃料电池、钠硫电池、镍氢电池、飞轮电池等。这些新型电源的应用,为电动汽车的发展开辟了广阔的前景。能量管理系统主要负责监测和控制电源的使用以及控制充电机向蓄电池充电。

辅助系统包括辅助动力源、动力转向系统、导航系统、空调器、照明及除霜装置、刮水器、收音机、DC/DC和音响等,这些辅助设备可以提高汽车的操纵性和乘坐舒适性。

二、电动汽车电传动系统典型结构

电动汽车结构布置灵活多样,概括起来分为电机中央驱动和电动轮驱动两种形式。电机中央驱动形式借用了内燃机汽车的驱动方案,将内燃机换成电机及其相关器件,用一台电机驱动左右两侧车轮。该方案的操作方式与内燃机汽车相同,技术成熟、安全可靠,但笨重、效率低。电动轮驱动形式的机械传动装置的体积与质量较电机中央驱动形式大大减小,效率显著提高,但是增加了控制系统的复杂程度与成本。

图1-4给出了与这两种形式相对应的一些具体结构形式。

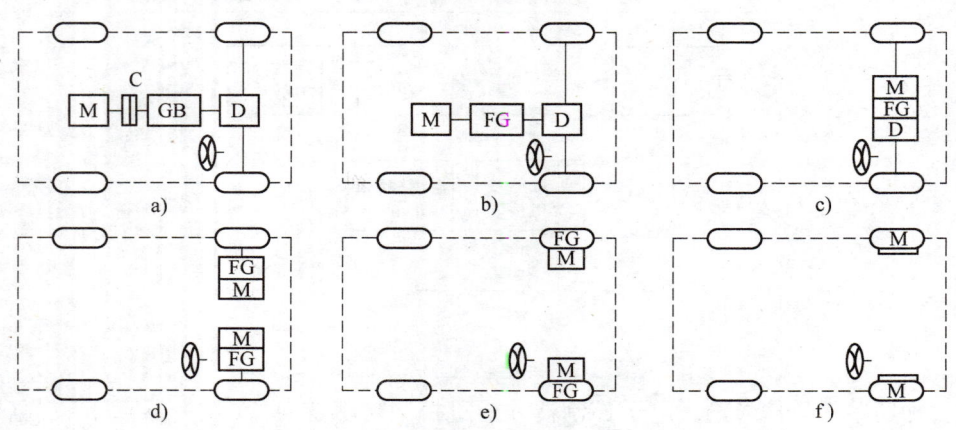

图1-4 电机驱动系统布置形式

C—离合器 D—差速器 FG—固定速比变速器 GB—变速器 M—电机

图1-4a为电机中央驱动形式,直接借用了内燃机汽车的驱动方案,由电机、离合器、变速器和差速器组成。用电驱动装置替代了内燃机,通过离合器将电机动力与传动装置进行动力的连接或切断,变速器提供不同的传动比,以变更转速-功率(转矩)工作曲线,匹配载荷的需求,差速器实现转向时两车轮不同车速的行驶。

图1-4b为电机中央驱动形式,由电机、固定速比减速器和差速器等构成。在这种驱动

系统中，利用电机在大范围转速变化中具有恒功率的特性，采用固定速比减速器，没有离合器和变速器，可以减少机械传动装置的体积和质量。

图 1-4c 为另一种电机中央驱动形式，它与前轮驱动、横向前置发动机的燃油汽车的布置形式相似，将电机、固定速比减速器和差速器集成一体，两根半轴连接两个驱动车轮，这种布置形式在小型电动汽车上应用最普遍。

图 1-4d 为双电机电动轮驱动方式，机械差速器被两个牵引电机所代替，两个电机分别驱动各自车轮，转向时通过电子差速控制以不同车速行驶，省掉了机械差速器。

图 1-4e 为轮毂电机驱动方式，电机和固定速比的行星齿轮减速器安装在车轮里面，没有传动轴和差速器，从而简化了传动系统。但是这种方式需要两个或四个电机，其控制电路也比较复杂，这种驱动方式在重型电动汽车上有较广泛的应用。

图 1-4f 为另一种轮毂电机驱动方式，舍弃电机与驱动轮之间的机械传动装置，采用低速外转子电机直接驱动车轮，要求电机在起动、加速时具有高转矩特性。

三、新型机电耦合结构

并联和混联动力汽车根据原动机输出机械功率混合方式的不同，可分为牵引力混合式、转矩混合式和耦合器混合式三类。

1. 牵引力混合式

牵引力混合式又称为驱动轮动力混合式，它有发动机和驱动电机两大动力设备，发动机动力和驱动电机又各有本身的驱动系统，各自驱动一组驱动轮，发动机动力和驱动电机的动力在驱动轮上进行混合，带动车轮行驶。克莱斯勒汽车公司 Citadel（试验车）就是一个典型车型，如图 1-5 所示。

Citadel 驱动轮动力组合式的主要特点是后轮由发动机驱动，并且保持了传统的发动机前置后轮驱动（FR）模式，与普通内燃机汽车没有区别，但增加了电机独立带动前轮以电机前置前轮驱动（FF）模式驱动汽车行驶，与普通的电动汽车基本相似。在混合动力模式驱动时，发动机的功率与驱动电机的功率叠加，实现了动力性、节能和低污染的要求。

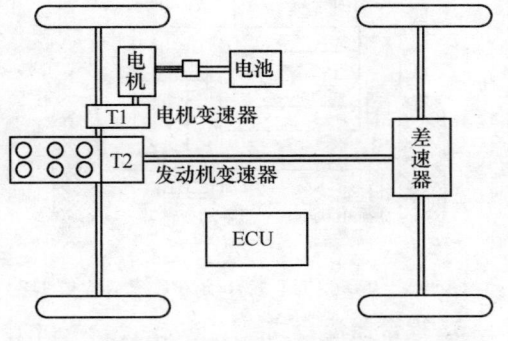

图 1-5 牵引力混合式混合动力汽车结构模型

2. 转矩混合式

转矩混合式又称为发动机轴组合式，它只有发动机和电机两大动力设备，发动机和电机的动力在发动机曲轴上进行混合，然后通过由离合器、变速器、驱动桥和半轴组成的传动系统带动车轮行驶。根据使用自动变速器类型的不同，又有 AMT 型转矩混合式与 CVT 型转矩混合式两种。在轿车上常使用的转矩混合式如图 1-6 所示。

福特汽车公司混合动力汽车 Prodigy LSR 就是这一款式，发动机输出转矩与电机输出转矩是在发动机输出轴上进行混合，再经 AMT 输出给差速器。

采用 CVT 型转矩混合式混合动力汽车如图 1-7 所示，发动机输出转矩与电机输出转矩也是在发动机输出轴上进行混合，再经 CVT 输出。

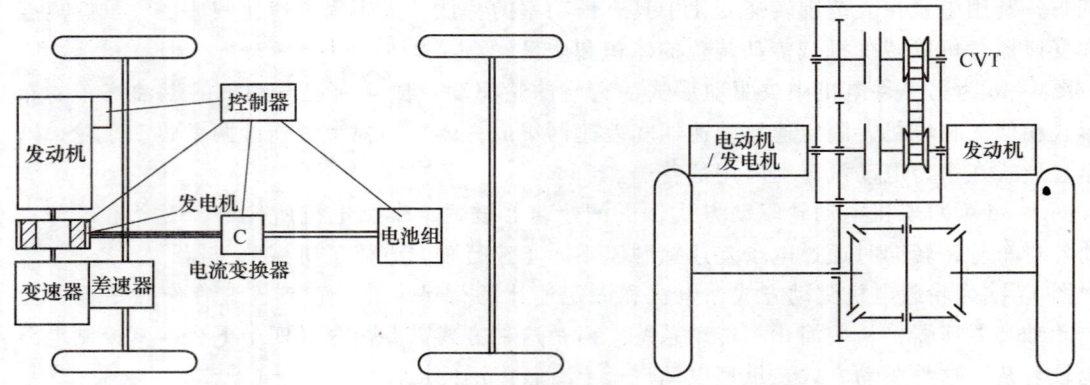

图 1-6　转矩混合式混合动力轿车结构模型　　图 1-7　CVT 型转矩混合式混合动力汽车结构模型

在国内,长安汽车股份有限公司开发的两款混合动力系统与此相仿。图 1-8 为基于手动变速器 MT 的混合动力汽车结构模型,图 1-9 为基于 CVT 的混合动力汽车结构模型,它们均将电机、发动机放在了变速器的同一侧,不同的是动力并不是在输出轴上进行混合而是在曲轴另一端上进行的。

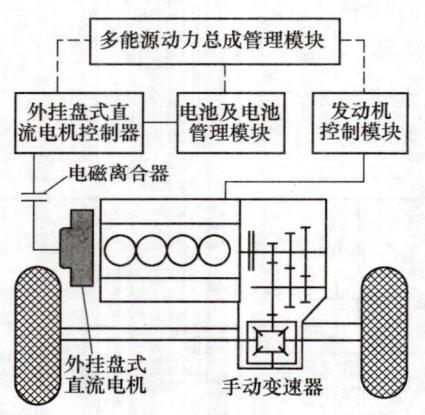 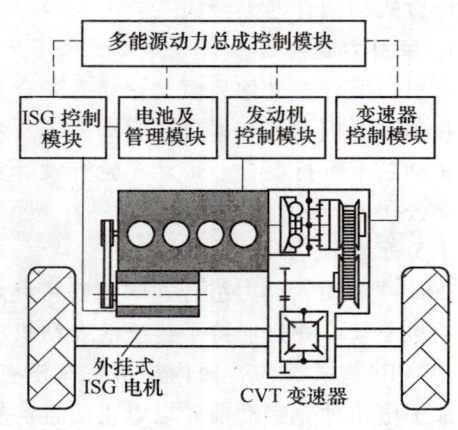

图 1-8　ISG 型 MT 混合动力系统结构模型　　图 1-9　ISG 型 CVT 混合动力系统结构模型

3. 耦合器混合式

耦合器混合式也称为组合器混合式,它至少有发动机和驱动电机两大动力源,如果是混联式还配有一个电动机/发电机。发动机动力和电机动力在动力耦合器上进行混合后驱动车轮行驶。

早期的动力耦合器有传动带与齿轮传动两种,但由于带传动滑动损失较大,齿轮传动又过于刚性,啮合冲击过大,目前基本上不采用这种结构,取而代之的是各种轮系及在其基础上开发的复杂结构,因此,耦合器混合式又有行星齿轮式和特殊结构式两种类型。

在并联式混合动力汽车中,华沙工业大学所开发的产品结构比较简单,在动力耦合器中采用单层行星齿轮机构,发动机通过离合器、轴制动器 B1 带动行星齿轮机构的太阳轮转动,然后通过行星轮和行星轮架带动驱动桥驱动汽车行驶,此时行星齿轮机构的齿圈被驱动电机的轴制动器 B2 锁定。驱动电机通过轴制动器 B2 带动行星齿轮机构的齿圈转动,然后通过行星轮和行星轮架带动驱动桥驱动汽车行驶,此时行星齿轮机构的太阳轮被发动机的轴制动器 B1 锁定。再生制动时，轴制动器使太阳轮固定，由行星轮、行星轮架和齿圈带动驱动电机发电，回收再生制动的能量。华沙工业大学开发的动力耦合器式 PHEV（新型混合动力汽车）如图 1-10 所示。

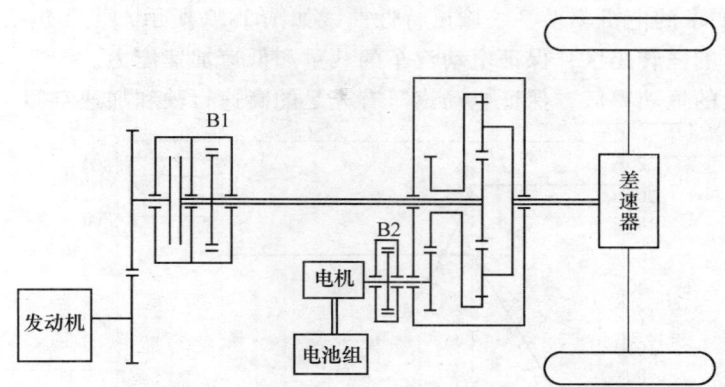

图 1-10　华沙工业大学开发的动力耦合器式 PHEV

丰田汽车公司的 Prius 汽车具有发动机、发电机和驱动电机三大动力总成，利用丰田汽车公司自行开发的"THS(Toyota Hybrid System)混合动力系统"组成多能源动力系统，如图 1-11 所示。THS 的核心是用行星轮组成动力耦合器，用于高效地协调发动机和电机的运动及动力传递，不发生运动干扰，并可实现多种驱动模式。

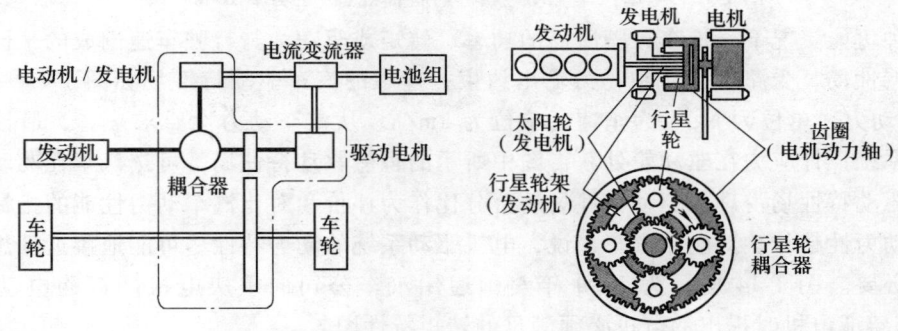

图 1-11　丰田汽车公司的 Prius 汽车结构模型

第三节　电动汽车用驱动电机系统工作特性

一、电机系统的工作特性要求

电动汽车控制的核心是要用电气传动系统取代机械系统，用电池代替汽油作为车载能源，在零排放或低排放前提下，满足燃油汽车各项性能指标和价格的要求。因此，电动汽车电机驱动系统应该满足以下几点要求。

1）基速以下能够大转矩输出，以适应快速起动、加速、负荷爬坡、频繁起停等要求，基速以上则为恒功率、宽转速范围输出，以适应高速行驶和超车要求。

2）转矩/转速运行范围内的效率最优化，以谋求电池一次充电后的续驶距离尽可能长。

3）电机及电控装置结构坚固、体积小、重量轻、抗颠簸振动。

4）操纵性能符合驾驶人驾驶习惯，运行平稳，乘坐舒适，电气系统安全保障措施完善。

电动汽车所要求的电机驱动系统输出特性曲线如图 1-12 所示，主要包括两个工作区：

1）基速以下的恒转矩区，保证电动汽车的载重和低速加速能力。

2）基速以上的恒功率区，保证电动汽车有充足的高速行驶和加速空间。

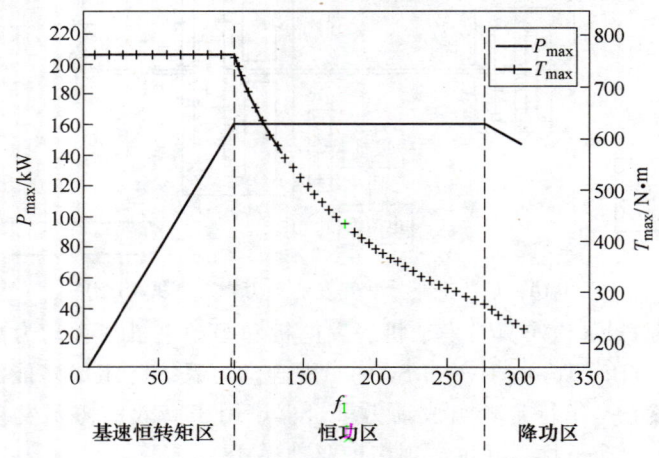

图 1-12 电动汽车驱动电机外特性曲线（额定功率 100kW）

在各种可能工况下，汽车行驶所需的功率、转矩或驱动力与行驶车速围成的平面构成汽车的驱动特性场，受路面条件和动力输出约束。理想的汽车驱动特性场如图 1-13 所示，其中 F_t 为驱动力，单位为 N；v 为车速，单位为 km/h。从汽车动力性要求来看，最佳的汽车动力传动系统设计应为在驱动轮处获得图中所示的理想驱动特性场，可选汽车在驱动轮处实际的输出驱动特性场占理想驱动特性场的百分比作为评价和对比汽车动力性能的指标，百分比越大，动力性越佳。对电动汽车来说，电机驱动系统的动力特性尽可能地接近理想汽车驱动场十分必要。图 1-14 所示为 1994 年美国通用汽车公司向重庆电机厂订购电动汽车用 50kW 交流感应电机时提出的电机必须满足的转矩特性图。

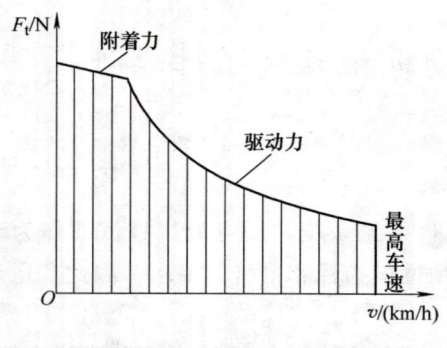

图 1-13 理想汽车驱动特性场

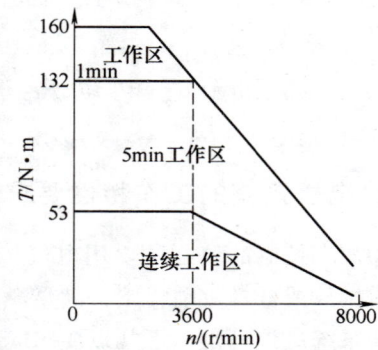

图 1-14 交流感应电机转矩特性要求

二、电机系统的主要技术特性

1. 峰值工作特性

电机驱动系统输出动力特性应满足电动汽车加速、爬坡、最高车速行驶等动力性设计指标需求,电机驱动系统区别于传统内燃机,具有一定的过载能力,可以采用峰值工作特性进行描述。峰值工作特性与设定的电机工作制密切相关,由于混合动力电动汽车与纯电动汽车中电机驱动系统的工作模式有很大差别,因此对电机驱动系统峰值工作特性(短时工作特性)的定义很难采用统一的指标,如对纯电动汽车电机驱动系统采用 5min 工作制峰值工作动力特性,而对混合动力电动汽车电机驱动系统则可以采用 1min 或 30s 工作制峰值工作动力特性。

2. 额定工作特性

电机驱动系统额定工作特性是指电机在温升允许范围内达到热平衡,并能够长时间连续稳定输出转矩的工作特性。电机额定工作特性的设计应能够覆盖汽车行驶特性场中时间分布最密集的区域,为便于计算,电动汽车通常以最高设计车速的 90% 或我国高速公路最高限速 120km/h 匀速巡航行驶的功率作为电机额定功率。

对电机额定特性的描述具体包括额定转速、额定转矩及最高转速等指标,表征电机驱动系统的过载能力常采用峰值过载转矩系数和峰值过载功率系数,定义为

$$\xi_T = T_p / T_n \tag{1-1}$$

式中 ξ_T——电机驱动系统峰值过载转矩系数;

T_p——电机驱动系统峰值转矩(N·m);

T_n——电机驱动系统额定转矩(N·m)。

$$\xi_P = P_p / P_n \tag{1-2}$$

式中 ξ_P——电机驱动系统峰值过载功率系数;

P_p——电机驱动系统峰值功率(kW);

P_n——电机驱动系统额定功率(kW)。

为了对车载电机驱动系统进行性能的评定与测试,就需要在电机驱动系统许可或者需求工作范围内进行相关项目和参数的测试与评定工作。

第二章 车用驱动电机类型和控制

用于电动汽车的驱动电机和常规工业电机在性能要求上有很大不同，车用驱动电机需要满足电动汽车频繁起停、加减速、低速爬坡时要求的高转矩，还要在宽广的高速范围内满足一定的恒功率需求，而常规工业电机一般只要求额定或者定点工况下具有良好的工作特性。车用驱动电机和常规工业电机在负载要求、技术性能以及工作环境等方面的主要区别如下：

- 电动汽车驱动电机需要4~5倍的过载以满足短时加速行驶与最大爬坡度的要求；而工业驱动电机一般只要求有2倍的过载能力就可以了。
- 电动汽车驱动电机的最高转速要求达到在公路上巡航时基速的4~5倍；而工业驱动电机只要求达到基速的2倍。
- 电动汽车驱动电机要求有高的功率密度和效率（在较宽工作范围内都有较高的效率），从而能够高效利用车载能源；而工业驱动电机通常在额定工作点附近对效率进行优化。
- 电动汽车驱动电机要求可控性高、稳态精度高、动态性能好；而工业驱动电机只有某一种特定的性能要求，工作性能要求较低。
- 电动汽车驱动电机车载条件下安装空间小，工作在高温、坏天气及频繁振动等恶劣条件下；而工业驱动电机通常在某个固定位置工作，安装空间要求不高。

第一节 车用驱动电机类型及特点

图2-1列出了电动汽车所采用的各种电机类型，其中永磁电机以其高效、高功率密度和高转矩密度得到了广泛关注和应用。

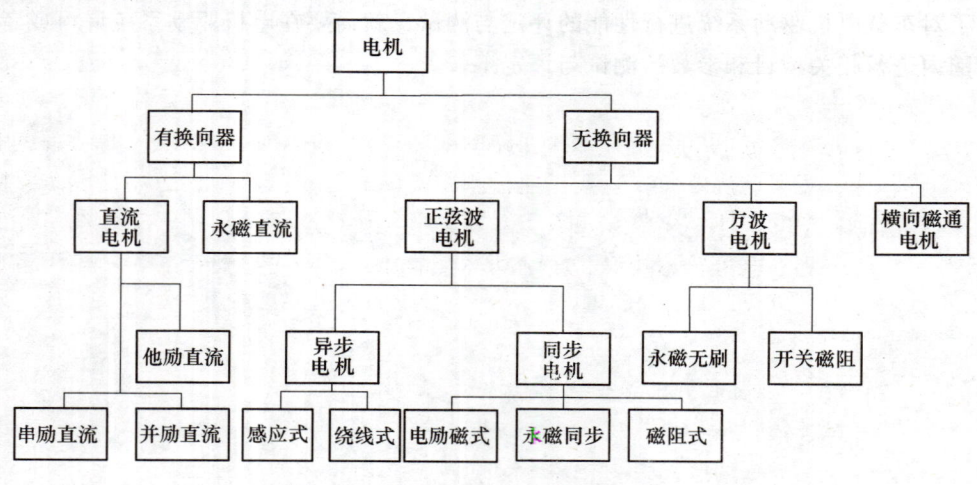

图2-1 电驱动系统所采用的电机类型

第二章 车用驱动电机类型和控制

一、直流驱动电机

直流驱动电机(Direct Current Motor, DCM)系统(简称直流驱动系统)包括驱动电机控制器和直流驱动电机。直流驱动电机系统优点为成本低，易于平滑调速，驱动电机控制器所用功率开关器件少，可靠性好，控制器热损耗小，易于维护；但因为存在电刷和换向器，限制了驱动电机的最高转速，从而使驱动电机体积和质量较大，且电刷和换向器需要定期维护。

电动汽车所使用的直流驱动电机有三种：他励直流驱动电机、串励直流驱动电机、复合励磁直流驱动电机。

他励直流驱动电机在运行过程中励磁磁场稳定，容易控制，易于满足电动汽车的再生制动要求，但当他励直流驱动电机采用永磁激励时，虽然驱动电机效率高、质量和体积较小，但由于励磁磁场固定，驱动电机的机械特性不理想，产生不了足够大的输出转矩来满足电动汽车起动、加速时的大转矩要求。

串励直流驱动电机在低速运行时能给电动汽车提供足够大的转矩，而在高速运行时的弱磁调速功能也易于实现，因此能较好地符合电动汽车的特性要求。但串励驱动电机由低速到高速运行时弱磁调速特性不理想，随着电动汽车运行速度的提高，驱动电机输出转矩快速减小，不能满足电动汽车高速运行时由于风阻变大而对转矩的要求。同时，在实现再生制动过程中，由于没有稳定的励磁磁场，再生制动的稳定性差。

复合励磁直流驱动电机的永磁励磁部分采用高磁性材料，电机运行效率高，永磁励磁部分有稳定的磁场，容易实现再生制动功能。同时，由于驱动电机增加了增磁绕组，通过控制励磁绕组励磁电流或励磁磁场的大小，能克服纯永磁他励直流驱动电机不能产生的足够的输出转矩，从而满足电动汽车低速或爬坡时的大转矩要求。

带永磁和增磁绕组混合励磁的直流驱动电机(简称续流增磁驱动电机)，克服了上述各种直流驱动电机系统的缺点。该驱动电机系统使用自动弱磁调速方式，驱动电机的增磁绕组接到驱动电机的续流回路中，在电动汽车处在起动、爬坡等低速运行状态下，驱动电机电枢回路中的反电动势小，在控制器限制驱动电机最大电流的条件下，驱动功率半导体开关器件的导通占空比小，驱动电机电枢中的电流在大部分时间里通过续流回路，使增磁绕组中产生足够大的励磁电流来增大励磁磁场，这样，驱动电机能产生足够的输出转矩来满足电动汽车低速大转矩的需求；随着车速提高，驱动电机电枢反电动势增大，功率半导体开关器件的导通占空比逐渐增大，电机电枢电流通过续流回路的时间逐渐缩短，使驱动电机增磁绕组中的磁场逐渐减弱，满足了电动汽车由低速到高速过程中的弱磁需求。由于弱磁过程不需要接触器，而是随着电动汽车的车速变化自动完成，系统的可靠性得到了提高；当电动汽车处于正常运行状态下，由于驱动电机转速较高，驱动功率半导体导通的占空比很大，续流回路中的电流很小，驱动电机的励磁主要是由永磁部分提供，驱动电机的运行效率很高。

二、异步驱动电机

异步驱动电机又称为交流感应驱动电机(Induction Motor, IM)一般采用转子为鼠笼结构的三相交流感应电机。驱动电机控制器一般采用带矢量控制的变频调速方式。

异步驱动电机在工业中有比较成熟的制造和控制技术，同时异步驱动电机具有结构简单、体积小、质量小、成本低、运行可靠、转矩脉动小、噪声低、转速极限高和不用位置传感器等优点,它的调速技术发展比较成熟,因此被较早应用于电动汽车的驱动系统。近几年,由异步驱动电机驱动的电动汽车几乎都采用矢量控制和直接转矩控制。矢量控制又包括最大效率控制和无速度传感器矢量控制,其中前者是使励磁电流随着驱动电机参数和负载条件而变化,从而使驱动电机的损耗最小、效率最大;后者是利用驱动电机电压、电流和电机参数来估算出速度,不用速度传感器,从而达到简化系统、降低成本、提高可靠性的目的。

异步驱动电机系统的缺点是低速区域和轻载时效率低,同时驱动电路复杂,致使系统成本提高的同时,功率器件故障率也升高。

三、永磁同步驱动电机

永磁同步驱动电机包括无刷直流驱动电机(Brushless Direct Current Motor,BLDCM)和三相永磁同步驱动电机(Permanent Magnet Synchronous Motor,PMSM)。

无刷直流驱动电机低速时转矩稳定性比较差、高速时调速性能差,而三相永磁同步驱动电机系统具有高效、高功率密度等特点,低速时常采用矢量控制,高速时采用弱磁控制,因此无刷直流驱动电机逐渐被三相永磁同步驱动电机所代替。同时,由于三相永磁同步驱动电机具有较高的功率密度和效率以及宽广的调速范围,促使其在国内外多种电动车辆中获得应用。但目前还存在功率等级较小、成本过高的不足。

四、开关磁阻驱动电机

开关磁阻驱动电机(Switch Reluctance Motor,SRM)在电动汽车上也有应用,该种驱动电机概念是英国于1983年首次提出,现已经成为现代交流驱动中的一个新支。它的主要特点是驱动电机结构紧凑牢固,适合于高速运行,并且驱动电路简单、成本低、性能可靠、控制灵活、响应速度快,在宽广的转速范围内效率都比较高,而且可以方便地实现四象限控制。这些特点使开关磁阻驱动电机系统很适合电动车辆的各种运行工况,例如电动客车采用了开关磁阻驱动电机。

开关磁阻驱动电机系统的最大缺点是转矩脉动和噪声大,同时,相对永磁驱动电机而言,功率密度和效率偏低,所以其应用受到了限制。另一方面,由于开关磁阻驱动电机系统具有明显的非线性特性,系统难于建模,一般的线性控制方式不适于开关磁阻驱动电机系统,目前主要利用模糊逻辑控制、神经网络控制等。

电动汽车的四种驱动电机在效率、最高转速、电机费用等方面的对比见表2-1。

表2-1 四种电动汽车驱动电机对比

电机类型 性能参数	直流驱动电机 (DCM)	异步驱动电机 (IM)	永磁同步驱动电机 (PMSM)	开关磁阻驱动电机(SRM)
最大效率(%)	85~89	94~95	95~97	<90
效率(10%负载)	80~87	79~85	90~92	78~86
最高转速/(r/min)	4000~6000	7000~20000	4000~15000	7000~15000
电机平均每千瓦的费用/美元	10	8~12	10~15	6~10
坚固性	良	优	良	良
信赖性	普通	优	良	良

第二节　电力电子功率器件

一、常用电力电子功率器件

如今，功率 MOSFET 及以其为基础的新型功率 MOS 器件在中小功率的电力电子装置中获得广泛应用，并已逐步取代了双极型功率器件[晶闸管（SCR）、门极关断（GTO）晶闸管、大功率晶体管（GTR）、静电感应晶闸管（SITH）等]，使得功率器件的开关速度大为提高。因此，不仅使功率变换系统的频率响应得到了提高，而且使整机的体积减小。功率 MOSFET、IGBT 等均是电压控制型器件，可用一些专用的高压集成电路直接进行控制，甚至可以把主器件和控制、自保护电路等做在一个芯片或器件中，大大促进了高压集成电路和智能功率集成电路的发展，使电力电子技术产生了新的飞跃。

IGBT 在功率 MOSFET 工艺技术基础上发展起来，它兼有功率 MOSFET 高输入阻抗、较高开关频率和 GTR 大电流密度特性的优点，所需的驱动功率很小，具有高至 20kHz 的工作频率，具有宽而稳定的开关安全工作区以及简单的驱动电路，以上特点使得 IGBT 成为开关电源、交流电机调速和 UPS 中的主流功率器件。

由于功率 MOS 器件的广泛应用，人们在利用先进的工艺技术和优化的器件结构来提高器件的电参数性能的同时，智能功率集成电路 SPIC 和高压集成电路 HVIC 以及电机控制专用电路 DSP 的研制与应用已成为电力电子技术的一个新的发展方向。如 AD 公司推出的 AD-MC331 将 DSP 与矢量处理器（ADMC20）集成在一起，一块芯片即可实现矢量控制的各种变换和算法，使交流电机调速装置的性能价格比大大提高，体积减小。

二、IGBT 的原理及物理模型

1. IGBT 的结构和原理

绝缘栅双极晶体管 IGBT 兼有 MOSFET 和双极结型晶体管 BJT 的优点，具有控制功率小、开关速度快、电流处理能力大和压降低等性能，是当前电力电子集成器件的主要发展方向之一。

图 2-2 是 N 沟道 IGBT 单个元胞的基本结构示意图（图中 I_h 和 I_e 的箭头分别指向空穴和电子运动形成的电流方向）。N 沟道 IGBT 的基本结构为在 N 沟道功率 MOSFET 的漏极（N⁻基板）上加一层 P⁺衬底（IGBT 的集电极），形成 PNPN 四层结构，由 MOSFET 与 PNP 型晶体管组成 IGBT，同时 MOSFET 和 PNP 型晶体管之间又寄生了一个 NPN 型晶体管（图 2-3a），它与 PNP 型晶体管一起组成一个寄生晶闸管。在 NPN 型晶体管的基极和发射极之间存在着体区短路电阻 R_S，设计时尽可能使 NPN 型晶体管的基极与发射极短路，以使 NPN 型晶体管不起作用。因此，IGBT 的工作基本与此 NPN 型晶体管无关，可以认为是以 N 沟道增强型 MOSFET 作为输入级，PNP 型晶体管作为输出级的达林顿晶体管（图 2-3b）。在图 2-3 中，分别用 J_1、J_2 和 J_3 表示 P⁺N⁻结、PN⁻结和 N⁺P 结。

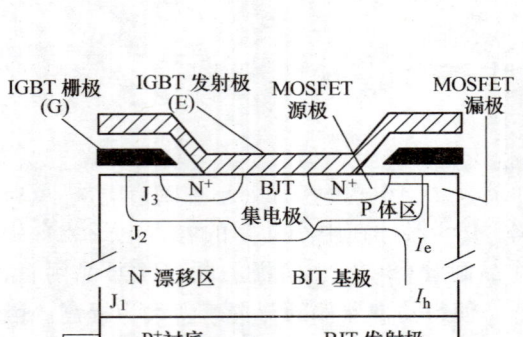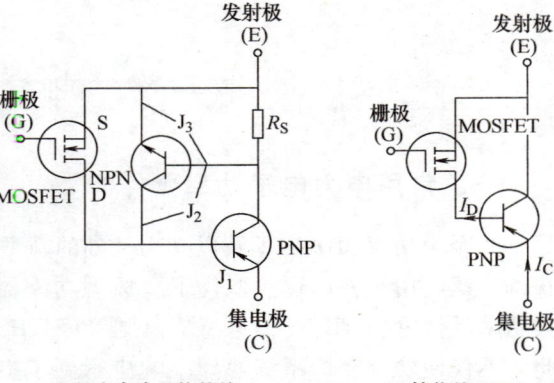

图 2-2　N 沟道 IGBT 单个元胞的基本结构　　　　图 2-3　IGBT 等效电路

IGBT 是一种场控器件，它的开通和关断由栅极和发射极间电压 U_{GE} 决定，当栅射电压 U_{GE} 为正且大于开启电压 U_T 时，MOSFET 内形成沟道并为 PNP 型晶体管提供基极电流，进而使 IGBT 导通。此时，从 P^+ 区注入 N 区的空穴对 N 基区进行电导调制，减小 N 区的电阻，使高耐压的 IGBT 也具有很小的通态压降。当栅射极间不加信号或加反向电压时，MOSFET 内的沟道消失，PNP 型晶体管的基极电流被切断，IGBT 即关断。

2. IGBT 的工作特性

IGBT 的特性包括静态特性和动态特性两类。

（1）静态特性

IGBT 的静态特性包括输出特性和转移特性，如图 2-4 所示。

IGBT 的输出特性指以栅射电压㊀ U_{GE} 为控制变量时，集电极电流 I_C 与集射电压㊁ U_{CE} 之间的关系。IGBT 的输出特性分为正向阻断区、有源区和饱和区。

当 $U_{CE} < 0$ 时，IGBT 处于反向阻断工作状态。此时 J_1 结反向偏置，不会有集电极电流出现。

当 $U_{CE} > 0$ 而 $U_{GE} < 0$ 时，IGBT 为正向阻断工作状态，此时 J_2 结处于反偏状态，IGBT 只有很小的集电极漏电流 I_{CES} 流过。IGBT 能承受的最高正向阻断电压 U_{FM} 取决于 J_2 结的雪崩击穿电压。

当 $U_{CE} > 0$，且 $U_{GE} > U_T$ 时，IGBT 进入正向导通状态，此时由于 J_1 结处于正偏状态，P^+ 区将向 N 基区注入空穴，当

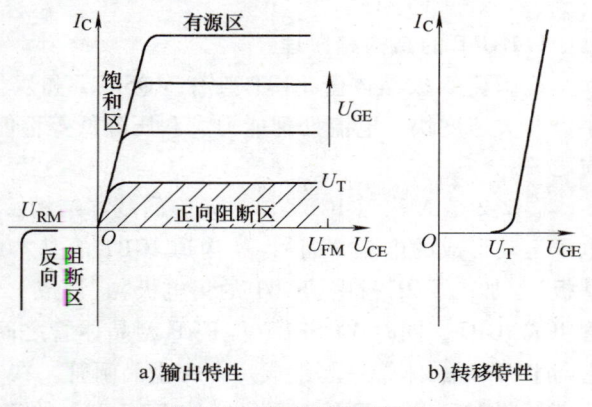

图 2-4　IGBT 的静态特性

正偏压升高时，注入空穴的密度也相应增大，直到超过 N 基区的多数载流子为止。在这种条件下，随着栅射电压 U_{GE} 的升高，向 N 基区提供电子的导电沟道加宽，集电极电流 I_C 将

㊀ 栅射电压是指栅极和发射极之间的电压。
㊁ 集射电压指的是集电极和发射极之间的电压。

增大,在正向导通的大部分区域内,I_C 与 U_{GE} 呈线性关系,而与 U_{CE} 无关,这个区域称为有源区或线性区。

饱和区是指输出特性有明显弯曲的部分,此时集电极电流 I_C 与栅射电压 U_{GE} 不再呈线性关系。

IGBT 的转移特性指集电极电流 I_C 与栅射电压 U_{GE} 之间的关系,I_C 与 U_{GE} 基本呈线性关系,只有当 U_{GE} 在阈值电压 U_T 附近时才呈非线性关系。当栅射电压 U_{GE} 小于阈值电压 U_T 时,IGBT 处于关断状态;当 $U_{GE} > U_T$ 时,IGBT 开始导通。由此可知,U_T 是 IGBT 能实现电导调制而导通的最低栅射电压。U_T 随温度升高而略有下降,温度每升高 1℃ 时,其值下降 5mV 左右。在 25℃ 时,IGBT 的开启电压 U_T 一般为 2~6V。最高栅射电压受最大集电极电流限制,栅射电压的最佳值一般取为 15V 左右。

(2) 动态特性

IGBT 的动态特性也称为开关特性,包括开通和关断两个部分,如图 2-5 所示。

IGBT 的开通过程是从正向阻断状态转换到正向导通的过程,IGBT 在开通过程中大部分时间是作为 MOSFET 来运行的。当栅极驱动电压提高到阈值以上时,MOSFET 快速导通,MOSFET 电流成为 BJT 的基极电流,使之在 50ns 左右的时间内开通,所以 IGBT 的开通速度较快。IGBT 的导通时间 $t_{(on)}$ 一般定义为导通延迟时间 $t_{d(on)}$ 和电流上升时间 t_r,延迟时间 $t_{d(on)}$ 定义为从 10% U_{GEM} 到出现 10% I_{CM} 所需的时间;t_r 定义为集电极电流 I_C 从 10% I_{CM} 上升至 90% I_{CM} 所需的时间。集射电压 U_{CE} 的下降过程分 t_{fv1} 和 t_{fv2} 两段,t_{fv1} 段曲线为 IGBT 中 MOS-FET 单独工作的电压下降过程;t_{fv2} 段曲线为 MOSFET 和 BJT 同时工作的电压下降过程。

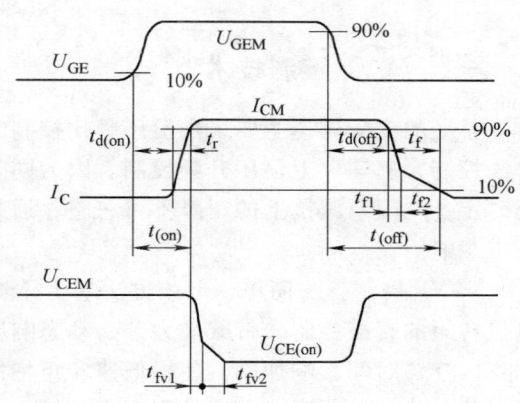

图 2-5 IGBT 的动态特性

IGBT 关断过程是从正向导通状态转换到正向阻断状态的过程。关断时间 $t_{(off)}$ 定义为从驱动电压 U_{GE} 的脉冲后沿下降到 90% U_{GEM} 处起,到集电极电流下降到 10% I_{CM} 处止所需的时间。关断时间 $t_{(off)}$ 包括关断延迟时间 $t_{d(off)}$ 和电流下降时间 t_f 两部分。其中 $t_{d(off)}$ 定义为从 90% U_{GEM} 处起,至集电极电流下降到 90% I_{CM} 处止的时间间隔;t_f 定义为集电极电流从 90% I_{CM} 下降至 10% I_{CM} 处的时间间隔。t_f 又可分为 t_{f1} 和 t_{f2} 两段,t_{f1} 对应于 IGBT 内部的 MOSFET 的关断过程,随着 U_{GE} 的下降,MOSFET 的沟道截止,由于 MOSFET 的电流 I_D 是 IGBT 集电极电流 I_C 的主要部分,所以这段时间间隔内 I_C 下降较快,但是,由于 P$^+$ 发射区通过 J_3 注入 N 基区的空穴流不会突然消失,因而 I_C 不会立刻降为零。t_{f2} 对应于 IGBT 内部的 BJT 的关断过程,因为此时 MOSFET 已经关断,IGBT 又无反电压,所以 N 基区内的少数载流子复合缓慢,因而在这段时间间隔内 I_C 下降较慢。由于此时 U_{CE} 已经建立,过长的电流下降时间会产生较大的损耗,使结温升高,因而希望电流下降时间越短越好。

IGBT 导通过程和关断过程中的瞬时功耗分别称为导通损耗和关断损耗,用 P_{on} 和 P_{off} 表示。

三、软开关变换技术(Soft-Switching Conversion)

在交流电机调速的 PWM 逆变器中,除了已大量应用新型功率 MOS 器件、SPIC、专用集成电路 ASCI 以及 DSP 外,20 世纪 80 年代后期出现的软开关逆变器利用谐振原理可使功率器件在零电压或零电流下完成开关动作,理论上可以把开关损耗降为零,因而可以使电路的工作频率大大提高,同时,可有效地降低电磁干扰(EMI)。近几年来,软开关电路的研究及应用引人注目,且提出了一些较好的拓扑结构。但是,软开关电路中需采用辅助开关器件和谐振元件,为了能使谐振电流反向,要使辅助开关器件承受的电压比硬开关电路的器件高 1~2 倍,另外,辅助开关和谐振元件都会产生附加损耗,使整个电路效率的提高不一定很理想。因此软开关谐振逆变器在实际中采用的并不多。

第三节 车用电机控制技术简介

一、VVVF 控制技术

早期的变频调速主要采用恒压频比控制方式,即在基速以下采用固定电压/频率比值的方法控制,基速以上恒压升频控制。因为同时调节频率和电压,又称为 VVVF 控制。由于低速时定子电阻及漏抗上的压降不可忽略,通常在低速时进行电压补偿,以提高电机在低速时的带载能力。

VVVF 控制方法简单,但该方法基于异步电机的稳态特性,属于标量控制,由于缺乏对电机转矩的直接控制,带载能力差,动态响应慢,控制效果不理想。此外,低速时定子电阻和死区互锁时间影响加剧,使得低速转矩特性严重下降,可能产生低频振荡和不稳定现象。因此,一般只能应用于调速精度不高的场合。

二、矢量控制技术

20 世纪 70 年代出现交流电机的矢量变换控制技术,利用旋转变换将交流电机等效为一个直流电机,从而使得磁链和转矩可以分别解耦控制。其原理是将同步旋转坐标的 d 轴定向于磁场方向,利用旋转坐标变换将定子电流分解为沿磁场方向的励磁分量 i_{sd} 和垂直磁场方向的转矩分量 i_{sq}。通过控制 i_{sd} 和 i_{sq} 来达到分别控制磁场和转矩的目的。按照所依据的定向磁场类别,可以分为转子磁场定向、气隙磁场定向和定子磁场定向等,有学者还提出了其他定向方法,如定子电压定向等。其中,转子磁场定向矢量控制(Rotor Flux Oriented Control,RFOC)以其优良的性能而得到了广泛应用。

在矢量控制中,由于 $T_e \propto i_{sd} i_{sq}$,如保持励磁分量不变,改变 i_{sq} 就可以无延时地改变电机电磁输出转矩,可见,矢量控制不仅控制电流的幅值,还控制其相位,这就与以往的标量控制——VVVF 控制不同,因而动态性能有了质的提高。

矢量控制技术使得异步电机调速性能在理论上完全可以和直流电机调速系统性能相媲美,然而它要求知道相应电机参数的准确值,并且其性能对部分参数十分敏感。在实际应用过程中,所使用的电机模型不够准确以及运行中电机参数的变化,导致了实际控制性能的降低。此后出现的很多技术如闭环观测器、转子电阻辨识方法等大多是对矢量控制主要不足的改进和完善。

三、直接转矩控制技术

直接转矩控制技术是继矢量控制之后又一高性能的交流变频调速技术,此技术摒弃了矢量控制中电流解耦的控制思想,去掉了PWM脉宽调制器和电流反馈环节,通过检测母线电压和定子电流,直接计算出电机的磁链和转矩,并利用两个滞环比较器,直接实现对定子磁链和转矩的解耦控制。直接转矩控制技术与传统的矢量控制相比,不需要进行复杂的坐标变换,简化了运算处理过程,提高了控制运算速度,结构更加简单;而且计算中只涉及定子电阻,降低了系统对电机参数的依赖性。

直接转矩控制追求转矩控制的快速性和准确性,利用一对滞环比较器直接控制定子磁链和转矩,因此转矩的响应速度很快,具有良好的控制性能。但直接转矩控制不控制电流波形,导致电流谐波成分增加,并且在起动时容易产生过电流。此外,由于采用了Bang—Bang调节器,使输出转矩脉动严重,低速时尤为明显,降低了系统的调速性能,限制了调速范围。

第三章 测量误差理论

测量是科学技术研究、工农业生产、国内外贸易、工程项目以及日常生活各个领域中不可缺少的一项工作。随着当前经济的全球化趋势和我国经济的飞速发展，测量结果是否可信，或者说测量的质量如何，是人们极其关心的问题。测量结果是科学研究成果的评价依据，也是产品检验合格判定、司法裁定等裁判的依据。恰当地处理测量数据，给出正确的处理结果，并对所得结果的可靠性做出确切的估计和评价，这是测量工作中的基本环节之一。因此，有关测量误差与测量数据处理的理论和方法是测量工作者必须掌握的基本知识和基本技能。

第一节 概 述

研究测量误差的目的是设法评价测量结果的可信程度。可信程度的高低与测量误差的大小直接相关，测量误差越小，结果越可信；反之，可信程度就低。下面介绍与误差有关的测量问题。

一、测量的定义

测量是人们借助专门设备，通过实验的方法，对客观事物取得测量结果的认识过程。它是通过物理实验把一个量（被测量）和作为比较单位的另一个量（标准）相比较的过程。

根据实际需要，测量结果不外乎有下面三种形式：
1) 带有单位的数值。
2) 在固定坐标系中给出的曲线。
3) 按一定比例给出的图形。

以上任一形式的测量结果都可用下式表示：

$$测量结果 = 数值 \times 单位（量纲）$$

从这个测量的基本公式可以看出，测量结果应包括数值和单位两部分。

（1）数值

数值是指被测量的测得值，它可以是具体的数值，也可以用线段的长度或图形的大小来表示。实质上，它就是被测量与其计量标准（单位）的比值。在测量中有时还应包括表示测量误差大小的精度参数。

（2）单位

单位是指得到公认的、根据定义能得到数值为1的被测量的基本量。同一被测量可用不同的测量单位来表示，但应根据单位间的换算关系，相应地改变测得值。目前多数国家都采用国际单位制。

二、测量方法的分类

为了对各种要求的测量有一个系统的了解，特别是对测量的要求不同，处理测量误差也应有不同的考虑，故将与处理误差有关的各种测量方法介绍如下。

1. 按对测量结果准确度要求不同进行分类

（1）工程测量

工程测量是一般工作中所进行的测量，对测量结果只要求取得测量值就能满足对测量的要求，不需要考虑测量误差的大小或估计测得值的可信程度。用于工程测量的设备或仪器，其灵敏度及准确度都比较低，对测量环境几乎没有什么特殊要求，给出的测得值也比较稳定。

另一种工程测量是对测量结果只需要考虑误差上限值（误差存在的最大变化范围）的测量。对取得的测量结果，不需要对测量误差做精细的分析和考虑，只需给出测量误差的极限值就能满足要求。用于工程测量的仪器和设备，在出厂前或长期使用后需要经过标定或校对而得到测量误差极限值，并在铭牌或说明书中标注出来。

对于工程测量，用仪器或设备经过单次测量所得值即为测量结果，把标注出的测量误差极限值作为测量结果的误差。

（2）精密测量

凡是经过测量取得结果后，还要求估计出测量结果的误差确切值的测量，则为精密测量。这种测量是在误差理论指导下，需要经过反复多次的测量过程，所用的测量仪器和设备应具有一定的准确度和灵敏度，在每次测量中能够反映出测量误差的变化和存在。

在测量完成后把所得数据根据误差理论进行处理，计算出最佳测量结果，并估计出表示测量误差的确切值。

进行精密测量的条件（环境）要求比工程测量要严格，多是根据测量仪器的使用条件在实验室内进行，所以也叫实验室测量。

因此，在测量之前，首先应当明确对测量结果的准确度要求，确定属于哪种测量。这对于考虑测量方案，选用测量仪表和设备，对测得值进行处理，都是很重要的。

2. 根据取得测量结果的方法不同进行分类

（1）直接测量

把被测量与作为测量标准的量直接进行比较，或用预先按标准校对好的测量仪器对被测量进行测量，通过测量能直接得到被测量数量大小的测量结果，称此种测量为直接测量。

直接测量可用一般公式表示为

$$y = x \tag{3-1}$$

式中　y——被测量；

　　　x——测得值。

在工程测量中，如对时间、长度、质量进行的测量和用专用仪表对压力、温度、湿度进行的测量都是直接测量。

（2）间接测量

被测量不能用直接测量的方法得到，而必须通过一个或多个直接测量值，利用一定的函数关系运算才能得到，此种测量称为间接测量。

间接测量可以用下面的一般公式来表示，即
$$y = f(x_1, x_2, \cdots, x_m) \tag{3-2}$$

式中　　y——被测量；

$x_1, x_2, \cdots, x_m$——各直接测得值。

间接测量在科学研究中用得最多，因为在许多情况下，用直接测量的方法不能得到被测量，或是能够测得但测量过程比较复杂，不如采用间接测量方便、准确，例如，天文学方面各种参数的测量，核子物理研究中对原子内部结构参数的测量等。

(3) 组合测量

被测量不能通过直接测量或间接测量得到，而必须通过直接测量的测得值或间接测量的测得值建立联立方程组，通过求解联立方程的办法，才能得到最后的测量结果，这样的测量称为组合测量。它可以用下面的一般公式来表示，即

$$\begin{cases} F_1 = (y_1, y_2, y_3, \cdots, y_m, x_{11}, x_{21}, x_{31}, \cdots, x_{i1}, \cdots, x_{n1}) = 0 \\ \vdots \\ F_j = (y_1, y_2, y_3, \cdots, y_m, x_{1j}, x_{2j}, x_{3j}, \cdots, x_{ij}, \cdots, x_{nj}) = 0 \\ \vdots \\ F_m = (y_1, y_2, y_3, \cdots, y_m, x_{1m}, x_{2m}, x_{3m}, \cdots, x_{im}, \cdots, x_{nm}) = 0 \end{cases} \tag{3-3}$$

式中　　$F_1, F_2, \cdots, F_m$——组合测量中 y 与 x 构成的已知函数关系；

　　　　$y_1, y_2, \cdots, y_m$——组合测量中的 m 个被测量；

　　　　x_{ij}——组合测量中的第 j 个直接（或间接）被测量的第 i 次测得值，其中 $i=1, 2, 3, \cdots, n$；$j=1, 2, 3, \cdots, m$。

上述联立方程可通过改变测量条件列出，也可以把被测量 y 用不同的组合参与测量过程而列出，使方程的数目 m 与被测量 y 的个数相等，这样就可以解此联立方程而求得各被测量。

3. 根据测量条件不同进行分类

(1) 等准确度测量

对某一固定被测量进行重复测量，所取得的测量数据可以认为是在相同的测量准确度条件下得到的，这种测量称为等准确度测量。

对一固定被测量做等准确度测量，所得测量数据允许有一定范围的大小变化。但对偏大或偏小的数值，不能判定哪种数值更加接近被测量的真实值，只能取一视同仁的态度，同等对待，即对取得数据的信赖程度是相同的。这是判定是否为等准确度测量的重要依据。

(2) 不等准确度测量

对被测量进行测量得到的数据，其准确度可判定是不等的，这种测量称为不等准确度测量。

不等准确度测量造成准确度不等，可能是由于条件的改变、所用测量设备的不同或更换，也可能是数据从不同的来源得到的。

对不等准确度的数据应当有特殊的处理方法。

4. 根据被测对象在测量过程中所处的状态进行分类

(1) 静态测量

被测量在测量过程中可以认为是固定不变的，对这种被测量进行的测量称为静态测量。

实际上，静态测量就是不需要考虑时间因素对测量的影响，把被测量或是测量误差作为

随机变量来研究。

（2）动态测量

被测量处在随时间不断变化的状态，对这种被测量进行测量称为动态测量。

进行这种测量和处理这种测量得到的数据，就要考虑时间因素对测量的影响，即把测得值或测量误差作为随机过程来进行研究。

第二节　测量误差的概念和分类

一、测量误差概念

由于测量仪器、测量方法、测量环境、测量人员等种种因素的影响，测量值与被测量真值总是存在着一定的偏差，我们把测量结果 x 与真值 A 之差 $\Delta x = x - A$ 称为误差。误差反映了测量值偏离真值的大小，也反映了测量值的离散程度。真值通常是未知的，因此误差一般也是未知量。

测量误差可按绝对误差和相对误差两种方式表示。

1. 测量的绝对误差

某量值的实验数据总不会与该量值的理论期望值完全相同，因此称实验或实验数据存在误差。即

$$实验误差 = 实验数据 - 期望值$$

例如，按某一要求调整仪器的工作状态时，规定的工作状态参数（如电流、电压、温度等）是调整的期望值，调整后的工作状态参数与期望的工作状态参数之差就是仪器的调整误差。

在精密测试工作中，对某个量进行测量，该量的客观真值（客观上的实际值）是测量的期望值，测量所得数据与其差值即为测量误差。因此，更具体地说，测量误差定义为被测量的测得值与其相应的真值之差。即

$$测量误差 = 测得值 - 真值$$

对于测量仪器

$$示值误差 = 仪器示值 - 真值$$

应当注意，这里的"真值"是指被测量的客观真实值。一般来说，这一客观真值是未知的，仅在一些特殊的场合真值才是已知的，例如某些理论分析值。国际计量大会规定的最高基准量也可看作是真值，这是约定真值。有时可通过某种手段获得这一真值的近似值，当这一近似值与真值的差值在实际问题中可以忽略不计时，就可以用这一近似值代替真值，从而计算出测量误差，此时，称这一近似值为相对真值。

上述定义的误差称绝对误差，绝对误差给出的是测量结果的实际误差值，其量纲与被测量的量纲相同。在对测量结果进行修正时要依据绝对误差的数值，在对误差特征规律的研究、不确定度的合成及一般测量问题的数据处理过程中，通常也使用绝对误差这一概念。

2. 测量的相对误差

相对误差定义为测量的绝对误差与被测量的真值之比，即

$$相对误差 = \frac{绝对误差}{真值}$$

通常测得值的绝对误差很小,因而相对误差又可表示为

$$相对误差 = \frac{绝对误差}{测得值}$$

相对误差无量纲。但应注意,其分子与分母应具有相同的量纲。相对误差有时以百分数(%)表示。

用相对误差能确切地反映测量效果,被测量的量值大小不同,允许误差也应有所不同。被测量的量值越小,允许的测量绝对误差值也应越小。引入相对误差的概念就能很好地反映这一差别。

测量的相对误差应限定在一定的范围内,这个限定范围以最大允许相对误差给出,表达式为

$$最大允许相对误差 = \frac{最大允许绝对误差}{真值(测得值)}$$

二、测量误差分类

从不同角度出发,可对测量误差做出不同区分,按照测量误差的来源可将其分为装置误差、环境误差、方法误差、人员误差等;按照对测量误差掌握的程度,可将其分为已知误差和未知误差;按照测量误差的特征规律,可将其分为系统误差、随机误差和粗大误差等。

1. 系统误差

在顺次测量的系列测量结果中,其值固定不变或按某一确定规律变化的误差称为系统误差。所谓确定的规律是指在顺次考察各测量结果时,测量误差具有确定的值,在相同的考察条件下,这一规律可重复地表现出来,因而原则上可用函数的解析式、曲线或数表表达出来。

通常,系统误差是由固定的或按一定规律变化的因素造成的。例如,温度变化会使刻度尺伸缩而产生误差;电压波动会使仪表示值产生相应的误差。

系统误差虽有确定的规律性,但这一规律性并不一定确知。按照对其掌握的程度可将系统误差分为已知的系统误差(确定性的系统误差)和未知的系统误差(不确定的系统误差)。

显然,数值已知的系统误差可通过"修正"的方法从测量结果中消除。

2. 随机误差

在同一条件下对同一被测量进行多次重复测量时,各测量数据的误差值或大或小,或正或负,其值的大小没有确定的规律性,是不可预知的,这类误差称为随机误差,也称为偶然误差。

随机误差值是不可预知的,这类误差表现出无规则性,因而不能通过"修正"的方法消除掉,但在大量的测量数据中却表现出统计规律性。具有随机变量的一切特征,因而可利用概率论提供的理论和方法来研究。

3. 粗大误差

超出正常范围的大误差称为粗大误差,也称为"过失误差"。

所谓正常范围是指误差的正常分布规律决定的分布范围,粗大误差具有较大或较小的

数值，它虽具有随机性，但不同于随机误差。

含有粗大误差的数据是个别的、不正常的，粗大误差使测量数据受到了歪曲，因而，含粗大误差的数据应舍弃不用。

一般粗大误差是由测量中的失误造成的。例如，使用有缺陷的测量器具、测量操作不当、读数或记录错误、突然的冲击振动、电压波动等，都可使测量结果产生个别的粗大误差。

因为粗大误差与正常的随机误差或系统误差相比仅表现出数值大小上的差别，因而在数值差别不太明显时，不容易区分。所以，测量数据是否含有粗大误差，应按统计方法进行判断。

第三节　测量不确定度分析

1. 测量不确定度的概念

误差是被测量的测量值与真值的差值，被测量的真值通常是未知的，对误差定量表示比较困难，因此，国际上在 20 世纪 60 年代提出了用测量不确定度来定量表示测量结果可信程度的建议。

不确定度是以误差理论为基础建立起来的一个新概念，表示由于测量误差的存在而对被测量值不能确定的程度，它以参数的形式包含在测量结果中，用以表征合理赋予被测量的值的分散性，表示被测量真值所处的量值范围的评定结果。不确定度的大小，体现着测量质量的高低，不确定度小，表示测量数据集中，测量结果的可信程度高；不确定度大，表示测量数据分散，测量结果的可信程度低。一个完整的测量结果，不仅要给出测量值的大小，而且要给出测量不确定度，以表明测量结果的可信程度。

测量不确定度和测量误差是两个性质完全不同的概念，不确定度是表征误差对测量结果影响程度的参数，是误差的数字指标。测量误差有大有小，有正有负，取值具有一定的分散性，即不确定性，不能用某一个误差值来准确描述。测量误差的不确定性使得在多次重复测量中，测量结果在某一范围内变化，误差值大，测量结果可能的取值范围就大，说明测量误差对测量结果的影响强，测量结果的可信程度就低；误差值小，测量结果可能的取值范围就小，说明测量误差对测量结果的影响弱，测量结果可信程度就高。不确定度对某一确定的测量方法具有确定的值，只是在实际估计时，所得不确定度的估计量具有一定的不确定性，用标准偏差表示，必要时也可用标准偏差的倍数或置信区间的半宽度表征。

不确定度的评定中不包括异常数值和已经确定的修正数值，经判别断定为异常数值的数据应剔除，不应该包括在测量值之内，最终测量结果是修正后的结果。

2. 测量不确定度的分类

测量结果的不确定度一般包含多个分量，根据其数值评定方法的不同，把这些分量分成 A 类和 B 类。

A 类：用统计方法计算的分量，用标准偏差表征。

B 类：用其他方法计算的分量，据经验或资料及假设的概率分布估计的标准偏差表征。

不确定度的分类是按评定方法进行的，两类评定都基于概率分布，并把 A 类、B 类分量均以"标准差"的形式表示。用 A 类评定方法得到的标准不确定度称为 A 类标准不确定度分量，符号为 S_i；用 B 类评定方法得到的标准不确定度称为 B 类标准不确定度分量，符号为 U_j。A 类标准不确定度分量的全部集合称为 A 类不确定度，B 类标准不确定度分量的全部集合称为 B 类不确定度。

实际使用时，根据表示方式的不同，不确定度通常用到三种不同的术语：标准不确定度、合成不确定度和扩展不确定度。

标准不确定度是指测量结果的不确定度，用标准偏差表示。

若测量结果是由若干个其他量计算得来的，则测量结果的标准不确定度受几个不确定度分量的影响，它由各分量的方差、协方差相加导出，得到合成"标准差"，即测量结果的标准不确定度由各不确定度分量运算得到，称为合成不确定度。

扩展不确定度也叫总不确定度，是将合成不确定度乘以一个因子所得的不确定度，所乘的因子称为包含因子或范围因子，符号为 k，通常取值在 2~3 之间。这是为了提高置信水平，增大包含概率，满足特殊用途，将合成不确定度扩大了 k 倍，得到测量结果附近的一个置信区间，被测量的值以较高的概率落在该区间内。用扩展不确定度时，必须注明所乘的因子和概率。

A 类、B 类不确定度与随机误差、系统误差之间不存在简单的对应关系。A 类和 B 类是表示两种不同的评定方法，不能简单地把 A 类不确定度对应为随机误差，把 B 类不确定度对应为系统误差。A 类和 B 类不确定度都可能是随机误差，也都可能是系统误差。用不确定度表示的测量结果的质量指标往往是既包含了随机影响，又包含了系统影响。特别是在不同的情况下，随机误差和系统误差可能相互转化，难以严格区分。不确定度用评定方法划分不同性质因素产生的影响，这样就避免了不必要的混淆，从而建立了评定测量结果、进行计量对比、质量控制、校准检定、测试检验、物质鉴定等的统一标准。

3. 测量不确定度与误差的区别

测量不确定度和误差既有联系又有区别，误差理论是测量不确定度的基础，测量不确定度是经典的误差理论发展和完善的产物。二者的区别主要表现在以下几个方面：

1）不确定度是一个无正负符号的参数值，用标准偏差或标准偏差的倍数表示；误差是一个有正号或负号的量值，其值为测量结果与被测量真值之差。

2）不确定度表明被测量值的分散性；误差表明测量结果偏离真值的大小。

3）不确定度与人们对被测量和影响量及测量过程的认识有关；误差是客观存在的，依人的认识程度而改变。

4）不确定度可以由人们根据实验、资料、经验等信息进行评定，从而可以定量确定不确定度的值；而由于真值往往未知，通常不能明确得到误差的值，当用约定真值代替真值时，可以得到误差的估计值。

5）不确定度分量评定时，一般不必区分其性质，若需要区分时，应表述为"由随机影响引入的不确定度分量"和"由系统影响引入的不确定度分量"；误差按性质可分为随机误差和系统误差两类。按定义，随机误差和系统误差都是无穷多次测量时的理想概念。

6）不能用不确定度对测量结果进行修正，已修正的测量结果的不确定度中应考虑修正不完善引入的测量不确定度分量；已知系统误差的估计值时，可以对测量结果进行修正，得到已修正的测量结果。

第四节　测量误差分析处理

前已述及，通过有限次重复测量，我们不可能获得被测参数的真值 X，但是可以用测定值的算术平均值 L 或加权平均值 L_0 来近似地代替它。这时，测定结果可以表达为

$$X \approx L \text{ 或 } X \approx L_0 \tag{3-4}$$

这种表达方式常用于粗略的测量中。

若需要确切获得被测参数的测定值的置信水平，就可以运用数理统计学中区间估计的方法，求得被测参数的真值在某个置信概率下的置信区间。

设 l_1、$l_2 \cdots l_n$ 组成一个有限的等精度测量列，由测量条件决定的标准误差为 σ。按照贝塞尔公式，标准误差的估计值为

$$\hat{\sigma} = \sqrt{\frac{1}{n-1} \sum_{i=1}^{n} (l_i - L)^2} \tag{3-5}$$

测定值的算术平均值服从正态分布，即

$$L \sim N(X, \frac{\sigma}{n}) \tag{3-6}$$

所以，$\dfrac{L-X}{\sigma/\sqrt{n}}$ 是一个标准化正态分布的随机变量，同时

$$(n-1)\frac{\hat{\sigma}^2}{\sigma^2} = \frac{1}{\sigma^2} \sum_{i=1}^{n} (l_i - L)^2 \tag{3-7}$$

则是一个自由度为 $f=n-1$ 的 X^2 分布随机变量，这两个随机变量互相独立，所以

$$t = \frac{(L-X)/\dfrac{\sigma}{\sqrt{n}}}{\hat{\sigma}/\sigma} = \frac{L-X}{\hat{\sigma}/\sqrt{n}} \tag{3-8}$$

是一个自由度为 $f=n-1$ 的 t 分布随机变量。如预先选定置信概率 p，即可由 t 分布查得 $t_p(f)$，使得 $P\{|t| \leq t_p(f)\} = p$，由此可得

$$|L-X| \leq \frac{\hat{\sigma}}{\sqrt{n}} t_p(f) = \hat{\sigma}_L t_p(f) \tag{3-9}$$

于是，测量结果可以表达为

$$X = L \pm \frac{\hat{\sigma}}{\sqrt{n}} t_p(f) = L \pm \hat{\sigma}_L t_p(f) \tag{3-10}$$

它的含义：被测参数的真值 X 在置信区间 $[L - \hat{\sigma}_L t_p(f), L + \hat{\sigma}_L t_p(f)]$ 内的置信概率为 p。或者说，以置信概率 p 确信，以算术平均 L 代替真值 X 时，误差不超过 $\hat{\sigma}_L t_p(f)$。在实际工作中，如预先选定真值 X 的置信区间，则可由 t 分布表确定对应的置信概率 p。

如果重复测量的次数较多，则 $\hat{\sigma}$ 与 σ 的差别可以忽略不计，$\dfrac{(L-X)}{\hat{\sigma}}$ 可近似地看作标准化

正态分布的随机变量。这时，测量结果也可以表达为

$$\left.\begin{array}{l}X = L \pm \hat{\lambda}_{\lim}(p=0.997)\\ X = L \pm \hat{\gamma}_L(p=0.50)\\ X = L \pm \hat{\sigma}_L(p=0.68)\\ X = L \pm \hat{\Delta}_L(p=0.58)\end{array}\right\} \qquad (3-11)$$

式中，$\hat{\lambda}_{\lim}$、$\hat{\gamma}_L$、$\hat{\sigma}_L$、$\hat{\Delta}_L$ 分别为算术平均值 L 的极限误差估计值、概然误差估计值、标准误差估计值和平均算术误差估计值。

显然，置信区间的宽度取决于给定的置信概率，或者说，置信概率取决于给定的置信区间，因此，用式（3-10）、式（3-11）表达测量结果时，必须注明相应的置信概率。

[例 3-1] 电动汽车电机处于稳定工作情况下，对输出转矩进行十次测量，得到如下测定值：143、143、145、143、138、140、144、145、143、140（单位均为 N·m）。试表达测量结果，并进行分析。

解：电动汽车电机稳定工作时，可以认为输出转矩的真值保持不变，假定测量是等精度的，则计算如下：

1) 算术平均值：

$$L = \frac{1}{n}\sum_{i=1}^{n} l_i = \frac{1424}{10}\text{N·m} = 142.4\text{N·m}$$

2) 测定值的残差 $v_i = l_i - L$，计算结果见表 3-1。

表 3-1 残差计算结果

测量次序	测定值 l_i	残差 v_i	v_i^2
1	143	+0.6	0.36
2	143	+0.6	0.36
3	145	+2.6	6.76
4	143	+0.6	0.36
5	138	-4.4	19.36
6	140	-2.4	5.76
7	144	+1.5	2.56
8	145	+2.6	6.76
9	143	+0.6	0.36
10	140	-2.4	5.76
$\sum_{i=1}^{n} l_i$	1424	0	48.40

因为 $\sum_{i=1}^{n} v_i = 0$，可以验证算术平均值计算 L 无误。

3) 测定标准误差：

$$\hat{\sigma} = \sqrt{\frac{1}{n-1}\sum_{i=1}^{n} v_i^2} = \sqrt{\frac{48.40}{9}}\text{N·m} = 2.32\text{N·m}$$

第三章 测量误差理论

4) 测量极限误差：

$$\hat{\delta}_{\lim} = 3\hat{\sigma} = 6.96 \text{N} \cdot \text{m}$$

检查各测定值的残差，其绝对值均未超过 $\sigma_{\lim}$，可知测量工作正常，各测定值没有包含过失误差。

5) 算术平均值的标准误差：

$$\hat{\sigma}_L = \frac{\hat{\sigma}}{\sqrt{n}} = \frac{2.32}{\sqrt{10}} \text{N} \cdot \text{m} = 0.73 \text{N} \cdot \text{m}$$

概然误差：

$$\hat{\gamma}_L = 0.6745\hat{\sigma}_L = 0.49 \text{N} \cdot \text{m}$$

6) 选定两个置信概率 $p = 0.9973$ 和 $p = 0.5$，按自由度 $f = n - 1 = 9$ 查分布表：

$$t_{0.9973}(9) = 4.09$$
$$t_{0.5}(9) = 0.703$$

7) 测量结果的表达（置信区间的估计）：

$$X = L \pm t_p(n-1) \cdot \hat{\sigma}_L = (142.4 \pm 4.09 \times 0.73) \text{N} \cdot \text{m} = (142.4 \pm 3.0) \text{N} \cdot \text{m} \quad (p = 0.9973)$$

$$X = L \pm t_p(n-1) \cdot \hat{\sigma}_L = (142.4 \pm 0.703 \times 0.73) \text{N} \cdot \text{m} = (142.4 \pm 0.5) \text{N} \cdot \text{m} \quad (p = 0.50)$$

这就是说，电机输出转矩的真值虽然无法求得，但可用 142.4N·m 近似地代表它，并且可以以 0.9973 的概率确信，真值在 [139.4, 145.4] N·m 的范围内（以 0.50 的概率确信，真值在 [141.9, 142.9] N·m 范围内）。

第五节 数值修约及容差

一、数值修约规则及其在电机试验计算中的应用

在电机试验的测量中，对各种仪表的读数都应取其最小分辨值作为最低位数值；而在确定测量结果时，则应按不同值的要求，对数值的最低位取舍范围做出一个规定。GB/T 8170—2008《数值修约规则与极限数值的表示和判定》就是这方面规定的一个原则性文件。

1. GB/T 8170—2008 主要内容

（1）术语

1) 修约间隔。修约间隔是确定修约保留位数的一种方式。修约间隔的数值一经确定，修约值即应为该数值的整数倍。相当于常说的精确到小数点后两位、精确到百位等。

2) 有效位数。对有小数且以若干个 0 结尾的数值，从非 0 数字最左一位向右数得的位数减去无效 0（即仅为定位用的 0）的个数；对其他十进制位数，从 0 数字最左一位向右数而得到的位数，就是有效位数。

例如：35000，若有两个无效 0，则为三位有效位数，应写成 350×10^2；若有三个无效 0，则为两位有效位数，就写为 35×10^3。3.2、0.032 均为两位有效位数；0.0320 则有三位有效位数；12.490 为五位有效位数；10.00 为四位有效位数。

3) 0.5 单位修约（半个单位修约）。指修约间隔为指定数位的 0.5 单位。

例如：将 832 修约为"百"数位的 0.2 单位，得 840。

(2) 确定修约位数的表达方式

1) 指定数位。

① 指定修约间隔为 10^{-n}（n 为正整数），或指明将数值修约到 n 位小数。

② 指定修约间隔为 1，或指明将数值修约到个数位。

③ 指定修约间隔为 10^n，或指明将数值修约到 10^n 数（n 为正整数），或指明将数值修约到"十""百""千"……数位。

2) 指定将数值修约成 n 位有效位数。

(3) 进舍规则

1) 拟舍弃数字的最左一位数字<5 时，则舍去。

例如：将 12.149 修约到一位小数，得 12.1。

2) 拟舍弃数字的最左一位数字≥5，而其后跟有并非全部为 0 的数字时，则进 1，即保留的末位数字加 1。

例如：将 1268 修约到"百"位数位，得 $13×10^2$（或 1300）。

3) 拟舍弃数字的最左一位数字为 5，而右面无数字或皆为 0 时，若所保留的末位数字为奇数则进 1，为偶数时（含 0）则舍去。

例如：拟定修约间隔为 0.1，拟修约数分别为 1.050、0.35，则得 1.0、0.4；拟定修约间隔为 1000，拟修约数分别为 2500、3500，则得 $2×10^3$（或 2000）和 $4×10^3$（或 4000）；拟定修约成两位有效数字，拟修约数分别为 0.0325、32500，则得 0.032 和 $32×10^3$（或 32000）。

4) 负数修约时，先将它的绝对值按上述 1）~3）规定修约，然后在修约值前面加上负号。

例如：将下列数字修约到"十"数位。

拟修约数值：-355，-325。修约值为-36×10（或-360）和-32×10（或-320）。

(4) 不许连续修约

1) 拟修约数字应在确定修约位数后一次修约获得结果，而不得多次按第（3）条规则连续修约。

例如：修约 15.4546，修约间隔为 1。

正确的做法：15.4546 →15

不正确的做法：15.4546 →15.455 →15.46→15.5→16

2) 在具体实施中，有时测试与计算部门先将获得数值按指定的修约位数多一位或几位报出，而后由其他部门判定，为避免产生连续修约的错误，应按下述步骤进行。

第一步：报出数值最右的非 0 数字为 5 时，应在数值后面加"（+）"或"（-）"或不加符号，以分别表明已进行过舍、进或未舍未进。

例如：16.50(+)表示实际值大于 16.50，经修约舍弃成 16.50；16.50（-）表示实际值小于 16.50，经修约进 1 成为 16.50。

第二步：如果制定报出修约值需要进行修约，当拟舍弃数字的最左一位数字为 5，而后面无数字或皆为 0 时，数值后面有(+)号者进 1，数值后面为(-) 号者舍去，其他仍按第（3）条规则进行。

例如：将表 3-2 中数字修约到个位数后进行判定（报出值多留出一位小数）。

表 3-2　将数字修约到个位数后进行判定

实测值	报出值	修约值
15.4546	15.5(−)	15
16.5203	16.5(+)	17
17.5000	17.5	18
−15.4546	−[15.5(−)]	−15

(5) 0.5 单位修约

将拟修约数值乘以 2 后,再按指定数位依第(3)条规定进行修约,再将上述所得值除以 2。

例如:将表 3-3 中数字修约到个数位的 0.5 单位(或修约间隔为 0.5)。

表 3-3　将数字修约到个数位的 0.5 单位

拟修约值(A)	×2(2A)	2A 修约值 (修约间隔为 1)	A 修约值 (修约间隔为 0.5)
60.25	120.50	120	60.0
60.38	120.76	121	60.5
−60.75	−121.50	−122	−61.0

(6) 0.2 单位修约

将拟修约数值乘以 5 后再按指定数位依第(3)条规定进行修约,将上述所得值再除以 5。

例如:将表 3-4 中数字修约到"百"数位的 0.2 单位(或修约间隔为 20)。

表 3-4　将数字修约到百数位的 0.2 单位

拟修约值(A)	×5(5A)	5A 修约值 (修约间隔为 100)	A 修约值 (修约间隔为 20)
830	4150	4200	840
842	4210	4200	840
−930	−4650	−4600	−920

2. 修约规则在电机试验计算中的应用

在各类电机技术条件中,必要时,在给出有关性能数据考核标准的同时,应给出该性能数据最终计算结果的修约间隔、有效位数的规定。

电机试验计算时,一般采用确定修约间隔和有效位数两种方法,而较少用到 0.5 单位修约和 0.2 单位修约。

(1) 电机试验最终结果数值范围

电机试验中直接取得的各种量值会因电机的大小、型式的不同以及计量单位的不同等原因而大小不等,甚至相差甚大。但由于考核和比较等方面的需要,很多范围较大的值被化为"标幺值"的形式,从而减少到一个大体相同的数位范围内,这给统一使用修约间隔和有效位数提供了可行的条件。

(2) 电机试验最终结果的修约规定

对于电机试验最终结果中用于参与考核的数据，应在该类电机的技术条件中做出规定。表 3-5 是 Y2 系列三相异步电机技术条件中的有关规定。

表 3-5　Y2 系列三相异步电机考核指标数值修约规定

序号	数值名称	符号	单位符号	修约规定	示例
1	各部位温升	$\Delta\theta$	K	修约间隔为 1	65
2	堵转电流倍数	I_{KN}^*	倍	修约间隔为 0.01	6.53
3	堵转转矩倍数	T_{KN}^*	倍		2.85
4	最大转矩倍数	T_{max}^*	倍		3.10
5	最小转矩倍数	T_{min}^*	倍		1.92
6	效率	η	%	取四位有效位数	85.50
7	功率因数	$\cos\phi$	—	取三位有效位数	0.888
8	噪声(声功率级)	L_w	dB(A)	修约间隔为 0.5	78.5
9	振动(速度有效值)	v	mm/s	对 A 级修约间隔为 0.1；对 B 级修约间隔为 0.01	1.3　1.12

有些标准中没有明确做出修约规定，则可按技术条件中所给标准限值的位数作为修约间隔或有效位数，一般数值的修约间隔定为 10^n（n 为整数）。例如：某标准中给定堵转电流倍数的最低限值为 7.0，则试验结果应修约到 0.1，当给定的效率示准为 85.0% 时，效率的试验结果应取三位有效数位等。

(3) 电机试验计算过程中的数值修约规则

按常规，在求取最终结果的计算过程中，每个过程的结果都应按最终结果数值修约位数再向右推一位的方法进行修约。对于采用计算机或计算器进行连续运算的，为了简化程序和操作，建议只对最终结果修约(有明确规定的按具体规定)。

二、电机性能指标考核标准容差的一般性规定

1. 保证值和容差的定义

通常，将各类电机技术条件中规定的性能指标考核标准数值称为保证值。

"容差"是考虑到由于正常范围内原材料性能的波动和不一致、加工的偏差及测量的误差等不可避免的因素对被试电机本身性能和实测值的影响，而给出的相对上述保证值的允许偏差范围，以百分数计。

考核某项性能指标时，常提到"吃容差"这一概念。所谓"吃容差"，是指实测值不符合该项指标保证值的要求，但还未超出考虑到容差后的标准范围时的情况。

例如，某规格三相异步电机的堵转电流倍数保证值为 7.0 倍，容差为 +20%，即容差值为 +(7.0×0.2)= +1.4，考虑到容差后的标准范围为 7.0-1.4=8.4，也就是说，堵转电流倍数实测值不超过 8.4 即为合格，但在 7.0～8.4 之间为"吃容差"。设某电机该项指标实测值为 7.7，即超出保证值 0.7，该值占容差值 1.4 的 50%，则通常称为"吃容差 50%"。

2. 国家标准中对电机性能指标容差的规定

GB 755—2008 中规定了各类电机考核指标的容差(%)，见表 3-6(表中 P_N 为电机的额定输出功率，单位为 kW 或 kV·A)。使用时，除特殊情况外，不应超过表中规定，但在制定企业内控标准时，可以减小容差范围，即制定更严的考核标准。

表 3-6 电机性能考核指标容差

项号	指标名称	容差
1	效率 η 1) $P_N \leq 150\text{kW}$ 2) $P_N > 150\text{kW}$	$-15\%(1-\eta)$，η 为效率标准值 $-10\%(1-\eta)$，η 为效率标准值
2	总损耗(适用于 $P_N \geq 150\text{ kW}$ 的电机)	总损耗的 +10%
3	感应电机的功率因数 $\cos\phi$	$-(1-\cos\phi)/6$，最小为 -0.02；最大为 -0.07 $\cos\phi$ 为功率因数标准的保证值
4	直流电机的转速(在满载和工作温度下) (1) 并励和他励电机 (2) 串励和复励电机(复励电机另有协议时除外)	$K = 1000P_N/n_N$ n_N 为额定转速(r/min) $K < 0.67$；±15% $0.67 \leq K < 2.5$，±10% $2.5 \leq K < 10$，±7.5% $K \geq 10$，±5% $K < 0.67$；±20% $0.67 \leq K < 2.5$，±15% $2.5 \leq K < 10$，±10% $K \geq 10$，±7.5%
5	并励和复励电机的转速调整率(从空载到满载)	转速调整率保证值的±20%，最小为额定转速的±2%
6	并励或他励直流发电机在特性曲线上任一点的固有电压调整率	该点保证值的±20%
7	复励发电机的固有电压调整率(对交流发电机应在额定功率因数下)	保证值的±20%，最小为额定电压的±3%(在空载和满载电压保证值的两点间做一直线，在任何负载下与此直线的最大偏差应在此容差范围内)
8	感应电机的转差率(在满载和工作温度下) 具有并励特性的交流(换向器)电机的转速(在满载和工作温度下)	$P_N < 1$，转差率保证值的±30% $P_N \geq 1$，转差率保证值的±20% 最高转速时，同步转速的-3% 最低转速时，同步转速的+3%
9	配有起动设备的笼型感应电机的堵转电流和同步电机的堵转电流	堵转电流保证值的+20%
10	同步电机和笼型感应电机的堵转转矩	堵转转矩保证值的-15%和+25%(经协议可超过+25%)
11	笼型感应电机的最小转矩	最小转矩保证值的-15%
12	感应电机的最大转矩	最大转矩保证值的-10%，但计及容差后，转矩值应大于或等于额定转矩的 1.6 或 1.5 倍

（续）

项号	指标名称	容差
13	同步电机的失步转矩	转矩保证值的-10%，但计及容差后，转矩值应不小于额定转矩的1.35或1.5倍
14	在规定条件下，交流发电机的短路电流峰值	保证值的+30%
15	在规定励磁下，交流发电机的稳态短路电流	保证值的+15%
16	转动惯量	保证值的+10%

注：1. 仅沿一个方向表明容差时，沿另一个方向该值无容差。
  2. 无需对本表中每一项或任一项规定保证值，凡保证值有容差的，应予说明，容差应按本表规定。
  3. 应注意术语"保证"一词的不同含义。保证值与典型值或样本值有区别。

第四章 试验测试系统特性分析

测试的目的是在测量误差被限制在给定范围的条件下,获得被测物理量的测量值。由于测试系统特性的影响,信号经过测试系统传递与转换后,会出现测量失真。为了掌握测试系统哪些环节能够产生测量误差,如何减小以致消除,如何正确设计与选择测试系统的各个环节,必须了解测试系统的基本特性。本章主要介绍测试系统静态、动态特性及其输入输出关系。

第一节 基本概念

作用于系统,激起系统出现某种响应的外力或其他输入,称为激励;系统受外力或其他输入作用时的输出,称为响应。如图 4-1 所示,图中 $x(t)$ 表示测试系统的输入信号,$y(t)$ 表示输出信号。

测试系统的特性指的是传输特性,即系统的激励与响应之间的关系。系统特性可分为静态特性和动态特性,被测量的变化特点大致可以分为两种情况:一

图 4-1 测试系统的框图

种情况是被测量不变或变化极其缓慢,此时,可用一系列静态参数来表征测试系统的特性;另一种情况是被测量变化极其迅速,它要求测试系统的响应也必须极其迅速,此时,可用一系列动态参数表征测试系统的特性。一般情况下,测试系统的静态特性与动态特性是相关的,静态特性也会影响到动态条件下的测量。

理想的测试系统应有单值的、确定的输入输出关系,即对应于每一输入量,都只有单一的输出量与之对应,其中,以输出与输入呈线性关系为最佳。若系统的输入 $x(t)$ 和输出 $y(t)$ 之间的关系可用线性微分方程,即不包含变量及其各阶导数的非一次幂项的方程描述,则称为线性系统,其方程可以写成

$$a_n \frac{d^n y(t)}{dt^n} + a_{n-1} \frac{d^{n-1} y(t)}{dt^{n-1}} + \cdots + a_1 \frac{dy(t)}{dt} + a_0 y(t)$$
$$= b_m \frac{d^m x(t)}{dt^m} + b_{m-1} \frac{d^{m-1} x(t)}{dt^{m-1}} + \cdots + b_1 \frac{dx(t)}{dt} + b_0 x(t) \tag{4-1}$$

式中 t 为时间自变量;a_n,a_{n-1},$\cdots$,a_0 和 b_m,b_{m-1},$\cdots$,b_0 为不随时间变化的常数。测试系统结构及其所用元器件的参数决定了 a_n,a_{n-1},$\cdots$,a_0 和 b_m,b_{m-1},$\cdots$,b_0 的大小及其量纲。

一个实际的物理系统由于其组成中的各元器件的物理参数并非能保持常数,如电子元器件中的电阻、电容、半导体器件的特性等都会受温度的影响,这会导致 a_n,a_{n-1},$\cdots$,a_0 和 b_m,b_{m-1},$\cdots$,b_0 的时变性,所以理想的定常线性系统是不存在的。但在工程实际中,常可以以足够的精确度认为多数常见物理系统的参数是时不变的常数,从而把一些时变性系统当作定常线性系统来处理。

若以 $x(t) \rightarrow y(t)$ 表示定常线性系统输入与输出的对应关系,则定常线性系统具有以下主要性质。

(1) 叠加原理

当几个输入同时作用于线性系统时,其响应等于各个输入单独作用于该系统的响应之和,即若

$$x_1(t) \to y_1(t), \qquad x_2(t) \to y_2(t)$$

则

$$[x_1(t) \pm x_2(t)] \to [y_1(t) \pm y_2(t)] \tag{4-2}$$

(2) 比例特性

若线性系统的输入扩大为原来的 k 倍,则其响应也将扩大为原来的 k 倍,即对于任意常数 k 必有

$$kx(t) \to ky(t) \tag{4-3}$$

(3) 微分特性

线性系统对输入导数的响应等于对该输入响应的导数,即

$$\frac{\mathrm{d}x(t)}{\mathrm{d}t} \to \frac{\mathrm{d}y(t)}{\mathrm{d}t} \tag{4-4}$$

(4) 积分特性

若线性系统的初始状态为零(即当输入为零时,其响应也为零),则对输入积分的响应等于对该输入响应的积分,即

$$\int_0^t x(t)\mathrm{d}t \to \int_0^t y(t)\mathrm{d}t \tag{4-5}$$

(5) 频率保持性

若线性系统输入为某一频率简谐信号,则其稳态响应必是同一频率的简谐信号。

在实际测试中,测试得到的信号常常受到其他信号或噪声的干扰,依据频率保持性可以认定测得信号中只有与输入信号相同的频率成分才是真正由输入引起的输出。同样,在故障诊断中,根据测试信号的主要频率成分,在排除干扰的基础上,依据频率保持特性推出输入信号也应包含该频率成分,通过寻找产生该频率成分的原因,就可以诊断出故障的原因。

第二节 试验测试系统的静态特性

在式(4-1)描述的线性系统中,当系统的输入 $x(t) = x_0$(常数),即输入信号的幅值不随时间变化或其随时间变化的周期远远大于测试时间时,式(4-1)变成

$$y = \frac{b_0}{a_0}x = Sx \tag{4-6}$$

也就是说,输入输出关系是一条理想的直线,斜率 $S = \dfrac{b_0}{a_0}$ 为常数。但是实际测试系统的输入输出曲线并不是理想的直线,式(4-6)实际上变成

$$y = S_1 x + S_2 x^2 + S_3 x^3 + \cdots$$
$$= (S_1 + S_2 x + S_3 x^2 + \cdots)x$$

测试系统的静态特性就是在静态测量情况下描述实际测试装置与理想定常线性系统的接近程度。下面用定量指标来研究实际测试系统的静态特性。

第四章 试验测试系统特性分析

1. 非线性度

非线性度是指测试系统的输入输出关系保持常值线性比例关系的程度。在静态测量中,通常用实验测定的办法求得系统的输入输出关系曲线,称为定度(标定)曲线。定度曲线偏离其拟合直线的程度即为非线性度(图 4-2)。即在系统的标称输出范围(全量程)A 内,定度曲线与该拟合直线的最大偏差 B 与 A 的百分比,也即

$$非线性度 = \frac{B}{A} \times 100\% \tag{4-7}$$

测试系统的非线性度是无量纲的,通常用百分数来表示。

至于拟合直线的确定,目前国内外还没有统一的标准,常用的主要有两种,即端基直线和独立直线。

端基直线是指连线测量范围上下限点的直线,如图 4-3 所示。显然用端基直线代替实际输入输出关系曲线,其求解过程比较简单,但是其非线性度较差。

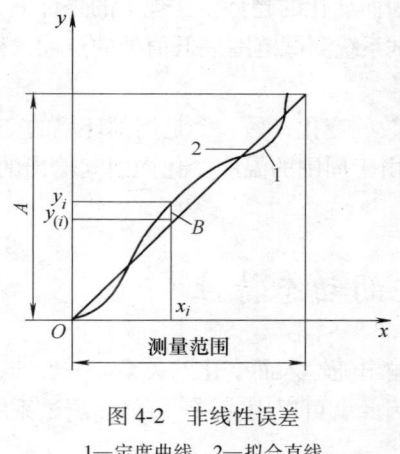

图 4-2 非线性误差
1—定度曲线 2—拟合直线

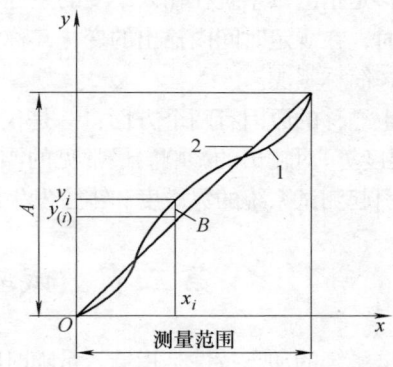

图 4-3 端基直线
1—定度曲线 2—端基直线

独立直线是指使输入与输出曲线上各点的线性误差 B_i 的平方和最小,即 $\sum B_i^2$ 最小的直线。

2. 灵敏度

灵敏度表征的是测试系统对输入信号变化的一种反应能力。若系统的输入有一个增量 Δx,引起输出产生相应增量 Δy,则定义灵敏度 S 为

$$S = \frac{\Delta y}{\Delta x} \tag{4-8}$$

对于定常线性系统,其灵敏度恒为常数。但是,实际的测试系统并非是定常线性系统,因此其灵敏度也不为常数。通常在工作频率范围内的幅频特性曲线以最平坦为好。

灵敏度的量纲取决于输入与输出的量纲。当输入与输出的量纲相同时,则灵敏度是一个无量纲的数,常称之为"放大倍数"。

3. 分辨力

分辨力是指测试系统所能检测出来的输入量的最小变化量,通常是以最小单位输出量所对应的输入量来表示。分辨力与灵敏度有密切的关系,即为灵敏度的倒数。

一个测试系统的分辨力越高,表示它所能检测出的输入量的最小变化量值越小。对于数字测试系统,其输出显示系统的最后一位所代表的输入量即为该系统的分辨力;对于模拟测试系统,

是用其输出指示标尺最小分度值的一半所代表的输入量来表示其分辨力。

4. 回程误差

由于仪器仪表中磁性材料的磁滞、弹性材料的迟滞现象，以及机械结构中的摩擦和游隙等原因，使得输入量在递增过程中的定度曲线与输入量在递减过程中的定度曲线往往不重合，如图4-4所示。

对应于同一输入量的两条定度曲线之差的最大值$|h_i|_{max}$与标称的输出范围A之比称为回程误差，即

$$回程误差 = \frac{|h_i|_{max}}{A} \times 100\% \quad (4-9)$$

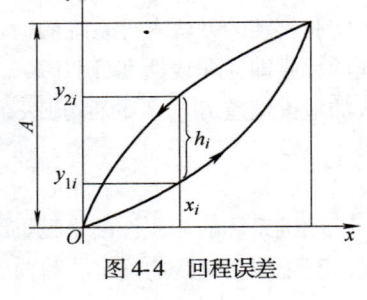

图4-4 回程误差

5. 漂移

漂移是指测试系统在输入不变的条件下，输出随时间而变化的趋势。在规定的条件下，当输入不变时，在规定时间内输出的变化，称为点漂。在测试系统测试范围最低值处的点漂，称为零点漂移，简称零漂。

产生漂移的原因有两个方面：一是仪器自身结构参数的变化，另一个是周围环境的变化（如温度、湿度等）对输出的影响。最常见的漂移是温漂，即由于周围的温度变化而引起输出的变化，进一步引起测试系统的灵敏度和零位发生漂移。

第三节 试验测试系统的动态特性

测试系统的动态特性是指输入量随时间变化时，其输出随输入而变化的关系。一般地，在所考虑的测量范围内，测试系统都可以认为是线性系统，因此就可以用式(4-1)描述测试系统以及输入$x(t)$和输出$y(t)$之间的关系。

1. 传递函数

当线性系统的初始状态为零时，即在考察时刻以前，其输入量、输出量及其各阶导数均为零。设$X(s)$和$Y(s)$分别为输入$x(t)$和输出$y(t)$的拉普拉斯变换，则对式(4-1)进行拉普拉斯变换，得

$$(a_n s^n + a_{n-1} s^{n-1} + \cdots + a_1 s + a_0) Y(s) = (b_m s^m + b_{m-1} s^{m-1} + \cdots + b_1 s + b_0) X(s)$$

定义系统的传递函数$H(s)$为输出量和输入量的拉普拉斯变换之比，即

$$H(s) = \frac{Y(s)}{X(s)} = \frac{b_m s^m + b_{m-1} s^{m-1} + \cdots + b_1 s + b_0}{a_n s^n + a_{n-1} s^{n-1} + \cdots + a_1 s + a_0} \quad (4-10)$$

式中，s是复变量，即$s = \sigma + j\omega$。

传递函数包含了瞬态、稳态时间响应和频率响应的全部信息，有以下几个特点：

1) $H(s)$描述了系统本身的动态特性，与输入量$x(t)$及系统的初始状态无关。

2) $H(s)$是对物理系统特性的一种数学描述，与系统的具体物理结构无关，同一传递函数可以表征具有相同传输特性的不同物理系统。

3) $H(s)$中的分母取决于系统的结构，而分子则表示系统同外界之间的联系，如输入点的位置、输入方式、被测量以及测点布置情况等。分母中s的幂次代表系统微分方程的阶数，如当$n=$

1 或 $n=2$ 时，分别称为一阶系统或二阶系统。

一般测试系统都是稳定系统，其分母中 s 的幂次总是高于分子中 s 的幂次（$n>m$）。

2. 频率响应函数

传递函数 $H(s)$ 是在复数域中描述和考察系统的特性，与在时域中用微分方程来描述和考察系统的特性相比有许多优点。频率响应函数 $H(\omega)$ 是在频域中描述和考察系统特性。与传递函数相比，频率响应函数易通过实验来建立，且其物理概念清楚。利用与传递函数的关系，由频率响应函数极易求出传递函数。

在已知系统传递函数 $H(s)$ 的情况下，令 $H(s)$ 中 s 的实部为零，即 $s=j\omega$，便可以求得频率响应函数 $H(\omega)$。对于定常线性系统，频率响应函数 $H(\omega)$ 有

$$H(\omega)=\frac{b_m(j\omega)^m+b_{m-1}(j\omega)^{m-1}+\cdots+b_1(j\omega)+b_0}{a_n(j\omega)^n+a_{n-1}(j\omega)^{n-1}+\cdots+a_1(j\omega)+a_0} \tag{4-11}$$

式中，$j=\sqrt{-1}$。

第四节 试验测试系统的动态响应

由前述可知，测试系统的输入、输出与传递函数之间的关系式为

$$Y(s)=H(s)X(s)$$

对此式做拉普拉斯反变换，有

$$y(t)=L^{-1}[Y(s)]=L^{-1}[H(s)X(s)]$$

式中，L^{-1} 表示拉普拉斯反变换。另一方面，根据拉普拉斯变换的卷积特性，有

$$y(t)=x(t)*h(t)$$

即从时域来看，系统的输出就是输入与系统的脉冲响应函数的卷积。

本节仅讨论测试系统在单位阶跃输入和单位正弦输入条件下的响应，并假设系统的静态灵敏度 $S=1$。

1. 测试系统在单位阶跃输入下的响应

单位阶跃输入（图 4-5）定义为

$$x(t)=\begin{cases}0 & t<0 \\ 1 & t\geqslant 0\end{cases}$$

其拉普拉斯变换为

$$X(s)=\frac{1}{s}$$

一阶系统（图 4-6）的响应为

$$y(t)=1-e^{-t/\tau} \tag{4-12}$$

二阶系统（图 4-7）的响应为

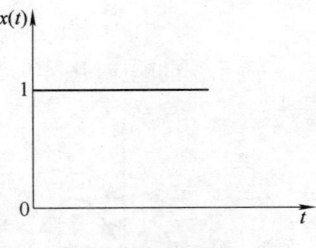

图 4-5 单位阶跃输入

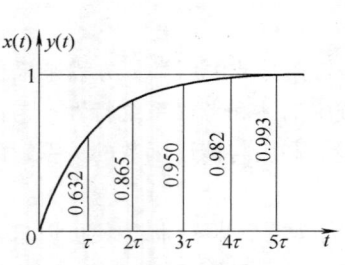
图 4-6 一阶系统的单位阶跃响应

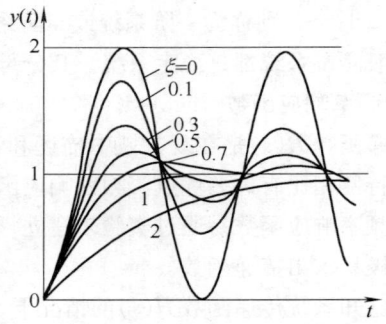
图 4-7 二阶系统的单位阶跃响应

$$y(t)=1-\frac{e^{-\xi\omega_n t}}{\sqrt{1-\xi^2}}\sin(\omega_d t+\phi_2) \tag{4-13}$$

式中，$\omega_d=\omega_n\sqrt{1-\xi^2}$，$\phi_2=\arctan\frac{\sqrt{1-\xi^2}}{\xi}$（$\xi<1$）。

由图 4-6 可见，一阶系统在单位阶跃激励下的稳态输出误差为零，并且，进入稳态的时间 $t\to\infty$。但是，当 $t=4\tau$ 时，$y(4\tau)=0.982$，误差小于 2%；当 $t=5\tau$ 时，$y(5\tau)=0.993$，误差小于 1%。所以对于一阶系统来说，时间常数 τ 越小越好。

二阶系统在单位阶跃激励下的稳态输出误差也为零。进入稳态的时间取决于系统固有频率 ω_n 和阻尼比 ξ，ω_n 越高，系统响应越快。阻尼比主要影响超调量和振荡次数，当 $\xi=0$ 时，超调量为 100%，且振荡持续不息；当 $\xi\geq1$ 时，实质为两个一阶系统的串联，虽无振荡，但达到稳态的时间较长。通常取 $\xi=0.6\sim0.8$，此时，最大超调量不超过 10%~25%，达到稳态的时间最短，为 $(5\sim7)/\omega_n$，稳态误差在 5%~2%之间。

在工程中，对系统的突然加载或者突然卸载都视为对系统施加阶跃输入。施加这种输入，既简单易行，又可以反映出系统的动态特性，因此，常用于系统的动态标定。

2. 测试系统在单位正弦输入下的响应

单位正弦输入信号（图 4-8）的定义为

$$x(t)=\sin\omega t \quad t>0$$

其拉普拉斯变换为

$$X(s)=\frac{\omega}{s^2+\omega^2}$$

一阶系统的响应（图 4-9）为

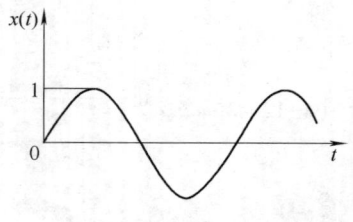
图 4-8 单位正弦输入

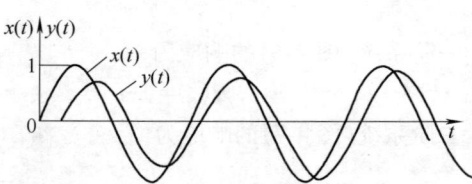
图 4-9 一阶系统的正弦响应

$$y(t)=\frac{1}{\sqrt{1+(\omega\tau)^2}}\left[\sin(\omega t+\phi_1)-e^{-t/\tau}\cos\phi_1\right] \tag{4-14}$$

$$\phi_1 = \arctan\omega\tau$$

二阶系统的响应(图 4-10)为

$$y(t) = A(\omega)\sin[\omega t + \phi(\omega)] - e^{-\xi\omega_n t}(K_1\cos\omega_d t + K_2\sin\omega_d t) \tag{4-15}$$

式中，K_1 和 K_2 是与 ω_n 和 ξ 有关的系数；$A(\omega)$ 和 $\phi(\omega)$ 分别为二阶系统的幅频和相频特性。

可见，正弦输入的稳态输出也是同频率的正弦信号，所不同的是，在不同频率下，其幅值响应和相位滞后都不相同，它们都是输入频率的函数。因此，可以用不同频率的正弦信号去激励测试系统，观察其输出响应的幅值变化和相位滞后，从而得到系统的动态特性。这是系统动态标定常用的方法之一。

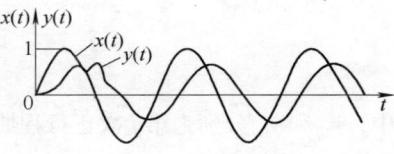

图 4-10 二阶系统的正弦响应

第五节 试验测试系统特性的测量

为了保证测试结果的精度可靠，测试系统在出厂前或使用前需要进行定度或定期校准。根据上述分析知，测试系统特性的测定应该包括静态特性和动态特性的测定。

一、测试系统静态特性的测定

测试系统的静态特性测定是一种特殊的测试，它是选择经过校准的"标准"静态量作为测试系统的输入，求出其输入输出特性曲线。所采用的"标准"输入量误差应当是所要求测试结果误差的 $\dfrac{1}{5} \sim \dfrac{1}{3}$ 或更小，具体的标定过程如下。

（1）作输入输出特性曲线

将"标准"输入量在满量程的测量范围内均匀地等分成 n 个输入点 $x_i(i=1,2,\cdots,n)$，按正反行程进行相同的 m 次测量（一次测量包括一个正行程和一个反行程），得到 $2m$ 条输入-输出特性曲线，如图 4-11 所示。

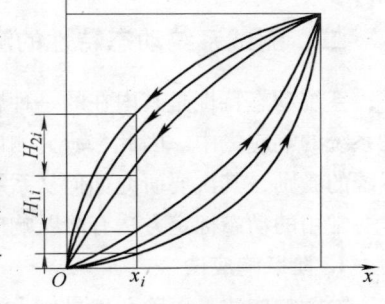

图 4-11 正反行程输入-输出曲线

（2）求重复性误差 H_1 和 H_2

正行程的重复性误差 H_1 为

$$H_1 = \dfrac{\{H_{1i}\}_{\max}}{A} \times 100\% \tag{4-16}$$

式中 H_{1i}——输入量所对应的正行程的重复性误差，$i=1,2,\cdots,n$；

A——测试系统的满量程值；

$\{H_{1i}\}_{\max}$——在满量程 A 内正行程中各点重复性误差的最大值。

反行程的重复性误差 H_2 为

$$H_2 = \dfrac{\{H_{2i}\}_{\max}}{A} \times 100\% \tag{4-17}$$

式中 H_{2i}——输入量 x_i 所对应的反行程的重复性误差，$i=1,2,\cdots,n$；

$\{H_{2i}\}_{\max}$——在满量程 A 内反行程中各点重复性误差的最大值。

(3) 做出正反行程的平均输入-输出曲线

计算正行程曲线 $\bar{y}_{1i}$ 和反行程曲线 $\bar{y}_{2i}$，得

$$\bar{y}_{1i} = \frac{1}{m}\sum_{j=1}^{m}(y_{1ij})$$

$$\bar{y}_{2i} = \frac{1}{m}\sum_{j=1}^{m}(y_{2ij})$$

式中，y_{1ij} 和 y_{2ij} 分别为第 j 次正行程曲线和反行程曲线，$j=1,2,\cdots,m$。

(4) 求回程误差

$$h = \frac{|\bar{y}_{2i} - \bar{y}_{1i}|_{\max}}{A} \times 100\%$$

(5) 做出定度曲线

定度曲线

$$y_i = \frac{1}{2}(\bar{y}_{1i} + \bar{y}_{2i})$$

将定度曲线作为测试系统的实际输入-输出特性曲线，这样可以消除各种误差的影响，使其更接近实际输入-输出曲线。

(6) 做出拟合直线，计算非线性误差和灵敏度

根据定度曲线，按最小二乘法做出拟合直线，然后根据式(4-7)求非线性误差。拟合直线的斜率即为灵敏度。

二、测试系统动态特性的测定

系统动态特性是其内在的一种属性，这种属性只有系统受到激励之后才能显现出来，并隐含在系统的响应之中。因此，研究测试系统动态特性的标定，应首先研究采用何种的输入信号作为系统的激励，其次要研究如何从系统的输出响应中提取出系统的动态特性参数。

常用的动态标定方法有阶跃响应法和频率响应法。

1. 阶跃响应法

阶跃响应法是以阶跃信号作为测试系统的输入，通过对系统输出响应的测试，从中计算出系统的动态特性参数。这种方法实质上是一种瞬态响应法，即通过输出响应的过渡过程来标定系统的动态特性。

(1) 一阶系统动态特性参数的求取

对于一阶系统来说，时间常数 τ 是唯一表征系统动态特性的参数，由图 4-6 可见，当输出响应达到稳态值的 63.2% 时，所需要的时间就是一阶系统的时间常数。显然，这种方法很难做到精确的测试，同时，又没涉及测试的全过程，所以求解结果精度较低。为获得较高精度的测试结果，一阶系统的响应式(4-12)可以改写成

$$1 - y(t) = e^{-t/\tau} \tag{4-18}$$

或

$$\ln[1 - y(t)] = -\frac{1}{\tau} \cdot t$$

(2) 二阶系统动态特性参数的求取

由典型二阶系统的输出响应式(4-13)可知,其瞬态响应是以 $\omega_d = \omega_n\sqrt{1-\xi^2}$ 的圆频率做衰减振荡的,其各峰值所对应的时间 $t_p = 0$, π/ω_d, $2\pi/\omega_d$, …。

显然,当 $t_p = \pi/\omega_d$ 时,$y(t)$ 取最大值,则最大超调量 M 与阻尼比 ξ 的关系式为

$$M = y(t)_{\max} - 1 = e^{-\left(\frac{\xi\pi}{\sqrt{1-\xi^2}}\right)} \tag{4-19}$$

或

$$\xi = \sqrt{\frac{1}{(\ln M)^2} + 1} \tag{4-20}$$

因此,当从输出曲线(图 4-12)上测出 M 后,由式(4-19)或式(4-20)即可求出阻尼比 ξ 或从图 4-13 曲线上求出阻尼比 ξ。

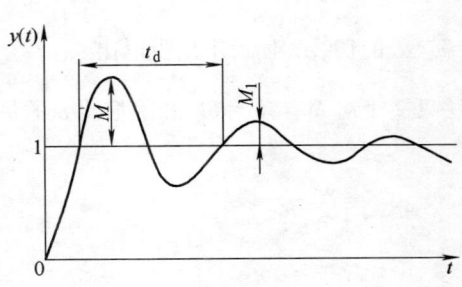

图 4-12 欠阻尼二阶系统的阶跃响应

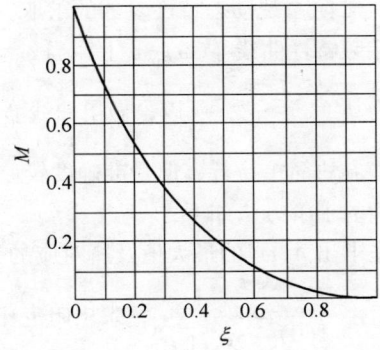

图 4-13 欠阻尼二阶系统的 M-ξ 关系图

如果测得响应的瞬变过程较长,则可以利用任意两个相隔 n 个周期数的超调量 M_t 和 M_{t+n} 来求取阻尼比 ξ。设 M_t 和 M_{t+n} 所对应的时间分别为 t_t 和 t_{t+n},则

$$t_{t+n} = t_t + \frac{2n\pi}{\omega_n\sqrt{1-\xi^2}}$$

将其代入二阶系统的阶跃响应表达式(4-13),可得

$$\ln\frac{M_t}{M_{t+n}} = \frac{2n\pi}{\omega_n\sqrt{1-\xi^2}}$$

整理后可得

$$\xi = \sqrt{\frac{\delta_n^2}{\delta_n^2 + 4\pi^2 n^2}}$$

式中,$\delta_n = \ln\dfrac{M_t}{M_{t+n}}$。

而固有频率 ω_n 可由下式求得

$$\omega_n = \frac{\omega_d}{\sqrt{1-\xi^2}} = \frac{2\pi}{t_d\sqrt{1-\xi^2}}$$

式中,振荡周期 t_d 可从图 4-12 上直接测得。

2. 频率响应法

频率响应法是以一组频率可调的标准正弦信号作为系统的输入,通过对系统输出幅值和相位的测试,获得系统的动态特性参数。这种方法实质上是一种稳态响应法,即通过输出的稳态响应来标定系统的动态特性。

(1) 一阶系统动态特性参数的求取

对于一阶系统,直接利用下式求取时间常数 τ,即

$$A(\omega) = \frac{1}{\sqrt{1+(\omega\tau)^2}}$$

或

$$\phi(\omega) = -\arctan(\tau\omega)$$

(2) 二阶系统动态特性参数的求取

在相频特性曲线 $\phi(\omega)-\omega$ 上,当 $\omega = \omega_n$ 时,$\phi(\omega_n) = -90°$,由此可求出固有频率 ω_n。

因为 $\phi'(\omega) = \frac{1}{\xi}$,所以,做出曲线 $\phi(\omega)-\omega$ 在 $\omega = \omega_n$ 处的切线,便可求出阻尼比 ξ。

这种方法简单易行,但是准确度较差,所以该方法只适于对固有频率 ω_n 和阻尼比 ξ 的估算。较为精确的求解方法如下:

首先求出 $A(\omega)$ 的最大值及所对应的频率;

然后由 $\dfrac{A(\omega_1)}{A(0)} = \dfrac{1}{2\xi\sqrt{1-\xi^2}}$,求出阻尼比 ξ;

最后根据 $\omega_n = \dfrac{\omega_1}{\sqrt{1-2\xi^2}}$,求出固有频率 ω_n。

这种方法中 $A(\omega_1)$ 和 ω_1 的测量可以达到一定的精度,因此由此求解出的固有频率 ω_n 和阻尼比 ξ 具有较高的精度。

第六节 试验测试系统的负载耦合特性

实际测试中,总是需要将若干个测量环节(仪器)串联成测试系统,尽管用于组成系统的每一环节都满足不失真测试的要求,但组成的总系统也不一定满足小失真测试的条件,信号在两个环节之间不能正确地传递,后一环节会对前一环节造成干扰。我们把这种在两个测量环节串联时,由于耦合条件的不同对信号传递造成的干扰称作"负载效应"。本节主要介绍负载效应的基本概念,然后介绍减小负载效应干扰的途径。

1. 负载效应的一般关系

任何形式的功率都等于两个变量的乘积,这两个变量一个称"势变量",另一个称"流变量"。例如:电功率等于电压和电流的乘积,其中电压为势变量,电流是流变量;机械功率等于力(转矩)和速度(角速度)的乘积,其中前者为势变量,后者为流变量。信号在测试系统的各环节间传递时,必定伴随着能量的传递,既有势变量传递,也有流变量传递。但是在测试中,我们希望在信号(势变量或流变量)有效地传递的同时,后一环节(仪器)从前一环节(仪器)吸取的能量尽量小。这就是研究负载效应要解决的问题。

为了定量地研究负载效应对被测信号的影响程度,参照电阻抗的概念,引入广义阻抗,设广

义阻抗用 Z 表示,则有

$$Z = \frac{势变量}{流变量}$$

像电阻抗一样,广义阻抗在静态和动态下都是适用的。

(1) 静态负载效应

图 4-14 表示用一个直流电压表测量直流电压的情况,设被测系统 a、b 两端点间的开路电压(被测电压)为 E_g。当电压表接入后,由于二者阻抗配合的影响,a、b 两点的电压值(电压表实际的输入电压)变为

$$E_i = \frac{R_i}{R_g + R_i} E_g \tag{4-21}$$

式中　R_g——被测系统的输出阻抗;

　　　R_i——电压表的输入阻抗。

由式(4-21)可以看出,要想在电压表和被测系统之间获得 1∶1 传递,即要求 $E_i = E_g$,必须使 $R_i = \infty$,即希望流经电压表的电流等于零。也就是说,在两个环节之间只有信号传递,而没有能量传递,但这是做不到的。实际测量中,只能使 R_i 尽量大,当 $R_i \gg R_g$ 时,可认为 $E_i = E_g$,使测量误差尽量小。

现在,假设在静态的势变量测量中,有两个测量环节相串联。被测信号 x 经第一个环节 A 测量后,传递到第二个环节 B,B 的输出为 y(图 4-15)。

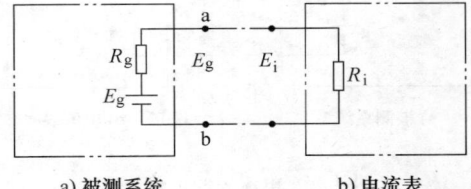
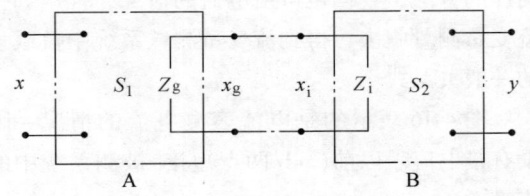

图 4-14　电压表的负载效应　　　　图 4-15　信号在两个环节间的传递

将上述电压表测量中的负载效应的关系式推广到一般势变量的测量中可得

$$x_i = \frac{Z_i}{Z_g + Z_i} x_g \tag{4-22}$$

式中　x_i——A 环节的被测势变量;

　　　x_g——B 环节实际输入的势变量;

　　　Z_g——A 环节的静态输出电阻;

　　　Z_i——B 环节的静态输入电阻。

设 A、B 环节的静态灵敏度分别为 S_1 和 S_2,整个系统的输入为 x,输出为 y,可以得到下面的关系(图 4-15)。

因为

$$x_g = S_1 x$$

$$x_i = \frac{Z_i}{Z_g + Z_i} x_g$$

$$y = S_2 x_i$$

所以有

$$y = S_1 \frac{Z_i}{Z_g + Z_i} S_2 x$$

令

$$S_T = \frac{Z_i}{Z_g + Z_i} = \frac{x_i}{x_g} \tag{4-23}$$

则有

$$y = S_1 S_T S_2 x$$

再令

$$S = S_1 S_T S_2 \tag{4-24}$$

则有

$$y = Sx \tag{4-25}$$

由式(4-24)可知：两个测量环节串联时，由于二者阻抗配合的影响，系统的总灵敏度一般不等于两个环节灵敏度的乘积，即 $S \neq S_1 S_2$，必须再乘以一个 S_T，这里的 S_T 可以看成是 A 环节和 B 环节之间的传递环节的灵敏度，这就是串联环节负载效应的干扰。两个环节的阻抗配合不同，S_T 也不同。

式(4-23)给出的是在静态势变量测量中，两个串联环节阻抗配合产生的负载效应的一般式。采用同样的方法，我们也可由电流的情况，推广到一般流变量测量中去，得到流变量测试系统中负载效应的一般关系式。

图 4-16 表示的是电流表测电流的情况。因为没有接电流表以前(a、b 两点短接)被测系统中的电流为

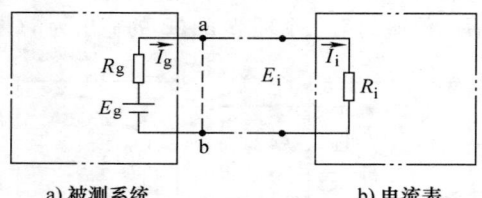

图 4-16 电流表的负载效应

$$I_g = \frac{E_g}{R_g} \tag{4-26}$$

接入电流表后，流经电流表的电流为

$$I_i = \frac{E_g}{R_g + R_i} \tag{4-27}$$

由式(4-26)和式(4-27)可得

$$I_i = \frac{R_g}{R_g + R_i} I_g$$

推广到一般静态流变量检测的串接系统中有

$$x' = \frac{Z_g}{Z_g + Z_i} x_g' \tag{4-28}$$

式中 x_g'——前面环节被测的流变量；

x'——后面环节实际输入的流变量。

由式(4-28)可得流变量测量中串联环节的负载效应的一般关系，即传递环节(假象环节)的灵敏度为

$$S_T' = \frac{Z_g}{Z_g + Z_i} \tag{4-29}$$

(2) 动态负载效应

因为阻抗 Z 以及输入 x 和输出 y 都可以表示成频率的函数,所以当引入频率响应以后,式(4-22)、式(4-23)、式(4-24)、式(4-28)和式(4-29)等推广到动态时,可以得到动态负载效应(图 4-17)的一系列一般关系式。

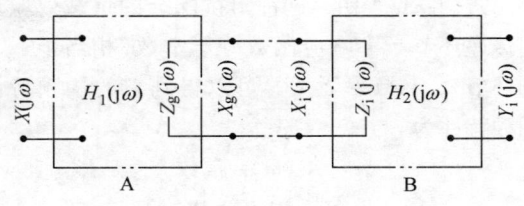

图 4-17 动态负载效应

将式(4-22)推广到动态,可以得到 B 环节与 A 环节串接时,对势变量传递的影响程度为

$$X_i(j\omega) = \frac{Z_i(j\omega)}{Z_g(j\omega) + Z_i(j\omega)} X_g(j\omega) \tag{4-30}$$

式中 $X_g(j\omega)$ ——A 环节不受 B 环节干扰时输出信号的频谱;
    $X_i(j\omega)$ ——B 环节实际输入信号的频谱函数;
    $Z_g(j\omega)$ ——A 环节的动态(复数)输出阻抗;
    $Z_i(j\omega)$ ——B 环节的动态(复数)输入阻抗。

将式(4-22)改为动态形式,可以得到势变量传递中,传递环节的频率响应函数为

$$H_T(j\omega) = \frac{Z_i(j\omega)}{Z_g(j\omega) + Z_i(j\omega)} \tag{4-31}$$

将式(4-24)推广到动态中,可得

$$H(j\omega) = H_1(j\omega) H_T(j\omega) H_2(j\omega) \tag{4-32}$$

式中 $H(j\omega)$ ——A、B 两环节串联后的总频率响应函数;
    $H_1(j\omega)$ ——A 环节的频率响应函数;
    $H_2(j\omega)$ ——A 环节的动态(复数)输出阻抗;
    $H_T(j\omega)$ ——A、B 之间传递环节的频率响应函数。

由式(4-32)可知,在测试系统中,当两个环节串接时,总的频率响应函数一般不等于两频率响应函数的乘积,只有当后一个环节对前一环节的特性没有影响时[$H_T(j\omega) = 1$],才有 $H(j\omega) = H_1(j\omega) H_2(j\omega)$。在一般情况下,由于前后环节的阻抗配合的影响,信号在两个环节之间不能一比一地传递,必须考虑 $H_T(j\omega)$ 对测量结果的影响。为了保证测量结果的可靠性,对串接环节的阻抗配合必须提出一定的要求。不仅串接的各环节的频率响应函数应满足不失真的条件,还必须要求 $H_T(j\omega)$ 在被传递的信号的频带范围内,也满足不失真条件。

式(4-31)表示的是势变量传递中,传递环节的频率响应函数与动态阻抗的关系。将式(4-29)推广到动态条件下,也可得到流变量传递中传递环节的频率响应函数与动态阻抗的关系式。式(4-32)对势变量和流变量都是适用的。

2. 几种阻抗配合的负载效应

以下仅就电信号的测量中,势变量(电压)传递中的几种常用的阻抗配合产生的负载效应进行讨论。

(1) $Z_g(j\omega)$ 和 $Z_i(j\omega)$ 均为纯电阻

这时,$Z_g(j\omega) = R_g$ 和 $Z_i(j\omega) = R_i$,代入式(4-1)中,得传递环节的频率响应函数 $H_T(j\omega)$ 为

$$H_T(j\omega) = \frac{R_i}{R_g + R_i} \tag{4-33}$$

式(4-33)表明，这种阻抗配合的负载效应形成的传递环节频率响应函数等于常数（相当于一个比例环节），与频率无关。可以得到它的幅频特性和相频特性为

$$A_T(\omega) = 常数$$
$$\varphi_T(\omega) = 0$$

其幅频特性图如图4-18所示。由图4-18可以看出：这种阻抗配合的形式，在测量结果并不会产生波形失真，只是信号的幅值有变化。

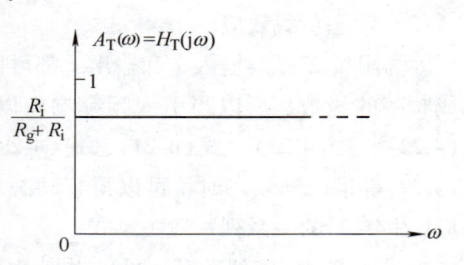

图4-18 纯电阻配合时假想环节的频率响应函数

测量单频信号时，若忽视了阻抗配合的影响，将会造成幅值误差，其关系为

$$\Delta = (1 - \frac{R_i}{R_g + R_i}) \times 100\% = \frac{1}{1 + R_i/R_g} \times 100\% \tag{4-34}$$

式(4-34)表明，这种幅值误差与频率无关，仅与 R_g 与 R_i 之比有关，R_i/R_g 越大，其幅值误差越小。只有当 $R_i/R_g > 100$ 时，才能使得幅值误差 $<1\%$。

(2) $Z_g(j\omega)$ 为纯电阻，$Z_i(j\omega)$ 为电阻电容并联

这时，$Z_g = R_g$，$Z_i = \dfrac{R_i}{1 + j\omega R_i C_i}$。

式中，C_i 表示后一个环节输入端的电容（包括导线的分布电容）。代入式(4-31)可得

$$H_T(j\omega) = \frac{\dfrac{R_i}{1 + j\omega R_i C_i}}{R_g + \dfrac{R_i}{1 + j\omega R_i C_i}} \tag{4-35}$$

$$= \frac{1}{(R_g/R_i + 1) + j\omega R_g C_i}$$

$$A_T(\omega) = \frac{1}{\sqrt{(\dfrac{R_g}{R_i} + 1)^2 + (R_g C_i \omega)^2}} \tag{4-36}$$

$$\varphi_T(\omega) = -\arctan(\frac{R_g R_i C_i}{R_g + R_i}\omega) \tag{4-37}$$

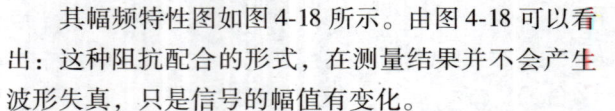

图4-19 纯电阻与复阻抗配合时频率响应函数

这种阻抗配合方式形成的传递环节的频率响应函数的幅频特性曲线和相频特性曲线如图4-19所示。

分析图4-19可知，该传递环节的信号频率较低时，幅频特性近于 $R_i/(R_g + R_i)$，近似常数，同时相移也比较小，且近似与 ω 成线性关系，所以可以认为在频率很低的范围内，能实现波形不失真的传递。

在传递单频信号时，若忽视了传递环节对信号的干扰，造成幅值误差为

$$\Delta = [1 - \frac{1}{\sqrt{(\frac{R_g}{R_i}+1)^2 + (R_g C_i \omega)^2}}] \times 100\% \qquad (4\text{-}38)$$

式(4-38)表明幅值误差是频率的函数，随着频率的提高而增大，而且频率等于零(静态)时也有幅值误差，其值和纯电阻配合相同，即为

$$\Delta = \frac{1}{1+R_i/R_g} \times 100\%$$

由上述分析可得出如下结论：

1) 这种阻抗配合形式具有低通特性，即只适合传递低频信号，但为了减小幅值误差还必须使 R_i/R_g 越大越好，当 $R_i/R_g>100$ 时，才能使静态幅值误差<1%。

2) 为了扩大不失真传递的频率范围，应该使 $R_g C_i$ 尽量小。

以上讨论的电容 C_i 除了后一个仪器的并联电容外，还包含导线电容和分布电容，所以即使仪器输入阻抗为非电容性的，C_i 也不等于零，测试中必须注意它的影响。

第七节 不失真测量

测试的目的是获得被测对象的原始信息，这就要求在测试过程中采取相应的技术手段，使测试系统的输出信号能够真实、准确地反映出被测对象的信息。这种测试称之为不失真测试。

设测试系统的输入为 $x(t)$，若实现不失真测试，则该测试系统的输出 $y(t)$ 应满足

$$y(t) = A_0 x(t-t_0) \qquad (4\text{-}39)$$

式中，A_0、t_0 均为常数。

式(4-39)即为测试系统在时域内实现不失真测试的条件。此时，测试系统的输出波形精确地与输入波形相似，只是幅值放大 A_0 倍，相位产生了位移 t_0，如图4-20所示。

将式(4-39)进行傅里叶变换，得

$$Y(\omega) = A_0 e^{-jt_0\omega} X(\omega)$$

当测试系统的初始状态为零时，即当 $t<0$ 时，$x(t)=0$，$y(t)=0$，测试系统的频率响应函数为

$$H(\omega) = A(\omega) e^{j\phi(\omega)} = \frac{Y(\omega)}{X(\omega)} = A_0 e^{-jt_0\omega}$$

其幅频特性和相频特性为

$$A(\omega) = A_0 = 常数 \qquad (4\text{-}40)$$

$$\phi(\omega) = -t_0 \omega \qquad (4\text{-}41)$$

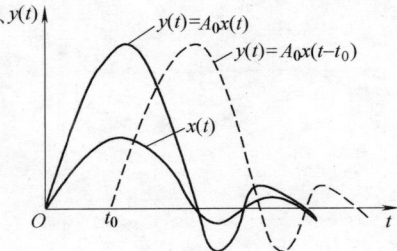

图 4-20 测试不失真条件

式(4-40)和式(4-41)即测试系统在频域内实现不失真测试的条件，即幅频特性曲线是一条平行于 ω 轴的直线，相频特性曲线是斜率为 $-t_0$ 的直线。

应该指出的是，上述不失真测试的条件是指波形不失真的条件，而幅值和相位都发生了变化。因此，在测试过程中要根据不同的测试目的，合理地利用这个条件，否则将会得到相反的结果。如果测试的目的只是精确地测出输入波形，那么上述条件完全可以满足要求；但如果测试的结果要用来作为反馈控制信息，这就要特别注意，输出信号的波形相对输入信号的波形在相位或者说在时间上是有滞后的，这种滞后有可能导致系统的稳定性遭到破坏。因此，在这种情况下，

要根据不同的情况，对输出信号在幅值和相位上进行适当的处理之后，才能用作反馈信号。

任何一个测试系统不可能在非常宽广的频带内满足不失真的测试条件，我们将 $A(\omega)$ 不等于常数时所引起的失真称为幅值失真，$\phi(\omega)$ 与 ω 之间的非线性关系所引起的失真称为相位失真。一般情况下，测试系统既有幅值失真又有相位失真。为此，只能尽量地采取一定的技术手段将波形失真控制在一定的误差范围之内。

在实际的测试过程中，为了减小由于波形失真带来的测试误差，除了要根据被测信号的频带选择合适的测试系统之外，通常还要对输入信号进行一定的前置处理，以减少或消除干扰信号，尽量提高信噪比。另外，在选用和设计某一测试系统时，还要根据所需测试的信息内容来合理地选择恰当的参数。例如，在振动测试或故障诊断时，常常只需测试出振动中的频率成分及其强度，而不必研究其变化波形，在这种情况下，幅频特性或幅值失真是最重要的指标，而其相频特性或相位失真的指标无需要求过高。

第五章 试验设计理论

所谓试验设计，就是试验之前，根据试验目的和要求，按照试验所具备的条件，合理设计试验方案，力求以较少的试验次数，迅速而圆满地得到令人满意的结果。试验设计的方法很多，本章主要讨论因子设计、正交设计、均匀设计等一些常用的方法。

第一节 基本概念

从广义上讲，试验设计是指整个研究课题的设计，包括选题、试验方案拟订、试验方法设计以及相应的资料搜集和统计分析方法等一系列内容，从狭义上讲，试验设计指试验方案设计、试验方法设计，即试验单元的选择与分组排列。

一、试验研究的基本要求

试验研究的目的是揭示纷繁复杂的各种事物和现象对研究对象在一定条件下产生影响的深度与广度，找出其发展变化的规律性，为人们认识和利用它提供科学依据。为此，试验研究必须符合下列基本要求：

1. 试验条件的代表性

通常一个试验只是对研究总体的一次抽样观察，试验结果的利用价值取决于试验样本对研究总体的代表性好坏。试验设计时，既要考虑目前实际条件，还应放眼未来的生产、经济和科学技术水平的发展，使试验结果既能符合当前需要，又能适应未来发展。

2. 试验结果的可靠性

试验结果的可靠性包括试验的准确性与精确性两个方面。准确性是指试验中某一参数的观测值与其真实值的接近程度，越接近，其准确性越好。一般试验中真实值是未知的，故准确性不易确定。精确性是指试验中同一参数的重复观测值的彼此接近程度，即试验误差的大小，这是可以估算的。试验误差越小，试验就越精确。当试验不存在系统误差时，精确性与准确性是一致的。因此，在试验过程中，要严格按试验要求和操作规程实施各项技术环节，力求避免发生人为错误和系统误差，尤其要注意试验条件的一致性，以减小试验误差，提高试验结果的可靠性。

3. 试验结果的重演性

试验结果的重演性是指在相似条件下重复试验能得到相同趋势的试验结果，这是试验结果具有应用价值的前提。为了保证试验结果能够重演，首先必须严格要求试验的正确实施和试验条件的代表性；其次，必须注意试验各个环节，全面掌握试验所处的条件，有详细、完整的试验记载，以便分析产生各种试验结果的原因，以克服年份、地点、环境条件等因素的不一致性所带来的影响。

二、与试验有关的术语

（1）试验指标

试验指标指度量试验结果的标志。在科学研究中，许多数量性状和质量性状都可以作为试验指标，如电机的转矩响应时间、质量比功率、最高工作转速等。

（2）试验因素

试验因素指试验中由人为控制的影响试验指标的原因。只研究一个因素效应的试验，称为单因素试验；研究两个或两个以上因素的效应及其交互效应的试验，称为多因素试验。

（3）因素水平

对试验因素所设定的不同量或质的级别，称为因素水平。

（4）试验处理

试验所设置的特定条件，称为试验处理。在单因素试验中，试验因素的每一个水平就是一个试验处理；多因素试验中，不同因素的水平相互组合构成一个试验处理。

（5）试验方案

试验方案指一个试验的全部处理或处理组合的总和。

（6）重复

重复指同一试验处理所设置的试验单元数。当一个试验的每个处理只设置一个试验单元时，称为无重复试验；当一个试验中部分处理设置两个或两个以上试验单元时，称为部分处理重复的试验；当一个试验的每个处理都设置两个试验单元时称为试验有两次重复，其余类推。

（7）隐重复

隐重复指多因素试验中某因素的水平重复次数。

（8）因素效应与交互效应

因素效应指试验因素的水平变化对试验指标值的增进或减少作用。交互效应指试验因素交互作用对试验指标值的影响。

第二节　多因子试验设计

一、因子设计的概念

（1）因子

因子指影响试验指标的因素。很多试验包含着两个、三个或更多的因子，对这些因子产生的效果都要进行研究。比如对两个因子 A、B 的情况有

试验指标 $\begin{cases} 因子\ A(a\ 个水平) \\ 因子\ B(b\ 个水平) \end{cases} ab$ 个组合（全部试验）

因子水平有 $\begin{cases} 数量性的：温度、压力…… \\ 质量性的：不同机器、操作方法…… \end{cases}$

（2）因子的效果

因子效果指由因子水平改变而引起的反应的变化，也称此因子的主要效果。

第五章 试验设计理论

[例 5-1]：设某一试验有两个因子 A 和 B，因子 A 有两个水平 A_1、A_2，因子 B 有两个水平 B_1、B_2，试验所得结果数据见表 5-1，试考查因子 A、B 的效果。

表 5-1 两因子试验数据表

因子 A \ 因子 B	B_1	B_2
A_1	20	30
A_2	40	52

a)

因子 A \ 因子 B	B_1	B_2
A_1	20	40
A_2	50	12

b)

解：先考虑第一种情况 a)。

因子 A 的主要效果可看成是 A 在第一个水平下的平均反应与在第二个水平下的平均反应之差，记为 A，即

$$A = \frac{40+52}{2} - \frac{20+30}{2} = 21$$

类似地，因子 B 的主要效果是

$$B = \frac{30+52}{2} - \frac{20+40}{2} = 11$$

再考虑第二种情况 b)。

因子 A 的主要效果是 $A = \dfrac{50+12}{2} - \dfrac{20+40}{2} = 1$

因子 B 的主要效果是 $B = \dfrac{40+12}{2} - \dfrac{20+50}{2} = -9$

分别画出这两种情况的图形，如图 5-1 所示。

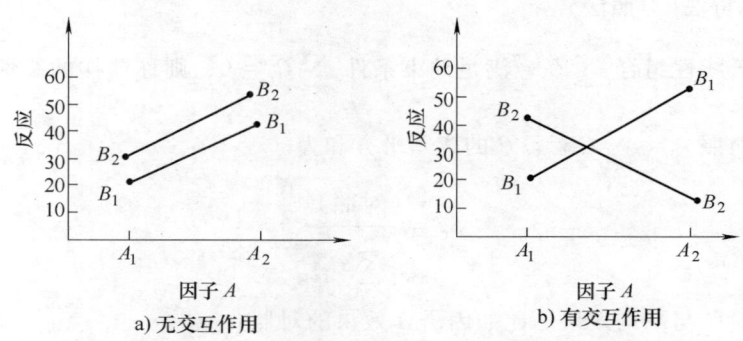

图 5-1 因子设计图形

可看出，在图 5-1a 中，B_1、B_2 线近似平行，而在图 5-1b 中，B_1、B_2 线明显地不平行而相交。这说明在第一种情况下，因子 A、B 之间没有交互作用；第二种情况下，因子 A、B 之间有交互作用。交互作用是不能忽视的，有时它比因子的作用还大。

（3）因子设计

通过考虑各因子及其交互作用效果来进行方差分析，从而判断各因子及其交互作用对试验指标的影响。因子设计是一种有效的设计方法，特别是当交互作用存在的时候。

二、2^k 因子设计

假设试验共有 k 个因子,各因子均为 2 个水平,则有 2^k 个不同组合,若每种组合下取一个观察值,总观察值共有 2^k 个,因此称为 2^k 因子设计。

2^k 因子设计的前提假设:①因子是固定的;②设计是完全随机的;③一般都满足正态性;④反应近似于线性。

1. 2^2 设计

2^k 设计中最简单的就是 2^2 设计,即只有 2 个因子 A、B;每个因子有低、高两个水平 l、h(图 5-2);每个组合下做 n 次重复观察,即取 n 个观察值。

为分析问题方便,引入以下记号:

A——因子 A 的效果 $\dfrac{ab+a-b-l}{2n}$;

B——因子 B 的效果 $\dfrac{ab+b-a-l}{2n}$;

AB——交互作用 $A \times B$ 的效果 $\dfrac{ab+l-a-b}{2n}$。

式中 a——因子 A 高水平、因子 B 低水平情况下观察值之和,即 $A(h)$、$B(l)$ 时;

b——$A(l)$、$B(h)$ 时观察值之和;

ab——$A(h)$、$B(h)$ 时观察值之和;

l——$A(l)$、$B(l)$ 时观察值之和。

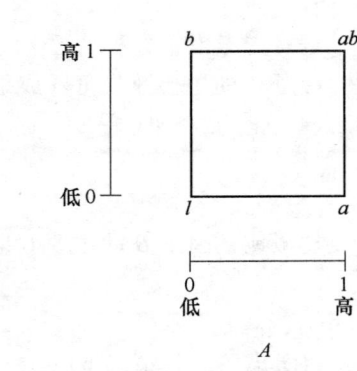

图 5-2 2^2 设计的因子水平组合

要判断各因子及其交互作用对试验指标的影响,可进行方差分析。下面介绍其常用方法。

(1) 标准分析法(对照法)

1) 对照。若线性组合 $\sum\limits_{r=1}^{m} C_r y_r$ 满足约束条件 $\sum\limits_{r=1}^{m} C_r = 0$,则称这样的线性组合为效果的对照,并记作 $(对照)_C = \sum\limits_{r=1}^{m} C_r y_r$。$C$ 的离差平方和为

$$S_C = \dfrac{(对照)_C^2}{n \sum\limits_{r=1}^{m} C_r y_r} \tag{5-1}$$

2) 效果的对照与平均效果。比如因子 A 效果的对照:

$$(对照)_A = ab+a-b-l$$

总平均效果:

$$A = \dfrac{1}{2n}(对照)_A$$

则

$$S_A = \dfrac{1}{4n}(对照)_A^2 = \dfrac{1}{4n}(ab+a-b-l)^2 \tag{5-2}$$

又比如交互作用 $A \times B$ 效果的对照：
$$（对照）_{AB} = ab+l-a-b$$

总平均效果：
$$AB = \frac{1}{2n}（对照）_{AB}$$

则
$$S_{AB} = \frac{1}{4n}（对照）_{AB}^2 = \frac{1}{4n}(ab+l-a-b)^2 \tag{5-3}$$

（2）代数符号法

标准顺序：指各线性组合式按 l、a、b、ab 顺序写出来。

代数符号表：指计算因子效果的标准顺序因子组合表（表5-2）。

表 5-2　设计效果计算代数符号表

因子水平组合	因子效果			
	I	A	B	AB
l	+	−	−	+
a	+	+	−	−
b	+	−	+	−
ab	+	+	+	+

代数符号表有下列性质：

1) 对照性。纵向看，每列按 l、a、b、ab 配上该列顺序的"+""−"号构成的和式，表示该列因子的（对照）定义式。如：（对照）$_A = -l+a-b+ab$，（对照）$_{AB} = l-a-b+ab$。

2) 均衡性。除 I 外，各列中"+""−"号个数相等。

3) 正交性。任何两列同行系数乘积之和为零。

4) I 的恒等性。任何列乘以列 I，符号不变，I 为恒等元素。

5) 可转换性。任何两列对应符号相乘可得出表中另一列的符号（除 I 列）：
$$A \times B = AB, \quad AB \times B = AB^2 = A（B^2 \text{ 全为 "+" 号}）$$

2. 2^3 因子设计

2^3 设计有三个因子 A、B、C，每个因子均取2个水平，单因子主要效果 A、B、C；两两交互作用效果 AB、AC、BC；3个因子交互作用效果 ABC（图5-3）。下面进行分析和计算。

（1）计算单因子主要效果（以效果 A 为例，B、C 同理）

$$\left. \begin{array}{l} B(0), C(0): \dfrac{1}{n}(a-l) \\[4pt] B(1), C(0): \dfrac{1}{n}(ab-b) \\[4pt] B(0), C(1): \dfrac{1}{n}(ac-c) \\[4pt] B(1), C(1): \dfrac{1}{n}(abc-bc) \end{array} \right\} \text{效果 } A \text{ 为四项总平均效果}$$

$$A = \frac{1}{4n}(a+ab+ac+abc-l-b-c-bc) = \frac{1}{4n}(对照)_A$$

（2）计算两两交互作用效果（以 AB 为例，BC、AC 同理）

$C(0)$ 时，A 效果在 B 的两个水平下的平均差为

$$A = \frac{1}{2}\left(\frac{ab-b}{n} - \frac{a-l}{n}\right) = \frac{1}{2n}(ab+l-a-b) \quad (*)$$

$C(1)$ 时，B 效果在 A 的两个水平下的平均差为

$$B = \frac{1}{2}\left(\frac{abc-bc}{n} - \frac{ac-c}{n}\right) = \frac{1}{2n}(abc+c-ac-bc)$$

$$(**)$$

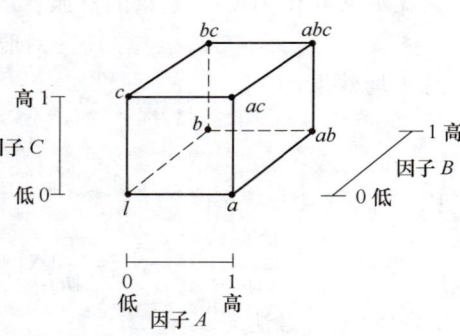

图 5-3 2^3 设计的因子水平组合

交互作用 $A \times B$ 的平均效果 AB 定义为在 B 的高水平下与在 B 的低水平下 A 的平均效果之差的平均值，也可看成在 A 的高水平下与在 A 的低水平下 B 的平均效果之差的平均值，即

$$AB = \frac{1}{4n}(ab+abc+l+c-a-b-ac-bc) = \frac{(对照)_{AB}}{4n} = \frac{1}{2}[(*)+(**)]$$

（3）计算 3 个因子交互作用 $A \times B \times C$ 的总平均效果

AB 在 C 的两个水平下的平均差为

$$ABC = \frac{1}{2}[(**)-(*)] = \frac{1}{4n}(abc+c+b+a-ab-ac-bc-l) = \frac{(对照)_{ABC}}{4n}$$

（4）标准顺序

对 2^3 设计标准顺序为 l、a、b、ab、c、ac、bc、abc。

（5）2^3 设计代数符号表（见表 5-3）

表 5-3 2^3 设计代数符号表

因子水平组合	因子效果							
	I	A	B	AB	C	AC	BC	ABC
l	+	−	−	+	−	+	+	−
a	+	+	−	−	−	−	+	+
b	+	−	+	−	−	+	−	+
ab	+	+	+	+	−	−	−	−
c	+	−	−	+	+	−	−	+
ac	+	+	−	−	+	+	−	−
bc	+	−	+	−	+	−	+	−
abc	+	+	+	+	+	+	+	+

类似 2^2，2^3 设计代数符号表具有下列性质：

1）对照性。纵向看，每列按 2^3 设计代数符号表标准顺序配上该列顺序的"+""−"号构成的和式，表示该列因子的(对照)定义式。如：

（对照）$_A$ = -l+a-b+ab-c+ac-bc+abc

（对照）$_{AB}$ = l-a-b+ab+c-ac-bc+abc

（对照）$_{ABC}$ = -l+a+b-ab+c-ac-bc+abc

2) 均衡性。除 I 外，各列中"+""-"号个数相等。

3) 正交性。任何两列同行系数乘积之和为零。

4) I 的恒等性。任何列乘列 I，符号不变，I 为恒等元素。

5) 可转换性。任何两列对应符号相乘可得出表中另一列的符号（除 I 列），即

$$A \times B = AB, \quad AB \times B = AB^2 = A(B^2 \text{ 全为"+"号})$$

6) 计算离差平方和。对 2^3 设计，按"对照"定义，因为每一个效果有一个对应的含有 8 项的线性组合的对照，即 $\sum_{r=1}^{8} C_r^2 = 8$。对 n 次重复试验，任一效果，其平方和为 $S = \dfrac{(\text{对照})^2}{8n}$。

3. 一般的 2^k 设计

k 个因子，每个因子均取 2 个水平，其中有 k 个单因子的效果，C_k^2 个两两交互作用效果；C_k^3 个 3 因子交互作用效果……一个 k 个因子交互作用的效果。

在一个 2^k 设计中，即使因子数 k 不太大，组合的总数也可能是很大的。比如 2^5 设计中有 32 个因子组合，2^6 设计中有 64 个因子组合，如果每种组合再重复试验多次，那么试验次数势必更多，这对人力、物力都会有很大的消耗。因此，通常都要限制试验的重复次数。

第三节　正交试验设计

正交试验设计能用少量试验，提取关键信息，简单易行，已成为多因子最优化的主要方向，促进了试验设计的发展，并形成了一些新的领域，如稳健设计、回归设计、配方设计等。

一、正交表

正交设计是多因子试验中最重要的一种设计方法。它是根据因子设计的分式原理，采用由组合理论推导而成的正交表来安排设计试验，并对结果进行统计分析的多因子试验方法。

在数学上，两向量 $(a_1, a_2, \cdots, a_n)$ 和 $(b_1, b_2, \cdots, b_n)$ 的内积之和为零，即 $a_1 b_1 + a_2 b_2 + \cdots + a_n b_n = 0$，则称这两个向量间正交，即它们在空间中交角为 $90°$。正交设计法的"正交"这个名词，就是从空间解析几何上两个向量正交的定义引申过来的。

在多因子试验中，当因子及水平数目增加时，若进行全面试验，将全部处理在一次试验中安排，试验处理个数及试验单元数就会急剧增长，要在一次试验内安排全部处理常常是不可能的。比如，某试验有 13 个因子各取 3 个水平，这个试验全面实施要 1594323 次，其工作量是惊人的。为了解决多因子全面实施试验次数过多、条件难以控制的问题，有必要挑选出部分代表性很强的处理组合来做试验，这些具有代表性的部分处理组合，可以通过正交表来确定，而这些处理通常是线性空间的一些正交点。

正交表是正交设计中合理安排试验、并对数据进行统计分析的主要工具，较简单的正交表 $L_9(3^4)$ 见表 5-4。

表 5-4　正交表 $L_9(3^4)$

试验处理＼列号	1	2	3	4
1	1	1	3	2
2	2	1	1	1
3	3	1	2	3
4	1	2	2	1
5	2	2	3	3
6	3	2	1	2
7	1	3	1	3
8	2	3	2	2
9	3	3	3	1

$L_9(3^4)$ 中的符号含义如图 5-4 所示。

L 代表正交表；

t = 正交表行数 = 处理数；

n = 因子数；

q = 正交表列数 = 可容纳的最大因子数；

$t = n^k$，k = 基本因子数 = 基本列数。

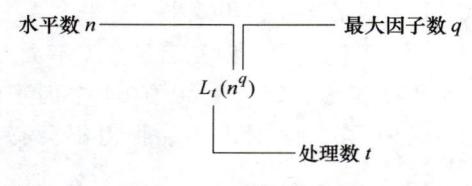

图 5-4　正交表符号

例如 $L_9(3^4)$ 正交表，L 右下角数字 9 表示有 9 行，试验有 9 个处理；括号内的指数 4 表示有 4 列，即最多允许安排的因子数是 4 个；括号内的数字 3 表示试验的因子有 3 种水平，即水平 1、2、3。

一般的正交表具有以下性质：

1）每一列中，不同的数字出现的次数相等。如表 $L_9(3^4)$ 中不同数字只有 3 个，即 1、2、3，它们各出现 3 次。

2）任意两列中，将同一行的两个数字看成一种排列时，每种排列出现的次数相等。如表 $L_9(3^4)$ 中排列共有 9 种：(11)、(21)、(31)、(12)、(22)、(32)、(13)、(23)、(33)，它们各出现一次。

常见正交表有 $L_4(2^3)$、$L_8(2^7)$、$L_{16}(2^{15})$、…、$L_9(3^4)$、$L_{27}(3^{13})$、…、$L_{16}(4^{25})$、…、$L_{25}(5^6)$ 等。

1. 正交设计的特点

正交表的性质决定了正交设计有 3 个主要特点，即整齐可比、均衡分散、简单易行。

在试验初期，正交设计可采用很少的试验单元筛选众多的因子；在试验中期，它可进一步扩大试验规模进行各因子间交互作用的分析；在试验后期，它可进行各种模型优化试验设计。在实际试验中可以灵活应用，主要适用于：水平数相同或不相同的试验；考虑或不考虑交互作用的试验；单一指标或多指标的试验；计量指标或非计量指标的试验；分批或不分批试验；安排区组成进行裂区设计；单一或联合的正交试验；利用正交表做配方设计；利用正交表做序贯设计；利用正交表可以对试验结果做直观分析、极差分析、方差分析、回归分析和协方差分析等。但是需要指出，由于正交设计来自于分式设计，在分析中要特别注意因子互作间的各种混名关系，慎重分析结果，有条件时尽量设置重复，以获得对试验误差的一个直接估计。

2. 正交表的用途

如某试验需要考察 A、B、C、D、E 共5个因子，每个因子取2个水平，各因子不同水平的组合共有 $2^5 = 32$ 种，即全面试验要完成32次。为了确定各因子对指标影响的主次顺序，一般来说进行全面试验是不必要的，特别是在因子和水平都较多的情况下，要想这样做也办不到。不做全面试验，就必须选择部分试验条件进行试验。为了使挑选出来的这些试验条件具有一定的代表性，即能反映全面情况，我们可以利用正交表 $L_8(2^7)$ 来安排试验。具体做法是，将因子 A、B、C、D、E 分别填在 $L_8(2^7)$ 表头的1、2、4、5、6列，这样获得的试验方案，只需进行8次试验，比全面试验的试验次数减少了3/4，并且试验点的分布也很均匀。

在正交表中，因子间的交互作用也要占据正交表的一列。事实上，每一张正交表都附有两列间的交互作用列表。例如，$L_8(2^7)$ 正交表对应的交互作用列表见表5-5。表中所有的数字都是 $L_8(2^7)$ 表的列号。从正交表的交互作用列表中可以查出任意两列间的交互作用列。例如正交表 $L_8(2^7)$ 的第3列与第5列的交互作用列就是表5-5中第3行与第5列交叉处查出的第6列。它的第2列与第7列的交互作用列就是表5-5中第2行与第7列交叉处查出的第5列，等等。

表 5-5 正交表两列间的交互作用列

列号	1	2	3	4	5	6	7
1		3	2	5	4	7	6
2			1	6	7	4	5
3				7	6	5	4
4					1	2	3
5						3	2
6							1
7							

通常，二水平正交表任意两列的交互作用列只有一列，三水平正交表任意两列之间的交互作用有两列。一般说来，水平数相同的两因子，其交互作用所占列的列数为水平数减1。

交互作用列表有什么作用呢？如果多因子对比试验中某些因子间的交互作用不能忽略而必须考虑，就必须利用交互作用列表来确定试验方案，它是进行表头设计的依据。

二、正交设计的基本方法

1. 试验方案的确定

首先是确定试验因子及其水平。试验成功与否取决于试验所选取的处理条件是否恰当，因此，试验处理条件的选取是正交设计的关键。这里，一定的实践经验与专业知识是十分重要的。

在选取因子时，开始可以提出很多因子，在重复试验中将次要的淘汰，把主要的集中起来。选择因子水平的幅度过宽、过窄都不好，开始时可以宽一些，即选取较少的水平数，利用较少的试验次数对试验趋势有了初步认识后，再合理安排进一步的试验。在因子变化范围确定后，对重要因子的水平可多取几个，次要的因子可少取几个；对于敏感的因子，水平的间距可取得少些；对初步探索性试验，水平的间距可取得大一些；对于过去生产中已经采用的水平，通常以原水平为依据在其前后各安排一个水平，或者在其前或其后只安排一个水平。此外，还要探讨所提出的因子间有无交互作用。当两个因子 A 与 B 的交互作用大时，最好把 A 与 B 的交互作用作为一个因子来考虑。

其次，选择合适的正交表。即根据试验所考虑的因子个数、每个因子所取的水平数和应当考虑的因子间交互作用所占的交互作用列数来选择相应的正交表。选用的正交表大小要适当，以能容下全部因子及要考虑的交互作用为准。

再次，是进行表头设计。表头设计就是将实验中所要考察的因子及交互作用列分别安排到正交表的各列上去。在进行表头设计时，应先安排涉及交互作用较多的因子，并把交互作用列排上，然后将涉及交互作用较少的和不考虑交互作用的因子排在余下的列上，有时为了避免混杂，必须选用较大的正交表。完成表头设计，也就基本上完成了试验方案的设计。

下面以四因子、二水平正交设计为例来说明几种不同的表头设计。

1) 如果因子间的交互作用不予考虑，则 A、B、C、D 各因子可以任意安排到正交表的各列中去。选用正交表 $L_8(2^7)$，其表头有三个空列，见表 5-6。

表 5-6 表头设计方案一

列号	1	2	3	4	5	6	7
因子	A	B		C		D	

2) 只考虑 A 因子对其他 3 个因子 B、C、D 的交互作用。仍选用正交表 $L_8(2^7)$ 设计试验，查 $L_8(2^7)$ 的交互作用列表。表头设计见表 5-7。

表 5-7 表头设计方案二

列号	1	2	3	4	5	6	7
因子	A	B	AB	C	AC	D	AD

这样设计的表头没有空列。若要求留出空列，则应选用大一点的正交表。

3) 若考虑全部交互作用，则要选用 $L_{18}(2^{15})$ 正交集，根据其交互作用列表，得到的表头设计见表 5-8。

表 5-8 表头设计方案三

列号	1	2	3	4	5	6	7	8	9	10	11	12	13	14	15
因子	A	B	AB	C	AC	BC		D	AD	BD		CD			

表头设计完成之后，将列中的数字，换成对应因子的各个水平，得到试验方案表。由于交互作用不是一个具体的因子，所以安排交互作用的各列对试验条件不发生影响，它们只是

第五章 试验设计理论

用来分析因子之间的搭配情况对指标的影响。

试验方案确定后，就可以按试验号逐个进行试验。

2. 试验结果的极差分析

极差分析是对试验结果进行比较的一种十分简单、也很直观的分析方法。具体做法是先计算每列各水平所对应的试验指标之和 T_{jk} 及其算术平均值 $\bar{y}_{jk}$，其中 j 表示正交表的列号，k 表示水平数，这里把交互作用当作一个因子看待。

然后计算极差 R_j，R_j 为 $\bar{y}_{jk}$ 中数值最大者与最小者之差。

$$R_j = \max\{\bar{y}_{jk}\} - \min\{\bar{y}_{jk}\} \tag{5-4}$$

于是便可根据极差的大小，排列因子和交互作用的主次顺序。如果某个交互作用在正交表上有好几列，则以极差最大的列为准。

3. 试验结果的方差分析

极差分析法尽管工作量小，直观方便，但不能区分试验过程中由于试验条件改变所引起的试验数据的波动，以及试验误差引起的数据波动，为了解决这个问题，可用方差分析法处理试验数据。

(1) 数据结构模型

正交设计的方法是按正交表来安排试验的，因此其数据结构模型也应与正交表相对应。设 y_i 为试验结果的观测值，则数据结构模型可表示为

$$y_i = \mu + a_{jk} + \delta_i \tag{5-5}$$

式中　i——试验序号，$i = 1, 2, \cdots, n$；

　　　μ——总均值；

　　　a_{jk}——第 j 列第 k 水平的效应，$j = 1, 2, 3, \cdots$；$k = j = 1, 2, 3, \cdots$；

　　　δ_i——试验误差，$\delta_i \sim N(0, \sigma^2)$。

(2) 效应估计

因子的第 k 水平效应 a_{jk} 为该因子所对应的第 j 列第 k 水平的算术平均值 $\bar{y}_{jk}$ 与全部观测值的算术平均值 $\bar{y}$ 的差，即

$$a_{jk} = \bar{y}_{jk} - \bar{y} \tag{5-6}$$

(3) 方差分析

总偏差平方和 S_T 可以分解为各列对应的各因子或其交互作用的偏差二次方和 S_j 与误差二次方和 S_e 之和，即

$$S_T = S_j + S_e \tag{5-7}$$

其中

$$S_T = \sum_1^n y_i^2 - CF$$

$$S_j = \sum_k \frac{(T_{jk})^2}{n_{jk}} - CF = \sum_k \frac{(n_{jk} \times \bar{y}_{jk})^2}{n_{jk}} - CF = \sum_k n_{jk} \bar{y}_{jk}^2 - CF \tag{5-8}$$

式中　CF——矫正因子，$CF = \dfrac{T^2}{n} = n\bar{y}^2$；

n——正交表的行数,或称为试验次数;

T——全部观测数据总和;

n_{jk}——第 j 列第 k 水二次对应的试验数据个数,$j=1, 2\cdots$;$k=j=1, 2, \cdots$。

误差二次方和 S_e 等于总偏差二次方和 S_T 与各因子或其交互作用的偏差二次方和 S_j 之差,也就是各空列偏差二次方和。如果某因子所在列的偏差二次方和很小,与空列的偏差二次方和相接近,这就说明该因子对指标的影响很小,因而可以将该列的偏差二次方和作为误差二次方和的一部分。

自由度计算公式为

$$f_T = n - 1$$
$$f_j = k - 1$$

式中 f_T——总偏差二次方和的自由度;

f_j——各列对应的各因子或交互作用偏差二次方和的自由度;

k——水平数。

用正交表安排试验时,如果各列均已被占满,要想估计试验误差,必须做重复试验。所谓重复试验,是真正把试验重复做几次。在重复试验的情况下,如果设重复次数为 r,则总偏差二次方和与各因子及交互作用所在列的偏差二次方和分别为

$$S_T = \sum_{i=1}^{n} \sum_{l=1}^{r} y_{il}^2 - \frac{T^2}{r \times n} \qquad (5-9)$$

$$S_j = \sum_{k} \frac{(T_{jk})^2}{r \times n_{jk}} - \frac{T^2}{r \times n} \qquad (5-10)$$

式中 T_{jk}——第 j 列第 k 水平对应的观测值之和,其他各符号的意义同前。

三、混合水平正交设计

前述正交表中各列都具有相同的水平数,这类正交表称为等水平正交表,当各因子水平数不同时,应采用混合水平正交表,如 $L_8(4 \times 2^4)$、$L_{18}(2 \times 3^7)$ 等。现在介绍在水平数较多的正交表中安排一部分水平数较少的因子的正交设计问题。

1. 直接套用混合水平正交表

下面通过实例来说明直接套用混合水平正交表进行正交设计的方法。

例如:为了研究金属板材拉伸试件的厚度与切口深度对断裂韧性的影响,选用如下因子和水平,见表 5-9。

表 5-9 试验因子及水平

水平	B 试件厚度/mm	A 切口深度/mm
1	7	9
2	5	13
3	11	
4	9	

此试验方案可直接套用混合水平正交表 $L_8(4 \times 2^4)$。由于要考虑交互作用 BA,因此可以将四水平因子放在第一列,二水平因子放在第二列,其余三列安排 BA 作用列,然后进行重复试验,见表 5-10。

第五章 试验设计理论

表 5-10 断裂韧性正交设计计算表

水平	1B	2A	3BA	4BA	5BA				T_i
1	1	1	1	1	1	2.9	1.9	2.3	7.1
2	1	2	2	2	2	0.9	8.5	11.6	21.0
3	2	1	1	2	2	-1.2	1.5	-0.2	0.1
4	2	2	2	1	1	1.0	6.4	1.0	8.4
5	3	1	2	1	2	-3.6	-4.1	4.9	-2.8
6	3	2	1	2	1	9.3	3.3	5.0	17.6
7	4	1	2	2	1	2.0	-7.1	0.0	-5.6
8	4	2	1	1	2	4.5	1.0	3.9	9.4
T_{j1}	28.1	-0.7	34.2	22.1	28.0				
T_{j2}	8.5	56.4	21.5	33.6	27.7			$T=55.7$	
T_{j3}	14.8								
T_{j4}	4.3								
S_j	53.9	135.8	6.7	5.5	0				

根据式(5-9)和式(5-10)，可计算各二次方和如下：

$$S_T = \sum_{i=1}^{n} \sum_{l=1}^{r} y_{il}^2 - \frac{T^2}{r \times n} = 538.65 - \frac{55.7^2}{8 \times 3} = 409.38$$

$$S_B = S_1 = \frac{T_{11}^2 + T_{12}^2 + T_{13}^2 + T_{14}^2}{2 \times 3} - \frac{T^2}{8 \times 3} = 53.9$$

$$S_A = S_2 = \frac{T_{21}^2 + T_{22}^2}{4 \times 3} - \frac{T^2}{8 \times 3} = 135.8$$

$$S_3 = \frac{T_{31}^2 + T_{32}^2}{4 \times 3} - \frac{T^2}{8 \times 3} = 6.7$$

$$S_4 = \frac{T_{41}^2 + T_{42}^2}{4 \times 3} - \frac{T^2}{8 \times 3} = 5.5$$

$$S_5 = \frac{T_{51}^2 + T_{52}^2}{4 \times 3} - \frac{T^2}{8 \times 3} = 0$$

$$S_{BA} = S_3 + S_4 + S_5 = 12.2$$

由于 S_{BA} 的值很小，可以将其归入试验误差部分。

$$S_e = S_T - S_B - S_A = 219.53$$

各二次方和的自由度分别为

$$f_T = N - 1 = 23$$
$$f_B = 4 - 1 = 3$$
$$f_A = 2 - 1 = 1$$
$$f_e = f_T - f_B - f_A = 19$$

从而可列出方差分析表，见表 5-11。

表 5-11 方差分析表

项 目	二次方和	自 由 数	均 方 差	F 值	显 著 性
B 效应二次方和	53.9	3	17.97	1.56	
A 效应二次方和	135.8	1	135.8	11.75	$a = 0.01$
误差二次方和	219.53	19	11.55		
总偏差二次方和	409.23	23		$F_{0.01}(1,19) = 8.18$	

从表 5-11 可以看出，试件厚度对断裂韧性无显著影响，切口深度对断裂韧性的影响高度显著。

2. 并列法

将 k 水平正交表的某两列合并，同时划去相应的交互作用列，组成一个 k^2 水平的新列，这种方法称为并列法。

例如某试验中，需要考虑一个四水平因子 A，3 个二水平因子 B、C、D，以及交互作用 AB、AC，我们可以通过对正交表 $L_{16}(2^{15})$ 做适当的改造后得到的正交表 $L_{16}(4 \times 2^{12})$ 来安排试验。具体做法是，在正交表中任取两列，如第 1、2 两列，以同一行的两水平形成的 4 种有序对 (1,1)、(1,2)、(2,1)、(2,2) 来组成新的四水平 1、2、3、4，即第 1、2 列合并成一个四水平新列，因表中的原第 3 列是该第 1、2 两列的交互作用列，故必须将其去掉。于是，3 个二水平列换成了一个四水平列，见表 5-12。

表 5-12 将正交表 $L_{16}(2^{15})$ 改造成 $L_{16}(4 \times 2^{12})$

试验号	(1	2	3)	→1′	4	5	6	7	8	9	10	11	12	13	14	15
1	1	1	1	1	1	1	1	1	1	1	1	1	1	1	1	1
2	1	1	1	1	1	1	1	2	2	2	2	2	2	2	2	2
3	1	1	1	1	2	2	2	1	1	1	1	2	2	2	2	2
4	1	1	1	1	2	2	2	2	2	2	2	1	1	1	1	1
5	1	2	2	2	1	1	2	1	1	2	2	1	1	2	2	2
6	1	2	2	2	1	1	2	2	2	1	1	2	2	1	1	1
7	1	2	2	2	2	2	1	1	1	2	2	2	2	1	1	1
8	1	2	2	2	2	2	1	2	2	1	1	1	1	2	2	2
9	2	1	2	3	1	2	1	1	2	1	2	1	2	1	2	2
10	2	1	2	3	1	2	1	2	1	2	1	2	1	2	1	1
11	2	1	2	3	2	1	2	1	2	1	2	2	1	2	1	1
12	2	1	2	3	2	1	2	2	1	2	1	1	2	1	2	2
13	2	2	1	4	1	2	2	1	2	2	1	1	2	2	1	1
14	2	2	1	4	1	2	2	2	1	1	2	2	1	1	2	2
15	2	2	1	4	2	1	1	1	2	2	1	2	1	1	2	2
16	2	2	1	4	2	1	1	2	1	1	2	1	2	2	1	1

3. 拟水平法

所谓拟水平法，就是将一个水平数少的因子安排在水平较多的正交表中，其不足的水平用因子的某些水平去顶替。

如某项试验，包含一个二水平因子 A，3 个三水平因子 B、C、D，如果直接套用混合水平正交表 $L_{18}(2\times3^7)$，至少需要做 18 次实验。如将因子 A 虚拟成三水平因子，则可用 $L_9(3^4)$ 正交表安排试验，见表 5-13，这时试验次数为 9 次，比用混合水平正交表进行实验的次数少了一半。

表 5-13 对 $L_9(3^4)$ 正交表做拟水平处理

试 验 号	1	→	A1	B2	C3	D4
1	1		1	1	1	1
2	1		1	2	2	2
3	1		1	3	3	3
4	2		2	1	2	3
5	2		2	3	1	2
6	2		1	2	2	2
7	3		2	1	3	2
8	3		2	2	1	3
9	3		2	3	2	1

需要指出的是，因子 A 虽然虚拟了第三水平，但实际上仍是一个二水平因子，所以用拟水平法改造后的表不再是一张正交表了，但它仍有一定的可比性，仍可以用极差法和方差分析法对试验数据进行分析。

拟水平因子的自由度等于实际水平数减 1，小于所在列的自由度，其偏差二次方和也小于原来所在列的偏差二次方和。这就是说，拟水平因子虽然占了正交表的某一列，却没有占满，故所在列的自由度与拟水平因子自由度之差为试验误差的自由度，所在列的偏差二次方和与拟水平因子偏差二次方和之差为试验误差的偏差二次方和。本例中，$f_T=8$，$f_B=f_C=f_D=2$，而 $f_A=1$，因此 $f_e=f_T-f_B-f_C-f_D=1$。相应地 $S_e=S_T-S_B-S_C-S_D$，由此可见，采用拟水平法时，在既无空列又无重复试验的情况下，仍可求得试验误差的偏差二次方和。

第四节 均匀试验设计

1. 均匀性

所谓均匀性，即试验点在因素空间中的均匀散布性，保证试验因素的每个水平在试验因素空间中都出现，且仅出现一次。均匀性是均匀设计的基本性质。

如果不考虑整齐可比性，而完全保证均匀性，让试验点在试验范围内充分地均匀分散，不仅可以大大减少试验点，并且仍能得到反映试验体系主要特征的试验结果。这就是均匀试验设计的基本出发点。

例如，对于 5^3 试验，利用正交表 $L_{25}(5^6)$ 安排正交试验，至少要做 25 次试验，每个因素的每个水平都重复做了 5 次。如果每个水平只做 1 次，同样做 25 次试验，在试验范围内，每个因素分成 25 个水平，则可将试验点散布得更均匀。图 5-5 给出了只有 2 个因素的情况下，正交试验与均匀试验的区别。正交试验只取 5 个水平，每个水平重复 5 次；而均匀试验取 25 个水平，每个水平只做 1 次。显然，均匀设计的试验点散布得更均匀，具有更强的代表性。当因素较多时，均匀设计的这个优点更为突出。如果这项 5^3 试验由于试验费用很贵或其他原因希望减少试验次数，均匀设计在使各因素水平数不小于 5 的前提下，就可以很方便地安排试验次数为 $n(5 \leqslant n \leqslant 25)$ 的均匀试验。图 5-6 表示五水平二因素情况下，$n=5$ 的均匀试验。明显看出，均匀设计的试验点代表性很强。

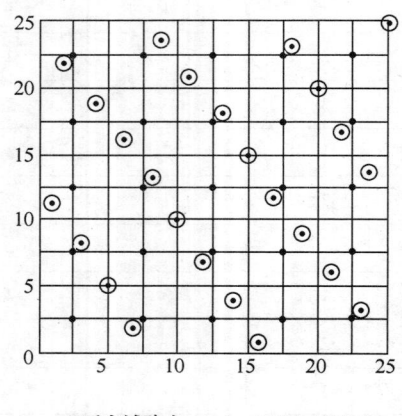
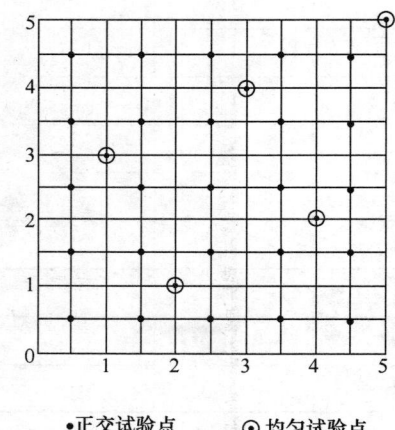

图 5-5 正交试验与均匀试验(试验点数相等)　　图 5-6 正交试验与均匀试验(试验点数不等)

均匀试验充分利用了试验点分布的均匀性，虽然不一定是全面试验中的最优条件，但至少也在某种程度上接近最优条件。这样，不仅可以满足试验的一般要求，也为深入研究各因素的变化规律和进一步寻优创造了条件。

2. 均匀设计表

为了便于进行均匀试验，根据数论在多维数值积分中的应用原理，依照正交表，构造了一套均匀设计表，见表 5-14。每个表都有一个代号 $U_a(b^c)$ 或 $U_a^*(b^c)$，类似于正交表，其中 U 表示均匀设计表；a 表示行数，即均匀试验次数；b 表示每列中的不同字码个数，即每个因素的水平数；c 表示列数，即该均匀设计表最多能安排的因素数。显然表 5-14 为 $U_5(5^4)$ 均匀设计表，可以用来安排五水平四因素试验，仅做 5 次试验即可。表 5-15 为 $U_6(6^6)$ 均匀设计表，它可以安排六水平六因素试验，仅做 6 次试验即可。U 的右上角加 "*" 和不加 "*" 代表两种不同类型的均匀设计表。通常加 "*" 的均匀设计表有更好的均匀性，应优先使用。见表 5-16，$U_6^*(6^4)$ 表示要做 6 次试验，每个因素有 6 个水平，该表有 4 列。当试验次数 a 给定时，通常 U_a 表比 U_a^* 表能安排更多的因素。故因素数 c 较大，且超过 U_a^* 表的使用范围时，可用 U_a 表。

表 5-14　$U_5(5^4)$

试验号\列号	1	2	3	4
1	1	2	3	4
2	2	4	1	3
3	3	1	4	2
4	4	3	2	1
5	5	5	5	5

表 5-15　$U_6(6^6)$

试验号\列号	1	2	3	4	5	6
1	1	2	3	4	5	6
2	2	4	6	1	3	5
3	3	6	2	5	1	4
4	4	1	5	2	6	3
5	5	3	1	6	4	2
6	6	5	4	3	2	1

表 5-16　$U_6^*(6^4)$

试验号\列号	1	2	3	4	5	6
1	1	2	3	4	5	6
2	2	4	6	1	3	5
3	3	6	2	5	1	4
4	4	1	5	2	6	3
5	5	3	1	6	4	2
6	6	5	4	3	2	1

均匀设计表具有如下特点：
1) 每个因素的每个水平只做 1 次试验。
2) 任意两个因素的试验画在平面格子点上，每行每列恰好有一个试验点。

图 5-7a 描述了 $U_6(6^6)$ 即表 5-15 的第 1 列和第 3 列各水平组合在平面格子点上的分布，显然，每行每列恰有一个点。

3) 均匀设计表任意两列之间不一定是平等的。

例如，将 $U_6(6^6)$ 的第 1、3 列和第 1、6 列各水平的组合分别画在平面格子点上，如图 5-7a 和图 5-7b 所示。可以看到图 5-7a 中的点分布均匀，而图 5-7b 中的均匀性就差些。因此，使用均匀设计一般不宜随意挑列，而应当选择均匀性比较好的列。具体设计时，应按均匀设计表的使用表安排因素。使用表可告诉我们在均匀设计时如何选列来安排相应的因素。例如表 5-17 列示了 $U_5(5^4)$ 的使用表，它指示我们在利用 $U_5(5^4)$ 进行均匀设计时，若只有 2 个因素，用 1、2 列；若有 3 个因素，用 1、2、4 列；若有 4 个因素，4 个列都用。均匀设计时，只有遵循使用表的规定，才能达到较好的效果。

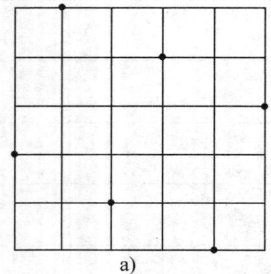 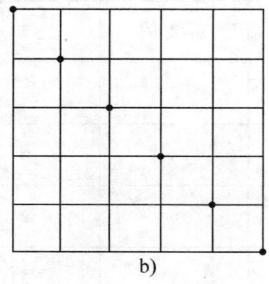

a)   b)

图 5-7　不同列组合的均匀性

表 5-17　$U_5(5^4)$ 的使用表

因素数	列号			
2	1	2		
3	1	2	4	
4	1	2	3	4

4) 水平数为奇数的表与水平数为偶数的表之间具有确定的关系。

将奇数表划去最后一行就得到水平数比原奇数表少 1 的偶数表，相应地，试验次数也少 1，而使用表不变。例如，将 $U_7(7^6)$ 划去最后一行就得到 $U_6(6^6)$，使用表不变。

5) 对于等水平 U 表，其试验次数与该表的水平数相等，因此，当水平数增加时，试验次数随之做等量增加。如当水平数从 7 增加到 8 时，试验次数也随之从 7 增加到 8，试验次数随水平数增加有连续性。但对于等水平正交试验，当水平数从 7 增加到 8 时，试验次数则一般从 49 增加到 64，按平方关系增加。可见，均匀设计中增加因素水平仅使试验的工作量有微小的增加。这是均匀设计的很大优点。

6) U 表中各列的因素水平不能像正交表那样可以任意改变次序，而只能按照原来的顺序进行平滑。就是将原来的最后一个水平与第一个水平衔接起来，组成一个封闭圆，然后从任一处开始定为第 1 水平，按圈子的原方向或相反方向排出第 2 水平、第 3 水平……

3. 均匀试验设计及分析

均匀试验设计的基本过程与正交试验设计类似，但在编制试验方案时，不考虑因素间的交互作用，主要依据因素水平表选用均匀设计表，并按 U 表的使用表安排试验方案。

由于均匀设计中每个因素的水平较多，而试验次数又较少，分析试验结果时不能采用一般的方差分析法。由于 U 表没有正交性，因此，试验数据的处理也比较复杂。

如果试验的目的是寻找一个较优的工艺条件而又缺乏计算工具，这时可采用与正交试验类似的直观法，从已做试验点中挑一个指标最优的，相应的因素组合条件即为欲选的较优工艺条件。由于试验点充分均匀分散，试验点中最优的工艺条件离在试验范围内通过全面试验寻求的最优工艺条件不会很远。这个方法看起来粗糙，但经大量试验证明，它是十分有效的。

在条件允许的情况下，均匀设计的结果分析最好采用回归分析方法，通常采用线性回归或逐步回归的方法。多元线性回归及逐步回归的一般原理及程序这里不再详述。

第六章 信号测试与处理技术

第 一 节 基 本 概 念

一、信号的分类与描述

信号的分类如图 6-1 所示。

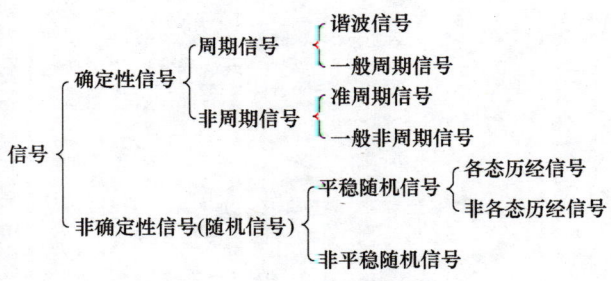

图 6-1 信号的分类

1. 确定性信号

（1）周期信号

当信号按一定的时间间隔周而复始地重复出现时称为周期信号，否则称为非周期信号。周期信号的数学表达式为

$$x(t) = x(t + nT_1) \qquad n = 0, \pm 1, \pm 2, \cdots \tag{6-1}$$

满足式（6-1）的最小 T_1 称为信号的周期。

1）谐波信号。谐波信号又称为简谐信号，是最简单的周期信号，其表达式为

$$x(t) = A\sin(\omega t + \varphi) \tag{6-2}$$

式中 A 为幅值；$\omega = 2\pi f$ 为角频率；φ 为初始相位。

2）一般周期信号。一般周期信号又称为复杂周期信号，可以分解为多个简谐信号之和，且这些简谐信号的频率之比为有理数。

（2）非周期信号

1）准周期信号。准周期信号由若干简谐分量叠加而成，但这些简谐分量中至少有一个分量与另一个分量的频率之比为无理数。

2）一般非周期信号。一般非周期信号又称为瞬态信号，随时间呈非周期性快速变化，如锤击、爆炸、冲击、振动等信号。

2. 随机信号

（1）随机信号的数学描述

随机信号可以用随机变量 $x(t)$ 来定义，如图 6-2 所示，对于某个时刻 t_1，$x_k(t_1)$

$(k=1,2,\cdots)$ 是一个随机变量,称之为随机信号在 $t=t_1$ 时刻的状态。如果对于任一时刻 t_n,$x_k(t_n)$ 都是随机变量,那么,$x(t)$ 是一个随机信号。

随机信号除了可以用随机变量 $x(t)$ 来定义外,还可以用样本函数的集合来定义。随机信号的单个时间历程称为样本函数,在有限时间区间上观测得到的样本函数称为样本记录,可能产生的全部样本函数的集合(总体)定义为随机信号,如图 6-2 所示。

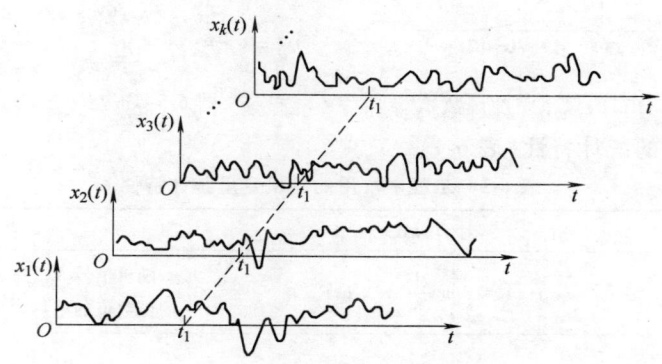

图 6-2 随机信号描述

$$\{x_k(t)\} = \{x_1(t), x_2(t), \cdots\} \quad -\infty < t < \infty; k=1, 2, \cdots \quad (6-3)$$

式中 $x_k(t)$ 表示第 k 个样本函数。

(2) 概率密度函数与分布函数

概率密度函数和分布函数能较好地描述随机信号的统计特征。如图 6-3 所示,以随机信号样本序号 k 为横坐标,对于任一时刻 t 的随机变量 $X(t)$,其值落在区间 $[x, x+\Delta x]$ 中的概率为

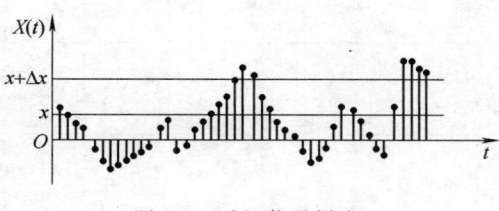

图 6-3 随机信号样本

$$\mathrm{Prob}[x \leqslant X(t) \leqslant \Delta x] \quad (6-4)$$

概率密度的定义为

$$f(x,t) = \lim_{\Delta x \to \infty} \frac{\mathrm{Prob}[x \leqslant X(t) < x+\Delta x]}{\Delta x} \quad (6-5)$$

概率分布函数的定义为

$$F(x,t) = \mathrm{Prob}[X(t) < x] = \int_{-\infty}^{x} f(x,t)\mathrm{d}x \quad (6-6)$$

对于正态分布的随机变量,其概率密度函数为

$$f(x) = \frac{1}{\sqrt{2\pi}\sigma_x} \exp\left[-\frac{(x-\mu_x)^2}{2\sigma_x^2}\right] \quad (6-7)$$

式中,μ_x 为均值;σ_x 为均方差。

图 6-4 和图 6-5 分别为其概率密度和分布函数曲线。正态分布是随机信号经典分析理论中最常见的分布函数。

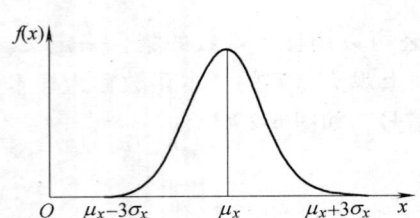
图6-4 正态分布的概率密度函数

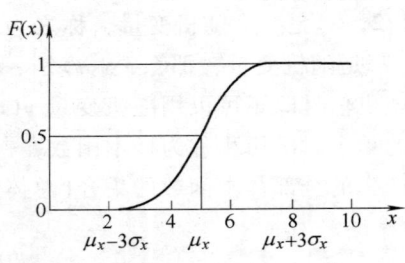
图6-5 正态分布的概率分布函数

(3) 随机信号的统计特性(表6-1)

表6-1 工程中常用的随机变量统计特性

统计量名称	计算公式	含 义
均值(一阶矩)	$\mu(t) = \lim\limits_{N \to \infty} \dfrac{1}{N} \sum\limits_{k=1}^{N} x_k(t)$ $\mu_x(t) = E[X(t)] = \int_{-\infty}^{\infty} x f_1(x,t) \mathrm{d}x$	随机信号 $X(t)$ 的所有样本函数在时刻 t 的函数值的平均 用 $X(t)$ 的一维概率密度函数 $f_1(x,t)$ 表示
均方值(二阶原点矩)	$\psi_x^2(t) = E[X^2(t)]$	均方值用来描述信号的能量或强度
方差(二阶中心矩)	$\sigma_x^2(t) = E\{[X(t)-\mu_x(t)]^2\}$	方差用来描述信号的离散程度
自相关函数(二阶原点混合矩)	$R_{xx}(t_1,t_2) = E[X(t_1)X(t_2)]$ $= \int_{-\infty}^{\infty}\int_{-\infty}^{\infty} x_1 x_2 f_2(x_1,x_2;t_1,t_2) \mathrm{d}x_1 \mathrm{d}x_2$	$X(t_1)$ 和 $X(t_2)$ 是随机信号 $X(t)$ 在任意两个时刻 t_1 和 t_2 时的状态 $R_{xx}(t_1,t_2)$ 通常简记为 $R_x(t_1,t_2)$
自协方差函数(二阶中心混合矩)	$C_{xx}(t_1,t_2) = E\{[X(t_1)-\mu(t_1)][X(t_2)-\mu_x(t_2)]\}$	$C_{xx}(t_1,t_2)$ 也可简写为 $C_x(t_1,t_2)$
自功率谱密度函数	$S_{xx}(f) = F[R_{xx}(t_1,t_2)]$	符号 F 表示傅里叶变换。$S_{xx}(f)$ 描述信号在频域的能量分布状况
互相关函数	$R_{xy}(t_1,t_2) = E[X(t_1)Y(t_2)]$ $= \int_{-\infty}^{\infty}\int_{-\infty}^{\infty} x_1 y_2 f_2(x_1,y_2;t_1,t_2) \mathrm{d}x_1 \mathrm{d}y_2$	$R_{xy}(t_1,t_2)$ 描述的是两个不同随机信号 $X(t)$ 和 $Y(t)$ 在任意两个时刻的相关程度
互功率谱密度函数	$S_{xy}(f) = F[R_{xy}(t_1,t_2)]$	符号 F 表示傅里叶变换。$S_{xy}(f)$ 描述两个不同随机信号相关能量在频域的分布状况

(4) 平稳随机信号

平稳随机信号的统计特性不随时间变化,n 维分布函数应满足

$$F_n(x_1,x_2,\cdots,x_n;t_1,t_2,\cdots,t_n) = F_n(x_1,x_2,\cdots,x_n;t_1+\varepsilon,t_2+\varepsilon,\cdots,t_n+\varepsilon) \quad (6\text{-}8)$$

式中,ε 为任意实数。式(6-8)等价于 n 维概率密度关系式,即

$$f_n(x_1, x_2, \cdots, x_n; t_1, t_2, \cdots, t_n) = f_n(x_1, x_2, \cdots, x_n; t_1+\varepsilon, t_2+\varepsilon, \cdots, t_n+\varepsilon) \tag{6-9}$$

平稳随机信号的均值和自相关函数有以下特性:

1) 均值不随时间而变化。

$$\mu_x = E[X(t)] = \int_{-\infty}^{\infty} x f_1(x) \mathrm{d}x \tag{6-10}$$

即任意时刻的均值都为一个常数。

2) 自相关函数是单变量 $\tau = t_2 - t_1$ 的函数。

$$\begin{aligned} R_x(\tau) &= E[X(t)X(t+\tau)] \\ &= \int_{-\infty}^{\infty}\int_{-\infty}^{\infty} x_1 x_2 f_2(x_1, x_2; t_1, t_2) \mathrm{d}x_1 \mathrm{d}x_2 \\ &= \int_{-\infty}^{\infty}\int_{-\infty}^{\infty} x_1 x_2 f_2(x_1, x_2; \sigma) \mathrm{d}x_1 \mathrm{d}x_2 \end{aligned} \tag{6-11}$$

(5) 各态历经信号

随机信号第 k 个样本函数的时间均值 $\mu_x(k)$ 和自相关函数 $R_x(\tau, k)$ 分别为

$$\mu_x(k) = \lim_{T \to \infty} \frac{1}{T} \int_0^T x_k(t) \mathrm{d}t \tag{6-12}$$

$$R_x(\tau, k) = \lim_{T \to \infty} \frac{1}{T} \int_0^T x_k(t) x_k(t+\tau) \mathrm{d}t \tag{6-13}$$

如果某个随机信号 $X(t)$ 是平稳的,而且不同样本函数的 $\mu_x(k)$ 和 $R_x(\tau, k)$ 都一样,则称该随机信号是各态历经的,其时间平均等于总体平均,即

$$\mu_x(k) = \mu_x, \quad R_x(\tau, k) = R_x(\tau) \tag{6-14}$$

各态历经信号的所有特性都可以用单个样本函数上的时间平均来描述,物理过程的平稳随机信号大多数是各态历经的,因此可以用观察到的单个时间历程记录来估计信号的总体特征。

3. 连续信号和离散信号

(1) 连续时间信号

在所讨论的时间间隔内,对于任意时间值,除若干个第一类间断点外,都可以给出确定的函数值,此类信号称为连续时间信号或模拟信号。

(2) 离散时间信号

离散时间信号又称为时域离散信号或时间序列。在某个时间区间中,它在规定的不连续的时刻取值。

离散时间信号分为两种情况:时间离散而幅值连续时,称为抽样信号;时间离散而幅值量化时,称为数字信号或采样信号。在工程实际中,采样与抽样常常混用,统称离散时间信号。

通常工业生产中的信号都是连续信号,而经过计算机数据采集系统之后的信号都是离散信号。

4. 能量信号与功率信号

(1) 能量信号

在分析区间 $(-\infty, +\infty)$ 中,能量为有限值的信号称为能量信号,它满足

$$\int_{-\infty}^{\infty} x^2(t)\mathrm{d}t < \infty \tag{6-15}$$

例如，矩形脉冲、减幅正弦波、衰减指数等信号即为能量信号。

（2）功率信号

有许多信号，如周期信号、随机信号等，它们在区间$(-\infty,+\infty)$内的能量不是有限值。这种情况下，研究信号的平均功率更为合适。在区间(t_1,t_2)内，信号的平均功率为

$$P = \frac{1}{t_2 - t_1}\int_{-t_1}^{t_2} x^2(t)\mathrm{d}t \tag{6-16}$$

若区间变为无穷大，式(6-16)仍然大于零，那么信号具有有限的平均功率，称之为功率信号。换句话说，功率信号满足

$$0 < \lim_{T\to\infty}\frac{1}{2t}\int_{-T}^{T} x^2(t)\mathrm{d}t < \infty \tag{6-17}$$

5. 时域信号与频域信号

通常，信号的描述以时间为自变量，这样的信号称为时域信号。而在信号分析与处理中常常要在频域内来分析和处理信号，此时，信号的自变量为频率。时域信号和频域信号可以互相转换。

二、采样定理及频率混叠

采样周期T_s决定了采样信号的质量和数量：T_s太小，会使采样数量剧增，占用大量的计算机内存；T_s太大，会使模拟信号的某些信息被丢失，信号恢复时就会出现失真现象，影响数据处理的精度。因此，必须合理选择采样周期T_s，以确保信号能够不失真地恢复。这个依据就是采样定理。

1. 采样定理

设有连续信号$x(t)$，其频谱为$X(f)$，以采样周期T_s获得的采样信号为$x_s(nT_s)$。如果频谱$X(f)$和采样周期满足下列条件：

- 频谱$X(f)$为有限频谱，即当$|f| \geq f_c$时，$X(f) = 0$；
- $T_s \leq \frac{1}{2f_c}$或$2f_c \leq \frac{1}{T_s} = f_s$。

则f_c是在采样时间间隔内能辨认的信号最高频率，称为截止频率（奈奎斯特频率）。

采样定理指出：对具有有限频谱$X(f)$的连续信号进行采样，当采样频率$f_s \geq f_c$时，由采样后得到的采样信号$x_s(nT_s)$能无失真地恢复为原来信号$x(t)$。

2. 频率混叠的产生

采样定理严格地规定了采样时间间隔T_s的上限，即$T_s \leq 1/2f_c$。如果T_s过大，将会发生$x(t)$的高频成分叠加到低频成分上去的现象，这种现象称为频率混叠。

如某一连续信号$x(t)$中含有频率为900Hz、400Hz及100Hz的成分，它们分别表示在图6-6上。若以$f_s = 500$Hz进行采样(此时$f_s > 2 \times 100$Hz，但$f_s < 2 \times 900$Hz及$f_s < 2 \times 400$Hz)，在图中，采样点以"*"表示，并把各图上的采样点以最低频率的正弦曲线（虚线所示）连接起来。对于100Hz的信号，采样后的信号波形能真实反映原信号，而400Hz和900Hz的信号，则在采样后

完全失真了，也变成了100Hz的信号。于是原来三种不同频率信号的采样值相互混淆了。高频信号（900Hz及400Hz）的采样值，构成了一个虚假的低频成分折叠到原低频（100Hz）波形的采样值上，从而使原低频波形的采样值发生失真，形成频率混叠。

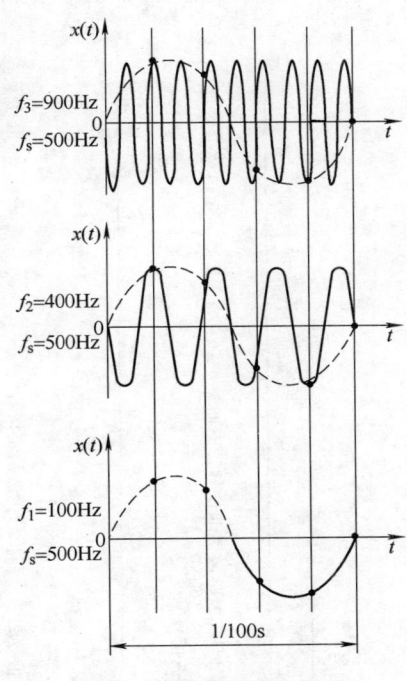

不产生频混现象的临界条件是 $f_s = 2f_c$，或者说当采样间隔一定时，不发生频混信号的最高频率为 $f_c = 1/2T_s$。信号中能相互混淆的频率为

$$f_1 = \pm f_2 + kf_s \qquad k = 1, 2, 3, \cdots \qquad (6-18)$$

式中 f_1、f_2——能相互混淆的频率。

对于图6-6，$f_s = 500$Hz，$f_2 = 100$Hz，则能与 f_2 混淆的频率有400Hz、600Hz、900Hz、1100Hz等。

3. 消除频率混叠的方法

为了减少频混，通常可以采用两种方法。

（1）对于频域衰减较快的信号用提高采样频率的方法来解决

按采样定理，使采样频率 $f_s > 2f_c$，即减小 T_s。但是 T_s 也不能过小。T_s 过小，不仅增加计算量，还会使频域的频率分辨率下降过多。

由于 $T_s = 1/f_s$，设采样点数为 N（N 由数据块的大小决定），则一般数据采集系统在频域的采样点为 $N/2$ 个，频域的采样间隔即为频率分辨率，有

$$\Delta f = \frac{f_c}{N/2} = \frac{f_s}{N} = \frac{1}{NT_s} \qquad (6-19)$$

图6-6 高频与低频混淆

由式(6-19)可知，当数字处理系统中数据块的大小一定时，T_s 越小，Δf 将越大，频域的频率分辨率下降。

（2）对频域衰减较慢的信号用消除频混滤波器来解决

在采样前，用一截止频率为 f_c 的消除频混滤波器先将信号 $x(t)$ 低通滤波，将不感兴趣或不需要的高频成分滤掉，然后再进行采样和数据处理，这种方法既实用又简单。

实际上，由于实际使用的滤波器也都不具有理想滤波器在截止频率处的垂直截止特性，故不足以把稍高于截止频率的频率分量衰减掉。所以，常先经消除频混滤波器滤波，然后将采样频率提高 $f_s = (3 \sim 5)f_c$，再对信号进行采样与处理。

第二节　信　号　分　析

一、信号的时域分析

1. 典型连续时间信号（表6-2）

2. 典型离散时间信号（表6-3）

表 6-2 典型连续时间信号

信号类型	表达式	波形	说明
正弦信号	$f(t) = A\cos(\omega t + \theta)$ A、ω、θ 分别为正弦信号的振幅、角频率、初始角相位	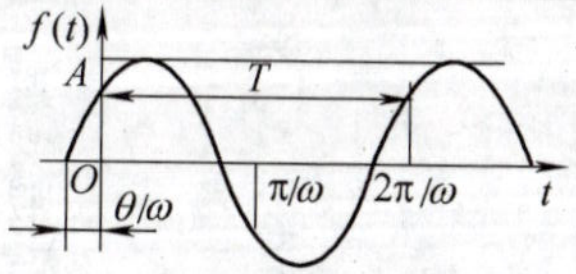	正弦信号是无时限的周期信号，周期为 $T=2\pi/\omega$，其微分和积分仍然是同频率正弦信号
实指数信号	$f(t) = Ae^{at}$ A、a 为实常数	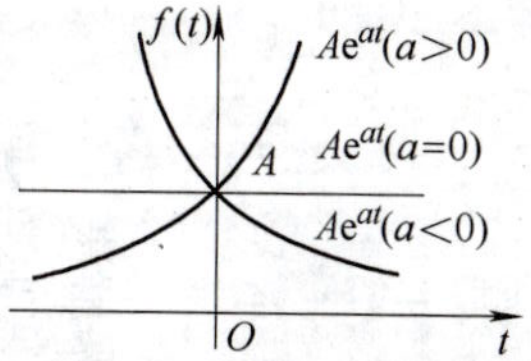	实指数信号的微分和积分仍然是实指数信号
复指数信号	$f(t) = Ae^{st} = Ae^{(\sigma+j\omega)t} = Ae^{\sigma t}\cos(\omega t) + jAe^{\sigma t}\sin(\omega t)$ $= \mathrm{Re}[f(t)] + j\mathrm{Im}[f(t)]$ A 为实常数，$s=\sigma+j\omega$ 是复变量	分开来画出实部和虚部波形	1) 当 $s=0$ 时，$f(t)=A$，复指数信号退化成为直流信号 2) 当 $\omega=0$，$s=\sigma$ 时，$f(t) = Ae^{\sigma t}$，复指数信号退化成为实常数信号 3) 当 $\sigma=0$，$s=j\omega$ 时，$f(t) = Ae^{j\omega t} = A\cos(\omega t) + jA\sin(\omega t)$，复指数信号实部和虚部成为振幅同频率正弦信号 4) 当 $s=\sigma+j\omega$，且 $\sigma>0$（$\sigma<0$）时，复指数信号实部和虚部成为振幅按指数规律增长（衰减）的正弦信号
单位阶跃信号	$\varepsilon(t) = \begin{cases} 1 & t>0 \\ 0 & t<0 \end{cases}$	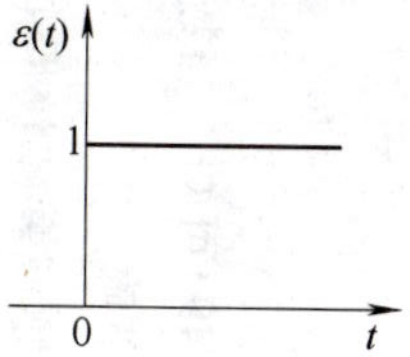	1) 单位阶跃信号与任意信号相乘后，能使任意非因果信号变为因果信号，见下图 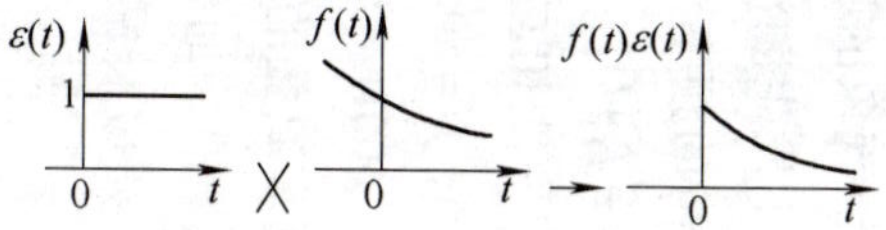 2) 利用 $\varepsilon(t)$ 可以方便地表示分段函数

第六章 信号测试与处理技术

（续）

信号类型	表达式	波形	说明
单位门信号	$G_\tau = \begin{cases} 1 & \|t\| \leq \dfrac{\tau}{2} \\ 0 & \|t\| > \dfrac{\tau}{2} \end{cases}$ 高度为1，门宽为τ的单位门信号，用符号$G_\tau(t)$表示	$G_\tau(t)$，$-\tau/2$ 到 $\tau/2$，高度为1	门信号与其他信号相乘，可以限定该信号在时间轴的范围
单位冲激信号	$\begin{cases} \delta(t) = 0 & t \neq 0 \\ \int_{-\infty}^{+\infty} \delta(t) dt = 1 \end{cases}$	$\delta(t)$，(1)	1) 单位冲激信号可理解为门宽为$1/\tau$的门函数$f(t)$在$\tau \to 0$时的极限 2) 抽样性（筛选性）：任意的有界函数$f(t)$与$\delta(t)$或$\delta(t-t_0)$相乘后在无穷区间的积分值，等于该函数在单位冲激信号出现时刻的函数数值$f(0)$或$f(t_0)$ $\int_{-\infty}^{\infty} f(t)\delta(t)dt = \int_{-\infty}^{\infty} f(0)\delta(0)dt = f(0)$ $\int_{-\infty}^{\infty} f(t)\delta(t-t_0)dt = \int_{-\infty}^{\infty} f(t_0)\delta(t-t_0)dt = f(t_0)$ 3) $\delta(t)$为偶函数，$\delta(-t) = \delta(t)$ 4) $\delta(t)$的一阶导数称为单位冲激偶信号，简称冲激偶，冲激偶是奇函数，即 $\delta'(t) = \dfrac{d\delta(t)}{dt}$；$\delta'(t) = -\delta(-t)$ 5) $\delta(t)$与$\varepsilon(t)$的关系为$\delta(t) = \varepsilon'(t) = \dfrac{d\varepsilon(t)}{dt}$；$\varepsilon(t) = \int_{-\infty}^{t} \delta(\tau)d\tau$
符号信号	$\text{sgn}(t) = \begin{cases} 1 & t > 0 \\ -1 & t < 0 \end{cases}$	$\text{sgn}(t)$，正为1，负为-1	略

(续)

信号类型	表 达 式	波 形	说 明
单位斜坡信号	$r(t)=t\varepsilon(t)=\begin{cases}0 & t<0 \\ t & t\geq 0\end{cases}$	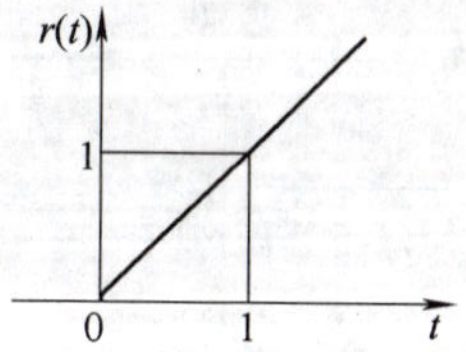	略

表6-3 典型离散时间信号

信号类型	表 达 式	波 形	说 明
单位取样序列 $\delta(n)$	$\delta(n)=\begin{cases}1 & n=0 \\ 0 & n\neq 0\end{cases}$	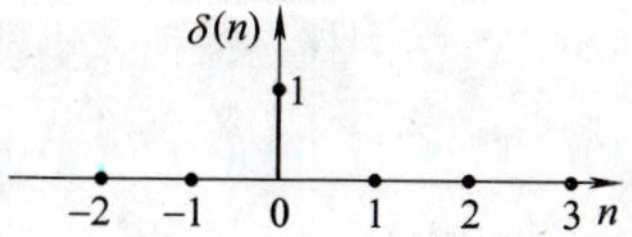	该序列仅在 $n=0$ 时取单位值，其余点均为0，因此又称为单位函数
单位阶跃序列 $\varepsilon(n)$	$\varepsilon(n)=\begin{cases}1 & n\geq 0 \\ 0 & n<0\end{cases}$	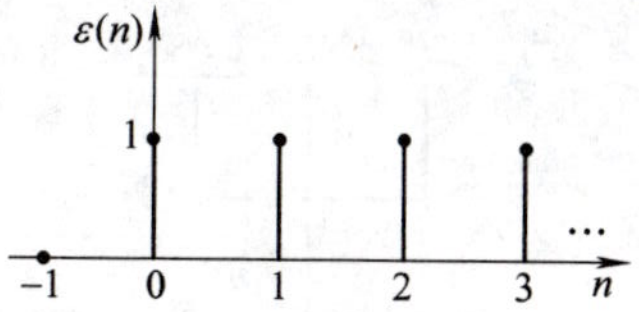	单位阶跃序列 $\varepsilon(n)$ 类似于单位阶跃函数 $\varepsilon(t)$，也具有单边性。同样，$\varepsilon(n)$ 与 $\varepsilon(t)$ 有本质的差别。$\varepsilon(t)$ 是一个奇异信号，它在 $t=0$ 处发生跃变；而 $\varepsilon(n)$ 是一个非奇异信号，它在 $n=0$ 处明确定义为1

(续)

信号类型	表达式	波形	说明
单位矩形序列 $R_N(n)$	$R_N(n)=\begin{cases}1 & 0\le n\le N-1\\0 & n\text{为其他值}\end{cases}$	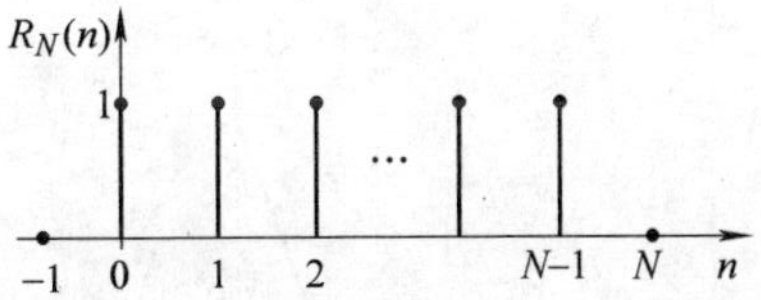 (波形图：$R_N(n)$在$n=0,1,2,\ldots,N-1$取值为1)	单位矩形序列又称为门序列
单边实指数序列	$f(n)=a\varepsilon(n)$	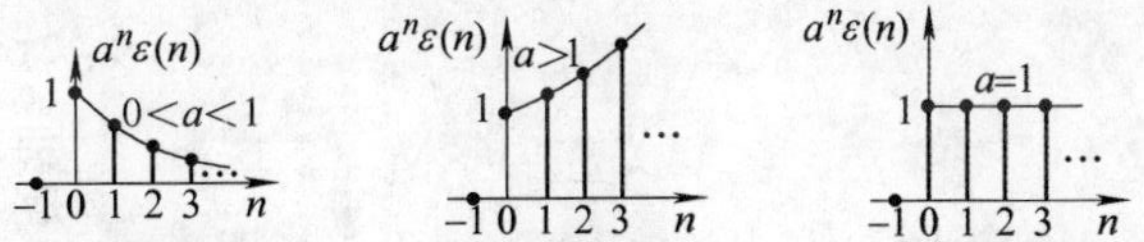 a) 衰减指数序列 $0<a<1$; b) 增长指数序列 $a>1$; c) 单位阶跃序列 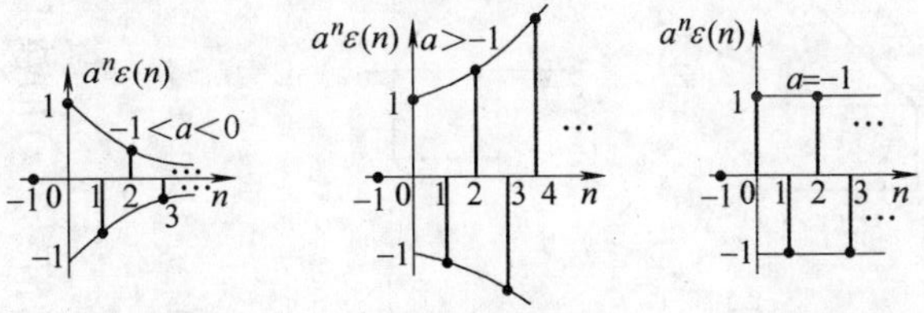 $a=1$; d) 振荡衰减指数序列 $-1<a<0$; e) 振荡增长指数序列 $a<-1$; f) 等幅振荡序列 $a=-1$	若$|a|<1$，则$f(n)$为一个收敛序列，如图a所示；若$|a|>1$，则$f(n)$为一个发散序列，如图b所示；当$|a|=1$时，$f(n)$为单位阶跃序列；当a为负值时，分别出现衰减振荡、增长振荡、等幅振荡，依次如图d、e、f所示

3. 信号的时域变换

(1) 信号幅度的放大与缩小

一般情况下，用一个函数和一个常数相乘来实现信号幅度的放大和缩小。即

$$y(t) = Af(t) \tag{6-20}$$

设信号 $f(t)$ 的波形如图 6-7a 所示，当 $A = 1.5$、0.5、-1 时，$y(t)$ 分别如图 6-7b、c、d 所示。

(2) 信号时间的扩展与压缩

信号的时域展缩，就是将信号 $f(t)$ 在时间 t 轴上扩展或压缩，但纵轴值不变。

设信号 $f(t)$ 波形如图 6-8a 所示。以变量 at 置换 $f(t)$ 中的 t，所得信号 $f(at)$ 即信号 $f(t)$ 的压缩信号。图 6-8b 表示 $a = 2$ 的波形；图 6-8c 表示 $a = 1/2$ 的波形；当 $a = -1$ 时，信号发生时域折叠（信号反转），就是将信号 $f(t)$ 的波形以纵轴反转得到其折叠信号 $f(-t)$，如图 6-8d 所示。

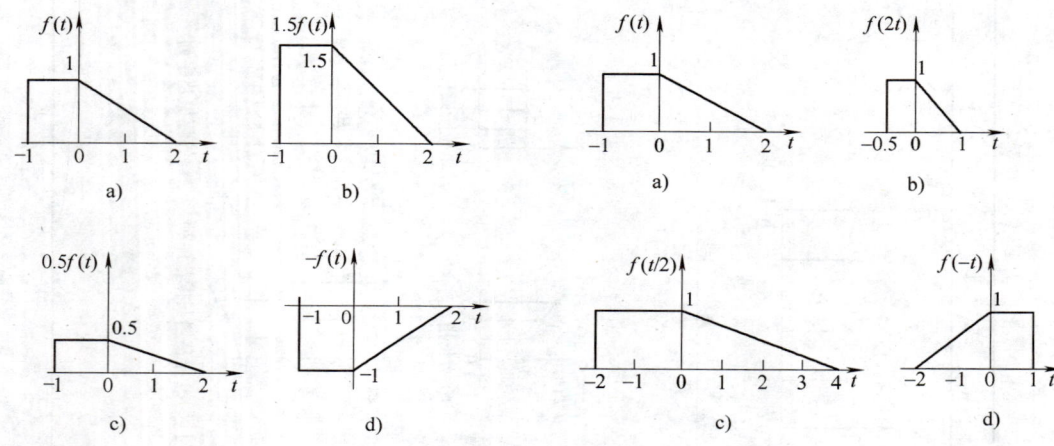

图 6-7 信号幅度的缩放

图 6-8 信号时间的扩展与反转

(3) 信号的时移

信号的时移是指信号 $f(t)$ 的波形沿时间轴左右平行移动，但形状不变。

设信号 $f(t)$ 的波形如图 6-9 所示，现将 $f(t)$ 沿 t 轴平移 t_0。即得到时移信号 $f(t-t_0)$，t_0 为实常数。当 $t_0 > 0$ 时，$f(t)$ 沿 t 轴的正方向移动（右移）；当 $t_0 < 0$ 时，$f(t)$ 沿 t 轴的负方向移动（左移）。

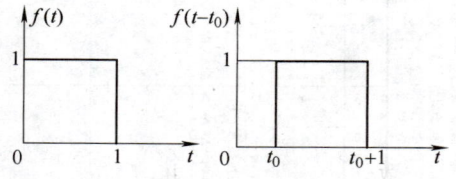

图 6-9 信号和信号时移

4. 信号的时域运算

(1) 信号相加

将 n 个信号 $f_1(t)$，$f_2(t)\cdots f_n(t)$ 相加，得到相加信号 $y(t)$，即

$$y(t) = f_1(t) + f_2(t) + \cdots + f_n(t) \tag{6-21}$$

信号在时域中相加，时间轴的坐标比例不变，相对应的纵坐标值相加。

(2) 信号相乘

将 n 个信号 $f_1(t)$，$f_2(t)$，$\cdots$，$f_n(t)$ 相乘，得到相乘信号 $y(t)$，即

$$y(t) = f_1(t)f_2(t)\cdots f_n(t) \tag{6-22}$$

信号在时域中相乘，时间轴的坐标比例不变，相对应的纵坐标值相乘。

噪声对有用信号的干扰，可以看作是与信号相加或相乘。信号处理系统中的抽样器和调制器，都是实现信号相乘运算功能的系统。两个信号的相加与相乘如图6-10所示，其中图6-10a和图6-10b为两个信号，图6-10c为两个信号相加，图6-10d为两个信号相乘。

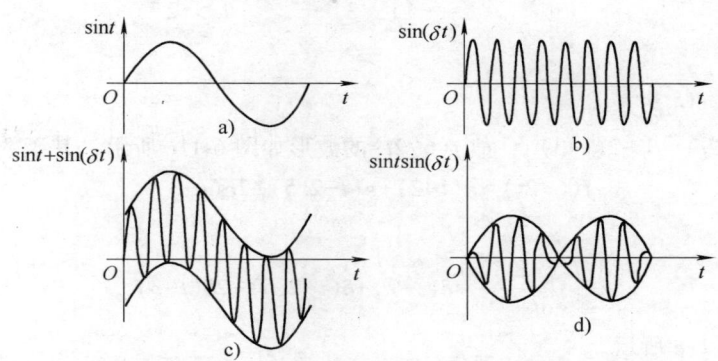

图6-10　两个信号的相加与相乘

（3）信号的微分

对信号$f(t)$求一阶导数，可表示为

$$y(t) = \frac{df(t)}{dt} = f'(t) \tag{6-23}$$

$y(t)$称为信号$f(t)$的微分信号，记为$f'(t)$。当$f(t)$中含有间断点时，则$f'(t)$在间断点上将有冲激函数存在，其冲激强度为间断点处函数$f(t)$跳变的幅度值。

（4）信号的积分

对信号$f(t)$在区间$(-\infty, t)$内求一次积分，可表示为

$$y(t) = \int_{-\infty}^{t} f(\tau)d\tau \tag{6-24}$$

[例6-1]　已知信号$f(t)$的波形如图6-11a所示，求：

① 积分 $\int_{-\infty}^{t} f(2-\tau)d\tau$，并画出波形。

② 微分 $\frac{d[f(6-2t)]}{dt}$，并画出波形。

解：①因为$f(2-t) = f[-(t-2)]$，故$f(2-t)$的波形如图6-11b所示。

当$t<0$时，$f(2-t) = 0$，故$\int_{-\infty}^{t} f(2-\tau)d\tau = \int_{-\infty}^{t} 0 d\tau = 0$；

当$0<t\leq 1$时，$f(2-t) = 1$，故$\int_{-\infty}^{t} f(2-\tau)d\tau = \int_{-\infty}^{0} 0 d\tau + \int_{0}^{t} 1 d\tau = t$；

当$1<t\leq 2$时，$f(2-t) = 2$，故$\int_{-\infty}^{t} f(2-\tau)d\tau = \int_{-\infty}^{0} 0 d\tau + \int_{0}^{1} 1 d\tau + \int_{1}^{t} 2 d\tau = 2t-1$；

当$t>2$时，$f(2-t) = 0$，故$\int_{-\infty}^{t} f(2-\tau)d\tau = \int_{-\infty}^{0} 0 d\tau + \int_{0}^{1} 1 d\tau + \int_{1}^{2} 2 d\tau + \int_{2}^{t} 0 d\tau = 3$；

所以有

$$\int_{-\infty}^{t} f(2-\tau)\mathrm{d}\tau = \begin{cases} 0 & t < 0 \\ t & 0 < t \le 1 \\ 2t-1 & 1 < t \le 2 \\ 3 & t > 2 \end{cases}$$

其波形如图 6-11d 所示。

② 因为 $f(6-2t)=f[-2(t-3)]$，故 $f(6-2t)$ 的波形如图 6-11c 所示，其函数表达式为

$$f(6-2t) = \varepsilon(t-2)+\varepsilon(t-2.5)-2\varepsilon(t-3)$$

故得

$$\frac{\mathrm{d}[f(6-2t)]}{\mathrm{d}t} = \delta(t-2)+\delta(t-2.5)-2\delta(t-3)$$

其波形如图 6-11e 所示。

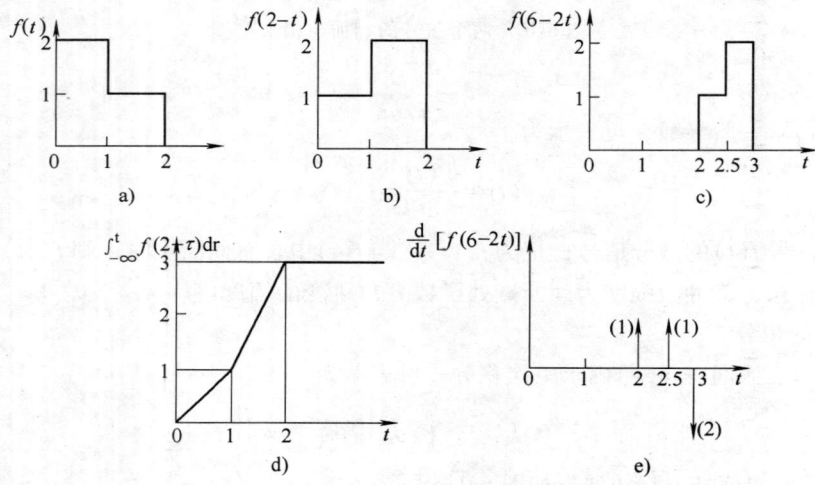

图 6-11 例 6-1 图

二、信号的频域分析

1. 连续时间周期信号的分解与合成

周期信号是每隔一定时间间隔 T_1 按相同规律重复出现的信号，表示为

$$f(t)=f(t+mT_1) \qquad m=0, \pm1, \pm2, \cdots \tag{6-25}$$

（1）周期信号的三角函数表示

任何周期函数在满足狄利克雷条件下（在工程技术中出现的周期信号，一般都能满足这个条件）都可以展开成一组正交函数的无穷级数之和。对于周期为 T_1 的周期信号 $f(t)$，可以用三角函数集的线性组合来表示，即

$$f(t) = a_0 + \sum_{n=1}^{\infty}[a_n\cos(n\omega_1 t)+b_n\sin(n\omega_1 t)] \tag{6-26}$$

式中,ω_1 是周期信号的基波角频率,a_0 为直流分量,a_n 和 b_n 分别是余弦分量和正弦分量的幅度,计算公式为

$$\begin{cases} a_0 = \dfrac{1}{T_1} \int_{-T_1/2}^{T_1/2} f(t)\,\mathrm{d}t \\ a_n = \dfrac{2}{T_1} \int_{-T_1/2}^{T_1/2} f(t)\cos(n\omega_1 t)\,\mathrm{d}t \quad n=1,2,3,\cdots \\ b_n = \dfrac{2}{T_1} \int_{-T_1/2}^{T_1/2} f(t)\sin(n\omega_1 t)\,\mathrm{d}t \quad n=1,2,3,\cdots \end{cases} \qquad (6\text{-}27)$$

若将式(6-26)中同频率的正弦项和余弦项合并,则可以写成另一种形式,即

$$f(t) = A_0 + \sum_{n=1}^{\infty} A_n \cos(n\omega_1 t + \varphi_n) \qquad (6\text{-}28)$$

其中

$$\begin{cases} A_0 = a_0 \\ A_n = \sqrt{a_n^2 + b_n^2}, \quad \varphi_n = -\arctan\left(\dfrac{b_n}{a_n}\right) \\ a_n = A_n\cos\varphi_n, \quad b_n = A_n\sin\varphi_n \end{cases} \qquad (6\text{-}29)$$

(2) 周期信号的复指数表示

利用三角函数和复指数函数的关系,即

$$\cos(n\omega_1 t) = \dfrac{\mathrm{e}^{\mathrm{j}n\omega_1 t} + \mathrm{e}^{-\mathrm{j}n\omega_1 t}}{2}; \quad \sin(n\omega_1 t) = \dfrac{\mathrm{e}^{\mathrm{j}n\omega_1 t} - \mathrm{e}^{-\mathrm{j}n\omega_1 t}}{2\mathrm{j}} \qquad (6\text{-}30)$$

将式(6-30)代入式(6-26),得到

$$f(t) = a_0 + \sum_{n=1}^{\infty}\left(\dfrac{a_n - \mathrm{j}b_n}{2}\mathrm{e}^{\mathrm{j}n\omega_1 t} + \dfrac{a_n + \mathrm{j}b_n}{2}\mathrm{e}^{-\mathrm{j}n\omega_1 t}\right)$$

$$= F_0 + \sum_{n=1}^{\infty}\left(F_n \mathrm{e}^{\mathrm{j}n\omega_1 t} + F_{-n}\mathrm{e}^{-\mathrm{j}n\omega_1 t}\right)$$

考虑到 $\sum_{n=1}^{\infty} F_{-n}\mathrm{e}^{-\mathrm{j}n\omega_1 t} = \sum_{n=1}^{-\infty} F_n\mathrm{e}^{\mathrm{j}n\omega_1 t}$,可以得到周期信号复指数形式的傅里叶级数展开式为

$$f(t) = F_0 + \sum_{n=-\infty}^{\infty} F_n \mathrm{e}^{\mathrm{j}n\omega_1 t} \qquad (6\text{-}31)$$

将式(6-27)代入 $F_n = \dfrac{1}{2}(a_n - \mathrm{j}b_n)$ 中,可以得到

$$F_n = \dfrac{1}{T_1}\int_{-T_1/2}^{T_1/2} f(t)\,\mathrm{e}^{-\mathrm{j}n\omega_1 t}\mathrm{d}t \qquad (6\text{-}32)$$

虽然式(6-31)中 n 的取值范围为 $(-\infty, +\infty)$,但 n 取负值并不表示实际上存在负频率,负频率的运算完全是数学运算形式的需要,没有实际的物理意义。

周期信号可以用三角形式或复指数形式的傅里叶级数表示,前者物理意义明确,后者在数学处理上更简便。两者之间的系数可以互相求得

$$F_0 = a_0 = A_0 \qquad (6\text{-}33)$$

$$F_n = |F_n|e^{j\varphi_n} = \frac{1}{2}(a_n - jb_n) \tag{6-34}$$

式中

$$|F_n| = \frac{1}{2}\sqrt{a_n^2 + b_n^2} = \frac{1}{2}A_n \tag{6-35}$$

$$\varphi_n = \arctan(-b_n/a_n) \tag{6-36}$$

2. 周期信号的频谱

（1）周期信号从时域表示到频域

周期信号可以用其各次谐波所含有的振幅、频率和相位信息去描述。图 6-12 示意了周期信号同时在时域与频域的分解过程。

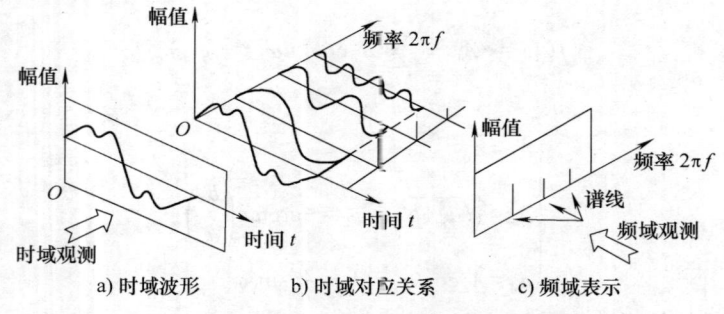

图 6-12　周期信号同时在时域与频域的分解

为了直观地表征不同信号的谐波组成情况，常画出周期信号各次谐波的分布图形，称为信号的频谱图。一个信号的频谱图包括幅频图和相频图，其中幅频图描述各次谐波幅度与频率的关系，相频图描述各次谐波相位与频率的关系。频谱图又分为单边频谱图和双边频谱图。

（2）周期信号的单边频谱和双边频谱

1）单边频谱。将周期信号 $f(t)$ 做傅里叶级数展开得

$$f(t) = A_0 + \sum_{n=1}^{\infty} A_n \cos(n\omega_1 t + \varphi_n)$$

A_n 与 $n\omega_1$ 的关系称为单边幅度频谱，φ_n 与 $n\omega_1$ 的关系称为单边相位频谱。

2）双边频谱。若将周期信号 $f(t)$ 展开为指数形式的傅里叶级数，即

$$f(t) = \sum_{n=-\infty}^{\infty} F_n e^{jn\omega_1 t}$$

设 $F_n = |F_n|e^{j\varphi_n}$，则幅度 $|F_n|$ 与 $n\omega_1$ 的关系称为双边幅度频谱，相位 φ_n 与 $n\omega_1$ 的关系称为双边相位频谱。

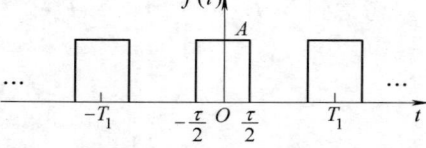

图 6-13　周期矩形脉冲

[例 6-2]　画出如图 6-13 所示周期矩形脉冲信号的双边频谱图。

解：根据式（6-32）可得

$$F_n = \frac{1}{T_1}\int_{-T_1/2}^{T_1/2} f(t) e^{-jn\omega_1 t} dt = \frac{1}{T_1}\int_{-T_1/2}^{T_1/2} A e^{-jn\omega_1 t} dt = \frac{A}{T_1}\frac{1}{(-jn\omega_1 t)}(e^{-jn\omega_1 \tau/2} - e^{jn\omega_1 \tau/2})$$

$$= \frac{2A}{T_1 n\omega_1}\sin\left(\frac{n\omega_1 \tau}{2}\right) = \frac{A\tau}{T_1}\frac{\sin\left(\frac{n\omega_1 \tau}{2}\right)}{\frac{n\omega_1 t}{2}} = \frac{A\tau}{T_1}Sa\left(\frac{n\omega_1 t}{2}\right)$$

画出 F_n 的幅度 $|F_n|$ 和相位 φ_n 的双边频谱图，分别如图 6-14a、b 所示。

（3）周期信号的功率谱

周期信号的平均功率可以在时域中计算，也可以在频域中计算，即

$$P = \frac{1}{T_1}\int_{-T_1/2}^{T_1/2} f^2(t)\,dt = \sum_{n=-\infty}^{\infty} |F_n|^2 \quad (6\text{-}37)$$

式(6-37)称为帕塞瓦尔(Parseval)定理，它表明周期信号的平均功率在频域用 F_n 确定，它反映了信号在时域的平均功率等于频域中的直流功率分量和各次谐波平均功率分量之和。$|F_n|^2$ 和 $n\omega_1$ 的关系称为周期信号的功率频谱，简称功率谱。显然，周期信号的功率谱也是离散谱，且不包含相位信息。

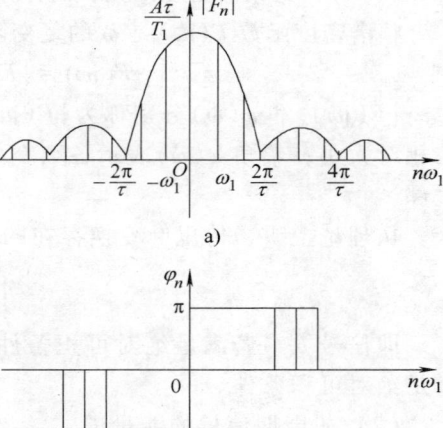

图 6-14 周期矩形脉冲双边频谱图

（4）周期信号频谱的特点与有效频谱宽度

1）周期信号频谱的特点：

① 离散性：频谱由频率离散的谱线组成，这种频谱称为离散频谱或线谱。

② 谐波性：各次谐波分量的频率都是基波频率 $\omega_1 = 2\pi/T_1$ 的整数倍，即谱线在频率轴上的位置是 ω_1 的整数倍。

③ 收敛性：谱线幅度随 $n\to\infty$ 而衰减到零。

2）周期信号的有效频谱宽度。在周期信号的频谱分析中，周期矩形脉冲信号的频谱具有典型意义。以图 6-13 为例，脉冲幅度为 A、脉冲宽度为 τ、重复周期为 T_1 的矩形脉冲信号，其重复角频率为 $\omega_1 = 2\pi/T_1$，可以看出：

① 周期矩形脉冲信号的频谱是离散的，两谱线的间隔为 $\omega_1 = 2\pi/T_1$。

② 直流分量、基波及各次谐波分量的大小正比于脉冲幅度 A 和脉冲宽宽 τ，反比于周期 T_1，其变化包络线受函数 $\sin x/x$ 的制约。

③ 当 $\omega = 2k\pi/\tau(k = \pm1, \pm2, \cdots)$ 时，谱线的包络线过零点，因此 $\omega = 2k\pi/\tau$ 称为零分量频率。

④ 周期矩形脉冲信号包含无限多条谱线，主要能量集中在第一个零分量频率之内。因此，通常把 $0\sim 2\pi/\tau$ 这段频率范围称为矩形脉冲信号的有效频谱宽度，记为

$$B_\omega = \frac{2\pi}{\tau} \quad \text{或} \quad B_f = \frac{1}{\tau} \quad (6\text{-}38)$$

显然，有效频谱宽度与脉冲宽度成反比。

3. 非周期信号的频谱

（1）傅里叶变换的定义

对于周期信号 $f(t)$，当 $f(t)$ 周期 T_1 趋近于无穷大时，其傅里叶级数谱线间隔趋近于无穷小而变为连续谱，从而，非周期性信号的傅里叶变换记为

$$\begin{cases} F(j\omega) = \int_{-\infty}^{\infty} f(t) e^{-j\omega t} dt \\ f(t) = \dfrac{1}{2\pi}\int_{-\infty}^{\infty} F(j\omega) e^{j\omega t} d\omega \end{cases} \quad (6\text{-}39)$$

$F(j\omega)$ 称为频谱密度函数,简称频谱函数,其意义为单位频率上的谐波幅度。

频谱密度函数 $F(j\omega)$ 是 ω 的复变函数,写为

$$F(j\omega) = |F(j\omega)|e^{j\varphi(\omega)} = R(\omega) + jX(j\omega)$$

$|F(j\omega)|$ 和 $\varphi(\omega)$ 分别称为 $F(j\omega)$ 的模和相位,$|F(j\omega)|$ 表示信号中各频率分量的相对大小;辐角 $\varphi(\omega)$ 表示各频率分量的相位。$R(\omega)$ 和 $X(\omega)$ 分别为 $F(j\omega)$ 的实部和虚部。

从理论上讲,傅里叶变换存在的充分条件是

$$\int_{-\infty}^{\infty} |f(t)| dt < \infty \tag{6-40}$$

即信号 $f(t)$ 若满足绝对可积条件,则其傅里叶变换 $F(j\omega)$ 存在。一般的能量信号都满足绝对可积条件。

(2) 非周期信号的能量谱

一般用能量频谱密度函数(能量谱)来表示非周期信号的能量在各频率点的分布情况。定义单位频率内的信号能量为能量密度函数,记为

$$G(\omega) = |F(j\omega)|^2 \tag{6-41}$$

能量谱 $G(\omega)$ 只与信号幅度 $|F(j\omega)|$ 有关。单位为焦耳/赫兹(J/Hz)。

信号的功率或能量既可在时域求得,也可在频域求得,信号在时域和频域的能量相等,它反映能量守恒定理在信号分析中的体现。

(3) 典型信号的频谱函数(表6-4)

表 6-4 典型信号的频谱和波形

信号类型	时域表达式和波形	频域表达式和波形
单边指数信号	$f_1(t) = e^{-at}\varepsilon(t)$,$a>0$ (波形图:$f_1(t)$ 从1衰减)	$\|F_1(j\omega)\| = \dfrac{1}{\sqrt{a^2+\omega^2}}$;$\varphi_1(\omega) = -\arctan(\omega/a)$ (幅度谱和相位谱波形图) 幅度谱和相位谱分别是 ω 的偶函数和奇函数
双边偶指数信号	$f_2(t) = e^{-a\|t\|}$,$a>0$ (波形图:$f_2(t)$ 双边衰减,峰值1)	$\|F_2(j\omega)\| = \dfrac{2a}{\sqrt{a^2+\omega^2}}$;$\varphi_2(\omega) = 0$ (幅度谱波形图,峰值2) 幅度谱为偶函数

第六章 信号测试与处理技术

（续）

信号类型	时域表达式和波形	频域表达式和波形
双边奇指数信号	$f_3(t) = \begin{cases} -e^{at} & t<0 \\ e^{-at} & t>0 \end{cases}$ $(a>0)$	$\|F_3(j\omega)\| = \left\|\dfrac{2a}{a^2+\omega^2}\right\|$；$\varphi_3(\omega) = \begin{cases} \pi/2 & \omega>0 \\ -\pi/2 & \omega<0 \end{cases}$
符号信号	$f_4(t) = \mathrm{sgn}(t) = \begin{cases} 1 & t>0 \\ -1 & t<0 \end{cases}$	$\|F_4(j\omega)\| = \|2/\omega\|$；$\varphi_4(\omega) = \begin{cases} \pi/2 & \omega>0 \\ -\pi/2 & \omega<0 \end{cases}$
单位直流信号	$f_5(t) = 1 \quad -\infty < t < \infty$	$F_5(j\omega) = 2\pi\delta(\omega)$
单位阶跃信号	$f_6(t) = \varepsilon(t) = \lim\limits_{a \to \infty} f_1(t)$ $= \lim\limits_{a \to \infty} e^{-at}\varepsilon(t)$ $\varepsilon(t) = \begin{cases} 1 & t>0 \\ 0 & t<0 \end{cases}$	$F_6(j\omega) = \pi\delta(\omega) + \dfrac{1}{j\omega}$
单位冲激信号	$\begin{cases} f_7(t) = \delta(t) = 0 \quad t \neq 0 \\ \int_{-\infty}^{+\infty} \delta(t)\,dt = 1 \end{cases}$	$F_7(j\omega) = 1$

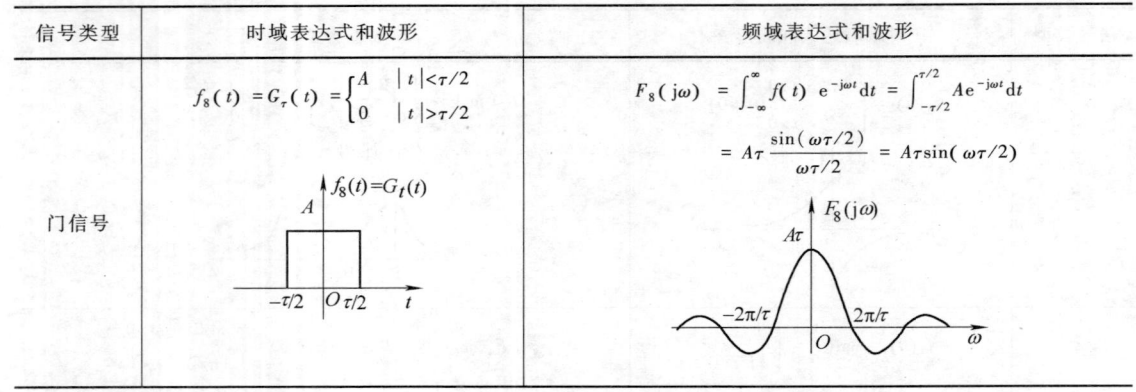

（续）

信号类型	时域表达式和波形	频域表达式和波形
门信号	$f_8(t)=G_\tau(t)=\begin{cases}A & |t|<\tau/2\\ 0 & |t|>\tau/2\end{cases}$	$F_8(j\omega)=\int_{-\infty}^{\infty}f(t)e^{-j\omega t}dt=\int_{-\tau/2}^{\tau/2}Ae^{-j\omega t}dt$ $=A\tau\dfrac{\sin(\omega\tau/2)}{\omega\tau/2}=A\tau\sin(\omega\tau/2)$

第三节 信号调理与传输

经过传感器输出的电信号一般比较微弱，而且大多数情况下信号中还夹杂着噪声，有必要对输出信号进行放大和滤波处理；另外，几乎所有传感器都存在不同程度的非线性，有的还比较严重，需要对其进行校正；再有，在信号传输过程中，为了提高信号的抗干扰能力和减小信号衰减，往往需要将电压信号转变为频率或电流等形式；最后，在计算机测量系统和数字仪表中，还需要将传感器信号进行模-数转换。所有这些对传感器输出信号进行的处理或转换，称为信号调理。

一、信号调理

如果将传感器的输出等效为电压源，则应包括共模电压和差模电压。通常，共模电压是无用信号，应进行抑制，而差模电压是需要进行放大的有用信号，所以，要求放大器有极大的差模放大倍数 A_D，以及极小的共模放大倍数 A_C，也就是说有极大的共模抑制比（Common Mode Repression Ratio，CMRR）。

$$CMRR=20\lg\dfrac{A_D}{A_C}$$

理想运算放大器的共模抑制比无穷大、输入阻抗无穷大、对差模信号的开环放大倍数也为无穷大。实际集成运算放大器的增益可达 $10^4 \sim 10^7$，输入阻抗可达几千至几十兆欧，输出阻抗不大于 100Ω。因此，一般将实际集成运算放大器视为理想运算放大器。

1. 基本放大电路

（1）同相和反相放大器

图 6-15 所示为同相放大器。考虑运算放大器的正负输入端口阻抗很大，可以认为电流不流入，且电位相等，由基尔霍夫电流定律，可得同相放大器增益为

$$A=\dfrac{u_o}{u_i}=1+\dfrac{R_4}{R_3}$$

反相放大器电路如图 6-16 所示，同样可得增益为（负号表示输入输出信号相反）

$$A = \frac{u_o}{u_i} = -\frac{R_2}{R_1}$$

（2）差动放大器

差动放大器电路如图 6-17 所示，设 $R_1 = R'_1$，$R_2 = R'_2$，分别对运算放大器的正负输入端列基尔霍夫电流方程，消去中间变量 $u_N = u_P$，则有

$$A = \frac{u_o}{u_{i2} - u_{i1}} = \frac{R_2}{R_1}$$

显然，差动放大器的输出电压与输入电压成正比。

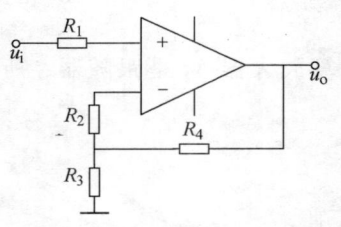
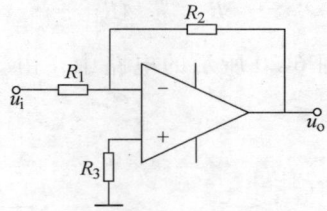
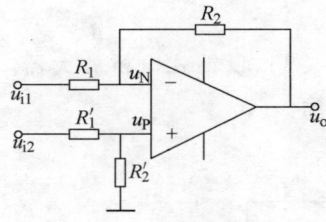

图 6-15　同相放大器　　　　图 6-16　反相放大器　　　　图 6-17　差动放大器

（3）电桥放大器

对于将被测量变化转化为电阻变化的传感器，往往需要借助适当的电路将电阻的变化转化为相应的电压或者电流的变化，最常见的电路就是惠斯顿电桥。下面讨论三种形式的电桥放大器。

1）电桥输出与运算放大器输入端之间不接电阻。如图 6-18 所示，对运算放大器的正负输入端分别列基尔霍夫电流方程，有

$$\frac{u_b - u_o}{R_f} = \frac{E - u_b}{R} - \frac{u_b}{R}$$

$$\frac{u_a}{R_f} + \frac{u_a}{R_x} = \frac{E - u_a}{R}$$

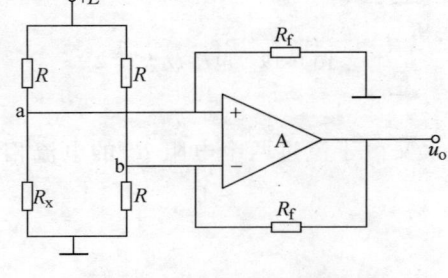

图 6-18　电桥放大器 1

考虑 $u_a = u_b$，$R_x = R(1+\varepsilon) = R(1+\Delta R/R)$，其中 $\varepsilon = \Delta R/R$ 为传感器电阻相对变化。联立方程，消除中间量 u_a、u_b，得到输出为

$$u_o = \frac{R_f}{R} \frac{E}{1+(1+R/R_f)(1+\varepsilon)} \varepsilon$$

由于 $\varepsilon \ll 1$，则

$$u_o = \frac{R_f}{R} \frac{E}{2+R/R_f} \varepsilon$$

可见，输出电压 u_o 与传感器电阻相对变化 ε 成正比，即与被测物理量成正比。

2）电桥输出与运算放大器输入端之间接电阻。如图 6-19 所示，忽略放大器对电桥的影响，则有

$$u_{AB} = u_A - u_B = \frac{ER_x}{R+R_x} - \frac{E}{2} = \frac{E}{2} \frac{R_x - R}{R + R_x} = \frac{E}{2} \frac{\varepsilon}{2+\varepsilon} \tag{6-42}$$

由于 $\varepsilon \ll 1$，所以有

$$u_{AB} = \frac{E}{4}\varepsilon$$

由输入和输出的关系可知

$$u_o = \frac{R_f}{R_1} u_{AB} = \frac{R_f E}{4R_1}\varepsilon \tag{6-43}$$

3）反馈式电桥放大器。如图 6-20 所示的电路中，由于运算放大器 A_2 是跟随器，所以有

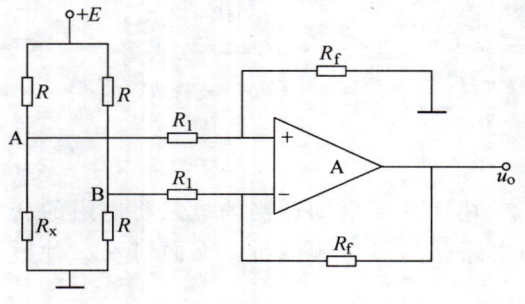

图 6-19　电桥放大器 2

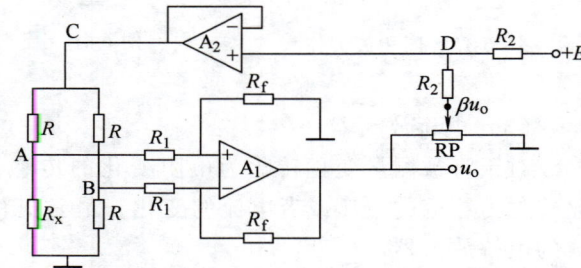

图 6-20　反馈式电桥放大器

$$u_C = u_D$$

又由于流过两个电阻 R_2 的电流相等，有

$$\frac{E - u_D}{R_2} = \frac{u_D - \beta u_o}{R_2} \tag{6-44}$$

此处 $\beta < 1$，其大小可用 RP 调节，由式 (6-44) 可求出

$$u_C = u_D = \frac{1}{2}(E + \beta u_o)$$

除了反馈部分，图 6-20 与图 6-19 相似，用 u_C 代替式 (6-42) 中的 E 有

$$u_{AB} = \frac{u_C \varepsilon}{2(2+\varepsilon)} \tag{6-45}$$

将式(6-45)代入式(6-43),得

$$u_o = \frac{R_f}{R_1} \frac{u_C \varepsilon}{2(2+\varepsilon)} = \frac{R_f}{R_1} \frac{E+\beta u_o}{2} \frac{\varepsilon}{2(2+\varepsilon)} = \frac{\frac{R_f}{R_1}\varepsilon}{4(2+\varepsilon)}(E+\beta u_o)$$

整理得到

$$u_o = \frac{E\varepsilon R_f/R_1}{8+(4-\beta R_f/R_1)\varepsilon}$$

调节 RP,使 $\beta R_f/R_1 = 4$,则有

$$u_o = \frac{R_f}{8R_1} E\varepsilon$$

2. 测量信号放大器

测量信号放大器的作用是对来自传感器的电信号进行放大,对测量信号放大器的要求是:输入阻抗应该远大于信号源内阻(即输入阻抗高),输出阻抗低,抗共模电压干扰能力强,在预定的频带范围有稳定而较高的增益、良好的线性度,输出性能稳定。有些情况下,还要求放大器增益可改变,或者放大器的输入和输出之间具有隔离功能等。

(1) 仪器放大器

图 6-21 所示为仪器放大器电路结构图,其中运算放大器 A_1、A_2 和电阻 R_1、R_2、R_g 构成对称(设 $R_1 = R_2 = R$)同相放大器,可以获得高输入阻抗,飘移也大为减小;运算放大器 A_3 和电阻 $R_3 \sim R_6$ 组成差动放大器,此时如果配置的电阻参数对称,即 $R_3 = R_4 = R_a$,$R_5 = R_6 = R_b$,则仪器放大器可获得高共模抑制比。

下面计算电路增益。考虑 A_1、A_2(包括 A_3)输入端无电流,所以有

$$i_g = \frac{u_{i1}-u_{i2}}{R_g} = \frac{u_i}{R_g}$$

另外

$$u_{AB} = u_A - u_B = (R_1+R+R_g)i_g = \left(1+\frac{2R}{R_g}\right)u_i$$

考虑 A_3 正负输入端电位相等,但无电流进出,对其节点列基尔霍夫电流方程,有

$$\frac{u_B-u_C}{R_a} = \frac{u_C}{R_b}; \quad \frac{u_A-u_C}{R_a} = \frac{u_C-u_o}{R_b}$$

消去中间变量 u_C,则有

$$u_o = \frac{R_b}{R_a}(u_B-u_A) = -\frac{R_b}{R_a}u_{AB} = -\frac{R_b}{R_a}\left(1+\frac{2R}{R_g}\right)u_i$$

所以放大器增益为

$$G = \frac{u_o}{u_i} = -\frac{R_b}{R_a}(1 + \frac{2R}{R_g})$$ (6-46)

从增益 G 的表达式看，改变 R_a、R_b 和 R_g 均可改变 G 的大小，但实践中为方便起见，通过改变 R_g 来实现 G 的变化。

通用运算放大器抗共模干扰能力远低于仪器放大器，因此在弱信号、强干扰的测量场合，通用运算放大器代替不了仪器放大器。

实际应用中，考虑到电路中电阻的误差和温漂引起增益不准确、共模抑制比下降、增益调节等因素，仪器放大器往往以集成器件的形式出现，例如美国模拟器件公司（Analog Devices）生产的 AD521 集成测量放大器，放大倍数 1~1000，输入阻抗 3MΩ，工作电压范围 5~18V，共模抑制比可达 120dB，具有输入输出保护功能和较强的过载能力。

（2）可编程增益放大器

对于自动检测系统，总是希望能够根据输入量的幅度自动调整放大器增益，使输出信号维持在一个合适的动态范围，这就要用到可编程增益放大器（Programmable Gain Amplifier，PGA）。

LH0084 是在仪器放大器的基础上实现的 PGA，其内部结构如图 6-22 所示。通过软件输出控制信号 D_0 和 D_1 以选择通道。每个控制信号同时驱动两个对称开关闭合：S_{3A} 和 S_{3B}、S_{2A} 和 S_{2B}、S_{1A} 和 S_{1B} 或者 S_{0A} 和 S_{0B}，确保电路参数对称变化，从而获得不同的输入级增益。假如编码控制信号使开关 S_{2A} 和 S_{2B} 闭合，那么就有 $R_g = 8k\Omega$，$R = 16k\Omega$（R_g 和 R 等含义见图 6-21）。

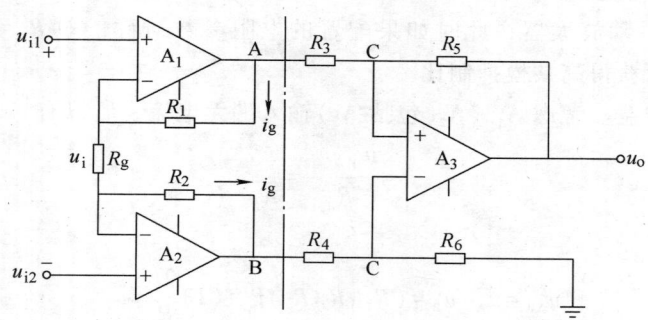

图 6-21 仪器放大器电路结构图

为了保证较高的共模抑制比，接地电阻与反馈电阻需对称使用，即引脚 8（接引脚 10）和引脚 11（接地）或者引脚 7（接引脚 10）和引脚 12（接地）或者引脚 6（接引脚 10）和引脚 13（接地）。

（3）隔离放大器

传感器及其信号在使用和传输过程中，不可避免地会混有静电和电磁耦合等干扰信号，在进行信号放大的时候，这些干扰也会被放大，形成差模干扰和共模干扰。除了采用具有高共模抑制比的运算放大器之外，还可以采用隔离放大器（Isolation Amplifier），从信号和电源两方面同时入手，使得输入和输出之间、电源与输入/输出之间均无直接的电气联系，形成

第六章 信号测试与处理技术

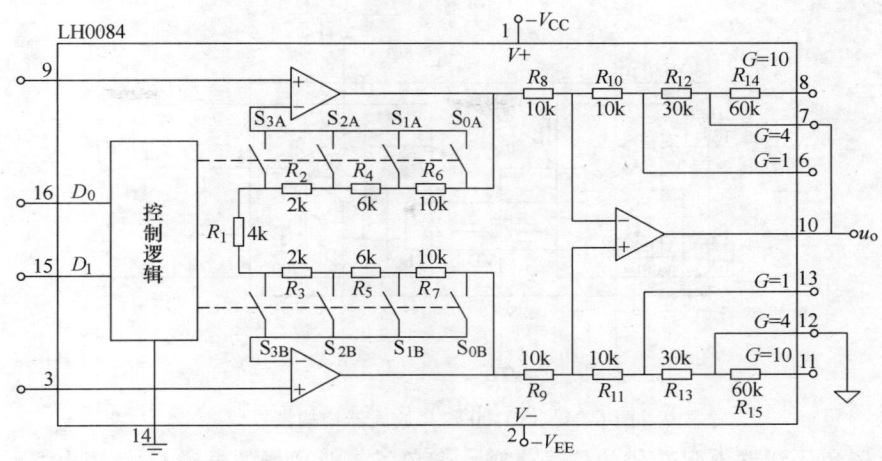

图 6-22 LH0084 电路结构图

两端口或三端口隔离。

图 6-23 是美国 AD 公司生产的 AD289 三端口耦合变压器隔离放大器,输入信号经过⑤和①进入隔离放大器,经滤波、放大、调制后,通过变压器 T_1 实现输入输出信号的隔离,然后从 T_1 二次侧输出,经过解调、滤波后,经电压跟随器输出 $0\sim\pm10V$ 直流电压。同样,外加直流电源 U_s 经稳压后为高频振荡器提供电源,经 T_2 变压器一次侧耦合到二次侧的四个绕组 b、c、d 和 e,为前置放大级 A_1、调制器、电压跟随器和解调器供电,高频电源的使用端与产生端之间实现了变压器隔离。

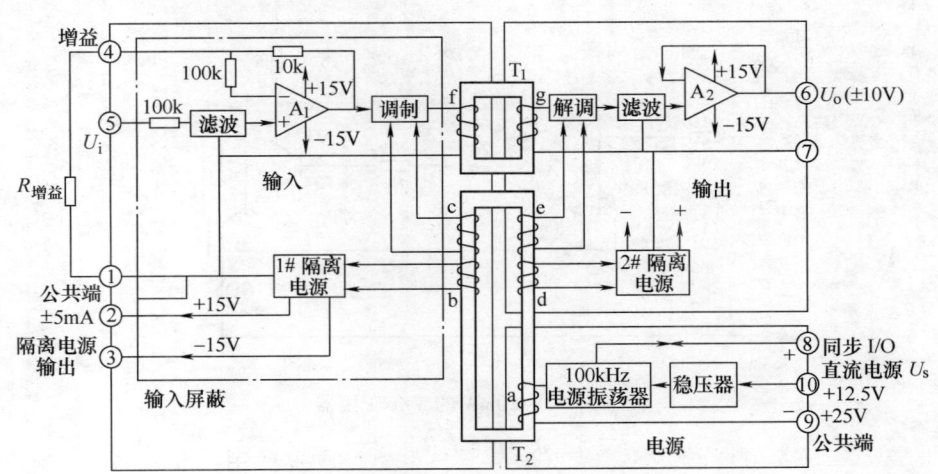

图 6-23 AD289 隔离放大器结构图

图 6-24 是 ISO100 光耦合式集成隔离放大器,它的光耦合器由一个发光二极管(LED)VL 和两个光敏二极管 VD_1 和 VD_2 组成,并且三者紧靠在一起。VD_1 的作用是从 LED 的信号中引入反馈,VD_2 的作用是将 LED 的信号进行隔离传送。

二、信号传输

传感器的输出信号多为直流电压形式,但是在长距离传输时,一般采用电流或者频率形

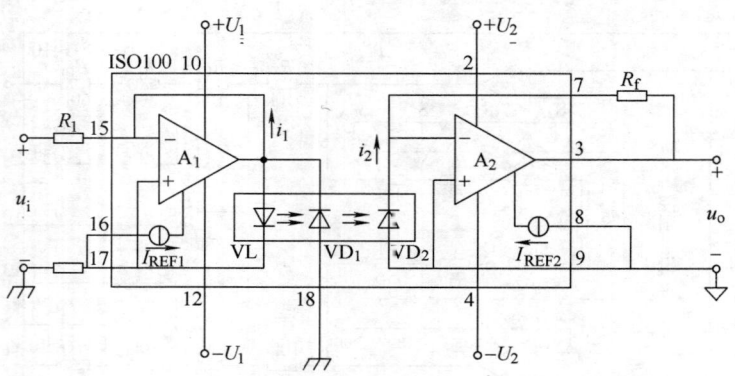

图 6-24 ISO100 隔离放大器结构图

式,这样就避免了线路电阻造成的信号衰减,避免了工业现场的电磁干扰,同时,也非常易于还原成电压形式。

1. V/I 变换

(1) 0~10mA 的 V/I 变换器

该 V/I 变换器将输入电压信号转变为 0~10mA 电流信号,这类变换器输入阻抗高,输出具有恒流特性。如图 6-25 所示,运算放大器 A 接成同相放大器,R_3 为反馈电阻,R 为负载,且小于 R_3,晶体管 VT_1 和 VT_2 组成复合管,用来放大电流。由于运算放大器的放大倍数足够大,且输入阻抗足够大,有

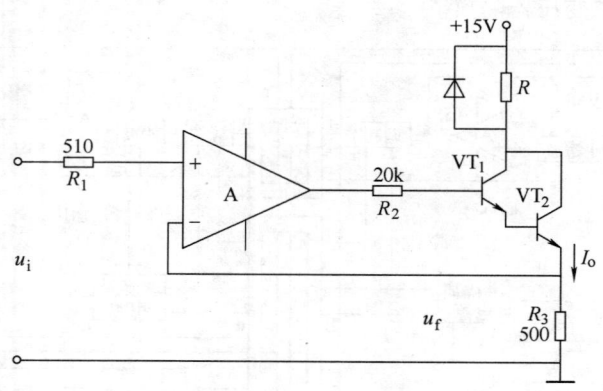

图 6-25 0~10mA 的 V/I 变换器

$$u_i = u_f = I_o R_3$$

从而

$$I_o = \frac{1}{R_3} u_i$$

显然,输出电流与 R_3 有关,而与负载 R 无关,故 V/I 具有较好的恒流性。当输入电压为 0~5V 时,取 $R_3 = 500\Omega$,有输出电流 0~10mA。

(2) 4~20mA 的 V/I 变换器

图 6-26 所示电路由差动运算放大器 A、偏置电压 u_b、晶体管 VT_1(反相放大器)、VT_2(电流输出器)以及电阻等组成,R 是负载,R_3 是反馈电阻,u_f 是反馈电压,$u_f = I_o R_3$。

设定 R_4、$R_5 \gg R_3+R$,则电流 I_o 全部流经 R_3 和 R,考虑运算放大器输入端无电流进出,对输入端口节点处列电流方程,有

$$\frac{u_i-u_b}{R_1}=\frac{u_b-I_o R}{R_5}$$

$$\frac{u_1+u_b}{R_2}=\frac{I_o(R_3+R)}{R_4}$$

计算得

$$u_b=\frac{u_i}{R_1+R_5}R_5+\frac{I_o R}{R_1+R_5}R_1$$

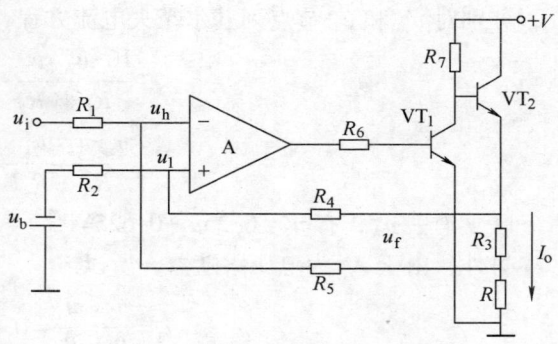

图 6-26 4~20mA 的 V/I 变换器

$$u_1=\frac{I_o(R_3+R)}{R_2+R_4}R_2-\frac{u_b}{R_2+R_4}R_4$$

由于运算放大器 A 的放大倍数和输入内阻都很大,所以有 $u_b=u_1$ 即

$$\frac{u_i}{R_1+R_5}R_5+\frac{I_o R}{R_1+R_5}R_1=\frac{(R_3+R)I_o}{R_2+R_4}R_2-\frac{u_b}{R_2+R_4}R_4$$

令 $R_1=R_2$,$R_4=R_5$,则有

$$I_o=\frac{R_4}{R_2 R_3}(u_i+u_b) \tag{6-47}$$

由式(6-47)可知:①I_o 与 R 无关,电路具有恒流特性;②I_o 与 u_i 变换关系由 R_2、R_3、R_4 和 u_b 来决定。当 $u_i=1$~5V 时,若要求 $I_o=4$~20mA,则有 $u_b=0$V,$R_4/(R_2 R_3)=4$。

(3) V/I 变换集成器件

XTR110 应用电路如图 6-27 所示,它能实现输入 0~10V,输出 4~20mA 的 V/I 变换。其中 R_1~R_5 构成电阻网络,形成输入 u_i 与运算放大器 A_1 的关系;由 A_1、VT_1、R_6 和 R_7 组成 V/I 变换器;由 A_2、R_8、R_9 和场效应晶体管 VF 组成电流放大器。

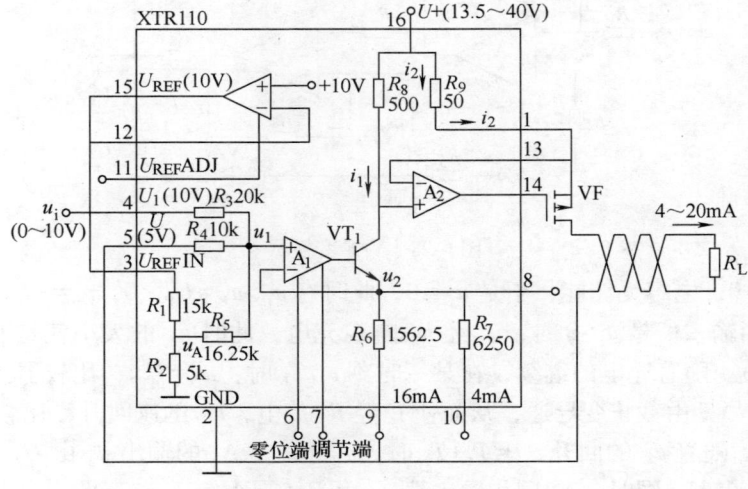

图 6-27 XTR110 应用电路

分别对 u_A 和 u_1 节点列基尔霍夫电流方程，得

$$\frac{10-u_A}{R_1}-\frac{u_A}{R_2}-\frac{u_A-u_1}{R_5}=0$$

$$\frac{u_i-u_1}{R_3}-\frac{u_1}{R_4}-\frac{u_1-u_A}{R_5}=0$$

联立消去 u_A，有 $u_1=0.25u_i+0.625\text{V}$

另外，由于 A_1 为电压跟随器，所以

$$i_1=\frac{u_2}{R_6}=\frac{u_1}{R_6}=0.16u_i+0.4\text{mA}$$

在运算放大器 A_2 的输入端有 $R_9i_2=R_8i_1$，从而

$$i_2=\frac{R_8}{R_9}i_1=1.6u_i+4\text{mA}$$

显然 i_2 与 R_L 无关，具有恒流特性。当 $u_i=0\sim10\text{V}$ 时，有

$$i_2=4\sim20\text{mA}$$

2. V/F 变换

V/F 变换是将输入电压信号转换为与之成比例的频率信号，所以又称其为电压控制振荡器（Voltage Controlled Oscillator，VCO），或者电压—频率变换器（Voltage‐to‐Frequency Converter，VFC）。

（1）运算放大器构成的 V/F 变换器

图 6-28 所示是由运算放大器组成的 V/F 变换电路，它由积分器 A_1、比较器 A_2、晶体管 VT 组成的复原开关和稳压管 $VZ_1\sim VZ_3$ 等组成，VZ_1 稳压值为 U_1，VZ_2 和 VZ_3 的稳压值为 U_2。

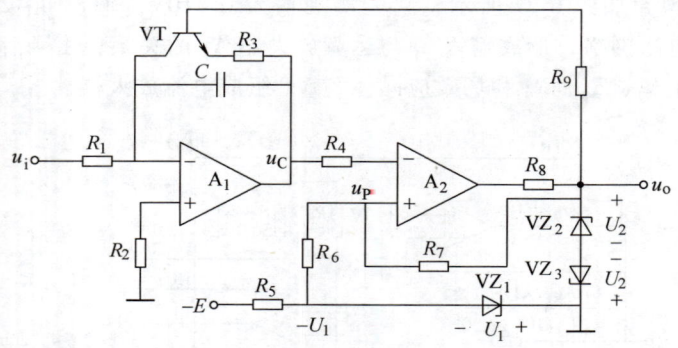

图 6-28　V/F 变换器

初始时 $u_i=0$，电容无储能，于是 $u_C=0$，此时有 $u_C>u_P=U_{P2}<0$，$u_o=-U_2$，晶体管 VT 处于截止状态。当输入信号 $u_i>0$ 时，u_1 经 R_1 向 C 充电，此时 u_C 的大小就是电容端电压的大小，但极性为负。随着充电的继续，在某一时刻 $t=T_1$ 时，$u_C=U_{P2}$，比较器 A_2 的输出 u_o 从 $-U_2$ 翻转到 U_2，VT 由截止变导通，从而使 C 经 R_3 放电，u_C 迅速回升，比较器同相端的 u_P 由 U_{P2} 变为 U_{P1}。随着 u_C 的回升，$t=T_1+T_2$ 时，$u_C=U_{P1}$，A_2 的输出 u_o 由 U_2 翻回到 $-U_2$，并使 VT 由导通变截止，同时，A_2 同相输入端 u_P 由 U_{P1} 变回为 U_{P2}。至此，电路完成了一个循环，u_o 输出一个脉冲。输入电压 u_i 越大，T_1 将越短，输出脉冲电压的频率就越高。这正反映了电压与频率的关系。

（2）V/F 变换集成器件及应用

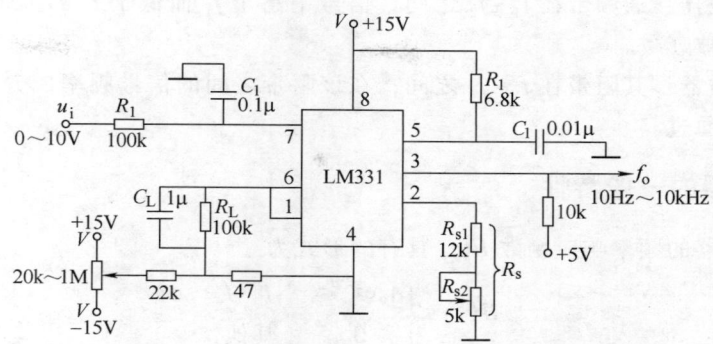

图 6-29 LM331 构成的 V/F 变换器

LM331 是一款性价比较高的集成芯片，它既可作 V/F 使用，也可作 F/V（频压转换）使用。图 6-29 是由 LM331 组成的 V/F 变换基本电路，可实现输入模拟电压 0~10V、输出频率 10Hz~10kHz 的转换。电路中，R_1 和 C_1 组成低通滤波器，提高转换精度，如果电压波动大，可适当增大 C_1；引脚 2 外接的电阻 R_s 用来调节基准电流，以校正输出频率；引脚 3 输出端接一个 10kΩ 上拉电阻，是因为芯片内该处为一个晶体管集电极开路输出。

V/F 变换的输出信号频率正比于输入信号电压 u_i，可表示为

$$f_o = ku_i = \frac{R_s}{2.09 R_L R_1 C_1} u_i$$

对于理想 V/F 变换器来说，k 是常数。

第四节 滤 波 技 术

一、概述

根据滤波器的选频方式，一般可将其分为低通滤波器、高通滤波器、带通滤波器和带阻滤波器，图 6-30 表示了这四种滤波器的幅频特性。

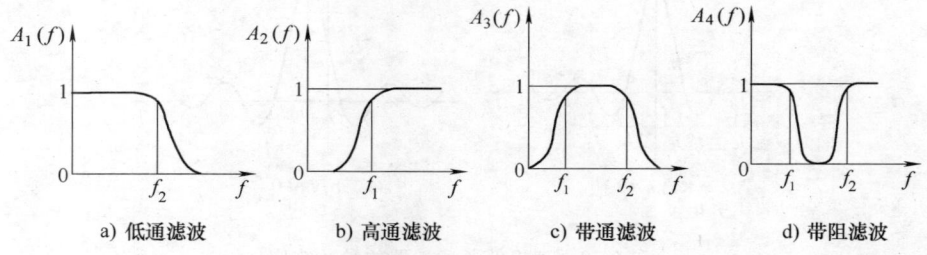

a) 低通滤波   b) 高通滤波   c) 带通滤波   d) 带阻滤波

图 6-30 不同滤波器的幅频特性

1) 低通滤波器：频率从 0 到 f_2，幅频特性平直，该段范围称之为通频带，信号中高于 f_2 的频率成分则被衰减。

2) 高通滤波器：滤波器通频带频率为 f_1~∞，信号中高于 f_1 的频率成分可不受衰减地

通过，而低于 f_1 的频率成分被衰减。

3）带通滤波器：通频带在 $f_1 \sim f_2$ 之间，信号中高于 f_1 而低于 f_2 的频带成分可以通过，而其他频率成分被衰减。

4）带阻滤波器：其阻带在 $f_1 \sim f_2$ 之间；在该阻带之间的信号频率成分被衰减掉，而其他频率成分则可通过。

二、滤波器的一般特性

若一个滤波器的频率响应函数 $H(f)$ 具有的形式为

$$H(f) = \begin{cases} A_0 e^{-2\pi f t_0} & |f| < f_c \\ 0 & 其他 \end{cases} \quad (6\text{-}48)$$

则该滤波器称为理想低通滤波器，其幅频与相频特性如图 6-31 所示，相频图中的直线斜率为 $(-2\pi t_0)$。

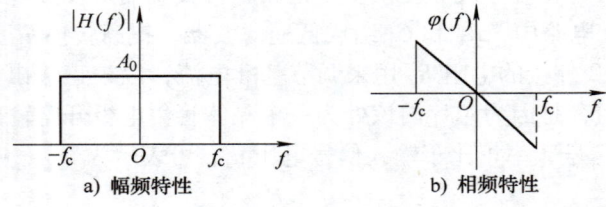

图 6-31 理想低通滤波器的幅频、相频特性

1. 理想低通滤波器对单位脉冲的响应

若将单位脉冲输入理想低通滤波器，则它的响应为 sinc 函数（图 6-32），如无相角滞后，则 $t_0 = 0$。

$$h(t) = 2A_0 f_t \sin c(2\pi f_c t) \quad (6\text{-}49)$$

若 $t_0 \neq 0$，则有延时，公式变为

$$h(t) = 2A_0 f_0 \sin c[2\pi f_0(t-t_0)] \quad (6\text{-}50)$$

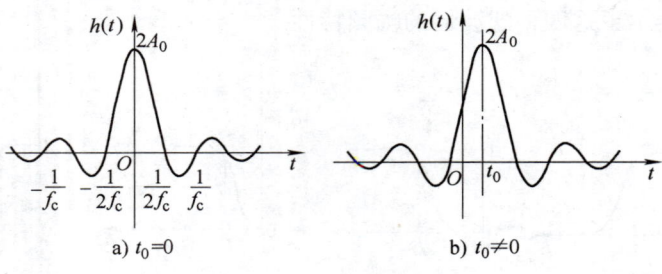

图 6-32 理想低通滤波器的脉冲响应

由图可看出，理想低通滤波器的脉冲响应函数在整个时间轴上延伸，且其输出在 $t < 0$ 时便已经出现，实际物理系统在信号被输入之前是不可能有输出的，出现上述结果是由于采取了实际中不可能实现的理想化传输特性的缘故。

2. 理想低通滤波器对单位阶跃的响应

对理想低通滤波器输入如下阶跃函数：

$$x(t) = \begin{cases} 1 & t>0 \\ \dfrac{1}{2} & t=0 \\ 0 & t<0 \end{cases}$$

滤波器的响应为

$$y(t) = \frac{1}{2} + 2\int_0^{2\pi f_0(t-\tau)} \frac{\sin t}{t} dt \qquad (6\text{-}51)$$

结果如图 6-33 所示，输出从零（a 点）到稳定值 A_0（b 点）经过一定的建立时间（t_b-t_a）。时移 t_0 仅影响曲线的左右位置，并不影响建立时间。

建立时间也可这样理解：输入信号突变处必然包含有丰富的高频分量，低通滤波器阻挡了高频分量，其结果是将信号波形"圆滑"了。通带越宽，衰减的高频分量便越少，信号便有较多的分量更快通过，因此建立时间较短，反之则长。故低通滤波器的阶跃响应的建立时间和带宽成反比，或者说两者的乘积为常数，这一结论同样适用于其他（高通、带通、带阻）滤波器。

滤波器带宽表示它的频率分辨能力，通带窄，则分辨力高。这一结论表明：滤波器的高分辨能力与测量时快速响应的要求是矛盾的。若想采用一个滤波器从信号中获取某一频率很窄的信号（例如进行高分辨率的频谱分析），便要求有足够的建立时间。

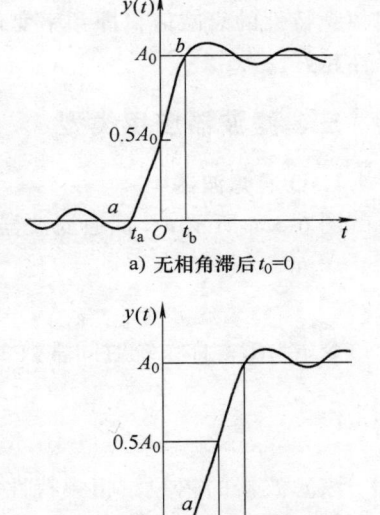

图 6-33 理想低通滤波器对单位阶跃输入的响应

3. 实际滤波器的特征参数

图 6-34 表示理想滤波器（虚线）和实际滤波器的幅频特性。理想滤波器在两截止频率 f_{e1} 和 f_{e2} 之间的幅频特性为常数 A_0，其他为零。实际滤波器的特性曲线无明显转折点，通带中的幅频特性也不是常数。因此对它的描述要求有更多的参数，主要有截止频率、带宽、纹波幅度、品质因子（Q 值）以及倍频程选择性等。

（1）截止频率

幅频特性值 $\dfrac{A_0}{\sqrt{2}}$（-3dB）所对应的频率点（图6-34中的 f_{e1} 和 f_{e2})，该频率对应的点为半功率点。

（2）带宽

滤波器带宽定义为上、下截止频率之间的频

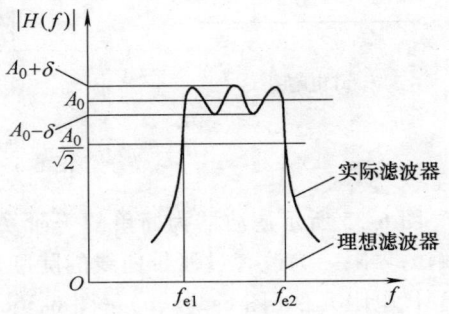

图 6-34 理想和实际带通滤波器的幅频特性

率范围 $B=f_{e2}-f_{e1}$，又称-3dB 带宽，带宽表示滤波器分离信号中相邻频率成分的能力。

（3）纹波幅度

通带中幅频特性值的起伏变化值，图中以 $\pm\delta$ 表示，δ 值应越小越好。

（4）品质因子（Q 值）

带通滤波器的品质因子 Q 定义为中心频率 f_0 与带宽之比，即 $Q=\dfrac{f_0}{B}$。

（5）倍频程选择性

从阻带到通带，实际滤波器还有一个过渡带，过渡带的曲线倾斜度代表着幅频特性衰减的快慢程度，通常用倍频程来表征。倍频程是指上截止频率 f_{e1} 和 $\dfrac{f_{e1}}{2}$ 或者下截止频率 f_{e2} 和 $2f_{e2}$ 间幅频特性的衰减值，即频率变化一个倍频程的衰减量，以 dB 表示。显然，衰减越快，选择性越好。

三、滤波器应用类型

1. 低通滤波器

图 6-35a 所示 RC 低通滤波器的输入、输出分别为 e_i 和 e_o，微分方程为

$$RC\dfrac{de_o}{dt}+e_o=e_i \tag{6-52}$$

令 $\tau=RC$，称系统时间常数，对式(6-52)做拉普拉斯变换，可得传递函数为

$$H(s)=\dfrac{1}{\tau s-1} \tag{6-53}$$

该滤波器的幅频、相频特性如图 6-35b、c 所示，$f=\dfrac{\tau}{2\pi}$ 对应幅值衰减为 -3dB 的点，即为截止频率。调节 RC 可调节截止频率，从而也改变滤波器的带宽。

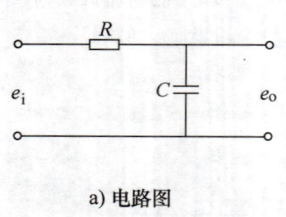
a) 电路图

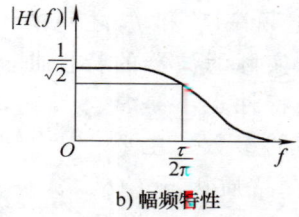
b) 幅频特性

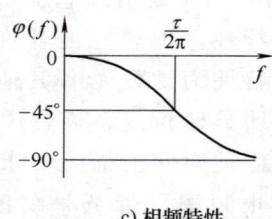
c) 相频特性

图 6-35　一阶 RC 低通滤波器

图 6-35 所示滤波器为简单的一阶系统，频率衰减速度慢，在通带与阻带之间没有十分陡峭的界限。为改善过渡带曲线的陡度，可采取将多个 RC 环节级联的方式，并采用电感元件替代电阻元件（图 6-36a、b）。图 6-36c 示出同一阶次（8 阶）巴特沃思（Butterworth）滤波器、切比雪夫（Chebyshev）滤波器、贝塞尔（Bessel）滤波器、考厄或椭圆（Cauer, Elliptical）滤波器过渡带的情况，从中看出考厄（椭圆）滤波器具有最陡的过渡带衰减曲线，其滤波效果最好，

但是它在通带和阻带中均具有较大的纹波量(图 6-36d)。

a) 低通滤波器串联一　b) 低通滤波器串联二　c) 四种滤波器过渡带比较　d) 椭圆滤波器纹波

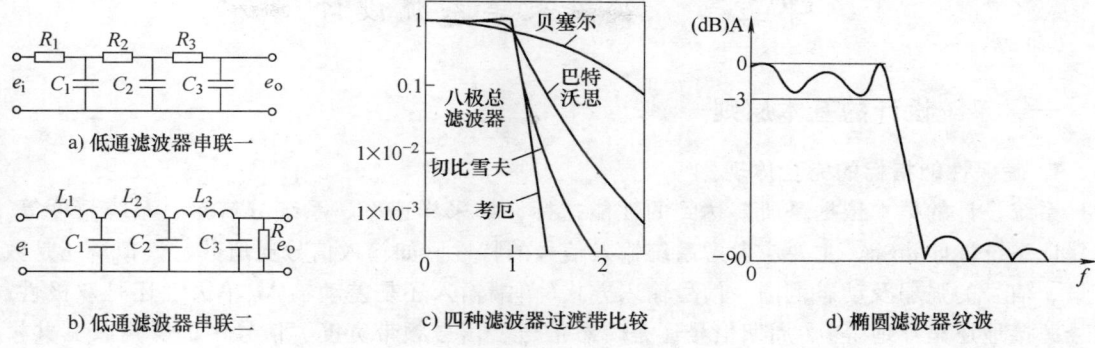

图 6-36　低通滤波器

如果采用运算放大器来构造有源滤波器，参数更易于调节，覆盖的频率范围很宽，且具有很高的输入阻抗和很低的输出阻抗，有利于多级串联，并能方便地在不同的滤波器类型之间进行转换。

2. 高通滤波器

图 6-37 为 RC 高通滤波器，有

$$e_n + \frac{1}{RC}\int e_o \mathrm{d}t = e_i \tag{6-54}$$

图 6-37　RC 高通滤波器

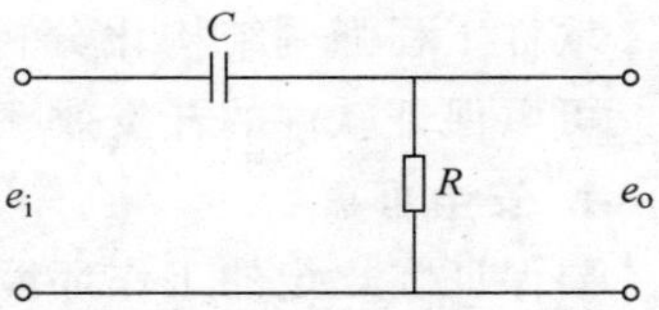

令 $\tau = RC$，则得频率响应函数为

$$H(\mathrm{j}\omega) = \frac{\mathrm{j}\omega\tau}{1+\mathrm{j}\omega\tau} \tag{6-55}$$

其幅频与相频分别为

$$|H(\mathrm{j}\omega)| = \frac{\omega\tau}{\sqrt{1+(\omega\tau)^2}} \tag{6-56}$$

$$\varphi(\omega) = \arctan\frac{1}{\omega\tau} \tag{6-57}$$

滤波器的−3dB 截止频率为

$$f_{c1} = \frac{1}{2\pi RC} \tag{6-58}$$

这种无源一阶高通滤波器同样可采用更为复杂的无源或有源结构来获得更陡的频率衰减过程。

3. 带通或带阻滤波器

将一个低通和一个高通滤波器级联便可获得一个带通(带阻)滤波器，其传递函数为高通与低通滤波器传递函数的乘积。级联后所得带通(带阻)滤波器的上、下截止频率分别对应于原低通和原高通滤波器的截止频率。调节高、低通环节的时间常数 τ_2 和 τ_1，便可获得不同上、下截止频率和带宽的带通(带阻)滤波器。但要注意两级串联的耦合影响，实际中

常在两级之间加射极跟随器或运算放大器进行隔离,因此常采用有源滤波器结构。

第五节 数据采集系统设计

一、系统设计的基本原则

1. 确保性能指标的完全体现

系统设计的根本依据是所要达到的性能指标,如采样速率、系统分辨率、系统精度等。要保证系统性能指标,主要应考虑系统输入信号的特性,如输入信号通道数、模拟量还是数字量、信号的强弱及动态范围、信号输入方式(单端输入还是差动输入、单极性还是双极性、信号源接地还是浮地等)、周期信号还是瞬态信号、信号频带宽度、信号中的噪声及其共模电压大小、信号源的阻抗等。

2. 系统结构的合理选择

系统结构的合理与否对系统可靠性、性价比等有直接影响。首先是硬件、软件功能的合理分配。原则上要尽可能"以软代硬",其次要考虑系统的布局以及接口特性,包括采用什么样的总线、采样数据的输出形式(串行还是并行)、数据的编码格式等。

3. 参考软件工程学设计方法

软件工程强调结构化分析、结构化设计和结构化编程,依据软件工程学的方法进行设计,可以保证软件的开发效率和生存周期,取得较高的经济效益。

4. 安全可靠

要保证在规定的工作环境下,系统能稳定、可靠地工作,保证系统精度能符合要求,同时也要保证系统应用人员的人身安全,这方面要充分利用各种标准。

二、数据采集系统的基本结构

常见的数据采集系统有以下几种结构形式。

1. 多通道共享采样/保持器和 A-D 转换器

如图 6-38 所示,采用分时转换的工作方式,各路被测信号共用一个采样/保持器和一个 A-D 转换器。在某一时到,多路开关只能选择接入其中某一路到采样/保持器的输入端,当采样/保持器的输出已充分逼近输入信号时,在控制命令作用下,采样/保持器由采样状态进入保持状态,A-D 转换器开始转换,并输出数字信号。转换期间,多路开关可以将下一路接通到采样/保持器的输入端。

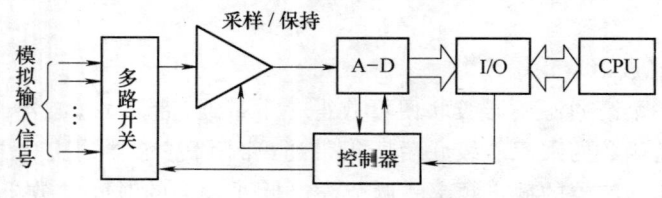

图 6-38 多通道共享采样/保持器和 A-D 转换器

这种结构形式简单,所用芯片数量少,它适用于信号变化速率不高,对采样信号不要求同步的场合。

2. 多通道同步型数据采集系统

图 6-39 所示结构中各路信号共用一个 A-D 转换器,但每一路通道都有一个采样/保持器,可以在同一个指令控制下对各路信号同时进行采样,得到各路信号在同一时刻的瞬时值。模拟开关分时地将各路采样/保持器接到 A-D 转换器上进行模-数转换。这些同步采样的数据可以描述各路信号的相位关系,这种结构被称为同步数据采集系统。例如,为了测量电机的三相瞬时功率,数据采集系统必须对同一时刻的三相电压、电流进行采样,然后进行计算。由于各路信号必须串行地在共用的 A-D 转换器中进行转换,因此这种结构的速度仍然较慢。

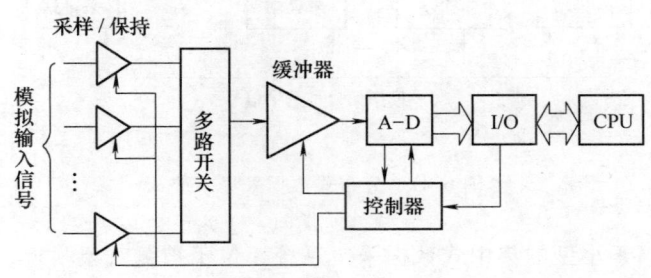

图 6-39 多通道同步型数据采集系统

3. 多通道并行数据采集系统

图 6-40 中,每个通道都有独自的采样/保持器和 A-D 转换器,各个通道的信号可以独立进行采样和 A-D 转换。转换的数据可经过接口电路直接达到计算机中。这种结构的数据采集系统速度最快,所用的硬件也最多,成本较高。

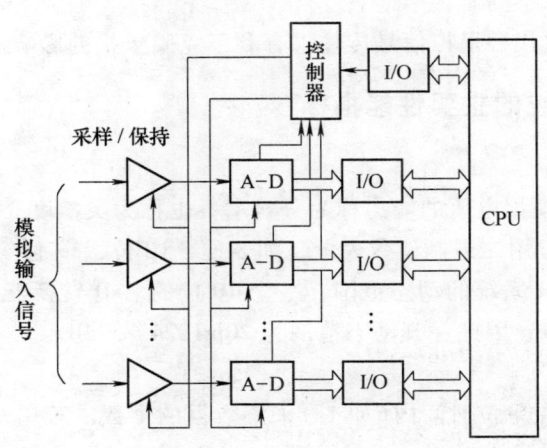

图 6-40 多通道并行数采系统

以上三种结构形式中，系统各部件之间的空间距离较近，逻辑上的耦合程度较紧密，称为集中式数据采集系统。这类系统结构简单，容易实现，能满足中、小规模数据采集的要求。

4. 分布式数据采集系统

分布式数据采集系统的结构如图 6-41 所示，它由若干个数据采集站和一台上位机及通信线路组成。

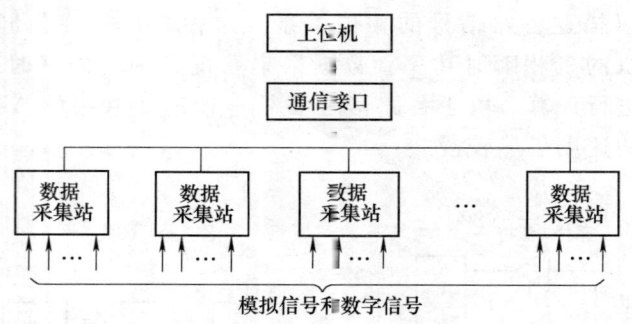

图 6-41　分布式数据采集系统

数据采集站相当于小型的集中式数据采集系统，位于被测对象附近，可独立完成数据采集和预处理任务。采集的数据将以数字信号的形式传送给上位机，从而彻底克服了模拟传输的固有缺陷。上位机将各个数据采集站传送来的数据集中处理、显示、打印，或以文件形式储存，或者将系统的控制参数发送给各个数据采集站，以调整数据采集站的工作状态。分布式数据采集系统的主要特点如下：

1）系统的适应能力强，适应各种规模的系统。
2）系统可靠性高，若某个数据采集站出现故障，只会影响某项数据的采集。
3）系统实时响应性好，系统中各个数据采集站之间并行工作。
4）对系统硬件要求不高。
5）用数字信号传输代替模拟信号传输，有利于克服干扰的影响。

三、数据采集系统的主要性能指标

1. 分辨率

系统区别两个相邻模拟电压的能力称为分辨率，也称为灵敏度。它是相应于二进制数最低位（LSB）的模拟量，常用二进制位数表示，如 8 位、10 位、12 位等。

分辨率有时用于定义系统的动态范围，一个 10 位的 A-D 转换器，它能区分的最大与最小状态数之比为 1024∶1，因此，其动态范围为 $20\lg 1024 = 60\text{dB}$。

2. 采集速率

采集速率是指系统在单位时间内（如 1s）采集数据的个数。若用 T 表示采集 N 个数据的时间，则系统采集速率为

$$R = \frac{N}{T}$$

(6-59)

第六章 信号测试与处理技术

假设数据采集系统通过多路模拟开关依次接入公共采集通道的方法巡回检测 M 路输入参数,每一路输入参数的采集速率称为通过率,用 P 表示,即

$$P = \frac{R}{M} \tag{6-60}$$

3. 误差限

误差限是用系统误差与随机误差的合成来评价数据采集系统测量准确度的一项指标。被评价通道在信号 V_s 值处的测量误差限 $e_{\max}$ 为:

$$e_{\max} = \frac{\pm(|\overline{V} - V_s| + 2s)}{A} \times 100\%$$

其中

$$\overline{V} = \frac{\sum_{i=1}^{N} V_i}{N}$$

$$s = \frac{\sum_{i=1}^{N}(V_i - \overline{V})^{\frac{1}{2}}}{N-1}$$

$$\Delta \overline{V} = \overline{V} - V_s$$

式中　V_i——折合到通道输入端的数据采集值($i=1,2,\cdots,N$);

　　　N——每个通道的采集数据个数;

　　　V_s——系统输入标准信号的幅度;

　　$\Delta \overline{V}$——通道的系统误差;

　　　s——采集数据的标准差估计值;

　　　A——通道量程。

4. 线性度

线性度是用来描述数据采集系统采集通道输入输出特性非线性误差限的指标。可以按最小二乘法、理想直线法、平均选点法等计算出不同定义下的线性度。

5. 温度系数

温度系数定义为环境温度变化 1℃ 时满量程模拟量变化的百分数,单位为%/℃。一般来说,温度系数是在标准室温下(25℃)测得的。

6. 随机噪声

输入量为零(或一稳定值)时,其输出数据的标准偏差。

7. 通道间串扰

该指标用来描述多通道巡回采集过程中,数据采集系统前一通道信号对逻辑后续通道的影响,以串扰抑制比 SMRR 来表示,可以用来评价数据采集系统对自身通道间互相干扰的抑制能力。

第 n 通道上的输入变化 ΔV_n 在第 $n+1$ 通道上产生的影响为 ΔV_{n+1} 时,则串扰抑制比定义为

$$SMRR = 20\lg\left|\frac{\Delta V_n}{\Delta V_{n+1}}\right| \text{ (dB)}$$

8. 动态有效位数

在满足采样定理条件下，实际数据采集系统对单频正弦交流信号采集并拟合曲线，采集数据与拟合曲线之间的有效值误差归结为动态采集下的量化误差，与之对应的模-数转换有效位数称为数据采集系统通道的动态有效位数。该指标实际上评价了数据采集系统对单频正弦交流信号（可有直流偏置）采集时由噪声及各种非线性误差因素引起的误差情况。

9. 输入电阻

输入电阻是指数据采集系统通道输入端之间的电阻，当输入电阻过低时，系统准确度就会随信号内阻而变化。

10. 输入通频带

输入通频带是指在约定衰减误差条件下，输入信号频率可变化的范围。

11. 直流输入特性

直流输入特性描述了数据采集系统的偏移电压（失调电压）、偏移电流（失调电流）及偏置电流对数据采集系统的测量精度的影响。

四、数据采集系统标定的概念

数据采集系统一般由传感器和有关测量仪器组成，为确保精度，在采集之前必须准确掌握系统的性能，进行必要的标定工作。所谓"标定"，就是利用某些具有法定意义的标准器具对系统进行准确度、精密度等方面的试验，以确定系统的输入输出关系以及在不同使用条件下的误差关系等。一般情况下，产品在出厂前或经过修理后，经过一定时间的使用之后，或者在重大试验前需要标定。

对数据采集系统的标定分为系统标定和分部标定两种形式。系统标定是对数据采集系统整个测量链的输入量与输出量之间的转换关系的标定；分部标定是选取测量链的某一局部做标定。

为了量值的准确一致，标定应按有关的检定规程进行。各种标准量值都有一个传递系统，图6-42给出了力值传递系统，只能用上级标准装置检定下级系统。同时，标定所用的标准仪器及设备至少要比被标定传感器精度高一级。

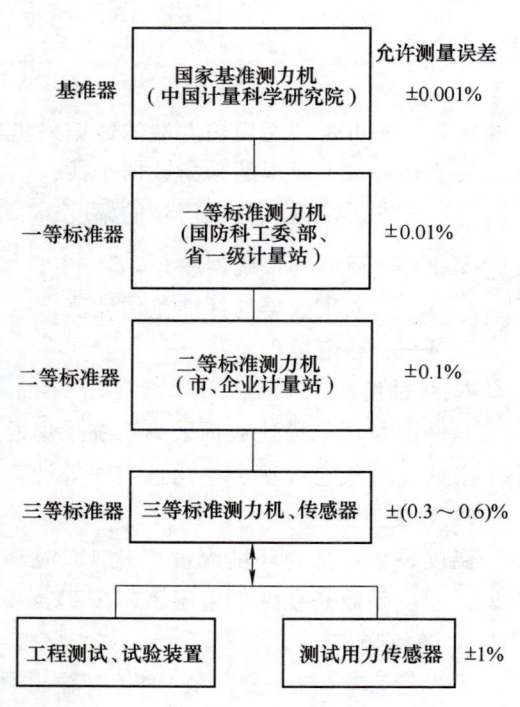

图6-42 力值传递系统

以传感器的标定为例介绍静态标定。对传感器进行静态特性标定时，首先要创造一个静态标准条件，其次是选定与被标定传感器的精度要求相适应的一定等级的标定用的仪器设备。然后才能对传感器的静态特性进行标定。标定过程及步骤如下：

1) 将传感器全量程分成若干等间隔点。

2) 根据量程分点情况，由小到大输入标准量值，记录相对应的输出值。
3) 将输入位再由大到小逐点减少，同时记录相应的输出值。
4) 重复2)、3) 步骤，将得到的测试数据列表或画成曲线。
5) 数据进行处理，确定传感器的线性度、灵敏度、滞后和重复性等指标。

第六节 试验数据的插值及图形表示

一、试验数据的插值表示

插值法就是根据已知试验数据，找出一个原函数关系的简单表达式，使它们在给定的若干点处符合试验值，用此表达式近似地求出插值点的数值。

1. 一元函数的插值

一元函数的插值通常采用图解法、线性插值法和拉格朗日法。下面以热传导为例，讨论这些方法的应用问题。

如已测得不同直径的圆柱中心冷却速度见表6-5。

表6-5 不同直径圆柱体中心冷却速度

直径/mm	12.5	19	25	50	75	100
中心冷却速度/（℃/s）	350	105	55	19	10	5.3

（1）图解法

选一个坐标系，以横坐标表示圆柱直径，纵坐标表示中心冷却速度，然后，将已知测定点标注在图上，再将这些点用光滑曲线连接起来，即得到了近似的函数关系，如图6-43所示。在曲线上找出横坐标为40的点，其纵坐标即为所求的插值结果 27℃/s。

图解法简便易行，不必求出曲线的函数表达式，但它要求原函数在插值区间必须连续，否则，会带来较大的误差。

（2）线性插值法

线性插值把插值区间的函数关系近似为直线。设被插值的原函数 $y=f(x)$，在 x_0、x_1 处的值分别为 y_0、y_1，则通过 (x_0,y_0) 与 (x_1,y_1) 的直线方程为

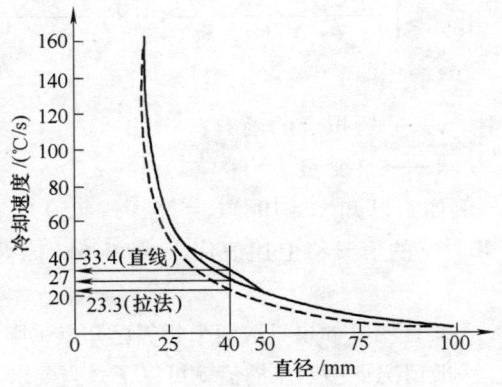

图6-43 三种插值法结果比较

$$y = y_0 + \frac{y_1 - y_0}{x_1 - x_0}(x - x_0) \tag{6-61}$$

将 x 值代入式(6-61)，即可求得原函数 $f(x)$ 的近似值。本例中，$x_0 = 25$，$y_0 = 55$；$x_1 = 50$，$y_1 = 19$；求 $x = 40$ 时的 y 值，即

$$y = \left[55 + \frac{19-55}{55-22}(40-25) \right] \text{℃/s} = 33.4\text{℃/s}$$

以上结果大于图解法，是因为原函数关系偏离直线较远。

（3）拉格朗日插值法

设原函数 $y=f(x)$ 在 $[a,b]$ 上连续，在 $(x_1,x_2,\cdots,x_n)$ 的取值为 $(y_1,y_2,\cdots,y_n)$，现通过以上点，求出一个次数低于 n 次的代数多项式 $y=P(x)$ 来近似原曲线，即

$$P(x_j)=y_j \quad (j=1,2,\cdots,n) \tag{6-62}$$

引进下式：

$$B_j(x)=\frac{(x-x_1)(x-x_2)\cdots(x-x_{j-1})(x-x_{j+1})\cdots(x-x_n)}{(x_j-x_1)(x_j-x_2)\cdots(x_j-x_{j-1})(x_j-x_{j+1})\cdots(x_j-x_n)} \tag{6-63}$$

这是一组 $n-1$ 次的多项式之积，分子的每一个因子都是 $(x-x_i)$ 的形式，分子缺少因子 $(x-x_j)$，分母相当于以 x_j 取代分子中的 x，而且因 $x_1,x_2,\cdots,x_n$ 又互不相同，所以分母不等于零。

很明显，对于每一个 $B_j(x)$ 有

$$B_j(x_k)=\begin{cases} 0 & k\neq j \\ 1 & k=j \end{cases} \tag{6-64}$$

有了这 n 个 $n-1$ 次多项式，便可写出满足式（6-64）的插值多项式 $P_{(n-1)}(x)$，即

$$P_{(n-1)}(x)=B_1(x)y_1+B_2(x)y_2+\cdots+B_n(x)y_n=\sum_{j=1}^{n}B_j(x)y_j \tag{6-65}$$

式（6-65）就是拉格朗日多项式。为了计算方便，可以改写成

$$y=y_1\left[\frac{(x-x_2)}{(x_1-x_2)}\times\frac{(x-x_3)}{(x_1-x_3)}\times\frac{(x-x_4)}{(x_1-x_4)}\times\cdots\right]+y_2\left[\frac{(x-x_1)}{(x_2-x_1)}\times\frac{(x-x_3)}{(x_2-x_3)}\times\frac{(x-x_4)}{(x_2-x_4)}\times\cdots\right]+\cdots+$$

$$y_n\left[\frac{(x-x_1)}{(x_n-x_1)}\times\frac{(x-x_2)}{(x_n-x_2)}\times\cdots\times\frac{(x-x_{n-1})}{(x_n-x_{n-1})}\right] \tag{6-66}$$

式中 y ——所拟合的函数；

x ——自变量。

例如，已知 $x_1=19$，$x_2=25$，$x_3=50$，$x_4=75$；$y_1=105$，$y_2=55$，$y_3=19$，$y_4=10$；求当 $x=40$ 时 y 的值。将上述值代入式（6-66），得

$$y=23.3℃/s$$

不难证明，如果只取两个相邻已知点，则用拉格朗日法内插的结果，将与线性插值的结果一致。一般情况下用四点插值就可以了，当要求与真值更加接近时，才采用更多的点进行插值。

2. 二元拉格朗日插值多项式

若在 $m\times n$ 个点 $(x_i,y_j)(i=1,2,\cdots,m;j=1,2,\cdots,n)$ 上，已知函数值 $z_{ij}=f(x_i,y_j)$，现在求一个拟合函数 $\varphi(x,y)$，使它在这 $m\times n$ 个点上，有相同的函数值 z_{ij}，其直观意义，就是做一个曲面 $z=\varphi(x,y)$，使它经过 $m\times n$ 个已知点 (x_i,y_j,z_{ij}) 且与原曲面 $z=f(x,y)$ 接近。这里，可以将二元插值问题拟转化为一元插值问题来处理。

先将插值节点 (x_i,y_j) 画在 XOY 坐标平面上，且过这些点做平行于两坐标轴的直线，得到一个矩形网格（图6-44）。这样，插值问题就是求网格中任一点 $M(x,y)$ 处的函数值 z_M。

过 M 点做分别平行于 X 和 Y 轴的直线 AB 和 PQ。PQ 和网格中的横线有一系列交点，这些交

点处的函数值可以通过一元函数的插值法求得。例如取图上的点 N_k 坐标为 (x_k,y)，x_k 是已知常数，它位于直线 P_kQ_k 上，此时，函数 $z=f(x,y)=f(x_k,y)$ 是一个一元函数，且 $(y_1,y_2,\cdots,y_n)$ 的函数值 $(z_{k1},z_{k2},\cdots,z_{km})$ 为已知，可以通过这些点，用一元函数插值法求出点 N_k 处的函数值 $z_k=f(x_k,y)$。同样，直线 AB 与网格纵线的其他交点处的函数值也能逐一求得。另在直线 AB 上，N_k 点取 $y=y_k$ 为定值，$z=f(x,y_k)$ 就是横坐标的一元函数，且已求得此一元函数 $(x_1,x_2,\cdots,x_m)$ 的函数值 $(z_1,z_2,\cdots,z_m)$，那么，再次用一元函数插值，即可求得点 $M(x,y)$ 的函数值，即

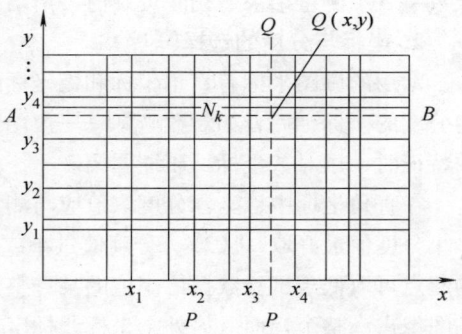

图 6-44　二元拉格朗日插值图解

$$z_k = \sum_{j=1}^{n} \overline{B}_j(y)z_{kj} \quad (k=i=1,2,\cdots,m) \tag{6-67}$$

再根据已算得的 z_k，用一元插值式(6-65)即可求出点 $M(x,y)$ 处的函数值 z 为

$$z = \sum_{i=1}^{m} B_i(x)z_i \tag{6-68}$$

将式(6-67)代入得

$$z = \sum_{i=1}^{m} B_i(x) \sum_{j=1}^{m} \overline{B}_j(y)z_{ij} = \sum_{i=1}^{m}\sum_{j=1}^{n} B_i(x)\overline{B}_j(y)z_{ij} \tag{6-69}$$

若记

$$B(x) = \prod_{i=1}^{m}(x-x_i)$$

$$\overline{B}(y) = \prod_{j=1}^{n}(y-y_j)$$

由式(6-63)引进新的符号得

$$B'(x_i) = (x_i-x_1)\cdots(x_i-x_{i-1})(x_i-x_{i+1})\cdots(x_i-x_m) \quad (i=1,2,\cdots,m)$$

故有

$$B_i(x) = \frac{B(x)}{B'(x_i)(x-x_i)}$$

代入式(6-69)后，可得

$$z = \sum_{i=1}^{m}\sum_{j=1}^{n} \frac{B(x)}{B'(x_i)(x-x_i)} \frac{B(y)}{B'(y_j)(y-y_j)}$$

此式就是常见的二元拉格朗日插值多项式。

二、试验数据的图形表示

从得到试验数据到绘制出表示试验结果的图形，一般可分四个步骤来进行，总称为曲线的拟合。

1. 数据的整理

通过试验测量所得到的数据是做图的基础，对测得的原始数据，进行初步处理：取合理的有

效数字表示测量结果,剔除可疑值,给出相应的测量误差值。

2. 坐标与分度的选择

常用的做图坐标有直角坐标和极坐标两种。在直角坐标中,又可分为均匀分度的坐标和非均匀分度的坐标,后者如对数坐标、三角函数坐标等。工程上多采用直角坐标,在数据变化具有指数特征时,用对数坐标可压缩图幅。

在直角坐标中,坐标分度取值应与测量精密度相吻合,例如数据测量误差为±0.02V,坐标的最小分度值最好取±0.02V,分度值过小或过大,会人为地夸大或降低测量精密度。坐标线标度值的起点可取低于试验数据最小值的某一整数,终点可取高于最大值的某一整数,以便使试验数据的图像占满整个幅面。另外,坐标线标度值标出的有效数字应与测量数据的有效数字相同。

3. 做散点图

把数据作为点的坐标值在坐标系中标出,若在同一坐标系内比较不同的试验数据,或者虽然是同一试验所得数据,但数据变化是与测量的先后次序有关,应当采用⊗、▽、×、◊等不同的符号标出。

4. 曲线描绘

做曲线的原则为:曲线应光滑匀整,所有数据点要靠近曲线,大体上随机地分布在曲线两侧并落在误差带范围内,在曲线急剧变化的地方,数据点应选密一些。在要求不太高时,可以采用下面两种简便的方法绘图。

(1) 分组平均法

把试验数据点分成若干组,每组包含2~4个数据点,然后分别求出各组数据点几何质心的坐标,连线绘图即可,如图6-45所示,图a是取相邻两数据点平均描绘的曲线,图b是取3个数据点平均描绘的曲线。

(2) 残差图法

当描绘的曲线存在直线关系时,若所得直线是最佳的,则此时的残差和 $\sum v_i \approx 0$,残差二次方和 $\sum v_i^2$ 趋向最小值。若所得直线与理想的最佳直线发生了偏斜,则残差和 $\sum v_i \neq 0$。做出 v_i-x_i 的残差图,分析其变化规律然后予以修正,这就是利用残差图法修正直线的基本思想。

假设试验数据服从于理想直线 AA',如图6-46a所示。图中 BB' 代表有偏差的直线。对这样有偏差的直线,其修正过程可归纳如下:

1) 列出试验数据 x_i,y_i 的值,并标注在坐标系中。
2) 根据坐标点做直线如图6-46b所示,并求出直线方程得

$$y = ax + b \tag{6-70}$$

3) 求出各 x_i 所对应的残差:

$$v_i = y_i - (ax_i + b) \tag{6-71}$$

做残差图如图6-46c所示,v_i 的分布表现了所描绘直线的偏差程度。

4) 求出残差直线方程:

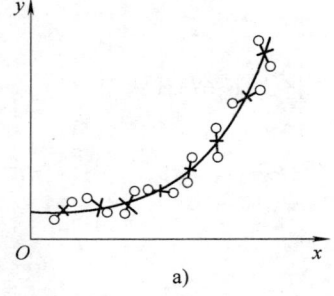
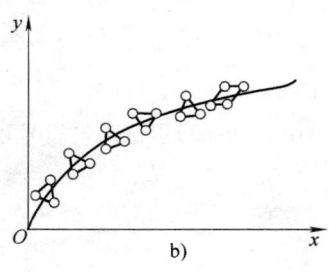

图6-45 分组平均法描绘的曲线

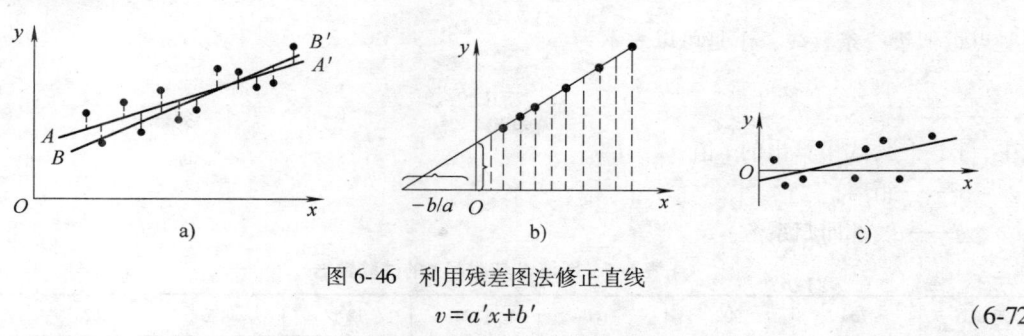

图 6-46 利用残差图法修正直线

$$v = a'x + b' \tag{6-72}$$

5）根据修正值定义，可求得式(6-70)直线经修正后的直线方程为

$$v = a_1 x + b_1 \tag{6-73}$$

式中　$a_1 = a + a'$；

$b_1 = b + b'$。

修正后的直线方程参数 a_1 和 b_1 并不是理想的最佳直线方程参数值，只是比 a 和 b 更接近实际值。如果要求特别高，可进行多次修正。

第七节　试验数据的回归处理

所谓回归分析，就是对具有相互联系的现象，根据其关系选择一个合适的数学模式，用来近似地表达变量间的平均变化关系，这个数学模式，称为回归方程式。

一、线性回归处理

1. 一元线性回归

在试验数据处理中，寻求用简便经验公式表达各变量之间的关系非常重要。根据最小二乘法原理确定经验公式的数理统计方法称为回归分析。处理两个变量之间的关系称为一元回归分析，若两个变量之间的关系是线性的，则称为一元线性回归，一元线性回归分析是工程上和科研中常见的直线拟合问题。

通过回归分析寻求经验公式，需要解决以下三个问题：

1）确定经验公式的函数类型。

2）确定函数中的各参数值。

3）对该经验公式的精度与显著性做出评价。

（1）回归方程的确定

将两个变量的各个试验数据点画在坐标系中，如果各点的分布近似于一条直线，则可采用线性回归。例如，某车辆在水平路面上行驶，在不同的距离 S 测出车辆行驶时间 t，对应的数据见表 6-6。横坐标表示自变量距离 S；用纵坐标表示因变量时间 t，如图 6-47 所示，

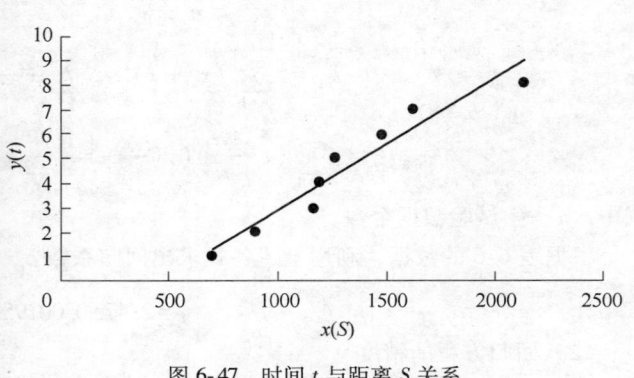

图 6-47　时间 t 与距离 S 关系

这些点近似于一条直线，于是可以表示为

$$\hat{y} = a + bx \tag{6-74}$$

式中 $\hat{y}$——公式中算出的 t 值；
　　　x——距离；
　　　a，b——线性回归系数。

表 6-6　距离 S 与时间 t 的试验数据

距离 S	700	900	1160	1190	1270	1490	1620	2130
时间 t	1	2	3	4	5	6	7	8

如果 y 表示实测值，$v = y - \hat{y}$ 代表残差，残差 v 越小，说明回归直线越接近理想的最佳直线。因此，确定回归直线的原则是找出一条直线，使其与实测数据之间的误差比任何其他直线与实测数据之间的误差都小，即残差的平方和最小，这就是最小二乘法的基本思想。可写为

$$Q_y = \sum_{i=1}^{n} v_i^2 = \sum_{i=1}^{n} (y_i - \hat{y}_i)^2 = \min \tag{6-75}$$

式中　Q_y——残差的二次方和；
　　　y_i——实测值；
　　　$\hat{y}_i$——回归直线上的理论计算值。

将式(6-74)代入式(6-75)则有

$$Q_y = \sum_{i=1}^{n} [y_i - (a + bx_i)]^2 = \min \tag{6-76}$$

令 $\dfrac{\partial Q_y}{\partial a} = 0$，$\dfrac{\partial Q_y}{\partial b} = 0$，即可求出 a，b 的数值：

$$a = \bar{y} - b\bar{x} \tag{6-77}$$

$$b = \frac{l_{xy}}{l_{xx}} \tag{6-78}$$

式中

$$\bar{x} = \frac{1}{n} \sum_{i=1}^{n} x_i \ ; \quad \bar{y} = \frac{1}{n} \sum_{i=1}^{n} y_i$$

$$l_{xx} = \sum_{i=1}^{n} (x_i - \bar{x})^2 = \sum_{i=1}^{n} x_i^2 - \frac{1}{n} \left(\sum_{i=1}^{n} x_i \right)^2$$

$$l_{xy} = \sum_{i=1}^{n} (x_i - \bar{x})(y_i - \bar{y}) = \sum_{i=1}^{n} x_i y_i - \frac{1}{n} \sum_{i=1}^{n} x_i \sum_{i=1}^{n} y_i$$

式中　n——试验数据个数。

根据表 6-6 的数据，利用上述各式求出回归系数 a、b，得回归方程为

$$\hat{y} = 2.47 + 0.00195x$$

(2) 回归方程的精度

确定回归直线后，可以根据自变量 x 值预报或控制因变量 y 值。预报或控制的效果，就是回

归方程的精度问题。

通常采用方差分析确定回归方程的精度。在一组试验数据中，变量 y 的变动情况可以用测量值 y_i 与其平均值 $\bar{y}$ 之差的二次方和表示，记为 Q_x。

$$Q_x = l_{yy} = \sum_{i=1}^{n}(y_i - \bar{y})^2 = \sum_{i=1}^{n}[(y_i - \hat{y_i}) + (\hat{y_i} - \bar{y})]^2$$

$$= \sum_{i=1}^{n}(y_i - \hat{y_i})^2 + \sum_{i=1}^{n}(\hat{y_i} - \bar{y})^2 + 2\sum_{i=1}^{n}(y_i - \hat{y_i})(\hat{y_i} - \bar{y}) \tag{6-79}$$

由于 y_i 随机分布在估计值 $\hat{y_i}$ 的两边（图6-47），当试验点数很多时，可以证明式（6-79）中第三项为零，则

$$Q_x = \sum_{i=1}^{n}(y_i - \hat{y_i})^2 + \sum_{i=1}^{n}(\hat{y_i} - \bar{y})^2 = Q_y + U$$

式中

$$Q_y = \sum_{i=1}^{n}(y_i - \hat{y_i})^2$$

$$U = \sum_{i=1}^{n}(\hat{y_i} - \bar{y})^2$$

U 称为回归二次方和，它反映了回归直线上的点 $\hat{y_i}$ 平均值的变动，如图6-48所示。Q_y 称为残差二次方和，它反映了试验数据 y_i 与回归直线的偏离程度。Q_y 的方均根值 $\hat{\sigma}$ 称为残差标准差，它可以用来衡量所有随机因素对 y 的一次性观测的平均变差的大小，$\hat{\sigma}$ 越小，回归直线的精度越高。

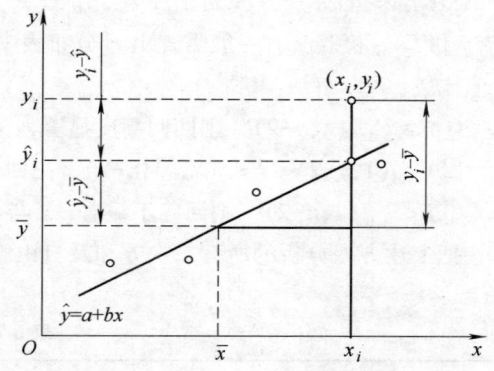

图6-48 回归方程精度示意图

$$\hat{\sigma} = \sqrt{\frac{Q_y}{n-2}} = \sqrt{\frac{\sum_{i=1}^{n}(y_i - \hat{y_i})^2}{n-2}} = \sqrt{\frac{\sum_{i=1}^{n}[y_i - (a + bx_i)]^2}{n-2}} \tag{6-80}$$

U 和 Q_y 可按下式计算：

$$U = \sum_{i=1}^{n}(\hat{y_i} - \bar{y})^2 = \sum_{i=1}^{n}(a + bx_i - a - b\bar{x})^2$$

$$= b^2 \sum_{i=1}^{n}(x_i - \bar{x})^2 = b^2 l_{xx} = bl_{xy} \tag{6-81}$$

$$Q_y = l_{yy} - U = l_{yy} - b^2 l_{xx} = l_{yy} - bl_{xy} \tag{6-82}$$

一个回归方程是否显著，即 y 与 x 的线性关系是否密切，取决于 U 及 Q_y 的大小。U 越大，Q_y 越小，说明 y 与 x 的线性关系越密切。

(3) 回归方程的显著性检验

回归方程显著性检验通常采用 F 检验法（即方差分析法）和相关分析法。

1) F 检验法。总离差二次方和 Q_x 的自由度 f 为 $(n-1)$。由于二次方和相对应的自由度具有可叠加性，因此总的自由度 f 也等于回归二次方和的自由度 f_U 与残差二次方和的自由度 f_{Q_y} 之和，即

$$f = f_U + f_{Q_y} \quad (6\text{-}83)$$

在一元线性回归中，f_U 对应的自变量的个数 $f_U = 1$，因此

$$f_{Q_y} = f - f_U = n - 2 \quad (6\text{-}84)$$

令统计量 F 为

$$F = \frac{U/f_U}{Q_y/f_{Q_y}} \quad (6\text{-}85)$$

对一元线性回归，则

$$F = \frac{U/1}{Q_y/(n-2)} \quad (6\text{-}86)$$

根据显著性水平 a 及自由度 f_U、f_{Q_y} 查 F 分布表，得到 $F_a(1, n-2)$，F 分布表中两个自由度对应 f_U 和 f_{Q_y}。检验时，一般需查出 F 分布表中所对应的不同显著水平 a 的数值，并与式(6-86)计算值比较。

① $F \geq F_{0.01}(1, n-2)$，则回归高度显著，又称为在 0.01 水平上显著。

② $F_{0.05}(1, n-2) \leq F \leq F_{0.01}(1, n-2)$，则回归显著，又称为在 0.05 水平上显著。

③ $F < F_{0.05}(1, n-2)$，则回归不显著，y 与 x 的线性关系不密切。

把上述方差分析的所有二次方和及自由度归纳在一个简单的表格中，称为方差分析表，见表6-7。

表 6-7 方差分析表

变差来源	二次方和	自由度	方差	F 值
回归	$U = bl_{xy}$	1		$F = \dfrac{U/1}{Q_y/n-2}$
残差	$Q_y = l_{yy} - bl_{xy}$	$n-2$	$\hat{\sigma}^2 = \dfrac{Q_y}{n-2}$	
总计	$Q_x = l_{yy}$	$n-1$		

例如，对表6-6所提供的试验数据求得的回归直线进行显著性检验，可得回归直线的方差分析表见表6-8。

表 6-8 回归直线的方差分析表

变差来源	二次方和	自由度	方差	F 值	显著性
回归	5.57	1		55.7	高度显著
残差	0.06	6	0.01		
总计	5.63	7			

从 F 分布表中查出：$F_{0.01}(1,6) = 13.7$。

$F = 55.7 > F_{0.01}(1,6)$，由此，所求得的回归直线高度显著。

2) 相关分析法。回归二次方和 U 和 Q_x 的比值反映了回归的效果，U 越大，Q_x 越小，比值越大，两变量的线性关系越密切，因此令

$$r = \sqrt{\frac{U}{Q_x}} = \sqrt{\frac{bl_{xy}}{l_{yy}}} = \frac{l_{xy}}{\sqrt{l_{xx}l_{yy}}} \tag{6-87}$$

式中，r 称为相关系数，$0 \leq |r| \leq 1$。若 $|r| = 1$，表示所有的试验点都严格地分布在一条直线上，即具有确定的线性关系。若 $|r|$ 趋近于零，则认为 x 与 y 之间没有线性关系。

2. 二元线性回归

二元线性回归是对一个因变量与两个自变量之间建立线性函数的一种方法。

(1) 二元线性回归方程的建立

设因变量 y 与两个自变量 x 和 z 之间是线性关系，记第 t 次观察值为 (x_t, y_t, z_t)，$t = 1, 2, 3, \cdots, n$。这 n 组数据在空间坐标上可表示为一个平面，它的结构式为

$$y_t = \alpha + \beta x_t + \gamma z_t + \varepsilon_t \quad t = 1, 2, \cdots, n \tag{6-88}$$

其中，ε_t 是第 t 次观测值的试验误差，一般假设 ε_t 是 n 个相互独立且都服从正态分布 $N(0, \sigma^2)$ 的随机变量。未知系数 α、β、γ 仍用最小二乘法来确定，设 a、b、c 是它们对应的估计值，则得二元线性回归方程为

$$\hat{y} = a + bx + cz \tag{6-89}$$

其中，$\hat{y}$ 为理论估计值或回归值，回归系数 a、b、c 是当全部观测值 y_t 与回归值 $\hat{y_t}$ 的总偏差二次方和 q 为最小时的最佳估计值。

$$q = \sum_{i=1}^{n}(y_t - \hat{y_t})^2 = \sum_{i=1}^{n}(y_t - a - bx - cz)^2$$

利用最小二乘法将 q 分别对 a、b、c 进行偏微分，令各偏导数为零，得出 a、b、c。

$$a = \bar{y} - b\bar{x} - c\bar{z} \tag{6-90}$$

$$b = \frac{(\sum YX)(\sum Z^2) - (\sum XZ)(\sum YZ)}{\sum X^2 \sum Z^2 - (\sum XZ)^2} \tag{6-91}$$

$$c = \frac{(\sum X^2)(\sum YZ) - (\sum YX)(\sum XZ)}{\sum X^2 \sum Z^2 - (\sum XZ)^2} \tag{6-92}$$

其中，$Y = \hat{y} - \bar{y}$，$X = x - \bar{x}$，$Z = z - \bar{z}$。

(2) 二元线性回归方程的方差检验

n 个观察值 y_1，y_2，$\cdots$，y_n 与其平均值 $\bar{y_t}$ 产生变差，记为 $y_t - \bar{y_t}$。其总变差二次方和为

$$Q = \sum_{i=1}^{n}(y_t - \bar{y_t})^2 = \sum_{i=1}^{n}(\hat{y_t} - \bar{y_t})^2 + \sum_{i=1}^{n}(y_t - \hat{y_t})^2$$

$$Q = Q_{回} + Q_{剩}$$

式中 $Q_{回}$——回归二次方和，它表示两个自变量 x、z 对变量 y 的变差影响；

$Q_{剩}$——剩余二次方和，它表示除自变量外的试验误差或其他随机因素对 y 的影响。

同理，$Q_{回}$ 越大（$Q_{剩}$ 越小），则表示 y 与 x、z 的线性关系越密切，回归方程效果越好。Q、$Q_{回}$、$Q_{剩}$ 的自由度分别为 $f = n - 1$，$f_{回} = 2$（有两个自变量），$f_{剩} = f - f_{回} = n - 1 - 2 = n - 3$，计算 Q、$Q_{回}$、$Q_{剩}$ 的常用公式是

$$\begin{cases} Q = \sum_{i=1}^{n} y_t^2 - \frac{1}{n}\left(\sum_{i=1}^{n} y_t\right)^2 \\ Q_{剩} = bL_{xy} + cL_{zy} \\ Q_{回} = L_x^2 - Q_{剩} \end{cases}$$

式中

$$L_x^2 = \sum (x - \bar{x})^2 = \sum x^2 - \frac{1}{n}\left(\sum x\right)^2$$

$$L_{xy} = \sum (x - \bar{x})(y - \bar{y}) = \sum xy - \frac{1}{n}\left(\sum x\right)\left(\sum y\right)$$

$$L_{zy} = \sum (z - \bar{z})(y - \bar{y}) = \sum zy - \frac{1}{n}\left(\sum z\right)\left(\sum y\right)$$

二元线性回归方程的方差检验原理与一元线性回归分析一样,即检验假设 $H_0: \beta = 0, \gamma = 0$。为此先计算 F。

$$F = \frac{Q_{回}/f_{回}}{Q_{剩}/f_{剩}} = \frac{Q_{回}/2}{Q_{剩}/(n-3)}$$

而 F 临界值按 $F_a(2, n-3)$ 查表,具体检验方法同前。

二元线性回归方程的剩余方差,记为 $S^2 = Q_{剩}/f_{剩} = Q_{剩}/(n-3)$,剩余标准差为 $S = \sqrt{Q_{剩}/(n-3)}$。

(3) 二元线性回归方程的相关检验

当检验两个变量(一个因变量 y,一个自变量 x)之间线性密切的程度时,用到了单相关系数 ρ,其定义式为

$$\rho = \frac{\sum (x - \bar{x})(y - \bar{y})}{\sqrt{\sum (x - \bar{x})^2 (y - \bar{y})^2}} = \frac{L_{xy}}{\sqrt{L_x^2 L_y^2}} \tag{6-93}$$

1) 单相关系数。检查两个自变量 x 和 z 之间凸线性关联程度时,用

$$\rho_{xz} = \frac{L_{xz}}{\sqrt{L_x^2 L_z^2}} \tag{6-94}$$

当 $|\rho_{xz}|$ 越大时,说明两个自变量之间线性关系越密切,这时要建立的回归方程(平面)并不理想。当 $|\rho_{xz}| = 0$ 时,说明两个自变量相互独立,这时建立的平面回归方程比较好。

单独检查每一个自变量 x 和 z 与因变量 y 之间的线性关联程度时,用

$$\rho_{xy} = \frac{L_{xy}}{\sqrt{L_x^2 L_y^2}} \tag{6-95}$$

或

$$\rho_{zy} = \frac{L_{zy}}{\sqrt{L_z^2 L_y^2}} \tag{6-96}$$

式中

$$L_y^2 = \sum (y - \bar{y})^2 = \sum y^2 - \frac{1}{n}\left(\sum y\right)^2$$

$$L_z^2 = \sum_{t=1}^{n}(z_t - \bar{z})^2 = \sum z^2 - \frac{1}{n}(\sum z)^2$$

2) 偏相关系数。由于在多元情况下,变量均在不断地变化着,要想真正求出任意两个变量间的相关系数,必须除去其他变量的影响,即将其他变量固定后,再求两者的相关系数,这就是偏相关系数。

例如,将某一自变量 x 或 z 固定,分析另一自变量 z 或 x 和因变量之间的线性密切程度时,可由 x、y、z 的单相关系数计算。

当 x 固定,求 z 和 y 之间的偏相关系数时,用

$$\rho_{yz \cdot x} = \frac{\rho_{yz} - \rho_{yx} \rho_{zx}}{\sqrt{(1-\rho_{yx}^2)(1-\rho_{zx}^2)}} \tag{6-97}$$

当 z 固定,求 x 和 y 之间的偏相关系数时,用

$$\rho_{yx \cdot z} = \frac{\rho_{yx} - \rho_{yz} \rho_{xz}}{\sqrt{(1-\rho_{yz}^2)(1-\rho_{xz}^2)}} \tag{6-98}$$

由于变量之间的关系错综复杂,在多元回归中,只有偏相关系数才能真正反映两个变量的本质联系,而单相关系数甚至会产生假象。

3) 全(复)相关系数或称多元相关系数。它表示自变量 x、z 共同对因变量 y 的线性相关程度,可表示为

$$R_{y \cdot xz} = \sqrt{\frac{Q_{回}}{L_y^2}} = \sqrt{\frac{bL_{xy}+cL_{zy}}{L_y^2}} = \sqrt{1-\frac{Q_{剩}}{L_y^2}} \tag{6-99}$$

需要注意的是,同一元线性回归的情况一样,对任何回归问题,如果做了方差分析的 F 检验,就不必再做相关系数的检验了。

3. 多元线性回归

多元线性回归仅仅是二元回归的延伸,其原理是完全相同的,这里不再赘述。

二、非线性回归处理

在实际问题中,当两个变量之间不符合线性关系时,一般分两步求得所需的回归方程:
1) 选取合适的函数类型。
2) 求解相关函数中的回归系数和常数项。

一元非线性回归分析是试验数据处理中的曲线拟合问题。用最小二乘法直接求解非线性回归方程比较复杂,通常是通过变量转换把回归曲线转换成直线,然后用一元线性回归方法求解,或者直接用回归多项式来描述两变量之间的关系。

第八节 异常数据的处理

在一个测量列中,可能出现个别的过大或过小的测定值,这种包含有巨大误差的测定值,通常称为异常数据。异常数据取舍的具体准则,表现为测定值的残差是否超过某个极限值。这里介绍 3 种常用的取舍准则。

一、拉依达(Layard)准则

在一个有限的等精密度测量列中,随机误差服从正态分布,即 $\delta \sim N(0,\sigma)$,其中 σ 为测量列的标准差,可用残差 v 予以估计,即

$$\hat{\sigma} = \sqrt{\frac{1}{n-1}\sum_{i=1}^{n} v_i^2}$$

如测量次数 n 足够多,残差亦服从正态分布,即 $v \sim N(0,\sigma')$,其中 $\sigma' = \sqrt{\sum_{i=1}^{n} v_i^2}$。

由概率积分表可知,绝对值大于 $3\sigma'$(近似于 $3\sigma'$)的残差出现的概率仅为 0.0027,这是一个小概率事件。因此,残差的绝对值大于 $3\sigma'$(即残差极限值 $v=3\sigma'$)的测定值,可以看作是由过失误差引起的异常数据,应予舍弃。

二、肖维纳(Chauvenet)准则

对未知参数做 n 次重复测量,如残差超过某个极限值的测定值,出现的概率等于或小于 $\frac{1}{2n}$,可以认为是小概率事件,因而不应该发生。如果出现了这种测定值,可以认为是异常数据而予以舍弃,这就是肖维纳准则。

设残差服从正态分布,且分布参数 σ' 可用测量列的标准误差 σ 近似代替。于是,肖维纳准则可表示为

$$1 - \frac{2}{\sqrt{2\pi}}\int_0^{K_n} e^{-\frac{t^2}{2}}dt = 1 - \Phi(K_n) = \frac{1}{2n} \tag{6-100}$$

式中 $\Phi(K_n) = \frac{2n-1}{2n}$;

K_n —— $\frac{v_{ch}}{\sigma}$;

v_{ch} ——肖维纳准则的残差极限值;

σ ——测量列的标准误差。

根据测量次数 n,可以求得 $\Phi(K_n)$,然后查概率积分表即可求出 K_n 值。于是,$v_{ch} = K_n \hat{\sigma}$。在实际工作中,可根据测量次数 n,直接由表 6-9 查得 K_n 值。

表 6-9 K_n 值

n	K_n	n	K_n	n	K_n	n	K_n
3	1.38	10	1.96	17	2.17	24	2.31
4	1.53	11	2.00	18	2.20	25	2.33
5	1.65	12	2.03	19	2.22	30	2.39
6	1.73	13	2.07	20	2.24	40	2.49
7	1.80	14	2.10	21	2.26	50	2.58
8	1.86	15	2.13	22	2.28	75	2.71
9	1.92	16	2.15	23	2.30	100	2.81

第六章　信号测试与处理技术

三、格拉布斯（Grubbs）准则

设测定值服从正态分布，即 $l \sim N(X, \sigma)$。根据贝塞尔方法，分布参数 σ' 可用测定值的误差予以估计，即

$$\hat{\sigma} = \sqrt{\frac{1}{n-1} \sum_{i=1}^{n} v_i^2}$$

一个有限的测量列，可以看作从测定值总体中抽取的随机样本。建立 $G = \dfrac{v_i}{\hat{\sigma}}$，则 G 是一个随机变量。格拉布斯推导了随机变量 G 的概率密度函数，选定信度（显著性水平）a，就可得到临界值 G_0，使得

$$P(G \geqslant G_0) = a$$

其中 a 一般取为 0.05、0.025 或 0.01。

临界值 G_0 是测量次数 n 和信度 a 的函数，它的数值可通过文献查得。

在一个测量列中，最大的或最小的测定值的残差，如果超过残差极限值 v_G，即

$$|v_i| \geqslant v_G = G_0 \hat{\sigma}$$

则认为该测定值是一个异常数据，应予舍弃。这样做，犯错误（把不是过失误差引起的异常数据弃去）的概率为 a。

四、三种取舍准则的讨论

拉依达准则与肖维纳准则是在测定值的残差服从正态分布的假设下推导的，这两种准则具有一定的近似性。拉依达准则将信度 a 取为 0.0027，而肖维纳准则将信度 a 取为 $\dfrac{1}{2n}$。当重复测量次数 n 较多时，这两种准则的残差极限值比较接近，而在 n 较少时，肖维纳准则的信度较大，因而残差极限值较小，将筛去较多的异常数据。

格拉布斯准则以统计量 $\dfrac{v}{\hat{\sigma}}$ 的概率分布为基础，并根据测量工作的具体情况选择适当的信度 a，因此，是一种比较准确、有根据的取舍准则。大量的模拟试验证明，用格拉布斯准则取舍异常数据，效果良好。近年来，格拉布斯准则得到了日益广泛的应用。

下篇

测试篇

第七章 主要试验仪器和设备

第一节 概　述

针对新能源汽车电机驱动系统不同物理量的测试,在技术发展过程中形成了不同的测试方法和技术,以及相应的测试仪器和设备。

一、测试用仪器仪表

新能源汽车电机驱动系统中有若干的电量和非电量参数的测试,测量这些物理量都需要采用合适的仪器仪表。

仪器仪表是多种科学技术的综合产物,品种繁多,有多种分类方法。

(1) 按使用目的和用途分类

主要有量具量仪、汽车仪表、拖拉机仪表、导航仪器、驾驶仪器、无线电测试仪器、载波微波测试仪器、计时仪器、教学仪器等。

(2) 按准确度分类

例如,可以将指示仪表按准确度分为多类,例如 0.1、0.2、0.5、1.0、1.2、2.5、5.0 级等,见表 7-1。在规定的使用条件下,由于仪表的内部特性和质量方面的缺陷等引起的误差,称为基本误差,仪表的准确度可以反映仪表的基本误差,它的绝对值在标度尺工作部分的所有分度线上不应超过仪表准确度的数值。

表 7-1　仪表的准确度级别

仪表的准确度级别	0.1	0.2	0.5	1.0	1.5	2.5	5.0
基本误差(%)	±0.1	±0.2	±0.5	±1.0	±1.5	±2.5	±5.0

(3) 按照显示方式和应用分类

1) 指示仪表:如各种电压表、电流表、功率表等。

2) 校量仪表:如电桥等。

3) 数字仪表:如数字电压表、数字频率表、数字相位表等。

4) 扩大量程装置:如仪用互感器、分流器、附加电阻等。

5) 记录仪表和示波器:如函数记录仪、示波器、功率分析仪等。

(4) 按照工作原理分类

仪表按工作原理分为磁电系、电磁系、电动系、感应系、静电系、电子式、整流系、热电系、双金属丝结构等。

(5) 按使用条件分类

按使用条件分为五组,即 A、A1、B、B1 及 C 组。使用的环境条件分为工作条件和最恶劣条件,见表 7-2。

表 7-2 仪器仪表按使用条件分类

环境参数	分组类别	A	A1	B	B1	C
工作条件	温度	0~40℃	0~40℃	0~40℃	0~40℃	-40~60℃
工作条件	相对湿度（当时温度）	95%(+25℃)	85%(+25℃)	95%(+25℃)	85%(+25℃)	95%(+35℃)
工作条件	霉菌、昆虫	有	没有	有	没有	有
工作条件	盐雾	没有	没有	按要求定	没有	按要求定
工作条件	凝露	有	没有	有	没有	有
工作条件	尘砂	有（轻微）	有（轻微）	有（轻微）	有（轻微）	有
最恶劣条件	温度	-40~60℃	-40~60℃	-40~60℃	-40~60℃	-50~60℃
最恶劣条件	相对湿度（当时温度）	95%(+35℃)	95%(+30℃)	95%(+35℃)	95%(+30℃)	95%(+60℃)
最恶劣条件	霉菌、昆虫	有	没有	有	没有	有
最恶劣条件	盐雾	有（在海运包装条件下）		有（在海运包装条件下）		有
最恶劣条件	凝露	有	没有	有	没有	有
最恶劣条件	尘砂	有（在包装条件下）		有（在包装条件下）		有

还可以根据仪表的特性和使用方式等将仪表分类，例如按仪表其外壳的防护性能分为七种，即普通式、防尘式、防溅式、防水式、水密式、气密式和隔爆式；按防御外界和电场的性能分为四等：Ⅰ、Ⅱ、Ⅲ和Ⅳ等；按可动部分的支承方式分为三种：轴尖（轴颈）轴承式、张丝式及吊丝式仪表；按读数装置的结构形式分为三种：指针式、光指示器式和振簧式仪表；按标度尺上零位的位置分为三种：单向标度尺、双向标度式及无零位标度尺；按使用方式分为安装式和便携式仪表；按标度尺特性分为均匀标度尺和非均匀标度尺两种。

二、仪器仪表的主要性能指标

在工程上，仪表性能指标通常用准确度、回程误差（又称变差）或灵敏度来描述，校验仪表通常也是调校这三项。

回程误差产生的主要原因是仪表可动机构的间隙、运动部件的摩擦、弹性元件滞后等。随着仪表制造技术的不断改进，特别是微电子技术的引入，许多仪表全电子化了，无可动部件，模拟仪表改为数字仪表等，所以回程误差这个指标在智能型仪表中就显得不那么重要和突出了。

灵敏度有时也称"放大比"，增加放大倍数可以提高仪表灵敏度，但单纯加大灵敏度并不改变仪表的基本性能，即仪表准确度并没有提高，相反，有时会出现振荡现象，造成输出不稳定，所以仪表灵敏度应保持适当的量。

1. 准确度

仪表准确度是仪表测量值接近真值的准确程度，通常用相对百分误差（也称相对折合误差）表示。

仪表准确度不仅和绝对误差有关，而且和仪表的测量范围有关。绝对误差大，相对百分误差就大，仪表准确度就低。如果绝对误差相同的两台仪表，其测量范围不同，那么测量范围大的仪表相对百分误差就小，仪表准确度就高。准确度常用准确度等级来规范和表示，准确度等级就是最大相对百分误差去掉正负号和百分号。仪表准确度等级一般都标志在仪表标

第七章　主要试验仪器和设备

尺或标牌上，数字越小，说明仪表准确度越高。

2. 复现性（重复性）

测量复现性是指在不同测量条件下（如不同方法、不同观测者、不同检测环境）对同一被检测的量进行检测时，其测量结果的一致程度。测量复现性通常用不确定度来估计。

3. 稳定性

在规定工作条件内，仪表性能随时间保持不变的能力称为稳定性。表征仪表稳定性现在尚未有定量值，通常用仪表零漂移来衡量。仪表投入运行一年之中零位没有漂移，说明仪表稳定性好；仪表投入运行不到三个月，仪表零位就变了，说明仪表稳定性差。

4. 可靠性

可靠性是仪表的另一重要性能指标，仪表可靠性高说明仪表维护量小，反之，仪表可靠性差，仪表维护量就大，通常用平均无故障时间（MTBF）来描述仪表的可靠性。

随着仪表更新换代，特别是微电子技术引入仪表制造行业，使仪表可靠性大大提高，例如，一台全智能仪表的 MTBF 比一般非智能仪表的 MTBF 要高 10 倍以上。

三、仪器仪表板面标记说明

电测量指示仪表测量常用量单位及符号、常用指示仪表的符号见表 7-3、表 7-4。

表 7-3　测量常用单位及符号

名称	符号	名称	符号	名称	符号	名称	符号
千安	kA	安培	A	毫安	mA	微安	μA
千伏	kV	伏特	V	毫伏	mV	微伏	μV
兆瓦	MW	千瓦	kW	瓦特	W	赫兹	Hz
欧姆	Ω	相位角	Φ	功率因数	cosΦ	亨	H

表 7-4　常用电测量指示仪表的符号

名称	符号	名称	符号
磁电系仪表		电动系比率表	
磁电系比率表		铁磁电动系仪表	
电磁系仪表		铁磁电动系比率表	
电磁系比率表		感应系仪表	
电动系仪表		静电系仪表	
整流系仪表（带半导体整流器和磁电系测量机构）		热电系仪表（带接触式热变换器和磁电系测量机构）	

在测量某物理量时，测量仪表对测量值的表示方法有两种，即模拟表示和数字表示，因此测量仪表也分为模拟式和数字式两类。模拟式仪表利用指针的运动或偏转角度来表示测量值，其优点是能够及时简洁地反映被测物理量的大小关系，其缺点是因测量者的经验不足或疏忽等原因，容易引起测量误差。数字式仪表则是利用数码管或液晶显示器等直接用数字显示测量值。数字式仪表的优点是准确度高，缺点是当被测物理量变化时，其测量值难以瞬时读取。在测量准确度方面，数字式仪表与模拟式仪表相比有着绝对的优势。目前，数字式仪表已经获得广泛应用。

四、仪器仪表的选用

选用测量仪器应从技术性和经济性出发，使其计量特性（如最大允许误差、稳定性、测量范围、灵敏度、分辨力等）适当地满足预定的要求，既要够用，又不过高。

1. 技术性

在选择测量仪器的最大允许误差时，通常应为测量对象所要求误差的 $1/5 \sim 1/3$，若条件不许可，也可为 $1/2$，当然此时测量结果的置信水平就相应下降了。在选择测量仪器的测量范围时，应使其上限与被测量值相差不大而又能覆盖全部量值。

在选择灵敏度时，应注意灵敏度过低会影响测量准确度，过高又难于及时达到平衡状态。

在正常使用条件下，测量仪器的稳定性很重要，它表征测量仪器的计量特性随时间长期不变的能力。一般来说，都要求测量仪器具有高的可靠性；在重要的情况下，为确保万无一失，有时还要选备两套相同的测量仪器。

在选择测量仪器时，应注意该仪器的额定操作条件和极限条件。这些条件给出了被测量值的范围、影响因素以及其他重要的要求，以使测量仪器的计量特性处于规定的极限之内。

此外，还应尽量选用标准化、系列化、通用化的测量仪器，以便于安装、使用、维修和更换。

2. 经济性

测量仪器的经济性是指该仪器的成本，它包括基本成本、安装成本及维护成本。基本成本一般是指设计制造成本和运行成本。对于连续生产过程中使用的测量仪器，安装成本中还应包括因安装使生产过程停顿的损失费（停机费）。通常认为，首次检定费应计入安装成本，而周期检定费应计入维护成本。这就意味着，应考虑和选择易于安装、容易维修、互换性好、校准简单的测量仪器。

测量准确度的提高，通常伴随着成本的上升。如果提出过高的要求，采用超越测量目的的高性能的测量仪器，而又不能充分利用所得的数据，那将很不经济，也毫无必要。因此，应选用误差分配合理的测量仪器来组成测量装置。

五、测量准确度和精密度

1. 测量准确度

测量准确度是指测量结果与被测量真值之间的一致程度。

通常认为，测量准确度是一个定性的概念，不宜将其定量化。它是一个理想化的概念，难于操作，所以，准确度的值无法准确地给出。换言之，我们可以说准确度高低、准确度等级或准确度符合某种标准等，而不宜将准确度与数字直接相连。例如：准确度为 0.25%、16mg 或 ±16mg 等。

在实际工作中，测量准确度可以用测量结果对约定真值的偏移来估计。

2. 测量精密度

测量精密度是指在规定条件下获得的各个独立观测值之间的一致程度。不要用术语"精密度"来表示"准确度"，因为前者仅反映分散性，即指随机效应所致的测量结果的不可重复性或不可再现性；而后者则是指在随机效应和系统效应的综合作用下，测量结果与真值的不一致。

第二节 指示式仪表

一般测量电压、电流时，可选择合适的指示系电工仪表，测试电机时，多选用电动系仪表。电动系表的表头是交、直流两用表头，可通过内部电路的不同连接构成电流表、电压表、功率表等。若把仪表的定圈画在水平位置，动圈画在垂直位置，则电动系仪表的几种应用方式如图 7-1 所示。

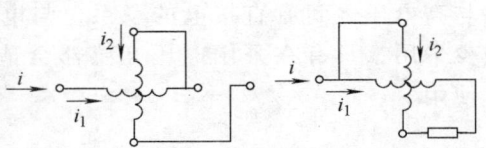

a) 电流表线路（串联方式） b) 电流表线路（并联方式）

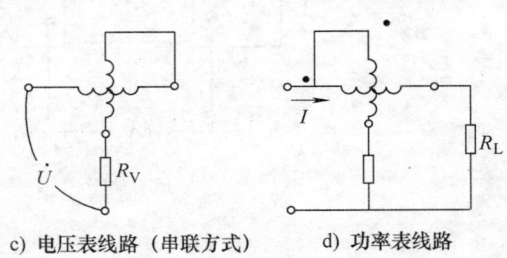

c) 电压表线路（串联方式） d) 功率表线路

图 7-1 电动系仪表的几种应用方式

图中，i_1、i_2 分别为定圈和动圈电流，R_V 为电压表内阻，R_L 为负载电阻。

由于电动系仪表表头中无铁磁物质，因此在测量交流电量时无涡流、磁滞现象，使电动系仪表成为交流系列仪表中较为准确的一种。

电机试验前，应详细了解电机的铭牌数据，或仔细估算被测电压、电流的数值及变化范围，以便选择合适的仪表和量程。

用指示系电工仪表测量时，常需要配用互感器或分流器。使用互感器有两个目的，一是为了操作者的安全，使测量回路与高电压隔离；二是可以使二次仪表统一规格，用小量程仪表测大量程值。仪表用互感器有电流互感器和电压互感器两种，它们的作用原理与变压器相同。电流互感器相当于变压器的短路运行，而电压互感器相当于变压器空载运行的情况。互感器的接线原理图如图 7-2 所示。

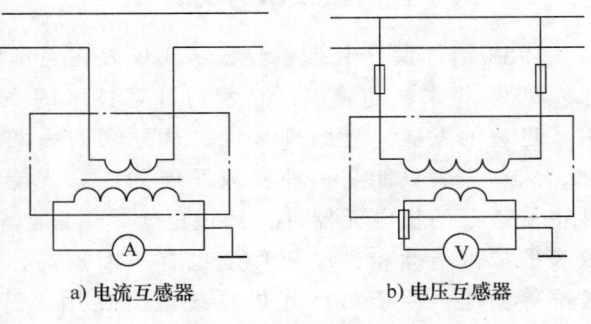

a) 电流互感器 b) 电压互感器

图 7-2 互感器的换线原理图

应该指出，要特别注意互感器使用中的安全问题。对于电流互感器，其二次绕组绝对不允许开路，否则，一次侧的线路电流成为励磁电流，将使二次侧感应出危险的高电压。同时，电流互感器的二次绕组应可靠接地。对于电压互感器，二次侧不能短路，否则会产生很大的短路电流，因此在一、二次侧均应有熔断器作为保护，同时电压互感器的二次绕组连同铁心应可靠接地。

互感器除用作电流、电压测量外，还用于电机的自动控制系统和电机的继电保护系统中作为电流、电压检测之用。

在测量较大的直流电流时常采用分流器，如图 7-3a 所示。分流器的电流端串接到被测线路中，其额定电流从几十安培到几千安培；分流器的电压端接一只磁电系毫伏表，其电压值与被测电流值成正比。当电流端为额定电流时，电压端将是一个定值电压，一般为 75mV、150mV 和 300mV 等。

图 7-3b 是用电阻分压器或电容分压器测量较高电压的原理接线图。由于分压器的测量端与高电压之间有直接电的联系，与电压互感器相比安全性差，故在低压电机测试中很少采用，只有在采用电压互感器会造成被测信号失真而足以影响测量结果时，才考虑使用。

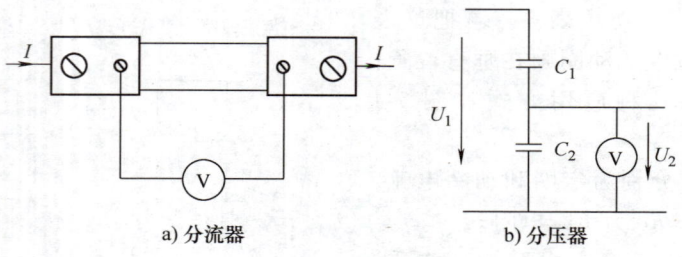

a) 分流器　　　　　　　　b) 分压器

图 7-3　分流器与分压器

第三节　数字式仪表

一、数字化测量技术的发展

1952 年，世界上第一台数字式仪表在美国诞生。我国数字式仪表的研制始于 1958 年。50 多年来，随着电子技术与计算技术的飞速发展，数字式仪表与数字测量技术获得了迅速的发展。就原理来说，从原来的一两种发展到几十种；仪表功能也在不断增加，从一只表只能测一种参数发展到一只表能测十几种参数；数字式仪表所用的元器件也从最早的机电元器件，经过电子管、晶体管，发展到集成电路和大规模集成电路；仪表的技术指标和自动化程度也有不断提高。具有自动转换极性、自动切换量程及自校准等功能，便于与计算机系统配合使用。特别是 20 世纪 70 年代微处理器的出现，把微型计算机的功能引入数字式仪表中，产生了智能化的数字式仪表，它具有程序控制、信息存储、误差计算与自校正、数据处理及自检修等功能。目前国内外已生产有许多种测量各种量并具有很宽技术特性范围的数字式仪表，如电压表、电流表、功率表、电能表、阻抗元件测量仪表、频率计和计数器等。

二、数字式仪表的结构

在实际工作中,电压、电流等是随时间连续变化的量,称为"模拟量",但是,数字式仪表却是以数字形式来显示所测结果的数字量,是一种断续变化的脉冲量。为了对模拟量实现数字化的测量,就需要一种能把模拟量变换为数字量的转换器,即模-数转换器,以及能对数字量进行计数的装置,即电子计数器。

数字式仪表的结构框图如图7-4所示。图中被测对象可以是电学量、磁学量和各种非电量。比较容易处理的量是直流电压和脉冲(或交流量)的频率,对应的测量仪器是直流数字电压表和电子计数器。其他物理量一般均可通过转换装置或传感器变换成直流电压或频率后再进行数字化测量。所以,数字式仪表主要由转换功能电路、模-数转换器与频率计等环节组成。

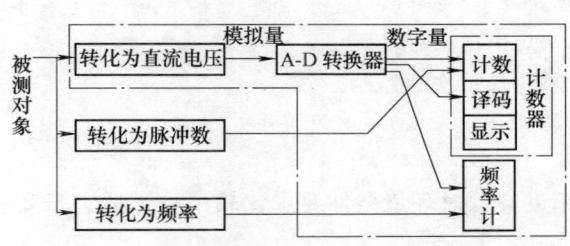

图7-4 数字式仪表的结构框图

三、数字式仪表的特点

(1) 数字式仪表的优点

与模拟式指示仪表相比,数字式仪表有以下优点:

1) 准确度高。例如,现代的 $7\frac{1}{2} \sim 8\frac{1}{2}$ 位数字电压表测量直流电压的准确度可达满刻度的±0.0001%(10^{-6}数量级);而模拟式(机电式)指示仪表的准确度最高只能达到±0.05%~0.1%。

2) 输入阻抗高。基本不取电流,消耗被测量信号的功率极小,即对被测电路工作状态的影响微不足道。例如,数字电压表基本量程的输入阻抗在1000MΩ以上。

3) 灵敏度高。如现代的积分式数字电压表的分辨率可达到1μV以下。

4) 测得结果直接以数字形式给出,无读数误差,且记录方便。

5) 测量速度快。1s可测多次,有些数字电压表的测量速度高达每秒上百万次。而模拟式指示仪表测量一次一般需要几秒钟。

6) 测量过程自动化。无论对被测信号的极性判别、量程选择、结果显示和记录,还是送至计算机做运算处理,都可自动进行。

7) 操作简单。使用人员无需经过特殊的培训,即可用数字式仪表完成测量任务。

(2) 数字式仪表的缺点

1) 由于采用了大量的电子元器件,其结构比模拟式指示仪表复杂得多。

2）不便于观察动态过程，不直观。
3）价格较高。
4）需要有较高水平的技术人员维修。

四、数字式仪表的分类

数字式仪表的种类繁多，分类方法也很多。
（1）按显示位数分类
可分为3位、4位、5位、6位和7位等。
（2）按准确度分
1）低准确度：在±0.1%以下。
2）中准确度：在±0.01%以下。
3）高准确度：在±0.01%以上。
（3）按测量速度分
1）低速：几次/秒~几十次/秒。
2）中速：几百次/秒~几千次/秒。
3）高速：几万次/秒以上。
（4）按使用场合分
1）标准型：它的精度高，对环境条件要求比较严格，适宜于实验室条件下使用或作为标准仪器使用。
2）通用型：它具有一定的精度，对环境条件要求比较低，适用于现场测量。
3）面板型：它的精度低，对环境条件要求比较低，是面板上使用的指示仪表。
（5）按测量的参数分类
可分为直流电压表、交流电压表、功率表、频率表、相位表、电路参数表、万用表等。

第四节 转速转矩测量仪

目前转速转矩仪已经得到了广泛的应用，主要有相位差式和应变片式两种。

一、相位差式转速转矩仪

相位差式转速转矩仪的基本原理：通过弹性轴、两组磁电信号发生器，把被测转矩、转速转换成具有相位差的两组交流电信号，这两组交流电信号的频率相同且与轴的转速成正比，而其相位差变化部分又与被测转矩成正比。相位差式转速转矩仪原理图如图7-5所示。

在一根弹性轴两端安装有两只信号齿轮，在两齿轮上方各装有一组信号线圈，信号线圈内均装有磁钢，与信号齿轮组成磁电信号发生器。当信号齿轮随弹性轴转动时，由于信号齿轮齿顶及齿谷交替周期性地扫过磁钢底部，使气隙磁导产生周期性变化，线圈内部的磁通量亦产生周期性变化，线圈中感应出近似正弦波的交流电信号。这两组交流电信号的频率相同且与轴的转速成正比，因此可以用来测量转速。这两组交流电信号之间的相位与其安装的相对位置及弹性轴所传递转矩的大小及方向有关。当弹

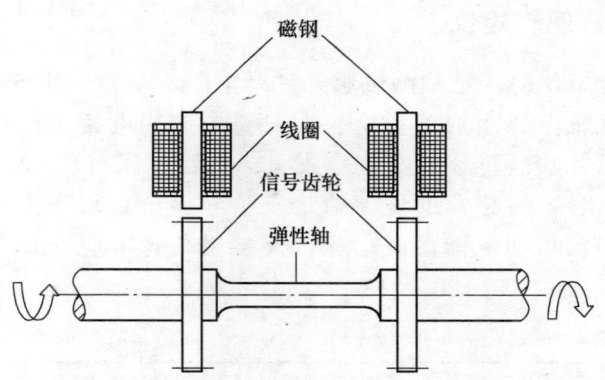

图 7-5　相位差式转速转矩仪原理图

性轴不承受转矩时,两组交流电信号之间的相位差只与信号线圈及齿轮的安装相对位置有关,在设计制造时,使其相差半个齿距左右,即两组交流电信号之间的初始相位差在 180°左右。在弹性轴承受转矩时,将产生扭转变形,使两组交流电信号之间的相位差发生变化,在弹性变形范围内,相位差变化的绝对值与转矩大小成正比。把这两组交流电信号送入单片机或计算机,即可得到转矩、转速及功率的精确值。

图 7-6 是某型号转速转矩传感器机械结构图。该结构图与其工作原理图差别是很大的,其中,为了提高测量准确度及信号幅值,两端的信号发生器是由安装在弹性轴上的外齿轮、安装在套筒内的内齿轮、固定在机座内的导磁环、磁钢、线圈及导磁支架组成封闭的磁路。

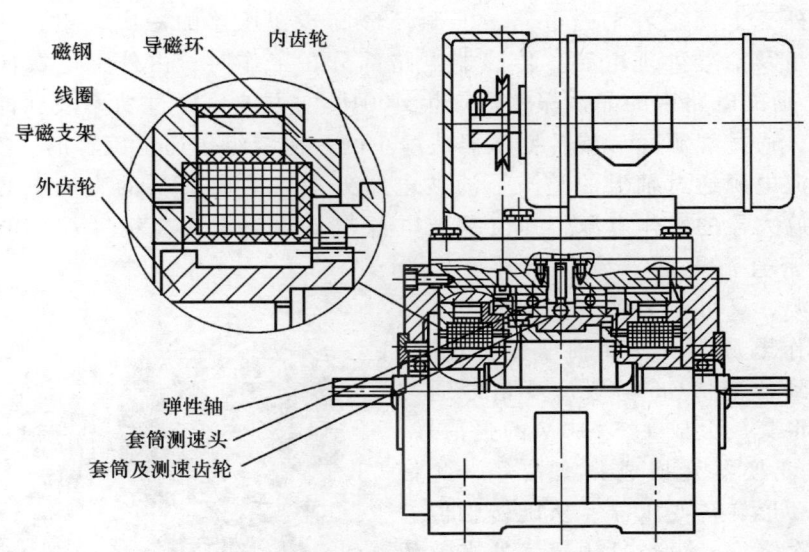

图 7-6　转速转矩传感器机械结构图

二、应变片式转速转矩仪

应变片式转速转矩仪的转矩检测敏感元件是电阻应变桥。将专用的测扭应变片用应变胶粘贴在被测弹性轴上以组成应变电桥，只要向应变电桥提供电源即可测得该弹性轴扭转程度的电信号，然后将该应变信号放大，再经过压/频（V/F）变换器变成与扭转应变成正比的频率信号。传感器的能源输入及信号输出是由两组带间隙的特殊环形旋转变压器承担的，因此可实现能源及信号的无接触传递。应变片式传感器测量原理如图 7-7 所示。

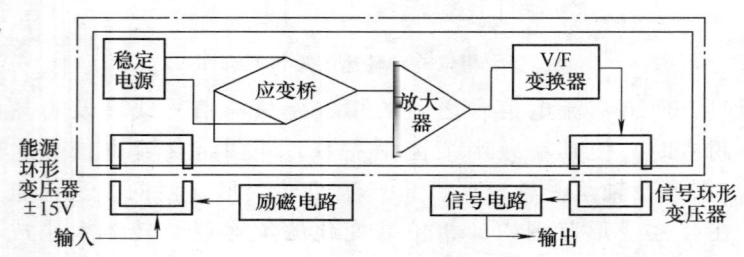

图 7-7　应变片式传感器测量原理

在一段特制的弹性轴上粘贴专用的测扭应变片并组成电桥，以形成基础转矩传感器，然后在轴上再固定能源环形旋转变压器的二次绕组、轴上印制电路板和信号环旋转变压器的一次绕组。电路板上包含整流稳压电源、仪表放大电路及 V/F 变换电路。在传感器的外壳上固定着励磁电路、能源环形旋转变压器的一次绕组、信号环形变压器的二次绕组及信号处理电路。传感器电路部分在工作时，由外部电源向传感器提供 ±15V 电源，励磁电路中的晶体振荡器产生 400Hz 的方波，经过功率放大即产生交流励磁功率电源，通过能源环形旋转变压器从静止的一次绕组传递至旋转的二次绕组，然后将得到的交流电源通过轴上的整流、滤波电路处理后变成 ±5V 的直流电源。再将该电源作为运算放大器的工作电源，并由基准电源与双运放组成高精度稳压电源，以产生 ±4.5V 的精密直流电源，该电源既可作为应变电桥电源，又可作为仪表放大器及 V/F 变换器的工作电源。当弹性轴承受转矩时，应变桥检测到的毫伏（mV）级应变信号通过仪表放大器将其放大成 1.5V±1V 的强信号，再通过 V/F 变换器变换成频率信号，此信号通过信号环形旋转变压器，从旋转轴传递至静止的二次绕组，再经过传感器外壳上的信号处理电路滤波、整形即可得到与弹性轴承受的转矩成正比的频率信号输出。图 7-8 展示的是国外某款应变片式的传感器外形图。

图 7-8　应变片式转速转矩仪

第七章 主要试验仪器和设备

第五节 电功率分析仪

传统的有功功率表通常针对工频或中频正弦波测量设计,因此只能满足正弦波电路的有功功率测量,在波形畸变较小的时候,也可以获取一定准确度的测量结果,但是当波形畸变增大时,测量误差增大,甚至丧失正常的测量功能。

电功率分析仪是一种测量用电功率和其他电参数的仪器,也称电参数分析仪,采用有功功率表的升级技术,一般具备下述功能:

1) 具备功率表的基本功能:电压、电流真有效值和总有功功率的测量。

2) 对功率表的基本功能的适用性进行扩展,使其能够测量正弦电路和非正弦电路的电压、电流真有效值和总有功功率。一般具有较宽的带宽和基波频率范围,不同于工频功率表,功率分析仪可以同步测量的电参数的频率范围高达数兆赫兹。

3) 能够对非正弦电压、电流及功率包含的详细信息进行定性和定量的分析。定性分析一般通过直观的时域分析法,主要建立在实时波形的同步采集基础上;定量分析一般通过抽象但准确量化的频域分析法,频域分析法主要基于傅里叶变换。

新能源汽车电机系统由于采用变频调速技术,其电压、电流等信号含有较多的谐波含量,传统的仪器仪表无法进行准确的测量。采用电功率分析仪,不但能够对电机变频系统进行准确的电气测量,还可以进行谐波分析等,也可以同时进行电机转速和转矩信号的采集及分析。变频技术的发展,对测量还会提出更高更新的要求,测量仪表厂家,会根据变频器的发展和需求加快新仪器的开发研制,以满足变频器生产测试的需求。

功率分析仪的结构及工作原理如图 7-9 所示。

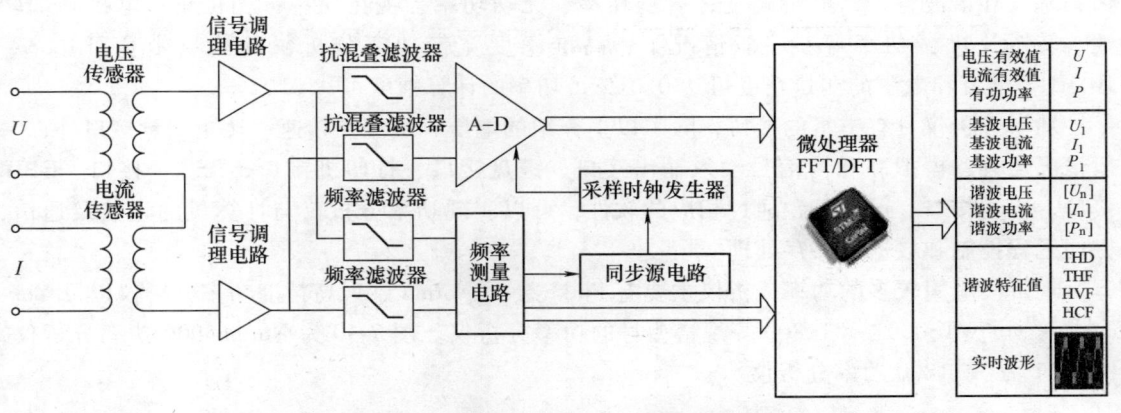

图 7-9 功率分析仪的结构及工作原理

所测量的电压 U 通过电压传感器或者直接连接至功率分析仪的电压测量端口,一般情况下,功率分析仪的电压测量端口可以直接测量数百至数千伏的电压,因此将电压测量端口直接连接即可。获得的电压信号首先经过具有频率补偿的采样电阻(兆欧至数十兆欧)进行分压,并在信号调理电路中实现对采样对象波形的选择和设置,如直流电压采样、交流电压采样或者直流+交流电压采样,然后经过进一步降压/增压后,将信号转变为标准信号,进入抗混叠滤波器,之后,信号经过采样和保持电路,并进一步经过模-数(A-D)转换后,由微处理器进行处理,或者进行相关的计算,最终实现波形的输出以及基波、谐波或者频域的相关参数输出。

同样,所测量的电流信号 I 经过电流传感器或者高精度电流分流器转变为小电流信号(最大为数安培或者数十安培)进入功率分析仪。进入的信号经过频率补偿电阻(数十欧姆至数百千欧姆),并经过波形放大/缩小,将信号转变为标准信号,进入抗混叠滤波器,之后的信号处理方式与电压信号的处理方式一致。

信号采集过程中,电压和电流的频率信号由频率测量获得,并经过同步电路和采样时钟发生器确保与采样电压电流信号的同步。

车用电机系统一般包括电机和电机控制器,其中电机控制器连接车载电池直流端,需要测量一个直流电压信号和一个直流电流信号,一般异步电机和交流同步电机具有三相结构,需要测量三个交流电压信号和三个交流电流信号,因此,目前市面上适用于电机系统测量的功率分析仪大多在三相以上,四相和六相的较多,也有多达八相的(在开关磁阻电机系统或者其他多相电机系统中使用多相功率分析仪较多)。依靠功率分析仪内部的同步时钟,可以实现各个测量通道数据采集的同步性,从而避免了各路信号由于测量不同步造成的相位差所带来的显示和计算误差,确保了测量结果准确性。

功率分析仪一般具备电机的转速和转矩测量功能。转速转矩传感器测量转速和转矩后输出的信号一般为频率信号(如 5~15kHz)或者电压信号(如 -5~5V),利用功率分析仪上的计数器可以实现对频率信号的采集,进而计算获得电机的转速或者直接获得转矩的大小;同理,也可以利用功率分析仪所具备的模拟信号采集功能,标定转速传感器输出电压与转速或转矩之间的换算关系,通过测量电压获得电机的转速或者转矩数值。

功率分析仪可以测量和显示的参数包括:电压和电流的有效值、平均值、峰值、峰峰值;基波和谐波含量,波形畸变;有功功率、无功功率、视在功率;相位角;电机轴端转速、转矩及机械功率等。一般情况下,高准确度宽带功率分析仪的测量带宽可达 3~10 MHz,电流和电压的测量精度可达 0.01%,功率的计算精度可达 0.02%。

功率分析仪具有丰富的接口,除了以上介绍的电压、电流及转速、转矩测量接口外,一般情况还具备模拟和脉冲信号输入输出接口、键盘接口、打印机接口、RS232 接口、GPIB 接口、USB 接口、网口等,通过相应的软件,可以实现功率分析仪与计算机的连接及通信,方便远程控制和数据的保存处理。

现阶段应用较多的功率分析仪主要有 Fluke 公司 Norma 系列高精度功率分析仪以及 Yokogawa 公司 WT3000、WT1800 等规格型号的功率分析仪。图 7-10 为 Norma5000 功率分析仪,图 7-11 为 WT1800 功率分析仪。

图 7-10 Norma5000 功率分析仪

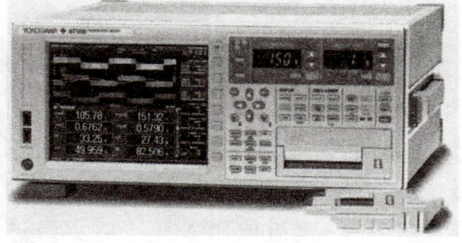
图 7-11 WT1800 功率分析仪

第六节 测功机

能够作为动力的机械负载并能够直接测量被测试件输出转矩、转速或者功率的设备，称为测功机。电机测试用的测功机包括磁粉测功机、水力测功机、电涡流测功机、直流电力测功机和交流电力测功机等，现阶段使用比较多的主要是电涡流测功机和交流电力测功机。

一、磁粉测功机

磁粉测功机即磁粉制动器，图 7-12 为磁粉测功机的结构原理图。图中 1 是传动轴，上面装有转子 2，在壳体 3 中有励磁线圈 4，在空腔 5 中有磁粉。当线圈 4 不通电时，不产生磁通，所以磁粉呈自由状态，此时，如果传动轴 1 旋转，由于离心力的作用，磁粉甩在空腔 5 的外圈，传动轴基本上不受制动转矩作用。当线圈通电时，就产生磁通，静止件和旋转件之间的磁粉在磁通作用下连接成链状，这时由于磁粉之间的连接力和摩擦力，产生了对转子的制动转矩。

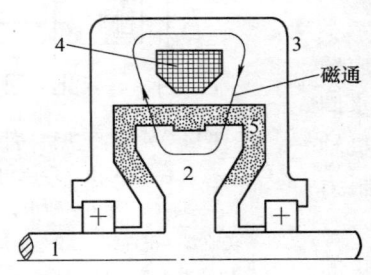

图 7-12 磁粉测功机的结构原理图
1—传动轴 2—转子 3—壳体
4—励磁线圈 5—空腔

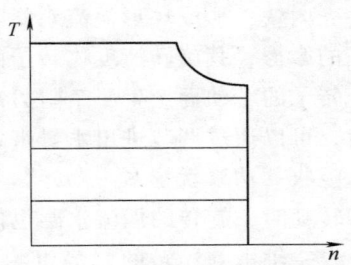

图 7-13 磁粉测功机的工作特性

通过改变励磁线圈中的电流，则可以改变磁粉连接力，使制动转矩大小发生变化。制动转矩基本与励磁电流成正比，但是当出现磁饱和现象时，制动转矩也达到饱和值。制动转矩的大小还与空腔 5 中的磁粉充填率有关。图 7-13 为磁粉测功机的工作特性。

作为传递转矩的介质磁粉，它具有动摩擦系数与静摩擦系数基本相同的特性。因此，当励磁电流保持不变时，制动转矩也保持常数。但是，转速低于 20r/min 时，磁粉分布不均匀，当转速过高时，又存在过大的离心力，均会导致制动转矩不够稳定。

磁粉测功机常采用强制水冷却系统来增加它的热容量。某系列磁粉测功机的技术参数见表 7-5。

表 7-5 磁粉测功机的技术参数

测试范围		连续运行功率/W
转矩 T/N·m	转速 n/(r/min)	
2~50	0~5000	4000
4~100	0~5000	8000
8~200	0~5000	10000

二、水力测功机

水力测功机利用水对旋转体的阻力测功,有两种负荷调节方法:一种是通过改变进出水阀开度,调节进入测功机的水量来改变负荷;另一种是通过改变闸套的相互位置来调节水层作用的有效面积而改变负荷。水力测功机体积小,重量轻,结构简单,制动转矩大,可以正反转,操作方便,使用寿命长,但是小负荷时稳定性差,动态响应时间长,供水系统需要有稳压水箱。

图 7-14 为水力测功机结构,主轴 8 通过滚动轴承 5 安装在外壳 1 内,转子 4 固定在测功机轴上,可以与轴一起旋转。外壳通过滚动轴承 6 架于轴承座 9 上,外壳可以相对于轴承座自由摆动。在转子外圆柱面上装有搅水棒 3,而在外壳内壁上装有阻水柱 2,外壳上部有进水管 10,下部有排水管 11,通过开关或手轮调节进出水量。

试验时,将电机轴与测功机轴用联轴器 7 相连接并使水不断流入测功机内。电机带动主轴 8 和转子 4 一起旋转,搅水棒使进入测功机中的水也跟着旋转。在离心力作用下,水被甩向外壳内壁,形成环形涡流水圈。由于水圈与外壳内壁和阻水柱的摩擦,其旋转速度比转子的转动要慢,因而水圈就要阻止转子的转动而产生一个阻力矩。这就使加在电机轴上的负荷,可以通过调节进出水量来控制,水圈越厚,阻力矩越大,吸收的功率就越多。

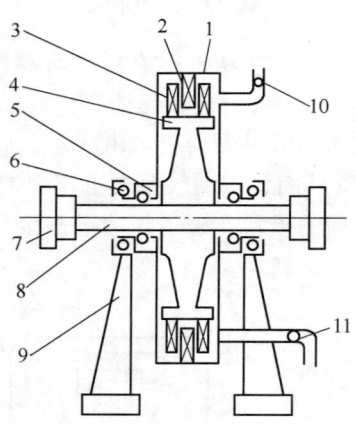

图 7-14 水力测功机结构

1—外壳 2—阻水柱 3—搅水棒
4—转子 5、6—轴承
7—联轴器 8—主轴 9—轴承座
10—进水管 11—排水管

转子转动时,旋转的涡流水圈也使外壳受到一定力矩的作用,外壳绕轴承 6 偏转的趋势由测力机构的摆锤所平衡。工作稳定时,水对外壳产生的摩擦力矩等于电机带动转子旋转传给水的扭矩(忽略摩擦)。

水圈与转子和外壳相对运动而互相摩擦产生的热量,将使水温升高,水温高于 70℃时,阻水柱(或叶轮)上要出现蒸汽泡,使测功机工作不稳定。为了保持水温恒定,应同时开启进、排水阀。

为了增加外壳、转子和水之间的摩擦力矩,以减小测功机尺寸,除采用加装搅水棒、阻水柱这种结构外,有的测功机还采用增加钻孔的圆盘或在圆盘上多打孔,加铆钉,装叶片等方法。

水力测功机的工作特性如图 7-15 所示。横坐标表示测功机转速,纵坐标表示测功机所吸收的功率。OA 线为满水线,表示测功机中充满水时吸收的最大功率随着转速的变化情况。AB 线是最大转矩线,在保证最大转矩不变时,通过减小水层厚度(或减小闸套开度),增加转速,可以进

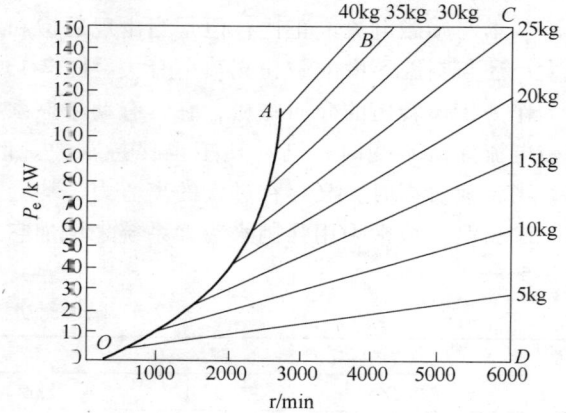

图 7-15 水力测功机的工作特性

第七章 主要试验仪器和设备

一步提高所吸收的功率。BC 线为最大功率线,即保证测功机中出水温度达到最高允许值时,所能吸收的功率。CD 线为最高转速线,防止高速离心力过大引起机件损坏。DO 线为空水线,为测功机内无水(或闸套完全关闭)时随着转速的变化所能吸收的最小功率。OABCDO 所包容的面积,表示了测功机的工作范围。

三、电涡流测功机

电涡流测功机的结构简单、使用方便、调节平滑,是很受欢迎的一种大功率测功机。测量部分已由平衡锤和刻度盘发展为利用转矩传感器(或力传感器)和转速传感器实现数字测量和自动记录。电涡流测功机结构如图 7-16 所示。

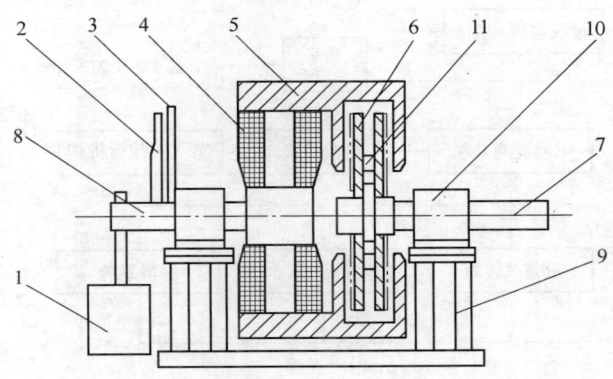

图 7-16 电涡流测功机结构
1—平衡锤 2—指针 3—刻度盘 4—励磁绕组 5—磁极
6—钢盘 7—转轴 8—磁极轴 9—支架 10—轴承 11—风叶

被测试电机的输出转矩通过转轴 7 传到测功机,转轴 7 带动钢盘 6(或称为制动盘、涡流闸)在可偏转的磁极极掌叉口中旋转。磁极 5 与平衡锤 1 固定在可以偏转的轴 8 上,当励磁绕组 4 中通入直流电产生磁通时,这个磁通从磁极经过极掌叉与钢盘 6 之间的气隙,再从钢盘 6 穿过另一个气隙进入另一个磁极,形成回路。当被试电机带动钢盘 6 旋转时,钢盘则切割这个磁通,从而在钢盘内部产生自成回路的感应电流,称为"涡流"。涡流又与磁场相互作用产生制动转矩。这个转矩同时作用在测功机磁极和被测试电机的转轴上,但方向相反。测功机磁极受到这个转矩作用后开始偏转,其方向和电动机转子相同。由于磁极偏转之后带动平衡锤使其重心提高,在重力的作用下,平衡锤产生一个与磁极偏转方向相反的力矩。当两者达到平衡的时候,磁极停止转动。指针指示出刻度盘上的转矩值。调节励磁电流可以平滑地调节制动转矩的大小。

如果平衡锤部分改为与力传感器连接,则可以将力传感器的力值送入计算机,并与力传感器作用点的力臂长度相乘,从而获得更为精确的被测电机的转矩大小。

电涡流测功机也需要进行冷却将涡流产生的热量带走,它的冷却有空气冷却和水冷却两种。

电涡流测功机配备监控系统,并和台架周边设备形成自动化程度很高的试验平台。监控系统包括信号采集和调理单元、电源/伺服控制单元、计算机控制单元、节气门(转矩)控制单元。其核心是工控机,它具有两方面功能:一方面,实现与电涡流测功机及台架其他设备之间的通信,实现台架工作状态的监测和试验测试数据的采集处理,实现测试数据的存储、打印及绘制图形等;另一方面,完成测试平台设置和自动控制,运用 PID 控制算法实现电涡流测功机加载,集成被测试牵引电机的控制信号,准确控制每个测试点或测试工况的运行试验。电涡流测功机控制采集系统结构如图 7-17 所示,图中也表示了混合动力系统发动机测试中可以采集的高低温信号和油耗信号,用虚线框表示。

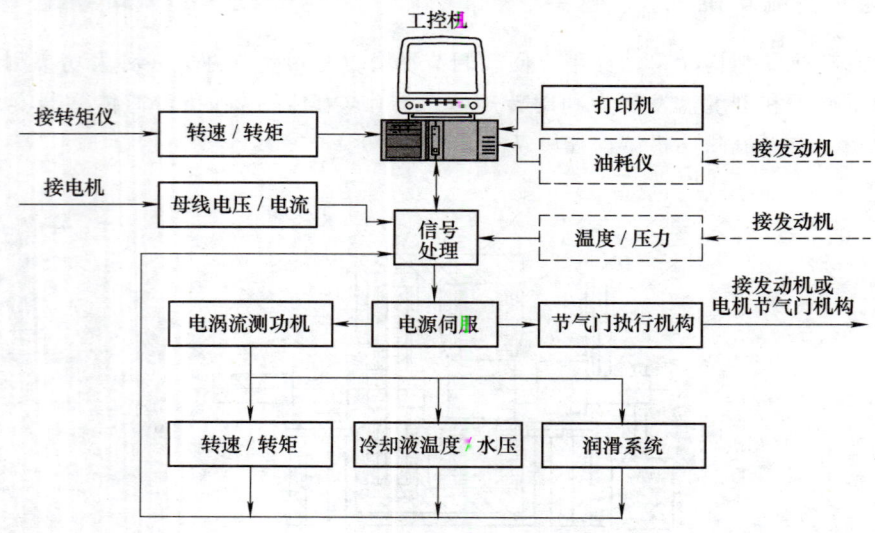

图 7-17 电涡流测功机控制采集系统结构

信号处理单元主要将高低温信号、压力信号、节气门开度信号、转速转矩信号以及电压电流信号等调理成标准信号或脉冲信号,并由相关仪表显示或由 A-D 板采集数据,工控机接收信号单元和其他变送装置传来的信号,计算测功机的转速转矩,并向信号处理单元发送控制指令,同时显示和保存测试过程中的参数变化。信号处理单元传送控制信号到电源伺服系统,控制驱动电涡流测功机和节气门执行器的励磁电流,从而控制测功机和原动机的稳定运行。电涡流测功机的工作特性如图 7-18 所示。

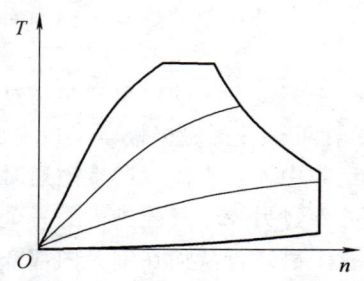

图 7-18 电涡流测功机的工作特性

国产某系列电涡流测功机的基本参数见表 7-6。

表 7-6 电涡流测功机的基本参数

型号	额定吸引功率/kW	最大转矩/N·m	转矩表量程/N·m	转速表量程/(r/min)	转动惯量/kg·m²	平均耗水量/L·h⁻¹	满功率耗电流/A	重量/kg
0~20—5000/15000	20	37	40	15000	0.00921	540	3	180
0~50—2700/10000	50	176	200	10000	0.0432	1350	4	280
0~100—3000/10000	100	318	400	10000	0.164	2700	4	460
0~150—1500/6500	150	955	1000	6500	1.19	4050	14	700
0~160—3000/10000	180	522	600	10000	0.231	4320	5	600
0~250—1800/7500	260	1395	1500	7500	1.39	7020	13.5	1000
0~440—1500/6500	440	2764	3000	6500	3.69	11880	21	1300

四、直流电力测功机

图 7-19 是直流测功机的结构简图。

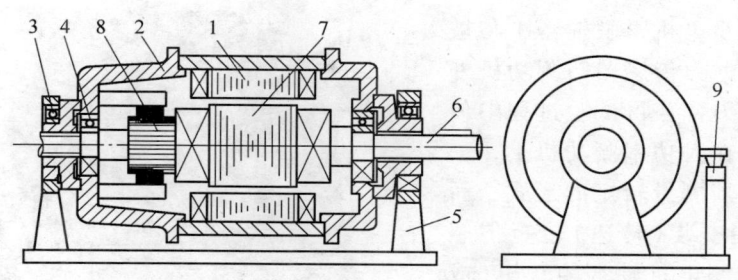

图 7-19 直流测功机的结构简图
1—定子励磁绕组　2—外壳　3—定子轴承　4—转子轴承　5—支架
6—转子轴　7—转子电枢　8—换向器及电刷　9—力传感器

直流测功机实际上是一台定子可以在支座上转动的直流电机,另外增加了一些测量转矩的部件(如转速转矩传感器或者力传感器等)。直流测功机可作为直流发电机运行,此时作为机械负载,即测功机;也可以作为直流电动机运行,即作为其他机械的动力。前者用作测取外接动力的输出转矩;后者则用作驱动外接设备的输入转矩。

直流测功机测量电动机输出转矩的工作原理:当转子被被试电动机拖动旋转后(此时定子励磁绕组通入励磁电流),转子电枢切割气隙中的磁力线并产生感应电动势,如果电枢外接负载,则有直流电流输出。电枢电流和定子磁场相互作用,在定子和转子上分别产生一个大小相等、方向相反的转矩;转子上的转矩阻止转子旋转,对被试电机来讲是一个制动转矩,起到负载的作用。定子上受到的转矩和转子转向相同,使定子产生偏转,这样就对装在定子外壳一侧的力传感器施加了压力或拉力。力传感器将这一力转化为电信号传给配套显示仪,显示出被试电机输出转矩值。

直流测功机输出的电能可用电阻负载直接消耗掉,也可以通过直流电源机组或逆变器回馈给电网。

直流测功机准确度高、操作方便、输出电能可以回收,节约了能源;但结构复杂、使用中维护量较大。

五、交流电力测功机

直流电力测功机由于受到电刷和换向器的限制,转速不高,最近几年,由于交流电机控制技术的完善,交流测功机应用日益广泛,它的工作转速范围可以非常大,控制性能达到甚至超过直流测功机。

交流电力测功机是目前市面上先进的加载测功设备,作为负载,可以兼顾各种动力机械的低速及高速加载测功试验,相对其他类型测功机而言,在性能、可靠性、维护难易程度等方面都有比较明显的优势;它几乎可以从静止开始就可以提供电力测功机的额定转矩,同时,交流电力测功机也具有优异的能源回馈能力,可以将被测机械发出的能量以电能的形式回馈给电网,并且其结构比直流测功机更为简单,因此,交流测功机的使用经济性、可靠性更优。在实用性方面，交流电力测功机既可以作为发电功能的测功机使用，也可以作为驱动电机为其他设备提供动力。

图 7-20 为交流电力测功机主机结构。交流电力测功机的主体为交流异步电机或者永磁同步电机，联轴器 1 与被测试电机相连接，力传感器与测功机外壳连接，并通过力臂获得试验过程中传递转矩的大小，在大功率测功机上，一般不采用力传感器测量转矩的形式，而是在测功机前端安装（转速）转矩传感器，直接测量被测电机轴端的转矩（或转速）的大小。在测功机的尾端安装有转速传感器（光码盘或者旋转变压器），用以测量测功电机转轴的转速。冷却风机承担测功机试验过程中的降温冷却功能，也有些测功机不采用风机冷却，而是利用专用冷却液进行冷却。校正臂承

图 7-20 交流电力测功机主机结构
1—联轴器 2—校正臂 3—力传感器 4—接线盒
5—吊环 6—电机 7—导风罩 8—冷却风机
9—转速传感器 10—底座 11—传感器接线盒

担测功机力传感器（或者转矩传感器）数值的校正，通过利用标准砝码加载到一定长度的力臂上，获得标准的转矩数值，并和测功机显示装置显示的转矩数值比较校对。一般测功机在使用过程中，需要将校正臂拆下。

标准的交流电力测功机系统由一台交流电机（含转矩转速测量传感器）、一套可四象限运行的交流变频调速系统、一台交流电力测功机测控仪以及上位机等组成。交流电力测功机控制系统如图7-21 所示。其中测控仪实现对测功机转速转矩的数据采集，同时实现对交流变频调速系统的通信和控制，利用测控仪可以实现对测功机转速和转矩的控制。上位机利用程序完成测控仪的功能，并实现数据的采集和图形显示。交流变频调速系统与电网连接，将试验过程中交流测功机发出的交流电经变频器整流为直流电然后再逆变为标准工频正弦交流电上网，通过交流变频调速系统调节测功机的馈电电流来控制原动机的转速或转矩。图 7-22 是交流测功机的交流变频调速系统原理图。

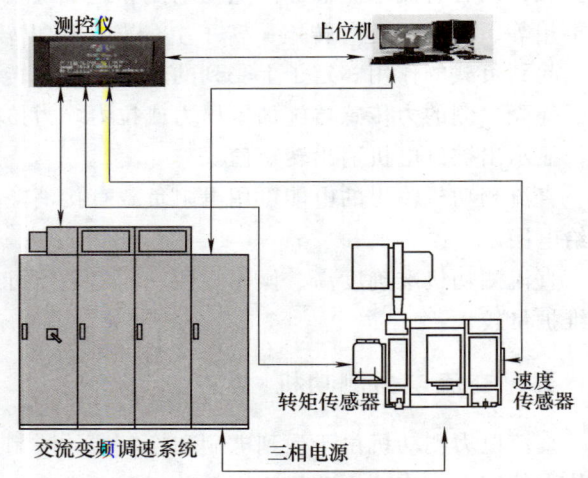

图 7-21 交流电力测功机控制系统

交流测功机控制系统的核心由交流变频器配上输入/输出滤波器、电抗器、整流逆变单元组成，主要功能是对测功机进行闭环控制，一般采用交流矢量控制技术，对大功率交流电

力测功机的转速或转矩实现精确控制。转速闭环是通过速度传感器(光码盘或者旋转变压器)测量测功机的实际转速与变频器设定的转速进行比较后,通过改变电机频率的方式由交流变频器直接给定,也可以通过计算机系统程序给定。

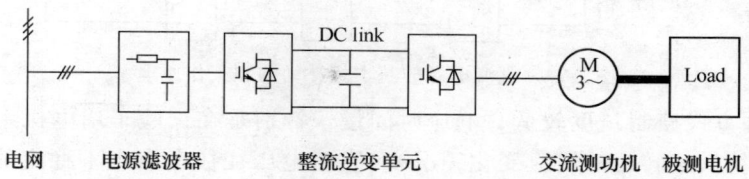

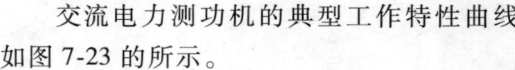

图7-22 交流测功机的交流变频调速系统原理图

转矩闭环是通过安装在输入端的转速转矩传感器测量到的转矩值(或者经过力传感器获得力值进而计算获得的转矩值)与系统设定转矩值比较,通过变频系统的自动调节反馈电流以达到控制转矩的目的。转矩调节可以由变频器给定,亦可由计算机给定或计算机程序给定。

上位计算机可以控制测功机的运行,并设置测量参数的名称、单位、量程、报警值等内容,控制完成电机各种特性实验(如电机空载特性试验、电机负载试验、电机转矩、转速特性及效率测定、特性曲线测定、堵转转矩测定、最高工作转速测定、超速试验等),实时显示各项测量参数值,打印各种曲线报表等。

交流电力测功机的典型工作特性曲线如图7-23的所示。

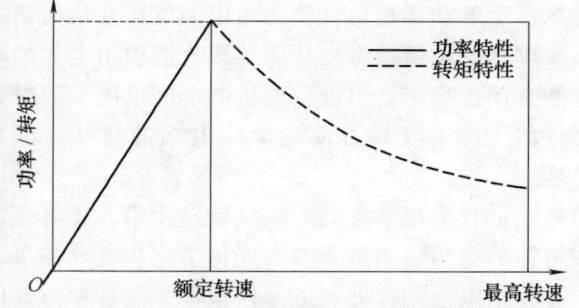

图7-23 交流电力测转速机的典型工作特性曲线

第七节 直流电源

电机系统在台架试验过程中需要大功率直流电源供能以完成相关试验工作,这个直流电源可以采用车载电池的形式,利用动力电池为电机系统提供直流电,但是采用这一方式并不能保证试验过程中电池电压的一致性和试验过程的长久性,导致试验条件在不停地发生变化,影响了试验数据的准确性和一致性;同时,试验过程中需要大量的电池,占用了试验场地,为试验安全带来了隐患。基于以上原因,一般在电机系统的台架试验过程中采用专门的大功率直流电源,为试验过程提供稳定的直流电压。

直流电源的基本拓扑结构和工作原理如图7-24所示,来自电网的交流电经过隔离变压器后变为合适的交流电压,经过整流变为脉动电压后,进而经过滤波变为平滑电压,通过稳压控制电路,获得一定精度的直流电。

目前,大功率直流电源一般有两种形式:一种为线性直流稳压电源;另一种为高频直流稳压电源。线性直流稳压电源内部采用线性串联和晶闸管调整模式,通过测量稳压电路输出端取样电阻测量电压值的大小,进而调整晶闸管触发延迟角的大小,以实现直流电压高低的

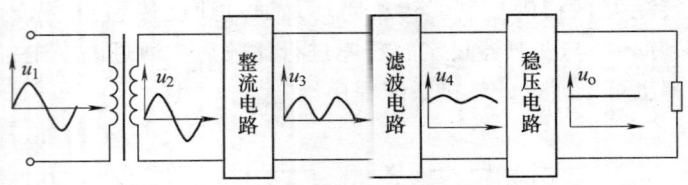

图 7-24 直流电源的基本拓扑结构和工作原理

调整。但是这种方式控制精度较低,响应时间慢,特别是在试验车用电机系统动态特性时(如试验电机系统转速转矩的快速变化工况),直流电压往往会出现不稳定的情况,工作电压大幅变动,从而影响了试验结果。从另一个角度看,利用晶闸管电路为主体的直流电源,在试验电机系统的馈电特性时,需要额外增加一套逆变系统,从而造成大功率电源结构复杂、可靠性降低等问题。现阶段,以晶闸管为主体的线性直流电源的使用日渐减少。

高频直流稳压电源是直流电源的发展趋势,其内部采用 IGBT 模块调整模式,采用全桥移相式脉宽调制控制技术将电网交流电整流为直流,经过功率因数校正后,再由 DC/DC 高频变化电路将整流后的直流电变化为稳定可控的输出直流电。该电源能够自动调整高频开关的脉冲宽度和移相角,使得输出的电压在任何情况下都能够保持稳定。特别是当电机系统在从事剧烈的试验状态变化而导致直流输出电流的剧烈变动时,其输出电压在高频开关控制下也能够保持稳定。当进行电机系统的馈电试验时,高频开关直流稳压电源也能够在不增加元器件的条件下实现直流电源向电网的逆变。该系统具有高效能、高准确度、高稳定性等特性。

在进行电机系统的台架试验过程中,提供直充电时,往往需要真实再现或者模拟实车车载电池的电压、电阻等参数变化情况。在此需求下,基于高频开关直流稳压电源技术,进一步开发了电池模拟器。电池模拟器是一种模拟储能电池外特性的装置,具有成本低、结构简单、使用方便、易于维护的特点。

电池模拟器实质为一输出电压受到电池模型控制的直流稳压电源,它实际上是高频开关直流电源与电池模型计算相结合的产物,电池模型考虑电池内阻的变化情况,为直流电压的输出提供了一个参考值,其输出电压动态变化,且变化规律与所要模拟的电池外特性一致。在图 7-25 中,上升的为负载特性,下降的为电池特性曲线(以 SOC = 20%、50% 和 80% 三种工况为例),负载特性和电池特性曲线的

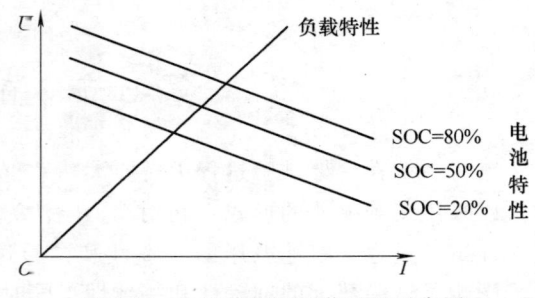

图 7-25 电池模拟器工作原理示意图

交点即为装置的工作点。当电池模拟器工作于放电状态时,装置输出端接入负载,故负载特性符合欧姆定律,同时也满足电池的工作特性。控制器的任务是控制装置使其稳定和收敛到正确的工作点上。工作时,直流电流、电压传感器将会对直流侧的电压和电流进行采样、转换,然后送入控制器。控制器根据实测电池电流和实时 SOC 值,根据电池模型及其外特性表达式计算得到直流电压给定值 U_{ref},U_{ref} 和实测直流电压共同送入控制器,控制器计算后输出控制信号,使得装置输出需求的或者给定的电压。在突加、突减的暂态过渡过程中,控制器循环执行上述过程,最终可以收敛和稳定在需求工作点。当负载发生变化时,原来工作点

的稳定被打破，电池电流将会改变，从而导致直流电压给定值 U_{ref} 也发生变化，控制器将实时控制，保证装置能够追踪新的直流电压给定值 U_{ref}，从而转移到新的稳态工作点。在充电工作状态时（电机系统馈电试验时）的工作原理也与此类似。

电池模拟器拓扑结构如图 7-26 所示。其中变压电路部分结合电池模型以决定输出电压的高低。在电池模型中，一般需要对电池内阻状态进行设置。有些时候，电池模拟器也提供相关的数据接口，可以将实车试验时直接测量获得的车载电池的电压电流数据传输至电池模拟器，电池模拟器进而按照这些数据实现电压和电流的输出。

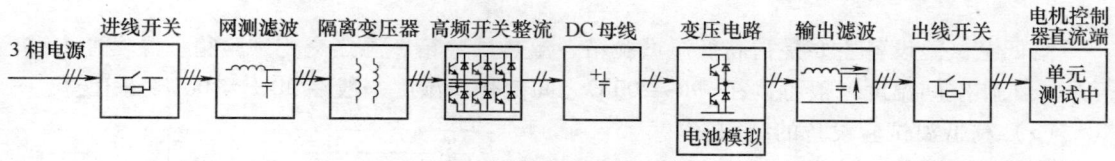

图 7-26　电池模拟器拓扑结构

一般情况下，电池模拟器都带有 CAN 总线接口，以完成与电机系统或者试验系统的通信，确保试验过程中电池模拟器、被测电机及测功机等设备的工作状态能够协调控制。

第八节　环境适应性试验设备

一、环境适应性设备的选择原则

车用电机系统需要适应各种可能的工作环境，为考核其环境适应性，需要进行环境适应性试验，环境适应性试验设备的选择应遵循以下五条基本原则：

1. 环境条件的再现性

在实验室内完整而精确地再现自然界存在的环境条件是可望而不可即的事情，但是，在一定的容差范围之内，完全可以近似地模拟工程产品在使用、储存、运输等过程中所经受的外界环境条件，即试验设备所创造的围绕被试产品周边的环境条件（含平台环境）应该满足产品试验规范所规定的环境条件及其容差要求。

2. 环境条件的可重复性

一台被试件可能在不同的环境试验设备中进行试验，为了保证同一台产品在同一试验规范所规定的环境试验条件下所得试验结果的可比较性，必然要求环境试验设备所提供的环境条件具有可重复性。这种可重复性必须要求环境试验设备能满足国家标准所规定的设备检定规程中的各项技术指标及精度指标的要求。

3. 环境条件参数的可测控性

任何一台环境试验设备所提供的环境条件必须是可观测的和可控制的，这不仅是保证试验条件再现性和可重复性的要求，而且从产品试验安全出发也是必需的，以便防止因环境条件失控导致被试产品的损坏。

4. 环境试验条件的排他性

每一次进行的环境试验，对环境因素的类别、量值及容差都有严格的规定，并排除非试验所需的环境因素，以便为试验中或试验结束后判断和分析产品失效与故障模式提供确切的依据,故要求环境试验设备除提供所规定的环境条件外,不允许对被试产品附加其他的环境因素干扰。

5. 试验设备的安全可靠性

环境试验设备必须具有运行安全、操作方便、使用可靠、工作寿命长等特点,以确保试验本身的正常进行。试验设备的各种保护、报警措施及安全联锁装置应该完善可靠,以保证试验人员、被试产品和试验设备本身的安全可靠。

二、高低温试验设备

高低温试验设备主要是指高低温试验箱、湿热试验箱、湿热交变试验箱、温度冲击试验箱等,工作空间温度一般可以在-90~200℃之间变化,湿度一般在20%~100%之间变化。

(1) 高低温试验设备的结构

高低温试验箱的结构原理如图7-27所示。从结构上可以分成电控系统、制冷系统、加热系统、传感器系统等部分。

1) 电控系统:控制系统是高低温试验箱的核心,通过温度传感器测量试验箱内部的温度,并利用控制系统控制试验箱内部的升温速率、温控准确度、是否有程序控制等重要指标。

2) 制冷系统:制冷系统的制冷方式通常采用制冷压缩机组进行机械制冷,在需求极低温度的场合,也可以采用液氮辅助制冷。

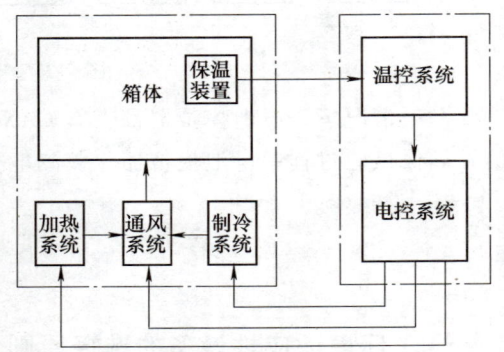

图7-27 高低温试验箱的结构原理

3) 加热系统:加热系统相对制冷系统而言比较简单,主要由大功率电阻丝组成,通过电阻丝加热周围空气,并利用通风系统将加热后的空气循环至温度箱内部,平衡箱体内的温度。

4) 传感器系统:高低温试验箱的传感器主要是温度传感器,可以布置在温度箱内部的某个点或者多个点处,也可以采用可移动的温度传感器来测量和控制特定工作点的温度,应用较多的温度传感器是PT100和热电偶。

湿热试验箱是在高低温试验箱结构基础上进行的拓展升级,增加了水槽、蒸发器等湿度调节结构,在需要湿度环境时,湿度控制器(微型信息处理器)进行调节,接通水槽加热元件,通过蒸发水槽内的水来实现增加箱体内的湿度或者调节制冷电磁阀来实现去湿作用。湿热试验箱使得样品在做高低温试验的同时也可以做湿度测试。

一般情况下,不论是高低温试验箱还是湿热试验箱,都可以具有恒温(高低温试验箱)、恒温恒湿(湿热试验箱)以及温湿度交变调整功能。恒温或者恒温恒湿功能可以保持样品试验过程中设定的温度或者温度湿度值不变,而温湿度交变调整功能

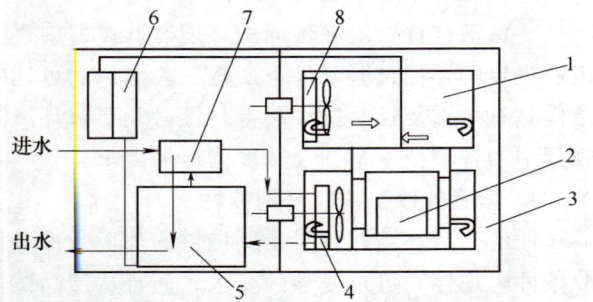

图7-28 高低温冲击试验箱的结构原理
1—高温室 2—载物篮 3—低温室
4—蒸发器 5—制冷机组 6—传动装置
7—换热器 8—加热器

可以将需要的温度、湿度随时间的变化情况预先设定，试验可以按照设定程序工作。

高低温冲击试验箱是温度试验箱的一种特殊情况，其结构原理如图 7-28 所示，在结构上划分为制冷系统、加热系统、传动系统和电气控制系统等部分。试验箱通过机组的加热系统和制冷系统分别产生一个高温环境（例如 70～125℃）和一个低温环境（例如-70～-25℃），根据温度冲击试验的相关要求，将被测件放入指定温室的载物篮内，待两温室达到预设温度且稳定时，通过传动机构牵动载物篮，实现篮内被测元件在高、低温室之间的移动。移动过程中被测件由高温或低温状态进入另一温室，此时高、低温室相通，会有大量冷热负荷相互流动，为了避免各室内温度的大幅波动，机组要通过制冷系统或加热系统迅速恢复到各温室预定温度。当被测件所在温室温度长时间保持稳定后，再经过传动机构将载物篮反向牵动，把被测件带回原温室，同样须迅速恢复到预定温度，当温度再次长时间稳定后，再重复上述操作，从而完成了多次温度循环冲击试验。

（2）对高低温试验设备的具体要求

一般地，为了保证温度试验的顺利进行，对试验设备具有如下具体要求。

1) 试验箱内应能保持规定的温度和相对湿度值，并且必要时，能够按照一定的要求变化。

2) 交变湿热试验时的温度容差、湿度容差和变化率应符合试验要求。图 7-29 为一示例，相对湿度在高温阶段应能保持 93%±3%，而在其他阶段不应低于 95%（或 85%）。在循环的转折点，为了使相对湿度不发生突然变化，它的范围可适当放宽。

3) 试验箱内装置的多个温度、湿度传感器应设置均匀，并尽可能与控制点值保持一致，为此可采取措施使室内空气不断流动。

4) 试验箱室内温度调节过程中的辐射热不应直接作用在被试产品上。

5) 直接用来产生湿度的水，其电阻率不得低于 500Ω·m。

6) 试验箱壁的凝结水不能滴落到试验品上。

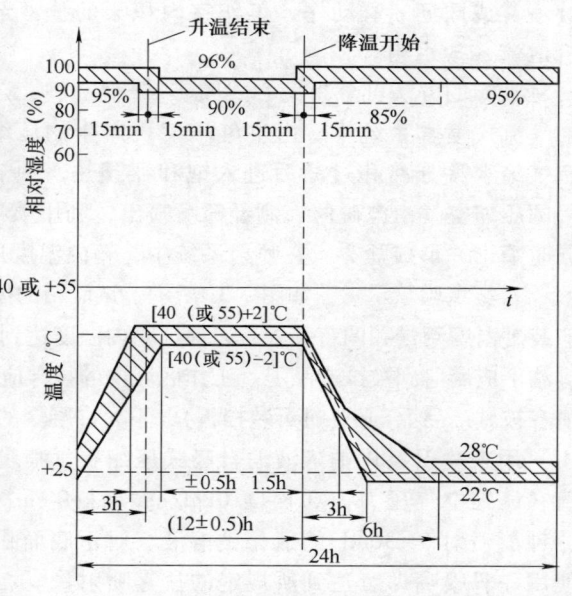

图 7-29 交变湿热试验周期变化示例

7) 试验电机（被试件）进行负载运行时，不允许明显影响箱内的温度和湿度。

8) 试验箱应设有多重安全保护措施；温度系统在可设定最大安全允许温度条件下，装有过温保护器，空气加热元件可随风扇停止而自动断电；加湿系统可随加湿槽水位降低而停止供电；制冷系统也应该可以随箱体温度升高（超过 40℃）或湿度的加大而停止工作。

三、盐雾试验设备

盐雾试验主要利用盐雾试验设备所创造的人工模拟盐雾环境条件来考核产品或金属材料

的耐腐蚀性能，它分为两大类：一类为天然环境暴露试验；另一类为人工加速模拟盐雾环境试验。

盐雾试验设备能够模拟或者强化海洋性气候的环境条件，按规定的盐雾试验方法对试样进行盐雾腐蚀试验，在其容积空间内用人工的方法造成盐雾环境来对产品的耐盐雾腐蚀性能进行考核。盐雾试验箱内盐雾环境的氯化物浓度是一般天然环境盐雾含量的几倍或几十倍，促使腐蚀速度大大提高，获得结果的试验时间也大大缩短。例如，在天然暴露环境下对某产品样品进行试验，待其腐蚀可能要一年，而在人工模拟盐雾环境条件下试验，只要24h或者更短即可得到相似的结果。

盐雾试验箱结构原理图如图7-30所示。盐水通过喷雾器在工作室内形成盐雾；热交换器内，空气经过加热或冷却（水冷）后通过风机送入夹层调节工作室内温度；温度的检测通过温度计或其他检测设备进行，检测的温度信号通过温控系统比较后由电控系统执行升降温动作，使工作室内温度稳定在要求范围内；喷雾器可按需要执行连续喷雾或周期喷雾动作，工作室内积累的盐液经管道流入盐水箱。

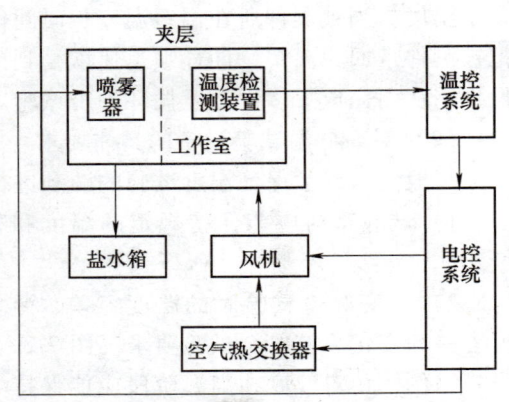

图7-30 盐雾试验箱结构原理图

喷雾的方法可分为离心式喷雾和气流式喷雾。在气流式喷雾系统中，由空气压缩机产生的压缩空气经水汽分离和过滤后进入饱和器预热，预热后的压缩空气由电磁阀控制经喷嘴喷出，利用喷嘴喷射空气时的虹吸作用，将经加热后的盐水同时喷出并形成盐雾。在喷射系统中，箱内温度通过空气预热、盐水加热和箱体加热来实现。

盐雾试验箱示意图如图7-31所示。试验箱的体积应足够大，一般情况下不小于$0.7m^3$。箱内应装有温度测量和调节装置，以保证箱内温度达到35℃±1℃。试验箱端盖、侧壁和挡板上凝聚的雾滴不应滴落到被试产品上。工作区域内的盐雾应均匀分布，喷射出来的氯化钠溶液不宜直接喷射在被试产品上（必要时可装挡板），不允许凝聚的雾滴从一个产品滴落到另一个产品上。

用来喷射氯化钠溶液的自吸式压缩空气喷嘴是由聚丙烯玻璃或聚氯乙烯制成的，这种喷嘴在压缩空气压力为$0.8 \sim 1.0 kgf/cm^2$（$1kgf/cm^2 = 0.1MPa$）和吸引高度为$200 \sim 500mm$时，每分钟能喷射$6 \sim 30mL$的氯化钠溶液。对于底面积为$2m^2$而高度为$1.5m$的盐雾试验箱，只要使用一只喷嘴即可达到所规定的盐雾喷射量。

单位时间内氯化钠溶液的喷射量是指每$80cm^2$的收集器内，以连续喷雾16h所积聚溶液的平均值[即$mL/(80cm^2 \cdot h)$]。一般规定采用直径为10cm的玻璃或塑料漏斗（开口面积约为$80cm^2$），使其穿过木塞放在测量圆筒上作为收集装置。在被试产品周围的试验箱底板上至少放两个收集器，以便收集直接落在漏斗里的盐雾，但是不允许被试产品或试验箱任何部分上的盐雾水滴滴落在收集器内。收集器的放置位置，一个放在靠近喷嘴处，另一个则应尽可能远离喷嘴，从两个收集器内的氯化钠溶液之差值，可确定试验箱工作区域内盐雾分布的均匀程度。

压缩空气在试验时间内和规定的温度下，均应处于水饱和状态，通过空气润湿器实现该功能。

第七章 主要试验仪器和设备

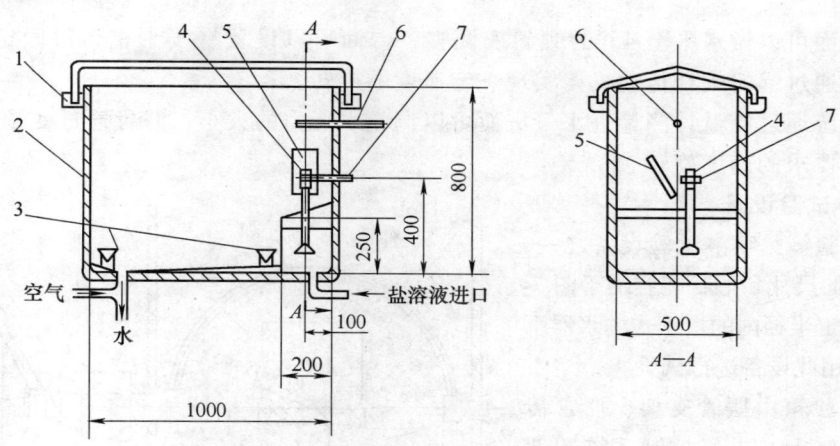

图 7-31 盐雾试验箱示意图

1—水封套 2—箱壁 3—盐雾收集器 4—喷射口 5—挡板(可调倾斜度) 6—温度计 7—压缩空气进口

放置氯化钠溶液的储存器应在整个试验时间内使吸引高度保持不变,并且具有流量测量和调节装置。

四、防水试验设备

防水试验设备主要用于考核被试产品外壳、密封件在防水试验后,或者在试验期间是否能保证良好的工作性能,考核产品在运输过程或使用过程中可能受到浸水的影响,为产品技术提升提供依据。防水试验设备一般包括滴水试验设备和喷淋试验设备。

1. 滴水试验设备

滴水试验设备主要由支架、滴水水槽、工作台、电气控制四部分组成,其中支架、回转台面、储水箱、试验水回流装置、控制台等与水接触的部件,一般采用不锈钢板制作。

支架用来固定和引导滴水装置的上下移动,从而可以调整滴水装置与被试样品之间的距离。

水槽的结构如图 7-32 所示,在底部按照一定尺寸密布有激光打孔形成的孔方阵,直径在 0.4mm 或者 0.9mm,在整个面积上滴水应均匀,并能产生 3~5mm 的降水量(相当于水槽内水位每分钟降低 3~5mm);水槽内部采用砂和砂砾层调节水流量,也可以采用多层滤纸代替砂和砂砾层,这样更容易清洗和更换。

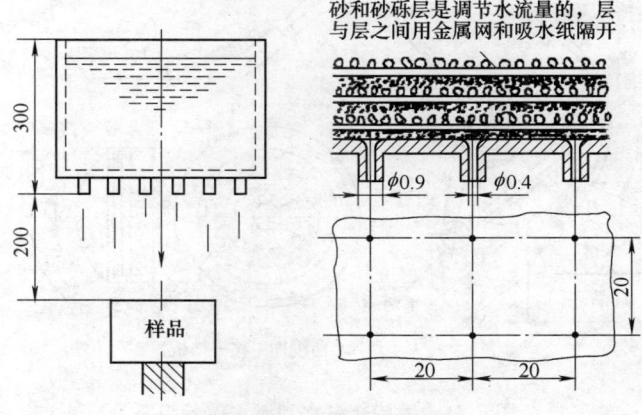

图 7-32 滴水试验设备

工作台面可以做水平至 45°的倾斜度调整。台面可以设置有 T 形槽，可固定重的试件，工作台可以通过蜗轮蜗杆传动机构实现一定速度的旋转。

控制系统通过流量计测量进水量进而可以调整水压力的大小，并且通过变频装置实现工作台面按照要求的速度旋转。

2. 喷淋试验设备

淋雨试验箱是喷淋试验设备之一，当被试电机的尺寸和形状能容纳于图 7-33 所示的一定半径内的摆管式淋水器下时，则可以用此设备进行试验。

淋雨试验箱由摆管支架、摆管传动、工作旋转台、电气控制系统四部分组成，其中支架、回转台面、控制台等一般采用不锈钢板制作。试验装置带有流水管道、泵和滤水装置，配压力表和流量计。

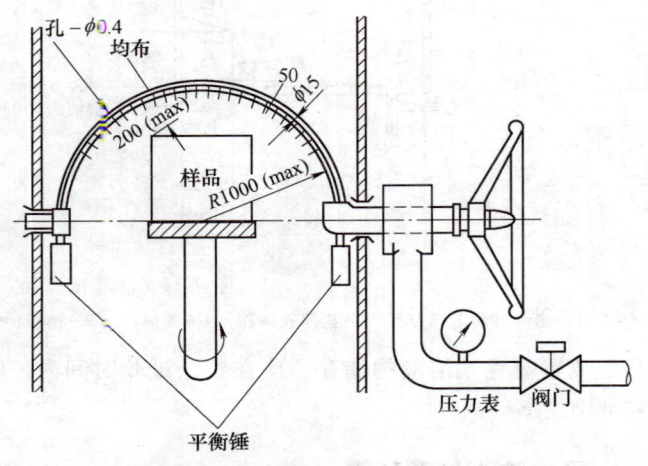

摆管一般为一组不同半径的半圆形管件，安装在支架上，其上均匀分布有一定数量一定尺寸的孔，并安装有专用喷嘴。淋水试验时，经过流量调整后的水流从这些孔中流出，冲击被试样品。摆管连接有带减速器的步进电机，通过 PLC 控制其在一定的角度范围内摆动。

图 7-33 摆管式淋水和溅水试验设备

工作旋转台带有蜗轮蜗杆传动机构，利用电机驱动，实现台面按照一定速度旋转，使被试产品各部分在试验中均被淋湿。

控制系统控制水流量、摆管摆动速度、工作台旋转速度、工作计时等，并具有过电压保护、过电流保护、热保护、绝缘保护等保护功能。

对于不便于采用摆管淋水设备的被试产品，可以采用图 7-34 所示的手持式淋水试验设备，通过阀门可以控制淋水量的大小。

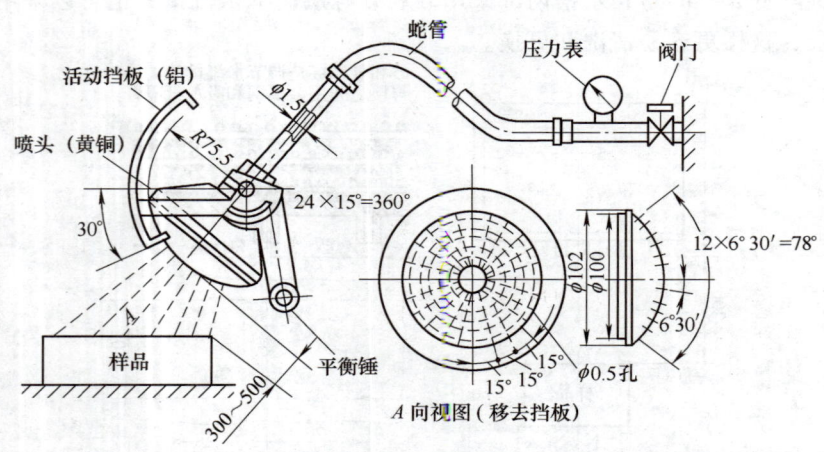

图 7-34 手持式淋水和溅水试验设备

对于 5 级或者 6 级防水试验，应该采用图 7-35 所示的标准喷水嘴（防水级别不同，喷嘴孔径不同），自喷嘴喷出的水流按照规定的水流量和水压从各个可能的方向喷射被试产品，如图 7-36 所示。

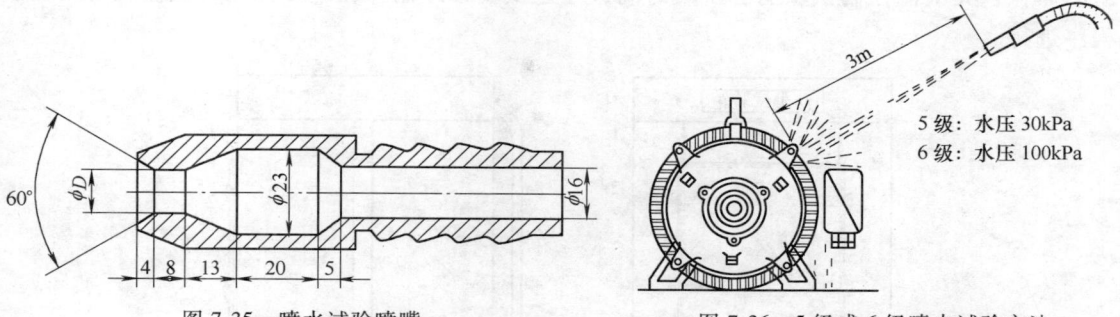

图 7-35 喷水试验喷嘴　　　　　　　　图 7-36 5 级或 6 级喷水试验方法

对于 7 级及以上的浸水试验，需要将电机完全浸入水中，如图 7-37 所示。水面应高出被试产品顶点至少 150mm，被试产品底部应低于水面至少 1m，水与被试产品的温差应不大于 5K，试验时间至少为 30min。

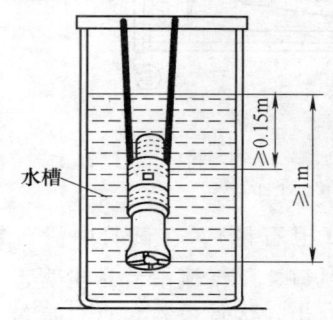
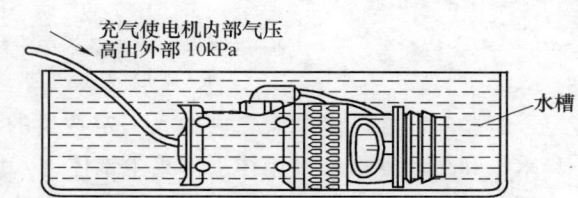

图 7-37 浸水试验方法　　　　　　图 7-38 浸水试验的替代方法——充气试验方法

如果制造厂与用户取得协议，浸水试验可用下述方法代替：电机内部充气，使其气压比外部高出 10kPa，试验时间 1min。当无空气漏出时，则认为符合要求。检查漏气的方法是可将电机恰好淹没于水中或用肥皂水涂在电机表面，如图 7-38 所示。

电机经过防水试验后，电机的进水量应不足以影响正常运行，绕组和带电部件应不潮湿，且电机内的积水应不浸及这些部件。

五、防尘试验设备

防尘试验的试验设备是防尘试验箱，它以人工模拟沙尘环境来检验被试样品的防尘能力，可以用来做防尘性能测试及 IP 防尘等级测试。试验时，由风机推动一定浓度的沙尘以一定的流速吹过被试样品表面，测试这些被试样品暴露于干砂或充满尘土的大气作用下防御尘埃微粒渗透效应的能力、防御砂砾的磨蚀或阻塞效应的能力及能否储存和运行的能力。

防尘试验箱的结构分为主箱体、观察窗、送尘管、风机、振动器和控制箱等部分，如图 7-39 所示。主箱体采用不锈钢薄板，前面设有观察窗，一般采用厚的透明有机玻璃制成，窗四周有橡胶密封条，防止灰尘在试验时渗出箱外。通过观察窗，可以清楚地观察到被试样品的工作情况。送尘管为不锈钢管，一端连接在风机上，另一端伸入到试验箱接近顶部位置,起着输送试验介质(滑石粉)的作用。振动器安装在主箱体下部集尘锥体上,在试验时不断振动箱壁,防止滑石粉堆积沾附在箱壁上,或堵塞风机吸入口。风机采用离心式通风机,是输送试验介质的动力源。控制器由单片微处理器和继电器相结合,既缩小了电气控制箱的体积,又只能控制试验的各阶段时间,一旦试验程序储存在单片机内,试验就可按控制程序进行。

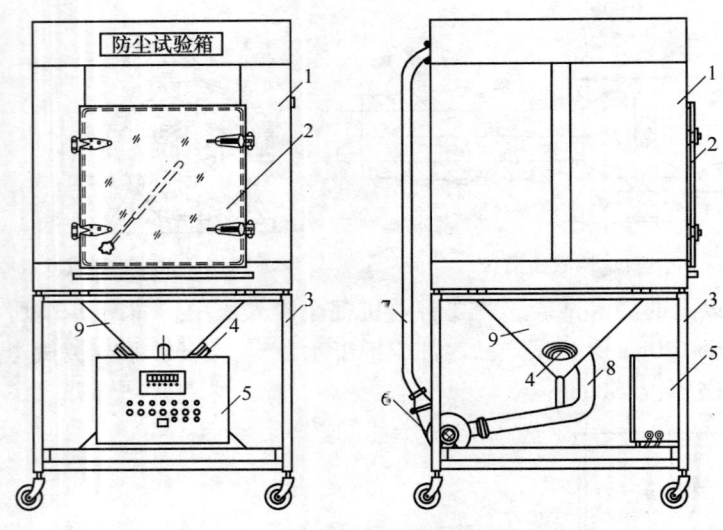

图 7-39 防尘试验箱的结构
1—主箱体 2—观察窗 3—支架 4—振动器 5—控制箱
6—风机 7—送尘管 8—集尘管 9—集尘斗

试验时,在防尘试验箱内加入一定数量的试验介质(滑石粉),在试验中滑石粉依靠自身重量和振动器振动沿箱体下部集尘锥体进入风机的吸风口,随气流沿着送尘管,送入试验箱顶部,与顶壁碰撞后扩散开来,然后散布悬浮在箱内空中。依靠滑石粉自身重量、箱体的振动和吸风口的负压,粉尘慢慢降落到箱体下部的集尘锥体中,再次进入风机的吸风口,由风机再送入试验箱内,循环往复,直至试验结束。

被试产品(如电机)被支撑于试验箱内,连接真空泵的抽气管应接在被试样品专为试验而开的孔上,并用真空泵抽气,使样品壳内气压低于环境气压,如图 7-40 所示。试验过程中,利用适当压差将试验箱内空气抽入电机,抽气量至少为 80 倍壳内空气体积,抽气速度应不超过每小时 60 倍壳内空气体积,压差应不超过 2kPa。如抽气速度达到每小时 60 倍壳内空气体积,则试验进行至 2h 为止。如抽气速度低于每小时 40 倍壳内空气体积,但压差已达到 2kPa,则试验应持续到抽满 80 倍壳内空气体积或试满一

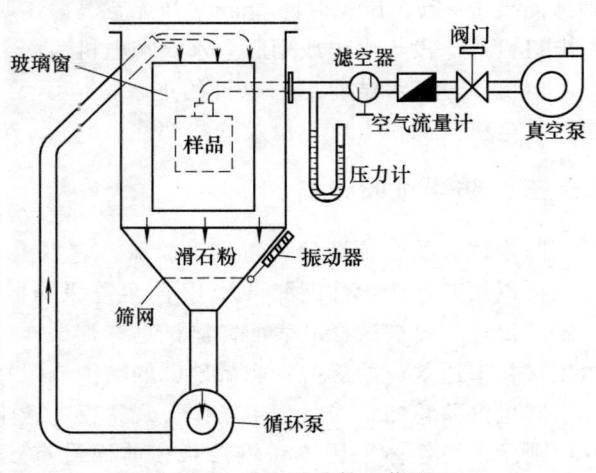

图 7-40 防尘试验箱工作原理

定试验时间(如 8h)为止。

试验后,如滑石粉没有大量积聚,且其沉积地点如同其他尘埃(如不导电、不易燃、不易爆或无化学腐蚀的尘埃)一样不足以影响电机的正常工作,则认为符合要求。

第九节 振动噪声试验设备

一、振动试验设备

1. 振动的测定原理

图 7-41 为惯性式振动变换器的原理示意图,质量块 1 通过弹簧 2 和阻尼器 3 装在变换器的基座上。振动时,变换器基座随被测物体一起振动,于是质量块将与基座产生相对运动 x,并与振动输入位移 y 之间呈一定的比例关系,这个关系决定于被测振动的频率 ω 及变换器本身的参数,如质量块的质量 m、弹簧刚度 k 和阻尼系数 c 等。

当被测物体与变换器基座按 $y = A\sin\omega t$ 规律运动时,系统运动方程为

$$\ddot{y} + \frac{c}{m}\dot{y} + \frac{k}{m}y = \frac{1}{m}\omega^2 A\sin\omega t$$

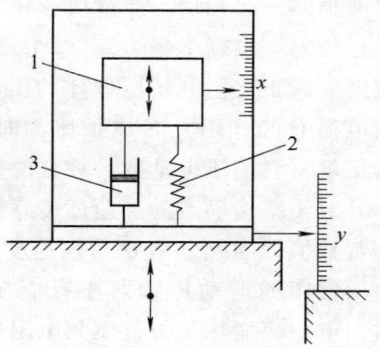

图 7-41 惯性式振动变换器
1—质量块 2—弹簧 3—阻尼器

以上微分方程的解为

$$y = \frac{\lambda^2 A}{\sqrt{(1-\lambda^2)^2 - 4\zeta^2\lambda^2}}\sin(\omega t - \varphi)$$

其中,A 为被测振动的振幅,频率比 $\lambda = \dfrac{\omega}{\omega_n}$,阻尼比 $\zeta = \dfrac{c}{2\sqrt{mk}}$,相位差 $\varphi = \arctan\left(\dfrac{2\zeta\lambda}{1-\lambda^2}\right)$。

若定义相对振幅 $B = \dfrac{\lambda^2 A}{\sqrt{(1-\lambda^2)^2 - 4\zeta^2\lambda^2}}$,则

$$\frac{B}{A} = \frac{\lambda^2}{\sqrt{(1-\lambda^2)^2 - 4\zeta^2\lambda^2}} = \frac{1}{\sqrt{\left(1-\dfrac{1}{\lambda^2}\right)^2 - 4\dfrac{\zeta^2}{\lambda^2}}}$$

可以看出,当 $\lambda \gg 1$ 时,$B \approx A$。因此用测量相对振幅 B 来近似确定被测振动的振幅(即振动位移)A,这就是位移计的基本原理。

同理,当 $\lambda \gg 1$ 时相对速度幅值 B_v 和被测物体速度幅值 A_v 也近似相等,只要测出 B_v 就可以得到 A_v,这就是速度计的基本原理。

当 $\lambda \ll 1$ 时,有

$$\frac{B}{A_a} = \frac{B}{\omega^2 A} = \frac{1}{\omega_n^2}\frac{1}{\sqrt{(1-\lambda^2)^2 - 4\zeta^2\lambda^2}} \approx \frac{1}{\omega_n^2} = \frac{m}{k}$$

可以看出,此时的相对振幅 B 和被测物体加速度幅值 A_a 成正比,这就是加速度计的基本原理。

在物体振动过程中，振动的位移、速度和加速度几个参数是同时存在的。工程上常测取振动的加速度，然后用积分求取振动速度和位移。

根据上述原理，可以制成各种振动传感器。

2. 振动加速度传感器

加速度传感器一般多采用质量—弹簧系统，把测得的振动加速度变换成力，再由力敏元件把力变换成电信号输出。图 7-42 为一种常用的压电式加速度传感器结构图。

由质量块 4 和弹簧片 6 构成质量—弹簧系统，基座 1 随被测物体一起振动，质量块 4 将对压电晶片 2 施以周期变化的作用力。根据牛顿第二定律，作用力 F 与质量块的振动加速度 a 成正比。利用压电片的压电效应，压电片表面所产生的电荷 Q 与作用力 F 成正比，即 $Q=kF$，这里的比例系数 k 为压电材料的压电常数。综合两个公式可得 $Q=kma$。

对于结构确定的加速度传感器，质量 m 和压电常数 k 均为常数值，因此电荷 Q 与加速度 a 成正比。

常用的振动传感器还有应变片式加速度传感器。测量时，电阻应变片受力，使其电阻值改变，从而把振动参数变换为电参数。

测振时常采用加速度传感器。经测振仪将传感器输出信号处理、放大后，可直接显示振动加速度值，也可经积分网络后显示振动速度和幅值。采用压电式加速度传感器时，由于压电片是一种高内阻、输出信号微弱的压电变换元件，因此需要配置一个高灵敏度、高输入阻抗的前置放大器。图 7-43 为常用测振仪的原理框图。

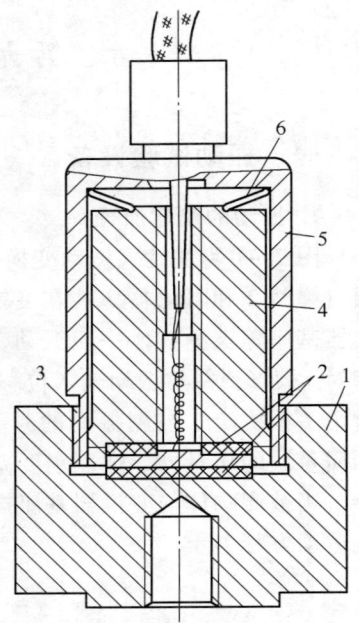

图 7-42 压电式加速度传感器
1—基座 2—压电晶片 3—电极
4—质量块 5—外壳 6—弹簧片

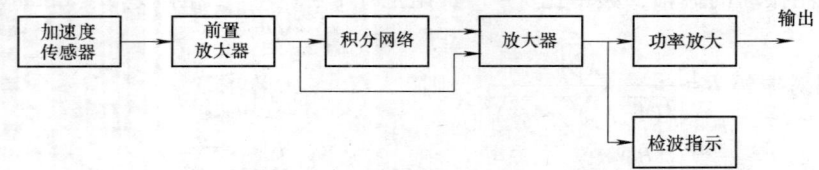

图 7-43 测振仪的原理框图

3. 振动试验台

在电机系统的试验过程中，经常使用振动试验台（简称振动台），它是模拟振动的一种设备，用它来考察产品能否经受住长时间振动而不改变其性能或不至于导致机械损坏。振动试验台按其原理可分为机械式、电动式、电液式、压电式、磁致伸缩式、液压式等；按所产生的信号不同，可分为简谐振动式和复合振动式；按振动方向不同，可分为垂直式和水平式。

振动台和激振器同属激振设备，但振动台是将试验对象置于其台面上，由台面提供一定频率、振幅或加速度的振动。而激振器是装在试验对象上，由激振器产生一定频率和大小的激振力作用于试验对象的某一区域上，使试验对象产生强迫振动。下面介绍几种常用的振动试验台。

（1）机械式振动台

机械式振动台是利用旋转不平衡质量块所产生的离心力进行激振，台面没有磁场，特别适用于易受磁场影响的被试件做振动试验。这种振动台结构简单、成本低、维修方便，能获得比较大的激振力，载荷也大，但频率范围窄（10~100Hz）、噪声大、振动波形失真大。

1) 偏心轮式机械振动台。偏心轮式机械振动台的原理图如图7-44所示。当偏心轮中心 O_1 绕转轴中心 O 以角速度 ω 转动时，振动台面就上下振动。振动位移为

$$x = O_1O\sin\omega t$$

可见，振幅的大小由偏心距 O_1O 确定，振动频率由偏心轮旋转速度决定。通常转轴由电机带动，转速是可调的。这种结构的偏心距不可调。为了便于调节偏心距，可采用双凸轮结构，内凸轮固定在转轴上，外凸轮套在内凸轮上。调节内、外凸轮的相对位置，即可改变偏心距。

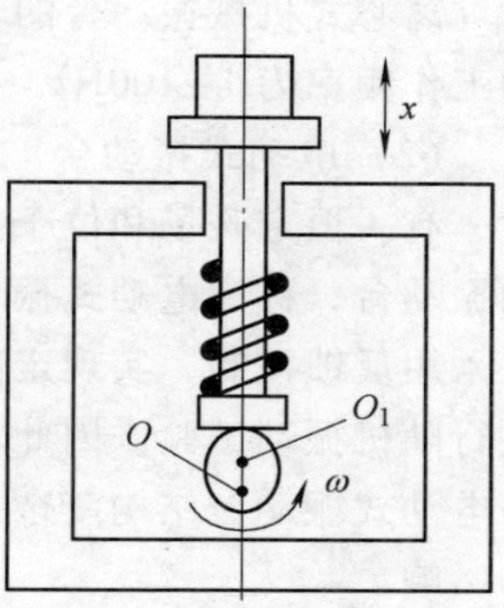

偏心轮式机械振动台的振动方向可垂直，也可水平，一般在低频（1~60Hz）和大振幅（0.1mm 以上）的情况下使用。

2) 离心式机械振动台。在机械振动台中，使用最多的是离心式机械振动台，如图7-45a所示。

离心式振动台利用两组以相反方向旋转的偏心块产生的离心力来激振，如图7-45b所示。每组偏心块由两块角度可调整的扇形块组成，在它们各自绕轴转动时，扇形块产生离心力。当两扇形块成180°安装时，因自身平衡而没有离心力，当两扇形块重叠安置时，偏心最严重，转动时产生的离心力也最大。由于两组偏心块是以相反方向同步旋转，则离心力的水平分量相互抵消，垂直分量相互叠加。垂直分力为

图7-44 偏心轮式机械振动台

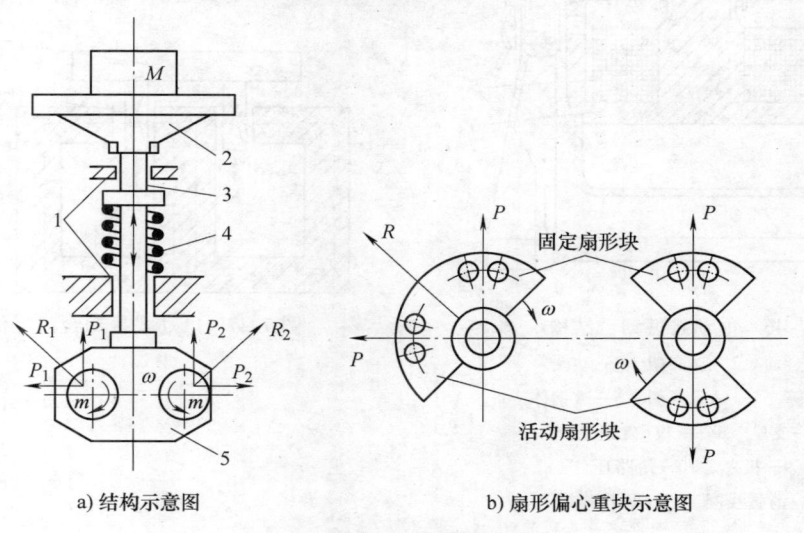

a) 结构示意图　　　　b) 扇形偏心重块示意图

图7-45 离心式机械振动台
1—导向套　2—工作台　3—主轴　4—弹簧　5—激振器

$$F = 2mr\omega^2 2\sin\omega t$$

式中　m——每组偏心重块的质量；
　　　r——偏心距；
　　　ω——转轴的角速度。

可以看出，扇形块的质量以及转轴中心距决定了离心力的垂直分量大小。

离心式机械振动台的转轴由电机带动，调节电动机转速便可改变振动频率。这类振动台的工作频率为 1~100Hz，振幅范围为 0.1~0.3mm。

（2）电动式振动台

有一恒定磁场和位于磁场中通过一定交变电流的线圈的相互作用所产生的电动力来驱动的振动台，称为电动式振动台。电动式振动台工作频率范围大，波形失真小，控制方便，可以采用反馈控制，实现定值振动，如果线圈通以随机变化的交变电流，可以实现随机振动，进行随机振动试验。因此，电动式振动台比机械式振动台、电液式振动台的使用范围广。但是电动式振动台结构复杂、价格较贵、维修比较复杂，一般低频特性不太好，台面有漏磁场的影响。

按电磁作用形式，电动式振动台可以分为直接耦合式和感应式，多数采用直接耦合式；按恒定磁场的励磁形式不同，可以分为励磁式和永磁式。

电动式振动台的结构如图 7-46 所示，工作原理如图 7-47 所示，当给振动台通电后，磁钢体内便产生电磁场，在磁场中的通电导体由于磁力作用就产生运动。由左手定则可知，驱动线圈受力 F 的作用而使工作台台面产生向下运动，其大小为

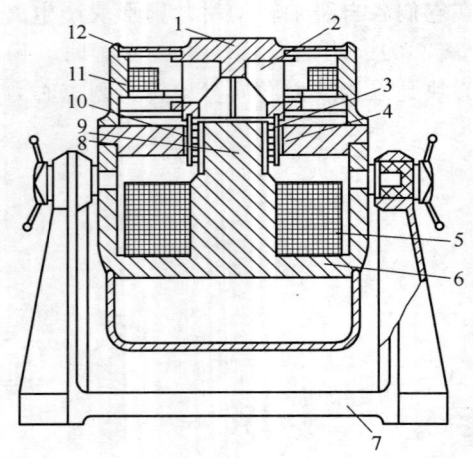

图 7-46　电动式振动台结构
1—台面　2—动圈架　3—动圈
4—气隙　5—励磁线圈　6—磁钢体
7—支座　8—极板（磁钢盖）
9—极芯　10—短路环
11—消磁线圈　12—悬挂弹簧

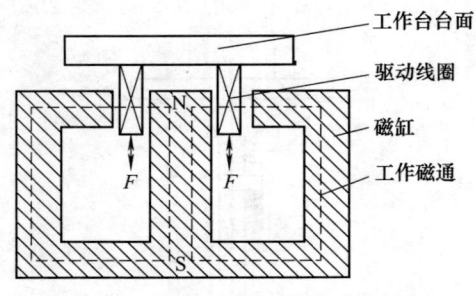

图 7-47　电动式振动台的工作原理

$$F = BIL$$

式中　B——磁场中的磁感应强度；
　　　I——导体中流过的电流；
　　　L——导体在磁场中的有效长度。

若改变流过动圈中的电流方向,那么动圈受方向相反力 F 的作用而使动圈向上运动。因此,在动圈中通以交变电流时,它将使动圈受交变力作用而使工作台台面在磁场中产生相应的交变运动,即上下运动。动圈中的交变电流是由频率可调的振荡器经功率放大器后供给。

计量部门一般都采用这种原理和结构建立标准振动台。

电动式振动台除了振动台体外,还有输入信号部分和控制部分,主要由三部分组成:信号发生器、功率放大器和振动控制仪,其组成框图如图 7-48 所示。信号发生器根据指令发出所需要的振动信号,经过功率放大器放大后,产生足够的能量驱动振动台本体。在驱动台本体放置有加速度传感器,可以测量振动台的振动运动状态,并反馈给控制系统,参与对振动信号的修正。

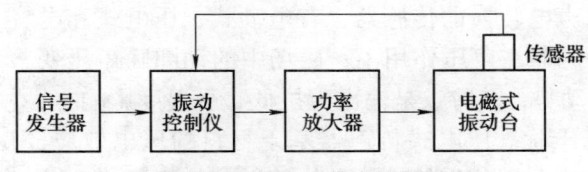

图 7-48 电动式振动台控制系统

(3) 电液式振动台

用电子线路控制,由液压系统驱动的振动台,称为电液式振动台。电液式振动台的主要优点是激振力大、承载能力大、振幅大,台面没有磁场影响,工作频率下限可以达到零赫兹,可以反馈定振控制,即在某个频率范围内振幅或激振力恒定;也可以实现随机振动。但是,电液式振动台仅适用于在低频区及中频区进行振动试验,液压系统的性能容易受温度的影响,对油液要求高、维修复杂。由于油泵的压力脉动,油液压缩性引起的共振,液压密封件的摩擦等,使得波形失真比电动式振动台大。

电液式振动台主要有两种:电动力激振滑阀式电液振动台和喷嘴-挡板式电液振动台。电动力激振滑阀式电液振动台结构简图如图 7-49 所示,它由四大部分组成:电液伺服阀、作动器、液压泵和工作台面。

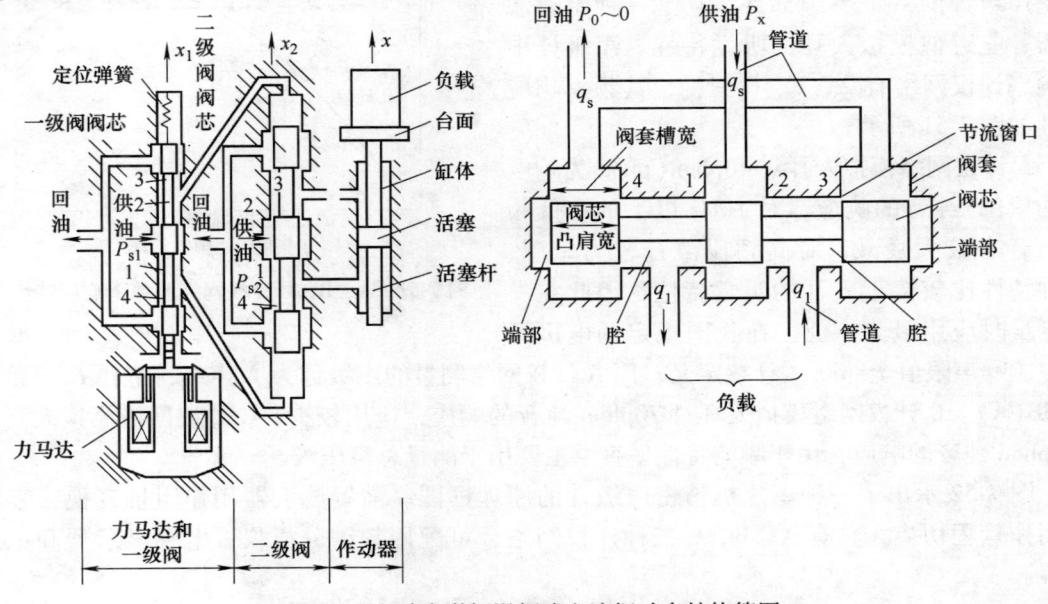

图 7-49 电动力激振滑阀式电液振动台结构简图

电液伺服阀包括一级阀和二级阀，实现大流量(大压力)油液的控制，通过控制供油和回油回路及工作频率，实现作动器(包括活塞和油缸)上下缸体内油液的流动或保持，带动活塞按照一定的频率上下运动，进而带通工作台面的上下振动。

二、噪声测量设备

噪声测量中常用的仪器有声级计、频谱分析仪、电平记录仪、磁带记录仪等。

1. 声级计

声级计是噪声测量中最基本的仪器，主要由传声器、放大器、衰减器、计权网络、检波和显示等部分组成。

传声器是一种实现声电转换的传感器，有电动式、压电式和电容式等几种。电动式传声器在声压作用下，磁场中的动圈随声压变化而产生振动并感应电动势，其特点是输出阻抗低、受温度影响小，但灵敏度低、易受磁场干扰。压电式传声器基于材料的压电效应，把声压变化转换成电荷或电压信号输出，结构简单、价格便宜、动态范围宽，但灵敏度较低、受温度影响较大。以上两种类型常用于普通声级计中。电容式传声器是应用最广泛的一种传声器，其结构示意图如图 7-50 所示。膜片和电极构成平板电容器两个极板，当膜片随声压波动而改变平衡位置时，两个极板间的距离也发生变化，于是改变了电容量，将声压转换成电信号输出。电容式传声器具有灵敏度高(50mV/Pa)、测量范围宽(10~170dB)、性能稳定等优点，但价格较贵，常用于精密型声级计。

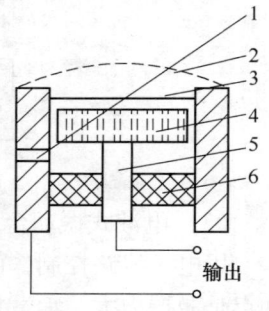

图 7-50　电容式传声器结构示意图
1—空气平衡孔　2—护罩
3—膜片　4—电极
5—导体　6—绝缘体

通常噪声都是由若干不同频率的纯音复合而成的，而纯音的响度可在等响度曲线上查得，因此对于频率连续的噪声需要用其响度曲线对频率计权。计权网络是声级计的一个关键部件，它是一种带通滤波器，能近似模拟人耳的听觉特性。声级计中的频率计权网络有 A、B、C 三种，其频率响应特性如图 7-51 所示。

A 计权网络模拟人耳对 40phon(phon 为响度级的单位)纯音的响应，对 1kHz 以下的中低频段声音有较大衰减，对高频段声音较为敏感，此种特性比较接近人耳的听觉特性，因此在噪声测量时应用最为广泛。在我国规定的电机标准中，噪声限值全部以 A 计权定义，用 A 计权网络测量的声级称为 A 声级，记作 L_A，单位为 dB(A)。B 计权网络模拟人耳对 70phon 纯音的响应，应用较少。C 计权网络模拟人耳对 100phon 纯音的响应，由于频响特性平直，主要用于测量总声压级。

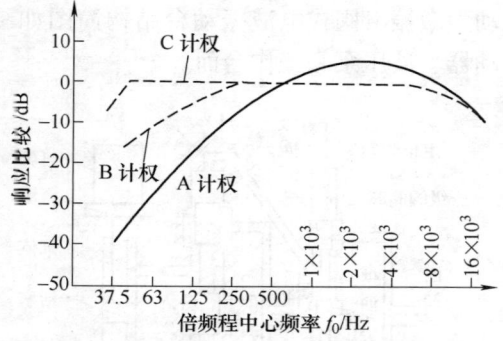

图 7-51　A、B、C 计权网络的频率响应特性

图 7-52 示出了一种单片机精密声级计的原理框图。前置放大器用作阻抗变换，衰减器用作量程切换，具有 A、B、C 三种计权网络，可配用频谱分析仪、电平显示器和记录仪等。

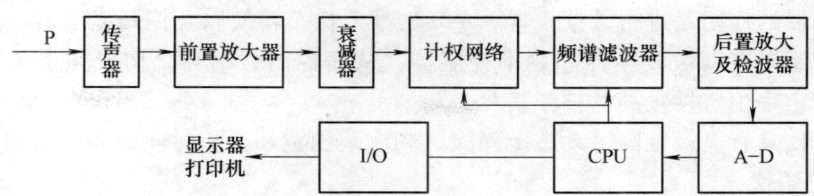

图 7-52　单片机精密声级计的原理框图

该声级计在电复位并初始化后，CPU 首先置衰减系数于最小档，然后选择计权网络。计权网络确定后，首先使频率最低的噪声通过频谱滤波器，然后检查衰减系数是否正确。若正确，则测取这一频率噪声的声压数值。接着测量另一频率噪声的声压值，直到每一个中心频率的噪声测量完毕并计算出各声压级，最后计算平均声压级。

2. 频谱分析仪

电机的噪声主要来源于以下三种因素：电磁力波引起的电磁噪声、空气动力引起的通风噪声以及机械运动引起的机械噪声。各种不同性质的噪声有着不同的响度和频率，研究噪声时，不仅需要了解噪声级的大小，还需要了解组成噪声的主要成分分布在哪些频段上（例如电磁噪声频率大多分布在 100～4000Hz 之间），以便采取相应的措施予以削弱。

频谱分析仪是用来分析噪声频谱的主要仪器，图 7-53 是一种典型的低频数字频谱分析仪的原理框图。5Hz～50kHz 的被测信号在前置放大器中经过衰减/放大到一定电平，在混频器中与 100Hz～150kHz 的扫描信号混频。50kHz 的差频信号经窄带滤波器滤去谐波后送入中频放大器。可以选择线性中频放大器或对数中频放大器以满足不同的需要。中频放大后进行平均值检波、滤波和直流放大，然后分两路输出，一路送到 X-Y 记录仪或存储示波器描绘相应的频谱图，另一路送到数字处理器进行数据处理。

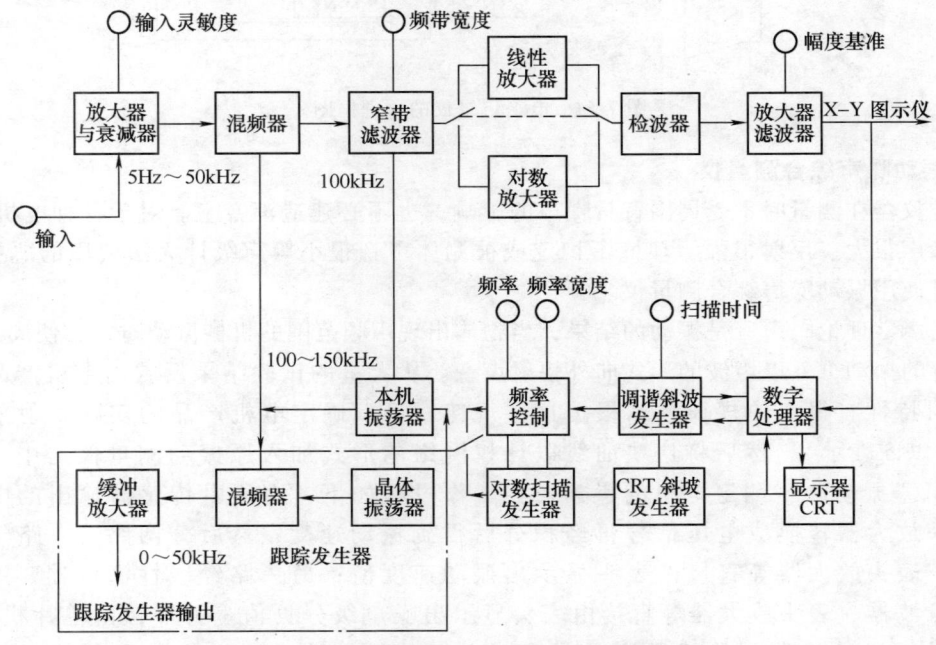

图 7-53　低频数字频谱分析仪的原理框图

数字处理器的作用是进行数据采样、A-D 转换、D-A 转换以及控制显示器。数字控制器还可以同时控制调谐斜坡发生器和频率控制器，从而控制振荡器，构成频率负反馈稳频系统，以便产生频率稳定性很高的扫频信号。

频谱分析仪具有灵敏度高、动态范围大、频率范围宽和分析时间短等一系列优点。

3. 电平记录仪

在噪声频谱分析中应用最普遍的记录仪是电平记录仪，电平记录仪是一种自动记录仪，能准确地记录一定频率范围内交流信号的有效值、平均值和峰值以及直流信号。电平记录仪的原理框图如图 7-54 所示。输入信号经电位计的滑动触点送至交流放大器，整流后与系统内的直流参考电压相减，其差值信号送至直流放大器放大，馈送给驱动线圈。驱动线圈处于均匀磁场中，结构上通过连接杆与记录笔、电位计的滑动触点连接在一起。当送到差值电路的被测信号电压等于比较电压时，驱动线圈中的电流为零，记录笔和滑动触点停留在某一确定位置上。若被测信号在此基础上有所变化，则差值信号不再为零，驱动线圈中便有电流，这时记录笔和滑动触点也跟着运动，运动的方向要使差值信号趋于零而达到新的平衡位置。原来位置与新位置间的差别和输入信号的变化成正比，记录笔绘制了输入信号的变化。

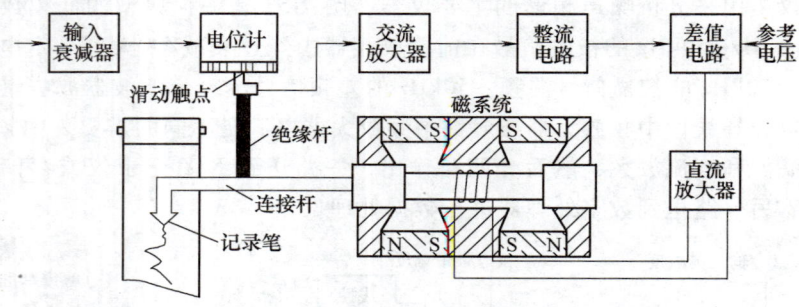

图 7-54 电平记录仪的原理框图

4. 振动噪声综合测量仪

该类仪器在测量时不受周围背景噪声的影响，也不必建造消音室。对于各种电机产品，在外界噪声很大、反射很强、环境不稳定或被测体声音很小等声级计无法使用的恶劣环境下，均可使用振动噪声综合测量仪。

根据声学理论，声音是振动的结果，当物体出现声频范围的机械振动时，会使周围介质发生相应的振动，并以声波的形式向外辐射声音。从大量的试验结果反映出电机产品的振动声辐射特性有很强的规律性，根据这些规律，可以确定电机产品的实际辐射效率指数曲线（以 δ 表示），然后将这些曲线以计权网络的形式加入原振动测量仪之中，从而实现了用"振动法"测定电机的噪声。其工作过程如下：由压电传感器输出的电荷信号经电荷放大器转换成电压信号再经积分后得到振动速度，然后分两路，一路经线性滤波器、表头放大器等直接由表头显示出振动速度值；另一路经线性滤波器、A 计权网络、滤波器、表头放大器等直接由表头显示出噪声级分贝值。另外，由单片机控制，信号通过 A-D 转换器转换成数字信号显示。振动噪声综合测量仪工作原理框图如图 7-55 所示。

第七章 主要试验仪器和设备

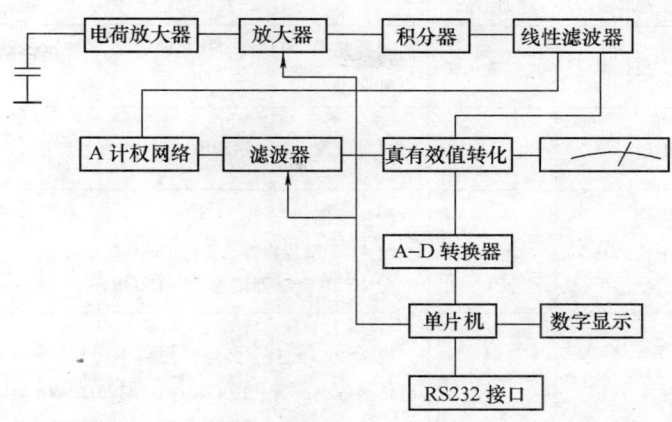

图 7-55 振动噪声综合测量仪工作原理框图

VIB—4 型振动噪声综合测量仪的主要技术参数如下：

主机频响：10Hz~1kHz/10Hz~10kHz。

振动速度测量范围：0.03~1000mm/s(有效值)。

振动加速度测量范围：0.03~1000mm/s²(峰值)。

振动位移测量范围：0.01~30mm(峰-峰值)。

噪声级测量范围：电机，30~110dB；电器，10~90dB。

声源尺寸范围：电机，0.032~1m；电器，0.05~0.35m。

指针表头测量准确度：±5%。

噪声级测量准确度：±1dB。

数字显示分辨率为 0.001，误差为 ±1 个字。

其他常用噪声测量仪型号及有关技术数据见表 7-7。

表 7-7 常用噪声测量仪型号及有关技术数据

型号	准确度级/dB	计权	其他功能及说明	生产厂
JS-1 型精密声级计	Ⅰ型(±0.7)	A、B、C	测量范围： 25~140dB(A)/28~140dB(B)/32~140dB(C)	衡阳仪表厂
HY-104 型数字式声级计	±1	A	测量范围：35~130dB(A)，分辨率为 0.1dB	
HY-A103 型普通声级计	2型(±1)	A	测量范围：50~90dB(A)/80~125dB(A)	
LB-2 型 1/3 倍频程滤波器			31 个中心频率：20Hz~20 kHz，最大输出直流电压 2V(峰值)	
NL-5 型倍频程滤波器			10 个中心频率：31.5Hz~16 kHz，最大不失真输出电压：1.4V	
HF-1 型活塞发生器	±0.2		声压级：124dB(±0.2 dB)　频率：250×(1±2%)Hz (正弦波)	
HY-601 型声级校准器	±0.3		声压级：93dB，精度±0.3 dB(20℃±5℃)　频率：10000×(1±2%)Hz	

(续)

型号	准确度级/dB	计权	其他功能及说明	生产厂
2232 型精密声级计	I 型（±0.7）	A	测量范围：34~130dB(A)，数字显示，可保持，有直流输出	丹麦 BK
2221 及 2222 型精密积分声级计	I 型（±0.7）	A	测量范围：25~145dB(A)，有直流输出	
2235 型精密声级计	I 型（±0.7）	A、C	测量范围： 配 4155 型传声器为 24~130dB(A) 配 20 dB 衰减器则为 30~150dB(A)	
1624 型倍频程滤波器组			供 2230、2231、2233、2234 及 2235 型声级计用 10 组倍频程滤波器，中心频率为 31.5Hz~16 kHz	
1625 型 1/3-1/1 倍频程滤波器组			供 2230、2231、2233、2234 及 2235 型声级计用中心频率为 20Hz~20kHz	

第八章 电机参数的测试方法

本章主要介绍电机参数试验测定的一些基本原理和方法,包括电机转动惯量和时间常数的测定、电机绕组电感参数的测定以及直流电机、异步电机、永磁同步电机中主要参数的测定等。由于在影响电机的诸多因素中,磁饱和效应的影响有时是主要的因素,因此本章还将讨论电机饱和参数和不饱和参数的测定方法。

第一节 电机的转动惯量和时间常数

一、电机转子转动惯量的测定

1. 理论计算方法

在分析电机的起动、调速及制动等动态特性,实施自动控制,改变运行状态时,都需要知道转子转动惯量或飞轮力矩。在几何尺寸和材料已知的情况下,可以通过转动惯量的基本定义计算转动惯量的大小,即物体每一质点的质量与这一质点到转轴距离的二次方的乘积的总和,其数学表达式为

$$J = \sum \Delta m_i r_i^2 \tag{8-1}$$

式中 Δm_i——第 i 个质点的质量;
r_i——第 i 个质点到转轴的距离。

对于同一种材料且密度均匀的圆柱体,其转动惯量为

$$J = \frac{1}{2} m r^2 \tag{8-2}$$

式中 r——旋转体有效半径(m);
m——旋转体质量(kg)。

当转子几何尺寸和材料均不知或不易确定时,如果采用以上方法计算转动惯量,具有较大的难度,但是,可以通过实验的方法获得,主要依据的测量原理就是刚体绕定轴转动的微分方程,即

$$M = \frac{P_0}{\omega_0} = J \frac{d\omega}{dt} \tag{8-3}$$

由此,只要测量式中有关的参数:初始转子的机械轴功率 P_0,初始转子角速度 ω_0,初始转子飞升速率 $d\omega/dt$,代入式(8-3)便可求得转动惯量 J。下面将介绍几种工程上常用的转动惯量的测定方法。

2. 悬挂转子摆动法

悬挂转子摆动法是指用适当长度和直径的钢丝将被测电机转子悬挂起来后,扭转一定角度并使转子摆动,从而测得转子的转动惯量的一种方法。这种方法主要有单钢丝法和双钢丝法。

(1) 单钢丝扭转摆动法

这是一种将被测试电机转子的转动惯量与圆柱体的假转子的转动惯量进行比较的方法。

1) 测试原理：悬挂在弹性钢丝下端的物体绕钢丝扭转一个适当的角度后，若不计周围的介质阻力和振动影响，则物体做简谐扭转振荡。若物体振荡周期为 T，钢丝扭转弹性模量为 K，则根据简谐振动原理，物体的转动惯量 J 为

$$J = \frac{KT^2}{4\pi^2} \tag{8-4}$$

从式(8-4)可以看出，做简谐扭转振荡的物体其转动惯量与振荡周期的二次方成正比。若令电机转子的转动惯量为 J_2，振荡周期为 T_2，假转子的转动惯量为 J_1，振荡周期为 T_1。在振荡相同的条件下，电机转子的转动惯量 J_2 为

$$J_2 = \frac{T_2^2}{T_1^2} J_1 \tag{8-5}$$

由此，只要知道假转子的转动惯量及其振荡周期和电机转子的振荡周期，就可以求出电机转子的转动惯量。

2) 测试方法：首先用密度均匀的金属材料制成简单圆柱体的假转子，再按被测试转子的重量选择直径和长度适当的钢丝，此钢丝应该可以承受转子的重量，并被拉直保持不变形。转动惯量 J_1 为

$$J_1 = \frac{1}{8} mD^2 \tag{8-6}$$

式中　m——假转子的质量(kg)；
　　　D——假转子圆柱体直径(m)。

按图 8-1 悬挂转子，应保证假转子轴线与钢丝的轴线同心并垂直地面，将假转子绕轴线扭转 30°，测取往返摆动次数 N 及其所需要的时间 t_1(s)，其摆动周期平均值为

$$T_1 = \frac{t_1}{N} \tag{8-7}$$

以被测电机转子代替假转子，重复上述试验，测取被试转子的摆动周期的平均值 T_2。

根据测试原理，被测电机转子的转动惯量 J_2 可用下式计算，即

$$\frac{J_1 + J_0}{J_2 + J_0} = \frac{T_1^2}{T_2^2} \tag{8-8}$$

故被测电机转子的转动惯量 J_2 为

$$J_2 = (J_1 + J_0)\frac{T_2^2}{T_1^2} - J_0 \tag{8-9}$$

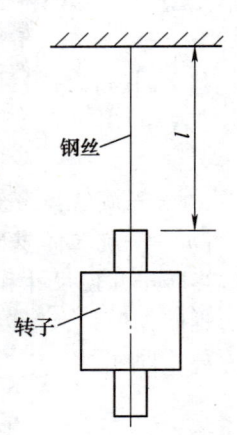

图 8-1　单钢丝法测转子的转动惯量示意图

式中　J_0——悬挂用夹具的转动惯量，当 $J_0 \ll J_2$ 时，可以忽略不计。

(2) 双钢丝扭转摆动法

1) 测试原理：图 8-2 为试验示意图。双线下端悬吊被测电机转子，转子扭转一个较小

角度后，由于此时转子受到双线拉力和自身重力作用，将在双线扭转圆周切线方向产生分力，该分力将相对旋转轴线产生扭矩。假定悬挂线长为 L，转子扭转角度为 θ，悬挂线绕固定点转过角度为 β，两悬挂线距转轴线距离为 r，转子重量为 G。在图 8-2 中，由于两根悬挂线完全对称，故只画出了一根悬挂线受力情况。转子扭转一个微小角度后，由 A 点运动到 A′点，转子位置平面有微小升高，由 O 升到 O′，可以看出 $\theta \approx L\beta$，由 G 在双线扭转圆周切线方向产生的分力为

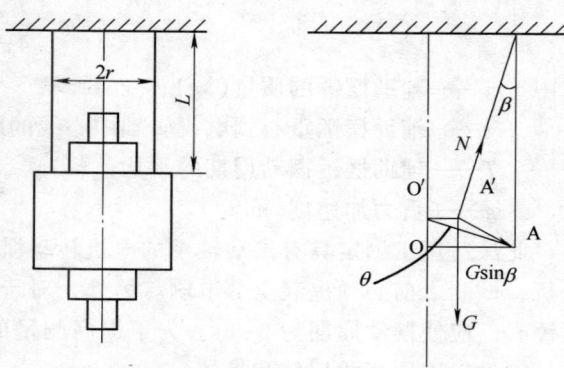

图 8-2 双钢丝法测转子的转动惯量示意图

$$G\sin\beta \approx G\beta \approx G\theta/L \tag{8-10}$$

分力绕转轴线产生的扭矩为：$rG\sin\beta \approx Gr\theta/L$，若不计阻尼影响，则这一扭矩使转子产生简谐振荡，其关系公式为

$$-\frac{Gr^2}{L}\theta = J\frac{d^2\theta}{dt^2} \tag{8-11}$$

令 $\theta = \sin(\omega t + \theta_0)$，则有

$$J = \frac{Gr^2}{\omega^2 L} = \frac{Gr^2}{(2\pi f)^2 L} \tag{8-12}$$

2）测试方法：按图 8-2 所示，用双钢丝悬挂被试电机转子，扭转转子使其以轴线为中心摆动，扭转角应不大于 10°，测取若干次摆动所需的时间，求其摆动周期的平均值 T，则转子转动惯量为

$$J = \frac{T^2 S^2}{l} \frac{mg}{(4\pi)^2} \tag{8-13}$$

式中 T——摆动周期的平均值(s)；
S——两根钢丝之间的距离(m)；
l——钢丝的长度(m)；
m——被试电机转子的质量(kg)；
g——重力加速度(m/s²)。

3. 辅助摆锤法

用质量尽可能小的臂杆将一个质量已知的辅助摆锤固定于被测电机轴端面的中心上，臂杆应与转轴中心线成直角，如图 8-3 所示。当转轴上装有单个联轴器或带轮时，摆锤也可用它们来固定。

试验时，摆锤自初始或静止位置偏转一个不大于 15°的角度，放手任其摆动，以摆锤经过原静止位置瞬间作为测量摆动周期的起始点，测量 2 次或 3 次摆动周期的总时间，计算平均值，则被测电机的转动惯量为

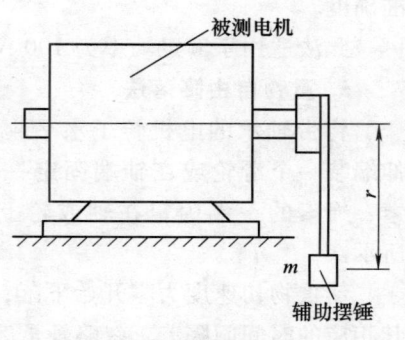

图 8-3 辅助摆锤法示意图

$$J = mr\left(\frac{T^2 g}{4\pi^2} - r\right) \tag{8-14}$$

式中 m——辅助摆锤的质量(kg);
r——辅助摆锤重心到电机转轴中心线的距离(m);
T——辅助摆锤摆动周期的平均值(s);
g——重力加速度(m/s²)。

此法适用于测定具有滚动轴承的电机转动惯量。应当注意,对于具有换向器或集电环的电机,试验之前必须提起全部电刷。另外,对于额定功率为 10~1000kW 的电机,选用辅助摆锤时,应使摆动周期为 3~8s。为了提高测量的准确度,可选用质量不同的几个摆锤重复进行测量,以便互相比较和校核。

4. 空载减速法

试验时使被测电机的转速提高并超过其同步转速(例如用变频电源调节被测电机的转速),然后切断电源或脱开其驱动机械。此时,由于机械损耗的空载阻转矩 T_0 使被测电机的转速逐步下降,测定时电机转速一般在(0.9~1.1)同步转速范围内,其转速下降曲线如图 8-4 所示。由于

$$T_0 = \frac{P_{fw}}{2\pi n/60} = -J\frac{d\omega}{dt} = -J\frac{2\pi}{60}\frac{dn}{dt} \tag{8-15}$$

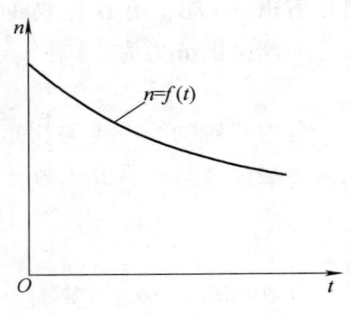

图 8-4 转速下降曲线

故可求得转动惯量 J 为

$$J = -\frac{3600 P_{fw}}{4\pi^2 n \dfrac{dn}{dt}} = \frac{3600 P_{fw}}{4\pi^2 n \dfrac{\Delta n}{\Delta t}} \tag{8-16}$$

式中 P_{fw}——当转速为 n 时,被测电机的机械损耗(W),可由空载试验求得;
n——被测电机的转速(r/min),可以为被测电机的同步转速或空载转速;
dn/dt——在转速为 n 时,$n=f(t)$ 曲线上的转速变化率(r·min^{-1}/s),也可用该点附近的 $\Delta n/\Delta t$ 代替。

无论取 n 为被测电机的同步转速 n_1 或空载转速 n_0,P_{fw}、dn/dt 和 n 三者的值都必须是相对应的。由 $n=f(t)$ 曲线图上找到与已测得的 P_{fw} 值对应的 n 及 dn/dt 的值,按式(8-16)可计算得到被测电机的转动惯量的值。若测取若干个 n 及其对应的 dn/dt 的值,可提高测量的准确度。

此法适用于额定功率为 100kW 以上较大容量的电机。

5. 重物自由降落法

将带轴承的电机转子水平放置在 V 形架上,在电机转子轴伸端装一个滑轮或在轴端固定一个联轴器,在其上绕若干圈绳索,绳索的一端固定在轴或轮上,另一端系一重物,如图 8-5 所示。

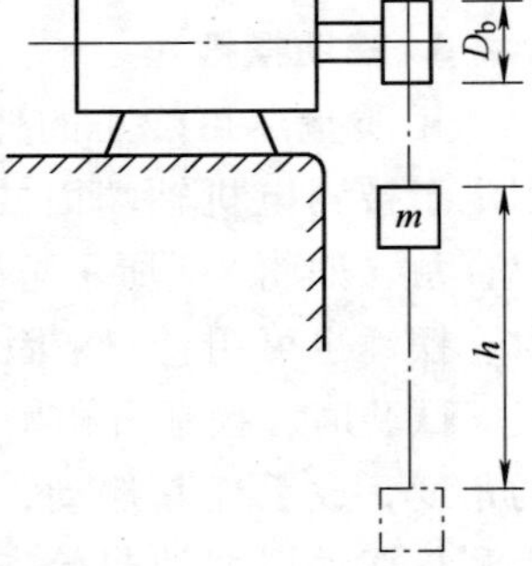

使重物初速度为零开始下落,准确记录重物下落的高度 h 及其相应的时间间隔 t_h,忽略轴承摩擦力矩,则包括滑轮的转动惯量为

图 8-5 重物自由降落法

$$J = \frac{1}{4} m D_b^2 \left(\frac{g t_h^2}{2h} - 1 \right) \tag{8-17}$$

式中 m——重物的质量(kg);
  D_b——轴或联轴器的外径(m);
  g——重力加速度(m/s²);
  h——重物下落的高度(m);
  t_h——重物下落的时间间隔(s)。

电机转子的转动惯量为式(8-17)计算的值减去滑轮的转动惯量,即

$$J' = J - J_0 \tag{8-18}$$

式中 J_0——滑轮的转动惯量。

测量时,应尽可能使下落高度 h 大一些。对于直流有刷电机,应将全部电刷提起。此法主要应用于小功率电机。

二、电机时间常数的测量

电机的时间常数或起动时间是衡量电机通电后能快速动作的重要技术指标之一。电机在空载和额定励磁条件下,加以阶跃的额定电压,其转速从零升到空载转速的 0.632 倍所需的时间,称为电机的机械时间常数。在一定条件下,电机从静止到空载转速所需要的时间,称为起动时间。

电机从一种稳定运行状态变化到另一种稳定运行状态的过程是一个动态的过程,实际上在这个过程中电机要经历电磁和机械的两个动态过程,因此电机可以看成是一个二阶惯性系统。由于电机的绕组有电阻、电感和分布电容,当加以额定电压后,电流要经过一个过渡过程才能达到稳定值,这是电磁的过渡过程。机械的过渡过程是指当电流、磁场和电磁转矩都建立后,电机的转速从零上升到空载转速 n_0 的过程。对应电磁过渡过程的为电气时间常数;而对应机械过渡过程的为机械时间常数。

一般情况下,电气时间常数远小于机械时间常数,故常忽略不计。在这些假定前提下,才可以把电机的动态过程(例如起动过程)视为一阶惯性系统。因此,这里的时间常数通常是指电机的机械时间常数,其值可以由计算求得,但因影响其数值的因素较多,一般来说计算值的误差较大。因而,还需要用测量的方法来求实际的时间常数值。

1. 理论计算方法

电机的二阶惯性系统常用传递函数表示为

$$F(p) = \frac{\Omega(p)}{U_a(p)} = \frac{1/k_e'}{(\tau_m p + 1)(\tau_e p + 1)} \tag{8-19}$$

当 $\tau_e \ll \tau_m$ 时,可以简化为一阶惯性环节,即

$$F(p) = \frac{1/k_e'}{(\tau_m p + 1)} \tag{8-20}$$

式中 k_e'——常数, $k_e' = 60 k_e/(2\pi)$, k_e 为电动势常数,即单位转速时所产生的电动势 (V/r·min⁻¹);
  τ_e——电气时间常数(s), $\tau_e = L_a/r_a$; (8-21)
  τ_m——机械时间常数(s), $\tau_m = J\Omega/T_k$; (8-22)

J——转动惯量（kg·m²）；

T_k——堵转转矩（N·m）；

Ω——角速度（rad/s），$\Omega = 2\pi n_0/60$，n_0 为电动机转速（r/min）。

则有

$$\tau_m = \frac{2\pi}{60} \frac{J n_0}{T_k} \tag{8-23}$$

可以用式（8-21）、式（8-22）和式（8-23）来计算时间常数。

2. 电动机发电机对拖法

将两台型号相同的被测电机同轴连接，其中一台作为电动机运行，另一台作为发电机运行。当电动机接通电源后，转速由零上升到空载转速，在这个过程中，获得转速变化规律的曲线 $n = f(t)$，如图 8-6 所示。在图中用 $0.632n_0$ 截取的线段 OC，即为机组总的时间常数 τ_m'。因两台电机为同一型号，故一台电机时间常数为 $\tau_m = \tau_m'/2$。

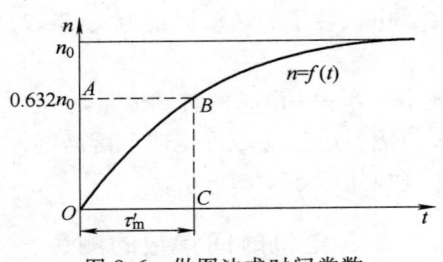

图 8-6 做图法求时间常数

由于两台电机的空载摩擦转矩为一台电机的 2 倍，所以机组的空载转速要比单台电机稍低一些。若要求有较高的测量准确度，则应进行修正，根据时间常数的定义，对于单台电机有

$$\tau_m = J \frac{2\pi n_0}{60 T_k} \tag{8-24}$$

对于对拖的两台电机有

$$\tau_m' = 2J \frac{2\pi n_0'}{60 T_k} \tag{8-25}$$

将式（8-24）和式（8-25）相除得修正后的时间常数为

$$\tau_m = \frac{n_0}{2n_0'} \tau_m' \tag{8-26}$$

第二节 电机系统杂散损耗测试方法

杂散损耗是电机总损耗中除掉定子铜耗、定子铁耗、转子铜耗、机械损耗以及电刷损耗之外的其他损耗的统称，又称为附加损耗。杂散损耗可分为空载杂耗和负载杂耗。由于电机空载试验测得的定子铁耗中已包括了基本铁耗和空载杂耗，因此电机的杂散损耗通常主要是指负载杂耗。

按照杂散损耗产生原因的不同，又可分为基频杂耗和高频杂耗。基频杂耗主要有由于导体的趋肤效应，使槽内导体的有效截面减小，交流电阻增大而引起的铜损耗的增加，以及绕组端部漏磁在电机结构部件（如端盖、铁心压板、风扇等）中引起的涡流损耗等。高频杂耗主要有气隙谐波磁场在定、转子铁心表面引起的表面损耗，在定、转子齿部引起的脉振损耗以及由于转子斜槽，在转子齿部铁心中产生的横向电流引起的损耗等。对感应电机来说，高频杂耗是主要的，占电机总杂耗的 70%~90%。杂散损耗对电机的效率、温升等运行性能有明显影响。

工程上确定杂散损耗的方法主要有两种。一种是实测法,对于同步电机通常应采用实测法,对于直流电机和感应电机,如认为需要也可采用实测法。另一种确定杂散损耗的方法是按照电机额定输出(发电机)或额定输入(电动机)电功率的一定百分比来约定。GB 755—2008规定,感应电机的杂散损耗按其额定输入电功率的0.5%确定。有补偿绕组直流电机的杂散损耗按其额定输入(电动机)或输出(发电机)电功率的0.5%确定,无补偿绕组直流电机则按1%确定。当电机功率不等于额定值时,杂散损耗应按与负载电流二次方成比例来进行修正。

由于设计上、工艺上及试验上等诸多因素的影响,使电机杂散损耗的实测值具有一定的分散性。下面主要以感应电动机为例,介绍几种杂散损耗的测定方法。

一、测功机法

用测功机法测定感应电动机杂散损耗时,用功率表测定被试电动机的输入电功率 P_1,用测功机测定被试电动机的输出机械功率 P_2,用 P_1 与 P_2 之差求得电机的总损耗 $\sum p = P_1 - P_2$,则电机的负载杂耗为

$$p_{ad} = \sum p - (p_{Cu1} + p_{Cu2} + p_{Fe} + p_{mec}) \tag{8-27}$$

式中　$p_{Cu1} + p_{Cu2}$——对应于 P_1 的定、转子铜耗之和;

$p_{Fe} + p_{mec}$——电机的空载损耗,可由空载试验求得。

采用测功机法测定杂散损耗时,应根据试验数据做出 $p_{ad} = f(T^2)$ 的上升曲线和下降曲线(通常近似为直线),并取其通过坐标原点的平均曲线,其中 T 为测功机测得的电机轴上的转矩。然后从平均曲线上查取额定转矩 T_N 对应的杂散损耗 p_{adN},即为额定功率时的负载杂耗。

对于功率较小的感应电机,由于定子漏阻抗压降较大;电机的每极磁通量满载时比空载时有明显减小,使满载时的铁耗比空载时也有明显减小,因此按式(8-27)求出的 p_{adN} 也偏小。对于3kW及以下的小型电机,其额定功率时的负载杂耗为

$$p_{adN}' = p_{adN} + 0.15 p_{Fe} \tag{8-28}$$

式中　p_{adN}——电机额定运行时的实测负载杂耗;

p_{Fe}——为电机铁耗。

测功机法实际上是一种直接负载法,这种方法对测功机和测试仪表的准确度要求较高,否则可能引起较大的测量误差。

二、回馈法

采用回馈法测定电机杂散损耗时,应选用两台型号、规格完全相同,且为同一制造厂同一批生产的电机,其中一台作为被测电机,另一台作为辅助电机。两台电机用联轴器直接连接,如图8-7所示。

首先,令被测电机 M 在额定电压、额定频率下作电动机运行,辅助电机 M′接额定电压的变频电源作发电机运行。显然这时变频电源的频率 f' 应调至低于额定频率,调节变频电源频率也就是调节被测电机的负载。

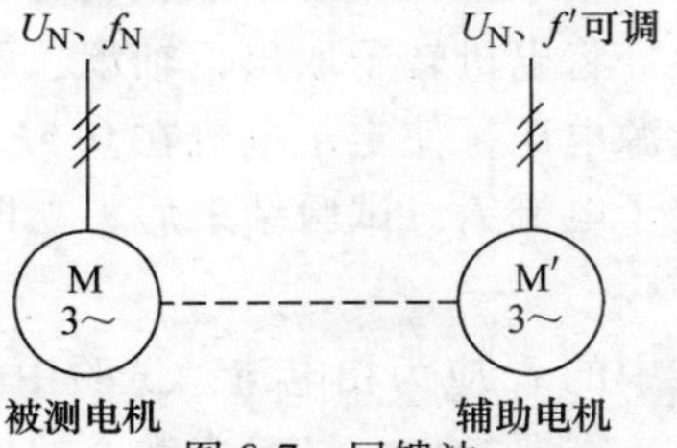

图 8-7　回馈法

在 $(0.25\sim1.25)P_N$ 范围内均匀测取 5~7 点,每点应同时测取被测电机的输入电功率 P_1、辅助电机的输出电功率 P_2、两台电机的三相电流、相电阻和转差率,则两台电机除杂散损耗以外的总损耗 $\sum p$ 为

$$\sum p = p_{Cu1} + p_{Cu2} + p_{Fe} + p_{mec} + p_{Cu1}' + p_{Cu2}' + p_{Fe}' + p_{mec}' \tag{8-29}$$

式中右边的各项损耗中,不带"'"的为被测电机的损耗,带"'"的为辅助电机的损耗。两台电机的铁耗和机械损耗取各自空载试验确定的数值,两台电机的转子铜耗为

$$\left.\begin{array}{l} p_{Cu2} = (P_1 - p_{Cu1} - p_{Fe})s \\ p_{Cu2}' = (P_2' + p_{Cu}'' + p_{Fe}')|s'| \end{array}\right\} \tag{8-30}$$

其中,转差率 s 和 s' 应按两台电机各自的电源频率和机组转速求取,辅助电机的转差率取绝对值 $|s'|$。

这样,两台电机的负载杂耗之和为

$$p_{adM} + p_{adG}' = P_1 - P_2' - \sum p \tag{8-31}$$

确定被测电机在电动机运行状态下的杂散损耗时,可将式(8-31)确定的总杂散损耗按两台电机转子铜耗的大小进行分配,即

$$p_{adM} = (p_{adM} + p_{adG}')\frac{p_{Cu2}}{p_{Cu2} + p_{Cu2}'} \tag{8-32}$$

然后,被测电机仍接额定电压、额定频率电源,而提高辅助电机的电源频率至高于额定频率,此时辅助电机改作电动机运行,而被试电机改作发电机运行。按照与上面相同的原理和步骤,可测得被测电机作发电机运行时的负载杂耗 p_{adG},则被测电机的负载杂耗 p_{ad} 可由两次试验的平均值来确定,即

$$p_{ad} = (p_{adM} + p_{adG})/2 \tag{8-33}$$

需要指出,在记录试验数据前,被试电机应调至额定负载,并达到热稳定状态。试验中无论是作电动机运行还是作发电机运行,被测电机应始终保持额定电压。试验后应绘制 $p_{adM} = f(I_1)$ 和 $p_{adG} = f(I_1)$ 曲线,所求负载的杂散损耗,应从曲线查取后,再按式(8-33)计算。

三、反转法

反转法是测定电机高频杂耗的一种常用方法。由于高频杂耗计算和总杂耗计算都需要已知基频杂耗,基频杂耗应事先测定。

1. 基频杂耗的测定

基频杂耗在总杂散损耗中所占比例较小,且只在定子边产生,通常采用取出转子法测定。将电机转子取出,轴承、端盖等依旧装好,定子绕组施以额定频率的三相低电压。调节电源电压,使定子电流在 $0.5I_N \sim 1.1I_N$ 范围内变化,取 5~7 个点,同时读取输入功率 P_1 和定子电流 I_1。试验结束后,立即测量定子绕组相电阻 R_1。基频杂耗 p_{adf} 为

$$p_{adf} = P_1 - 3I_1^2 R_1 \tag{8-34}$$

式中的 I_1 应为相电流。试验中的铁损耗可忽略不计。试验后应做出 $p_{adf} = f(I_1)$ 曲线。

需要指出,试验中铁心的饱和程度与实际运行时饱和程度的差异,以及由于转子取出使

电机漏磁分布与实际运行时的差异等原因，会给基频杂耗的测定带来误差。同时，基频杂耗的数值又很小，也会给试验带来困难。因此在试验线路设计、仪表及其量程选择和试验操作上都要精心、慎重。

2. 高频杂耗的测定

用反转法测定电机的高频杂耗时，被测电机与辅助电机用联轴器直接连接，并使辅助电机的转向相反。试验时，首先起动辅助电机使其转速达到被测电机的同步转速，然后将被测电机施以额定频率的低电压，此时被测电机处于电磁制动运行状态，其转差率 $s=2$。调节被测电机的电源电压，使其定子电流在 $0.5I_N \sim 1.1I_N$ 范围内变化，测取被测电机的电功率 P_1、定子电流 I_1 和辅助电机轴上的输出功率 P_2'，可测取 5~7 个点数据。数据测量完毕后切断被测电机电源；尽快测取辅助电机输出功率 P_2''。最后辅助电机断电，并立即测取被测电机定子绕组相电阻 R_1。

被试电机的高频杂耗为

$$p_{adh} = (P_2' - P_2'') - (P_1 - p_{Cu1} - p_{adf}) \tag{8-35}$$

显然，被测电机断电后测得的输出功率 P_2'' 就等于被测电机的机械损耗 p_{mec}，即 $P_2''=p_{mec}$，这是一个不变的常值。而被测电机通电时测得的辅助电机输出功率 P_2' 则随被测电机电源电压的调节而变化。P_2' 和 P_2'' 的测取方法随所选用辅助电机的不同而有所不同。当选用校正过的直流电机作辅助电机时，可测取直流电机的电枢电流 I_a，然后从校正曲线 $T=f(I_a)$ 中查取对应的转矩值 T 并进而算出 P_2' 或 P_2''。当选用测功机作为辅助电机时，可直接读取转矩 T。也可用普通直流电动机作为辅助电机，而用转矩仪测取其轴上的输出转矩。

反转法测杂散损耗时，应注意以下几点：

1) 辅助电机容量的选择十分重要。采用直流机或测功机作为辅助电机时，辅助电机的容量应为被试电机容量的 15% 左右，选择容量过大将严重影响测试准确度。采用感应电机时，宜选用相同极数相同容量的感应电机。

2) 电机温度对测试结果有明显影响。反转法试验时，被测电机处于电磁制动运行状态，转子将因严重发热而膨胀，致使气隙减小，高频杂耗增大。转子热状态的不同也使转子笼条与铁心之间的接触电阻发生变化，而直接影响高频杂耗的测试结果。若试验从冷态做起，被测电机需在反转状态下通电预热。预热时定子为额定电流，推荐预热时间为 10min（小型电机）。若在温升试验后立即进行本试验，则可不再预热。

3) 根据式(8-34)和式(8-35)计算出各测试点的基频杂耗 p_{adf} 和高频杂耗 p_{adh} 并绘制曲线 $p_{adf}=f(I_1)$ 和 $p_{adh}=f(I_1)$，如图 8-8 所示。

求取被测电机负载杂耗而计算电机效率时，还应对负载电流 I_1 修正，即

$$I_1' = \sqrt{I_1^2 - I_0^2} \tag{8-36}$$

式中　I_1——被试电机负载电流；

I_0——被试电机空载电流。

用修正后的负载电流 I_1' 查取图 8-8 所示曲线，查取 p_{adf} 和 p_{adh} 并求出总的负载杂耗。

$$p_{ad} = p_{adf} + p_{adh} \tag{8-37}$$

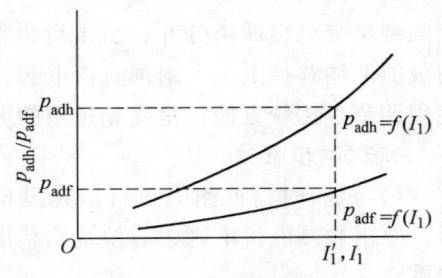

图 8-8　杂散损耗曲线

第三节　直流电机参数的测试方法

一、电刷中性线位置的测定

1. 正反转发电机法

被测电机改作他励，用另一台电机拖动运转。试验中，保持被测电机转速、励磁电流和负载不变，使其正转和反转运行。在运行中，调整电刷位置，使电机在不同转向时，电枢端电压基本相等。此时，电刷的位置即是中性线的位置。调整电刷时，顺电枢旋转方向移动，则电枢电压升高；反向移动，则电枢电压降低。

2. 正反转电动机法

被测电机改作他励，由直流电源供电。当被测电机拖动负载时，保持电压、励磁电流和负载不变，使其正转和反转运行。运行中，调整电刷的位置，使电机在不同转向时，转速基本相等。此时，电刷所在位置即是电刷中性线位置。调整电刷时，顺电枢旋转方向移动，则转速下降；反向移动，则转速上升。

3. 感应法

感应法是一种比较常用的方法，操作简单安全，测定也比较准确。首先应保持电枢静止，励磁绕组接入可以通断的直流电源，电压约为1/10额定励磁电压。在任意两个相邻的电刷上，并接一块双向的直流毫伏表。测试时，断续接通和断开励磁电源。如果电刷不在中性线位置上，毫伏表指针则左右摆动，此时调整电刷位置，使指针摆动停止或摆动极小。此时，电刷的位置即是中性线位置。感应法调整电刷中性线位置接线原理图如图8-9所示。

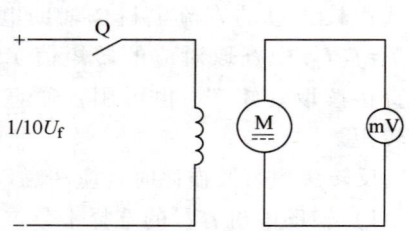

图8-9　感应法调整电刷中性线位置接线原理图

二、无火花换向区域的测定

中小型直流电机一般都有换向极，为检查换向性能、装配质量，必须进行无火花换向区域的测定试验；并针对换向区域的情况，进行气隙的调整。

1. 换向电流馈电方式

给换向极施加正反可变、大小可调的换向电流，换向电流的馈电方式有两种：一种是将换向绕组与电枢回路分开，引出后由单独的直流电源供电，如图8-10所示；另一种是在换向极的两端并接上一个附加直流电源，如图8-11所示，此法因使用附加电源，故电源量小，使用调节也比较方便，是优先选用的方法。

2. 试验步骤

1) 试验时，被测电机可以是发电或电动状态运行，但一般采用发电机状态运行。同时，要求被测电机电刷中心位置调整准确，电刷与换向器磨合较好，电机处于正常工作温度状态。

第八章 电机参数的测试方法

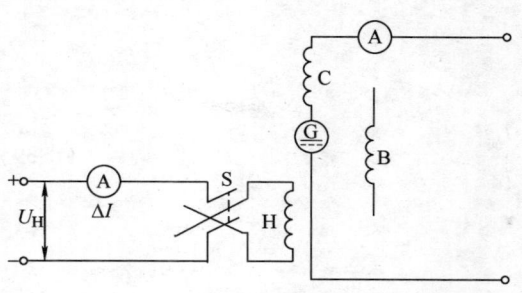

图 8-10 换向极由单独的直流电源供电的馈电电路

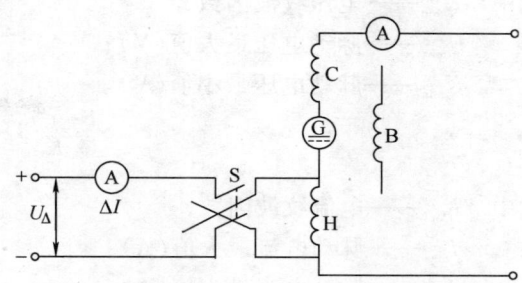

图 8-11 换向极由附加直流电源供电的馈电电路

2) 使被测电机以发电机状态运行,保持其转速和输出电压不变。每一测试点都应缓慢调整附加电流,电流从零开始,逐步增大,直到在电刷边缘出现微小火花为止。然后将附加电流回零,改变其极性,再逐步增加反向附加电流使电刷边缘出现火花为止。记录两个方向出现火花时的电枢电流及附加电流值。在每一个点的试验过程中,都应始终保持电机转速、输出电压及电枢电流不变,一共测 5~7 个点。

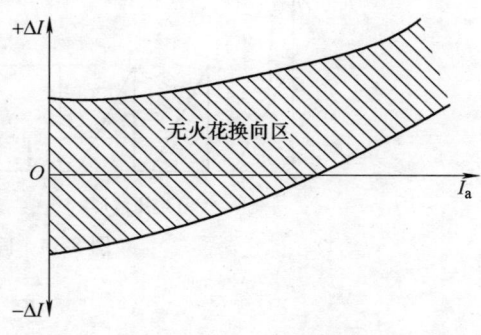

图 8-12 无火花换向区域

3) 试验结束后,应取得在不同负载电流情况下的正、负两个附加电流值,绘制出附加电流对电枢电流的关系曲线。两条曲线所包络的区域称无火花换向区,如图 8-12 所示。

三、整流电源供电时电机的电压、电流纹波因数及电流波形因数的测定

测定纹波因数和波形因数时,必须对脉动电压、脉动电流的最大值、最小值用示波器进行记录。

(1) 电压、电流纹波因数的计算

当电压、电流波形不间断时,其波形如图 8-13 所示,纹波因数为

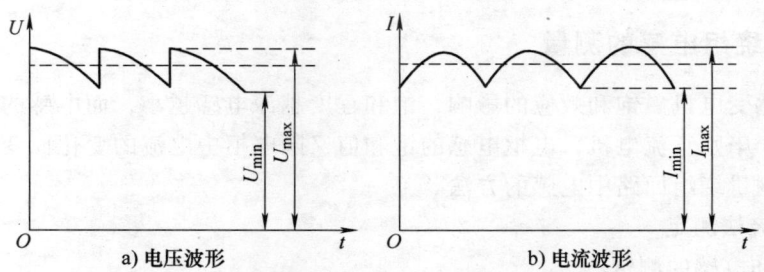

图 8-13 不间断电压、电流波形

$$K_{ocu} = \frac{U_{max} - U_{min}}{U_{max} + U_{min}} \tag{8-38}$$

式中 K_{ocu}——电压纹波因数；
U_{max}——脉动电压最大值(V)；
U_{min}——脉动电压最小值(V)。

$$K_{ocI} = \frac{I_{max} - I_{min}}{I_{max} + I_{min}} \quad (8-39)$$

式中 K_{ocI}——电流纹波因数；
I_{max}——脉动电流最大值(A)；
I_{min}——脉动电流最小值(A)。

当电压、电流波形间断时，其波形如图 8-14 所示，纹波因数为

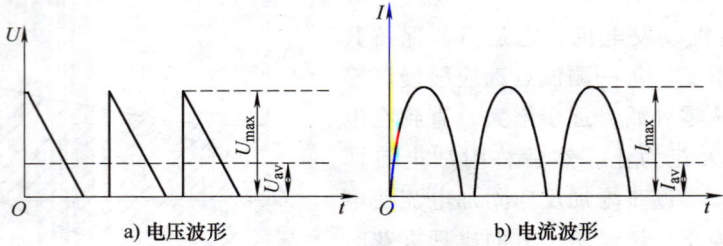

图 8-14 间断电压、电流波形

$$K_{ocu} = \frac{U_{max} - U_{av}}{U_{av}} \quad (8-40)$$

$$K_{ocI} = \frac{I_{max} - I_{av}}{I_{av}} \quad (8-41)$$

式中 U_{av}——直流电压平均值(V)；
I_{av}——直流电流平均值(A)。

（2）电流波形因数的计算

电流波形因数为

$$K_I = \frac{I_{r.m.s}}{I_{av}} \quad (8-42)$$

式中 K_I——电流的波形因数；
$I_{r.m.s}$——电流的有效值(A)。

四、电枢绕组电感的测量

电枢的电感受电机磁饱和效应的影响，饱和程度越深电感越小，而电感的饱和值总小于不饱和值。对于串励直流电机，电枢电感的饱和值又随电枢中电流的变化而变化。下面就介绍几种常用的测量绕组回路中电感的方法。

1. 工频交流法测定

（1）不饱和电感的测定

测量直流电机电枢绕组电感的电路如图 8-15 所示。试验时，通过调压器将单相工频交流电加到被测量的电机电枢绕组两端，设法将电枢卡住静止不动。励磁绕组（包括并励绕组和串励绕组）均应开路，并用交流电压表监视并励绕组两端的开路电压，防止出现过电压将绕组击穿，串励绕组不接入测量回路且保持开路。

第八章　电机参数的测试方法

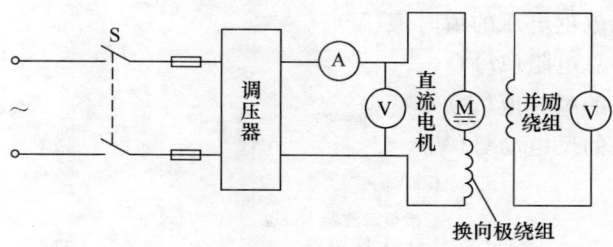

图 8-15　测量直流电机电枢绕组电感的电路

从零逐渐增大调压器输出电压，同时用电流表测量电流值，每隔 10% 额定电流，记录电压、电流一次，直至电流达到 60% 额定电枢电流值为止，并以此画出 $U=f(I)$ 曲线。由于电枢绕组的电阻值相对于电抗很小，可以忽略不计，所以以靠近原点处曲线的斜率来计算绕组对于试验频率的电抗值。故电枢绕组的电感值可按下式计算，即

$$L_a = \frac{U\sin\varphi}{2\pi fI} \tag{8-43}$$

式中　L_a——电枢绕组的电感值(H)；

U——电枢绕组两端的交流电压(V)；

I——通过电枢绕组的交流电流(A)；

f——试验用交流电源的频率(Hz)；

φ——交流电压和交流电流间的相角(rad)。

$$\sin\varphi = \sqrt{1-\cos^2\varphi} = \sqrt{1-\left(\frac{P}{IU}\right)^2} \tag{8-44}$$

磁回路中未加励磁电流，因而磁路中无主磁通，所以用上述方法求得的 L_a 为不饱和电感值，且取 $U=f(I)$ 为直线部分的数据计算得的。

（2）饱和电感的测定

若要测量饱和电感，则试验时应对电动机的并励绕组通以适当的直流电流，再按上述方法进行试验。当并励绕组中所通的电流值相当于被测试电机的额定励磁电流时，测得的电感值即为电机额定运行时电枢电感的饱和值。

试验结果表明：用此法测量电感时，试验用的电流频率对所测得的 L_a 值影响不大，而与试验时并励绕组中所通的直流电流的大小关系较大，即所通的励磁电流值越大，磁路越饱和，所测得的电感值就越小。

2. 示波图分析法

测量整流电源供电时电枢绕组的电感，采用示波图分析法，其原理接线图如图 8-16 所示。

当被测试电动机由整流电源供电运转，被测试直流电动机的输出转矩 T_a（负载）和转速 n 不变，且保持励磁电流及电枢电压的平均值不变时，则记录电枢电压及电流的波形分别如图 8-17 所示。

整流电源供电时，直流电动机电枢回路电动势平衡方程式为

$$u = i_a R_a + E_a + L_a \frac{di}{dt} \tag{8-45}$$

式中　u——被试电机电枢电压的瞬时值(V);
　　　R_a——电枢回路总电阻(Ω);
　　　i_a——电枢电流的瞬时值(A);
　　　E_a——电枢绕组的反电动势(V)。

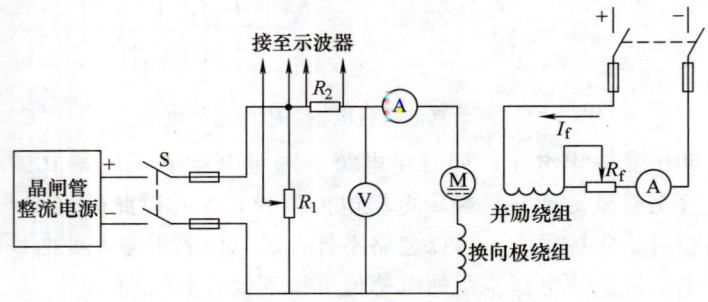

图 8-16　整流电源供电时电枢电流的测量电路

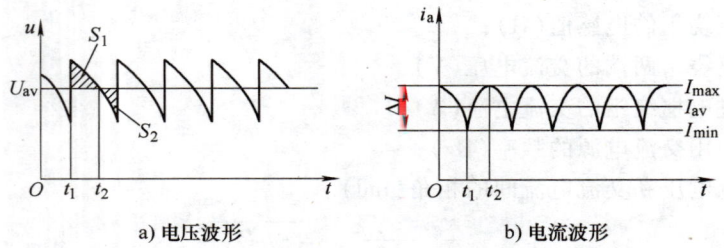

a) 电压波形　　　　　　　b) 电流波形

图 8-17　电枢电压及电流的波形

设电枢电流的平均值为 I_{av},若近似取 $i_a R_a = I_{av} R_a$,则式(8-45)可改写为

$$L_a \frac{di_a}{dt} = u - (I_{av}R_a + E_a) = u - U_{av} \tag{8-46}$$

式中　U_{av}——电枢电压的平均值,$U_{av} = I_{av}R_a + E_a$。

由于试验时保持 T_2、n、U_{av} 及 I_f 不变,故 I_{av} 及 E_a 不变,电枢电压的瞬时值 u 与其平均值的瞬时差值为 $L_a di/dt$,如图 8-17a 的阴影部分所示。因 U_{av} 为 u 的平均值,故在一个变化周期内 U_{av} 上下两部分阴影的面积 S_1 和 S_2 应相等。在图 8-17b 中,I_{max} 及 I_{min} 分别为电流的最大值及最小值,根据式(8-46)对于 $t=t_1$ 到 $t=t_2$ 求积分得

$$\int_{t_1}^{t_2}(u - U_{av})dt = L_a \int_{I_{min}}^{I_{max}} di_a = L_a \Delta I$$

故电枢电感为

$$L_a = \frac{\int_{t_1}^{t_2}(u - U_{av})dt}{\Delta I} \tag{8-47}$$

式(8-47)中的分子可由瞬时电压 u 的曲线与其平均值 U_{av} 之间的面积 S_1 求得,分母 $\Delta I = I_{max} - I_{min}$ 可由图 8-17b 中量出,故可算得 L_a 值。

五、主磁路时间常数的测定

将电机作发电机空载运行,在额定转速时,突然施加额定直流励磁电流,记录励磁电流

和电枢电压的上升曲线,在曲线上分别找出 0.632 倍稳定励磁电流和电枢电压时的时间 T_{f1} 和 T_{av},则主极磁路时间常数为

$$T_{wf} = T_{av} - T_{f1} \tag{8-48}$$

六、励磁绕组电感的测定

1. 励磁绕组电感值的计算

不考虑铁心涡流效应时,励磁绕组的电感为

$$L_f = R_f T_{fi} \tag{8-49}$$

$$L'_f = R_f T_{av} \tag{8-50}$$

式中 L_f——励磁绕组的电感(H);

L'_f——励磁绕组的有效电感(H);

R_f——励磁绕组的直流电阻(Ω);

T_{fi}——励磁电流变化达到最大值的 63.2% 时的时间(s);

T_{av}——电枢电压变化达到最大值的 63.2% 时的时间(s)。

计及铁心涡流效应时,励磁绕组的电感为

$$L_f = R_f \frac{a}{c} \tag{8-51}$$

式中 R_f——励磁绕组的直流电阻(Ω);

a——在半对数坐标 $\dfrac{I_{f\infty} - I_f}{I_{f\infty}}$ 与时间 t 的关系曲线上,曲线直线部分延长线与纵坐标交点的值(参考图 8-18),其中 $I_{f\infty}$ 为励磁电流的稳态值;

$c = \dfrac{\ln b_1 - \ln b_2}{t_2 - t_1}$;其中 t_1、b_1 和 t_2、b_2 分别为曲线的直线部分任取两点 P 和 Q 的对应值(参考图 8-18)。

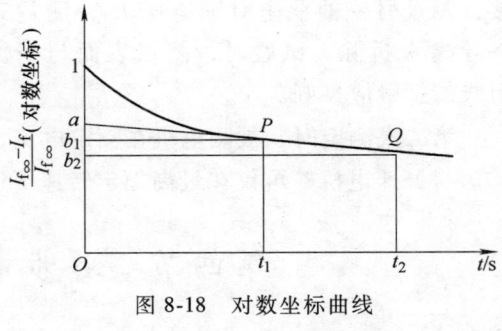

图 8-18 对数坐标曲线

2. 不饱和电感的测定

试验时,电机采用他励,电机的励磁绕组用电压可调,且额定励磁电流时电压的调整率应该小于 2%。用辅助电机拖动被测电机在额定转速下运转,电枢两端开路。调节励磁电流,使电枢电压在额定值到零之间反复变化三次,使剩磁稳定。然后降低电枢电压到达 50% 的额定值时,记下励磁电压作为预定值。再将励磁电压调到零,断开励磁回路。调节励磁电压到达 50% 预定值,再合上励磁回路。此时使用示波器记录下励磁电压、励磁电流及电枢电压的变化过程,并按式(8-49)、式(8-50)进行计算。

3. 饱和电感的测定

并励绕组饱和电感测定电路如图 8-19 所示。试验时,用辅助电动机将被测电机驱动到额定转速,对于调速直流电机应为最低额定转速。使电枢两端开路,闭合开关 S,调节励磁电压,使电枢两端产生 110% 的额定电压值。然后断开 S,调节 R'_f,使电枢端电压在 90%~110% 额定值之间变动两次,最后使之停在 90% 额定电压处。闭合开关 S,观察并记录

励磁电压、励磁电流、电枢电压的变化过程，并按式（8-49）、式（8-50）进行计算。

七、电机的轴电压测定

电动机在运行时，由于磁路不对称或补偿绕组、换向极绕组、串励绕组的接线不当等，将在电枢转轴的两端产生轴电压，此电压在轴承、轴承座（或端盖）对地之间形成回路，产生轴电流，导致轴承油膜破坏，轴瓦表面烧损。对于这种轴电压，可在轴承座和地之间垫以绝缘板隔断回路，以防止轴电流的危害。

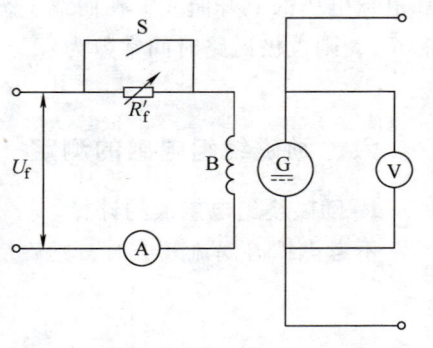

图 8-19 并励绕组饱和电感测定电路

电动机由整流或调制电源供电时，除了可能存在上述的轴电压外，还由于电源的高频谐波电压作用在电枢绕组对铁心、轴径对轴瓦、电源装置对地等电容回路上产生轴对地的高频感应轴电压。谐波电压越高，此轴电压也越高，甚至使轴承油膜发生电击穿等。

为防止高频感应轴电压对轴承油膜的电击穿，由于垫绝缘板的方法不能消除其影响，故一般采用接地电刷在轴与地之间短接，使轴电流不经过轴径、轴瓦（或滚动轴承）的方法。

轴电压测定方法接线图如图 8-20 所示。试验前，应分别检查轴承座与金属垫片、金属垫片与金属底座间的绝缘电阻。

第一次测定时，被测电机应在额定电压、额定转速下空载运行，用高内阻毫伏表测量轴电压 U_1，然后用导线 A 将转轴一端与地短接，测量另一轴承座对轴电压 U_2，测量完毕将导线 A 拆除。试验时，测点表面与毫伏表引线的接触应良好。

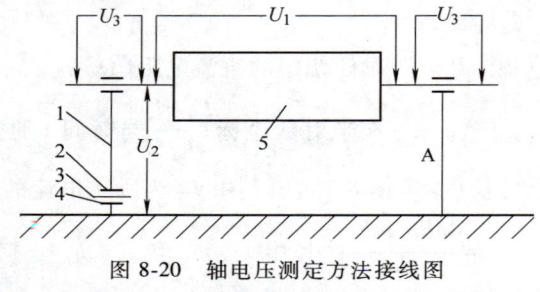

图 8-20 轴电压测定方法接线图
1—轴承座 2、4—绝缘垫片 3—金属垫片 5—转子

第二次测定时，被测电机在额定电流、额定转速下短路或额定负载运行，测量轴承电压 U_3。对调速电机，可仅在最高额定转速下进行检查。

第四节　异步电机参数的测试方法

异步电动机的基本方程式为

$$\left.\begin{array}{l} \dot{U}_1 = \dot{I}_1(r_1 + jx_{1\sigma}) - \dot{E}_1 \\ \dot{E}'_2 = \dot{I}'_2\left(\dfrac{r'_2}{s} + jx'_{2\sigma}\right) \\ \dot{E}_1 = \dot{E}'_2 \\ \dot{I}_1 + \dot{I}'_2 = \dot{I}_m \\ \dot{E}_1 = -\dot{I}_m Z_m \end{array}\right\} \qquad (8\text{-}52)$$

异步电动机的 T 形等效电路如图 8-21 所示。

第八章 电机参数的测试方法

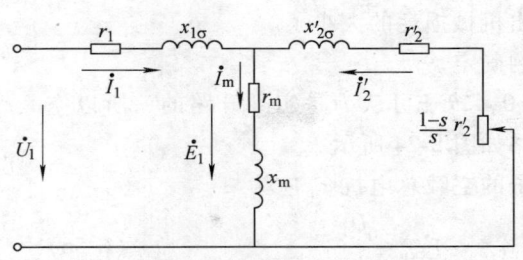

图 8-21 异步电动机的 T 形等效电路

异步电动机参数的测定应用空载试验和短路试验来确定,其中短路试验又称堵转试验。

一、空载试验

空载试验的目的是确定电机励磁参数 r_m 和 x_m、铁耗 p_{Fe} 和机械损耗 p_{fw}。试验时,转子轴不带任何负载,电源频率 $f_1=f_{1N}$,转速 $n \approx n_s$。用调压器改变输入定子电源电压大小,从 $1.1U_{1N} \sim 1.2U_{1N}$ 一直下降到 $0.2\,U_{1N}$ 左右为止,记录下电动机的端电压、空载电流、空载功率和转速,即可得到电动机的空载特性 $I_{10}=f(U_1)$、$P_{10}=f(U_1)$ 曲线,如图 8-22 所示。在测取转速数据时需注意,当定子电压很低时,电动机的空载转速可能比同步转速低很多,此时该组数据是无效的,应舍去不用。

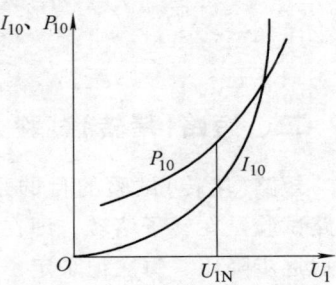

图 8-22 异步电动机的空载特性

首先说明如何确定铁耗和机械损耗。

空载时,电动机的三相输入功率全部用以克服定子铜耗、铁耗和转子的机械损耗,即

$$P_{10}=m_1I_{10}^2r_1+p_{Fe}+p_{fw} \tag{8-53}$$

所以从空载功率减去定子铜耗,就可得到铁耗和机械损耗两项之和,即

$$P_{10}-m_1I_{10}^2r_1=p_{Fe}+p_{fw} \tag{8-54}$$

铁耗的大小随电压的变化而变化,机械损耗的大小仅与转速有关,而与端电压的高低无关,因此把不同电压下的机械损耗和铁耗两项之和与端电压的二次方值绘成曲线 $p_{Fe}+p_{fw}=f(U_1^2)$,并把这一曲线延长到 $U_1=0$ 处,如图 8-23 中虚线所示,则交点以下部分就表示与电源电压大小无关的机械损耗,交点以上部分就是铁心损耗。

如果条件允许的话,可以用另一台辅助电机把异步电机拖到同步转速进行试验(即为理想空载试验),则铁耗和机械损耗的确定将变得更为简便。此时 $s=0$,转子的机械损耗由辅助电机供给,并且异步电机的定子电流为纯粹的励磁电流,即 $I'_{10}=I_m$,定子输入功率仅用以克服定子铜耗和铁耗,即

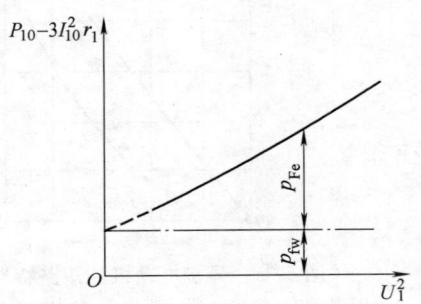

图 8-23 从空载功率中分出铁耗和机械损耗

$$P_{10}=m_1I_{10}^2r_1+p_{Fe} \tag{8-55}$$

故从输入功率 P_{10} 减去定子铜耗后,即可得到铁耗 p_{Fe}。当铁耗确定后,再由实际空载试

验的数据，就可以确定出机械损耗的大小了。

其次说明励磁参数的确定。

空载时，转差率 $s \approx 0$，转子可认为是实际开路的，所以空载时异步电机的等效电路如图 8-24 所示。

根据等效电路，定子的空载总电抗 x_0 应为

$$x_0 = x_m + x_{1\sigma} \approx \frac{U_1}{I_{10}} \qquad (8-56)$$

于是励磁电抗为

$$x_m = \frac{U_1}{I_{10}} - x_{1\sigma} \qquad (8-57)$$

式中定子漏抗 $x_{1\sigma}$ 可由短路试验确定。则励磁电阻为

$$r_m = \frac{p_{Fe}}{m_1 I_{10}^2} \qquad (8-58)$$

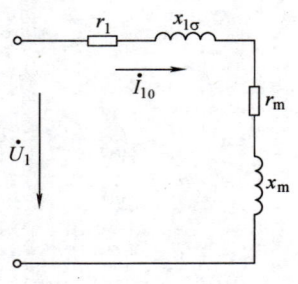

图 8-24 空载时异步电动机的等效电路

二、短路（堵转）试验

短路（堵转）试验的目的是确定异步电动机的短路阻抗、转子电阻以及定、转子漏抗。短路试验是在转子堵转，即在 $s = 1$ 的情况下进行的。调节电源电压的大小，使 $U_1 \approx 0.4 U_{1N}$，然后逐步降压，每次记录定子的端电压、定子的短路电流和短路功率，据此即可得到电动机的短路特性，如图 8-25 所示。对于中、小型电动机，如果条件具备，短路试验最好从 $U_1 \approx (0.9 \sim 1.0) U_{1N}$ 做起，然后逐步降压。

堵转时，电动机的等效电路如图 8-26 所示。由于 Z_m 比 $Z'_{2\sigma}$ 大很多，电动机的短路阻抗近似地等于定子漏阻抗与转子漏阻抗之和。因此，进行短路试验时，定子的短路电流很大，为额定电流的 $3 \sim 4$ 倍。为避免定子绕组过热，试验应尽快地在短时间内完成。

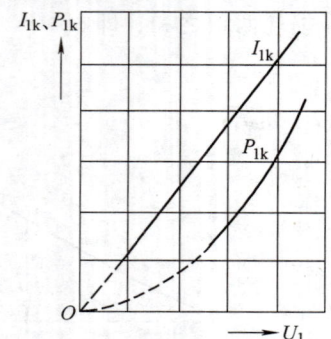

图 8-25 异步电动机的短路特性

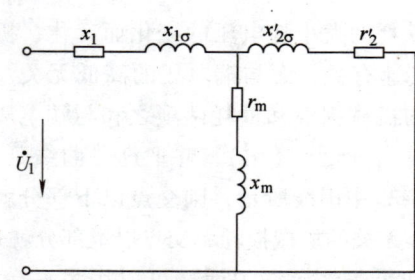

图 8-26 短路时异步电动机的等效电路

根据短路试验数据，可求出异步电动机的短路阻抗 Z_k、短路电阻 r_k 和短路电抗 x_k 为：

$$\left. \begin{array}{l} Z_k = \dfrac{U_1}{I_{1k}} \\[1mm] r_k = \dfrac{P_{1k}}{m_1 I_{1k}^2} \\[1mm] x_k = \sqrt{Z_k^2 - r_k^2} \end{array} \right\} \qquad (8-59)$$

第八章　电机参数的测试方法

问题是如何根据短路阻抗值分别求出 r_1、r_2'、$x_{1\sigma}$ 和 $x_{2\sigma}'$ 来。定子绕组的电阻 r_1 可用电桥测出。确定其余参数的方法如下。

根据图 8-26，若不计铁耗，即认为 $r_m \approx 0$ 时，短路阻抗为

$$Z_k = r_1 + jx_{1\sigma} + \frac{jx_m + (r_2' + jx_{2\sigma}')}{r_2' + j(x_m + x_{2\sigma}')} = r_k + jx_k \tag{8-60}$$

于是可知

$$\left. \begin{array}{l} r_k = r_1 + r_2'^2 \dfrac{x_m^2}{r_2'^2 + (x_m + x_{2\sigma}')^2} \\[2mm] x_k = x_{1\sigma} + x_m \dfrac{r_2'^2 + x_{2\sigma}'^2 + x_{2\sigma}' x_m}{r_2'^2 + (x_m + x_{2\sigma}')^2} \end{array} \right\} \tag{8-61}$$

进一步假设 $x_{1\sigma} = x_{2\sigma}'$，并利用 $x_0 = x_m + x_{1\sigma} = x_m + x_{2\sigma}'$，式(8-61)就可以改写为

$$\left. \begin{array}{l} r_k = r_1 + r_2' \dfrac{(x_0 - x_{1\sigma})^2}{r_2'^2 + x_0^2} \\[2mm] x_k = x_{1\sigma} + (x_0 - x_{1\sigma}) \dfrac{r_2'^2 + x_{1\sigma} x_0}{r_2'^2 + x_0^2} \end{array} \right\} \tag{8-62}$$

由式(8-62)的第二式可以得知

$$\frac{x_0 - x_k}{x_0} = \frac{(x_0 - x_{1\sigma})^2}{r_2'^2 + x_0^2} \tag{8-63}$$

把式(8-63)代入式(8-62)中的第一式，可解出

$$r_2' = (r_k - r_1) \frac{x_0}{x_0 - x_k} \tag{8-64}$$

这样，根据空载和短路试验测出的数据 r_k、x_k 和 r_0，即可由式(8-64)算出转子电阻的归算值 r_2'。

另外，可以证明

$$x_{1\sigma} = x_{2\sigma}' = \frac{x_{ki}}{1 + \sqrt{\dfrac{x_0 - x_{ki}}{x_0}}} \tag{8-65}$$

式中　x_{ki} ——转子电阻等于零时电动机的短路电抗。它等于

$$x_{ki} = x_{1\sigma} + \frac{x_m x_{2\sigma}'}{x_m + x_{2\sigma}'} = 2x_{1\sigma} - \frac{x_{1\sigma}^2}{x_0} \tag{8-66}$$

由式(8-63)得

$$x_{1\sigma} = x_0 - \sqrt{\frac{x_0 - x_k}{x_0}(r_2'^2 + x_0^2)} \tag{8-67}$$

将式(8-67)代入 x_{ki} 中，经整理后可得出

$$x_{ki} = x_k - r_2'^2 \frac{x_0 - x_k}{x_0^2} \tag{8-68}$$

这样，根据 x_k、r_2' 和 x_0，先用式(8-68)算出 x_{ki}，再把 x_{ki} 值代入式(8-66)，即可确定定

子、转子的漏抗值。

以上计算式可用来较精确地确定小型异步电动机的参数。对于大、中型异步电动机，因一般有 $Z_m \gg Z'_{2\sigma}$，故短路时励磁电流可略去不计。因此可以直接采用下列简化公式来确定 r'_1、$x_{1\sigma}$ 和 $x'_{2\sigma}$，即

$$r_k \approx r_1 + r'_2 \text{ 或 } r'_2 = r_k - r_1$$

$$x_k \approx x_{1\sigma} + x'_{2\sigma} \text{ 或 } x_{1\sigma} \approx x'_{2\sigma} \approx \frac{x_k}{2} \tag{8-69}$$

考虑磁饱和对漏抗 $x_{1\sigma}$ 和 $x'_{2\sigma}$ 的影响，由于漏磁磁路的磁阻主要取决于磁路中空气部分的磁阻，而空气的磁导率 μ_0 为一常值，故在正常负载范围内，即定子、转子电流不是特大时，定子、转子的漏抗基本为一常值。但是当转差率较大时，例如在起动时 $s=1$，定子、转子电流将比额定值大很多倍，此时或多或少地将使漏磁磁路中的铁磁部分发生饱和，从而使总的漏磁磁阻变大，漏抗变小。因此，起动时定子、转子的漏抗是饱和值，将比正常工作时的不饱和值小 15%～30%，所以为了满足计算电动机运行性能的要求，在进行短路试验时，应尽量测得 $I_{1k} = I_{1N}$、$I_{1k} \approx (2 \sim 3)I_{1N}$ 和 $U_{1k} \approx U_{1N}$ 三处的数据，然后用上列各式分别算出不同饱和程度时的漏抗值。在计算工作特性时，采用不饱和值；在计算起动特性时，采用饱和值；在计算最大转矩时，采用对应于 $I_{1k} \approx (2 \sim 3)I_{1N}$ 时的漏抗值，这样可使计算结果接近于实际情况。

第五节　永磁同步电机参数的测试方法

近年来，随着永磁材料性能的不断提高，特别是钕铁硼永磁材料在热稳定性和耐腐蚀性等性能方面的改善，促进了永磁电机的研究与产品的开发，并且也使新型永磁电机的应用领域得到了扩展。与此同时，相关的永磁电机测试技术也正在经历一个不断研究和完善的过程。

由于永磁同步电机的参数对电机稳态和动态性能的影响较大，而且永磁电机与电励磁电机不同，使其磁场调节难度大，并且在运行状态变化时，电机磁场的饱和程度也随之变化，为永磁同步电机参数的测试增加了难度。

在永磁电机设计和仿真技术的研究和开发中，往往需要首先计算电机参数，而参数计算的准确程度将直接关系到设计与仿真的成败，并且参数的计算值也需要通过试验加以验证。因此，永磁电机参数测试原理及试验方法的研究就显得十分重要。下面介绍几种永磁同步电机参数的测试方法。

一、直接负载法——稳态参数的测定

永磁同步电机负载运行时的电动势相量图如图 8-27 所示。由图中各相量之间的关系，可求得电机直轴和交轴的同步电抗。

作为发电机运行时有

$$x_d = \frac{E_0 - U\cos\theta - IR_1\cos(\theta - \varphi)}{I_d} \tag{8-70}$$

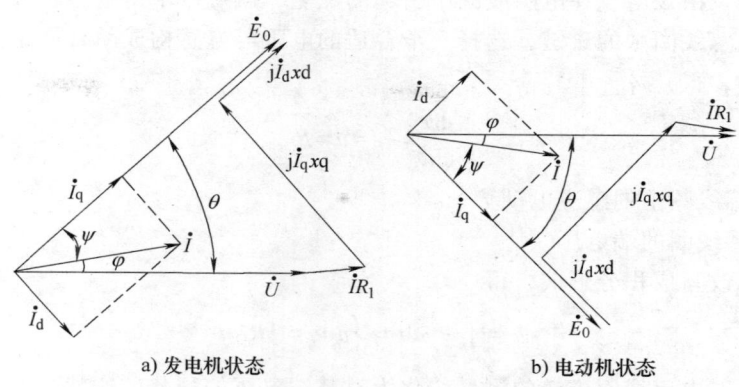

a) 发电机状态　　　　　　b) 电动机状态

图 8-27　永磁同步电机负载运行时的电动势相量图

$$x_q = \frac{U\sin\theta + IR_1\sin(\theta-\varphi)}{I_q} \tag{8-71}$$

作为电动机运行时，有

$$x_d = \frac{E_0 - U\cos\theta + IR_1\cos(\theta-\varphi)}{I_d} \tag{8-72}$$

$$x_q = \frac{U\sin\theta - IR_1\sin(\theta-\varphi)}{I_q} \tag{8-73}$$

式中　E_0——电枢每相绕组励磁电动势(V)；
　　　U——电源相电压(V)；
　　　I——电枢电流(A)；
　　　I_d——电枢电流的直轴分量(A)；
　　　I_q——电枢电流的交轴分量(A)；
　　　R_1——电枢绕组每相电阻(Ω)；
　　　θ——功率角；
　　　φ——功率因数角。

需要指出的是，利用上述公式进行测定时，需要首先测取功率角 θ，若用电机空载时的转子位置信号代替 E_0 信号来测量功率角 θ，将引起较大误差。下面介绍一种可行的空载转矩补偿方法。

该方法就是用一台直流电动机与被测试电机同轴直联，让直流电动机提供被测电机除空载电枢铜耗以外的全部空载损耗（包括铁耗、机械损耗和杂散损耗）所引起的空载转矩，这时被试同步电动机从电网输入的电功率应等于其电枢绕组铜耗，即 $P_0 = P_m$，这时的电枢相电流与相电压同相位。只有在这种情况下，被测电机空载时的转子位置信号才能用来代替 E_0 信号。用这个 E_0 信号与电枢电压信号相比较，就可以准确测定功率角 θ。

二、电压积分法——稳态参数的测定

1. 测试原理

对电机电抗参数的测量可以转化为对相应电感的测量。由电感的定义可知，只要测取流过电感的电流,及由该电流在电感线圈中引起的磁链,就可以求得电感值 L。

为了测取电感线圈中的磁链,选择一个合适的电阻与电感构成闭合回路。根据电磁感应定律和欧姆定律,得

$$\frac{\mathrm{d}\psi}{\mathrm{d}t} = -e = u = Ri \tag{8-74}$$

式中　e——电感线圈中的感应电动势;
　　　u——电感线圈的端电压。

式(8-74)可改写成积分形式,得

$$\psi = \int -e\mathrm{d}t = \int u\mathrm{d}t = \int Ri\mathrm{d}t \tag{8-75}$$

可以看出,对电感线圈磁链的测量转化为对其端电压的积分。这就是电压积分法名称的由来。实现电压积分法测量电感的原理如图8-28所示。

图8-28由电阻 R_2、R_3、R_4、电感线圈 L(内阻 R_1)和电压积分器 $\int u\mathrm{d}t$ 构成了一个桥式电路。可对 a、b 两点间的直流衰减电压积分,由电压积分器测取磁链 ψ 为

$$\psi = \int u\mathrm{d}t = \int (R_2 + R_4)i\mathrm{d}u \tag{8-76}$$

则电感 L 的计算公式为

$$L = \frac{R_1 + R_2 + R_3 + R_4}{R_2 + R_4} \frac{\psi}{I_0} \tag{8-77}$$

式中　I_0——衰减回路电流的初始值。

根据永磁同步电机转子轴线与定子绕组轴线相对位置的不同,所测得的电感 L 可以是直轴同步电感 L_d(对应直轴磁链),或者交轴同步电感 L_q(对应交轴磁链)。测量直轴电感时,电机的三相电枢绕组可按图8-29a所示的方法接线,此时的转子轴线应与 U 相绕组轴线重合;测量交轴电感时,可按图8-29b所示的方法接线,此时的转子轴线位置应与图8-29a相同并保持固定不动。

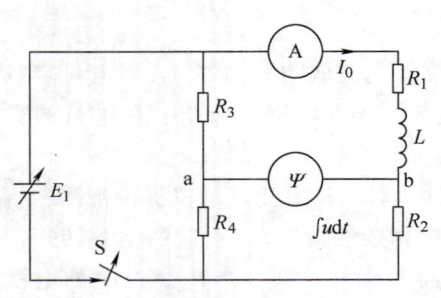

图8-28　电压积分法原理电路

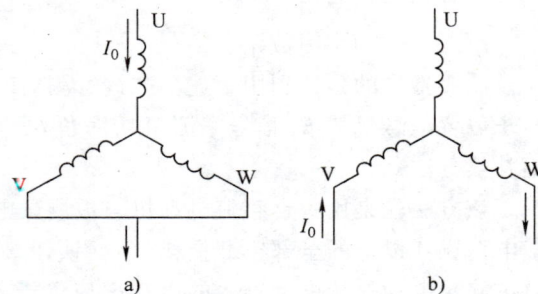

图8-29　电枢三相绕组的接法

测取 L_d 和 L_q 后,电机的直轴和交轴同步电抗可求得

$$x_d = \frac{2}{3}\omega_s L_d \tag{8-78}$$

$$x_q = \frac{1}{2}\omega_s L_q \tag{8-79}$$

式中 ω_s——电机运行的角频率。

2. 试验方法

1）试验按图 8-28 接线，三相电枢绕组按图 8-29a 接线。

2）测量前用毫伏表替换积分器。闭合开关 S，并调节 R_2、R_3、R_4，使电桥达到平衡，毫伏表回零。

3）缓慢依次转动电机转子（每次转动的角度应尽可能小）。每次转动转子时，若毫伏表瞬时偏移，然后回零，则应继续转动，直至毫伏表静止不动，此时转子轴线与定子 U 相绕组轴线重合。

4）用积分器（磁通计）替换毫伏表。重新调节 R_2、R_3、R_4，使电桥达到平衡，积分器读数为零。

5）开关 S 突然打开，使电桥构成一个直流衰减电路。读取磁通计指针摆动的最大值，即为初始电流 I，也是所对应的直轴磁链 ψ_d 的初始稳定值。

6）使电机转子的位置保持固定不动，三相电枢绕组接线改成如图 8-29b 所示。重复上述步骤，即可得交轴磁链 ψ_q 的初始稳定值。

三、直流衰减法——稳态和瞬态参数的测定

直流衰减法是指利用电枢绕组中的稳定直流电流因失去激励电源而经电阻衰减到零的过渡过程曲线，通过做图法或应用系统辨识理论来确定电机参数的一种方法。图 8-30a 为这种方法的原理接线图。

为了测定电机的 d 轴和 q 轴参数，首先将转子轴线转到与定子磁场轴线重合或正交的位置。然后打开开关 S，测取直流电流衰减曲线，如图 8-30b 所示。该曲线应按指数规律衰减，指数函数的项数取决于耦合回路的数目。由于永磁同步电机无励磁绕组，只有电枢绕组和等效阻尼绕组，因此直流衰减电流可表示成

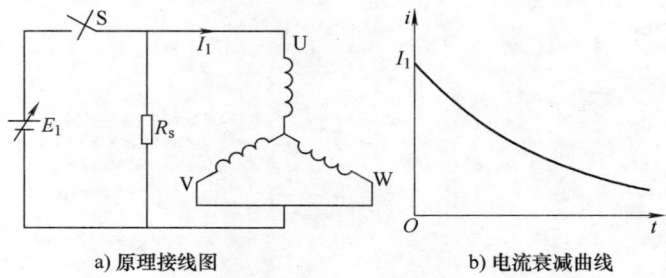

a) 原理接线图　　　b) 电流衰减曲线

图 8-30　直流衰减法

$$i = I_{k1} e^{-\lambda_{k1} t} + I_{k2} e^{-\lambda_{k2} t} \tag{8-80}$$

式（8-80）表明，电枢直流衰减电流包含两个分量：一个分量按电枢绕组时间常 $T_{k1} = 1/\lambda_{k1}$ 衰减，初始幅值为 I_{k1}；另一个分量按等效阻尼绕组时间常数 $T_{k2} = 1/\lambda_{k2}$ 衰减，初始幅值为 I_{k2}，这是一个超瞬变电流分量。

一般说来，阻尼绕组的时间常数 I_{k2} 要比电枢绕组的时间常数 I_{k1} 小得多。显然，根据换路定律，两个分量电流的初始幅值之和等于直流衰减电流的初始稳定值 I_0，即

$$I_0 = I_{k1} + I_{k2} \tag{8-81}$$

用做图法确定电机参数时,可用示波器测量直流衰减电流波形,将其绘在半对数坐标纸上,曲线的直线部分即为式(8-80)的第一项。延长直线部分,与纵坐标的交点即为 I_{k1},该直线从 I_{k1} 衰减到 $0.368I_{k1}$ 所需的时间即为 T_{k1}。直线衰减电流 i 与直线的差即为式(8-80)的第二项,将这个差值曲线重新绘在同一个半对数坐标上并延长至纵坐标,与纵坐标的交点即为 I_{k2},该差值曲线从 I_{k2} 衰减到 $0.368I_{k2}$ 时所需的时间即为 T_{k2}。

根据做图法所得到的数据,就可按以下公式计算永磁同步电机的稳态和瞬态参数,即

$$x_d(\text{或 } x_q) = \frac{w_s R_a}{I_0}\left(\frac{I_{k1}}{\lambda_{k1}} + \frac{I_{k2}}{\lambda_{k2}}\right) \tag{8-82}$$

$$x_d''(\text{或 } x_q'') = \frac{w_s R_a I_0}{\lambda_{k1} I_{k1} + \lambda_{k2} I_{k2}} \tag{8-83}$$

式中 w_s——电网的同步角频率;

         R_a——电机的等效相电阻。

当转子轴线与定子磁场轴线重合时,测得的是电机的 d 轴参数;当转子轴线与定子磁场轴线正交时,测得的是电机的 q 轴参数。

用系统辨识理论确定电机参数时,可用微型计算机来完成。配置相应的采样保持电路,用快速 A-D 转换器把直流衰减电流的模拟量转换成数字量,应用最小二乘算法进行系统辨识,即可求得 I_{k1}、I_{k2} 和 λ_{k1}、λ_{k2},从而利用式(8-82)、式(8-83)就可以计算出电机的稳态和瞬态参数。

第九章　车用电机系统电量的测量

车用电机系统中的电量主要有电压、电流、电功率、功率因数和频率等，一般情况下，电机中的电量主要指工频正弦波形物理量，随着电力电子变流技术的发展，非正弦电量的测量问题越来越突出，对此本章也做了较为详细的介绍。

第一节　电量测量传感器及其特性

一、霍尔式电压电流传感器

霍尔式电压电流传感器具有优越的电性能，是一种先进的、能隔离主电路回路和电子控制电路的电检测元件。它综合了互感器和分流器的优点，同时又克服了它们的不足（互感器适用于工频测量，分流器无法进行隔离测量），利用同一只霍尔式电压电流传感器既可以检测交流也可以检测直流，甚至可以检测瞬态峰值。霍尔式电压电流传感器具有如下特点：

1）可测量任意波形的电压和电流。霍尔式电压电流传感器可以测量任意波形的电流和电压参量，如直流、交流和脉冲波形等；也可以对瞬态峰值参数进行测量，其二次侧电路可以真实地反映一次电流的波形。普通的互感器一般只适用于工频正弦波信号的测量。

2）准确度高。一般的霍尔式电压电流传感器在工作区域内的准确度小于 1%，甚至更高，该精度适合于瞬态波形的测量，而普通互感器准确度一般为 3%~5%，且只适合于工频正弦波形的测量。

3）线性度小于 0.1%。

4）动态性能好。一般霍尔式电压电流传感器的动态响应时间小于 $1\mu s$，跟踪速度 di/dt 高于 $50A/\mu s$；普通互感器的动态响应时间为 $10\sim 20\mu s$。

5）工作频带宽。可在 0~100kHz 甚至更宽的频率范围内很好地工作。

6）过载能力强，可靠性高，尺寸小，重量轻，易于安装。

二、霍尔传感器的工作原理

霍尔式电压电流传感器是根据霍尔原理制成的，它有两种工作方式，即磁平衡式和直测式。霍尔传感器一般由一次侧电路、聚磁环、霍尔器件、二次绕组和放大电路等组成。图 9-1 为霍尔传感器工作原理图。

1. 直测式电流传感器（开环式）

众所周知，当电流通过一根长导线时，在导线周围将产生磁场，这一磁场的大小与流过导线的电流成正比，它可以通过磁心聚集、感应到霍尔器件上并产生一输出信号。这一信号经功率放大后直接输出。

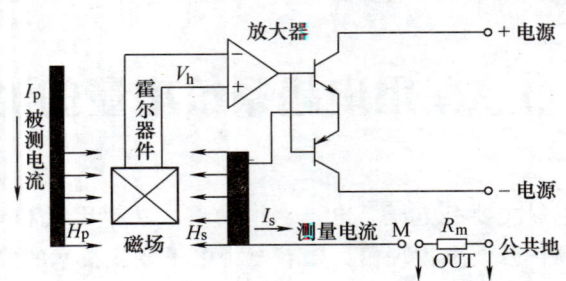

图 9-1 霍尔传感器工作原理图

2. 磁平衡式电流传感器(闭环式)

磁平衡式电流传感器也称补偿式传感器,即主电路被测电流 I_p 在聚磁环处所产生的磁场通过一个二次绕组电流所产生的磁场进行补偿,从而使霍尔器件处于检测零磁通的工作状态。

磁平衡式电流传感器的具体工作过程:当主电路有一电流通过时,在导线上产生的磁场被聚磁环聚集并感应到霍尔器件上,所产生的信号输出用于驱动相应的功率晶体管并使其导通,从而获得一个补偿电流 I_s。这一电流再通过多匝绕组产生磁场,该磁场与被测电流产生的磁场正好相反,因而补偿了原来的磁场,使霍尔器件的输出逐渐减小。当 I_p 与匝数相乘所产生的磁场与 I_s 和匝数相乘所产生的磁场相等时,I_s 不再增加,这时的霍尔器件起指示零磁通的作用。此时可以通过 I_s 来测试 I_p。当 I_p 变化时,平衡受到破坏,霍尔器件有信号输出,即重复上述过程,最后重新达到平衡。从磁场失衡到再次平衡,所需的时间不到 $1\mu s$,这是一个动态平衡的过程。

3. 霍尔电压传感器

霍尔电压传感器的工作原理与电流传感器相似,也是以磁平衡方式工作的,不再赘述。

4. 交/直流变换器

交/直流变换器与电压或电流传感器相配合使用所组成的模块可以把不同电压的交、直流信号转换为 4~20mA(或 0~20mA)、0~5V 的标准直流信号。该变换器也可以与压力、温度、流量等传感器配合使用,并将它们的输出转换为标准直流信号以形成不同的变换模式供各种系统使用。

三、霍尔传感器/变换器的连接方式

电流、电压传感器只需外接正负直流电源,被测电流母线一般从传感器中穿过或接于一次侧端子,然后在二次侧再做一些简单的连接即可完成主电路与控制电路的隔离检测。若与变换器配合使用,经 A-D 转换后,可方便地与计算机或各种仪表接口,并可以进行长距离传输。

1. 磁平衡(补偿)式电流传感器接线法

磁平衡(补偿)式电流、电压传感器典型接线方法如图 9-2 所示,传感器有三个接线端子,正电源输入接"+"端,负电源输入接"-"端,"M"端为信号输出端。若需要电压输出方式,可在 M 端与电源地之间根据所需电压大小外接取样电阻(产品手册中一般有推荐值,几十到几百欧姆)。

2. 直测式电流传感器接线法

直测式电流传感器的接线方法因产品系列的不同而有所不同,图 9-3 为三种不同的接线

第九章 车用电机系统电量的测量

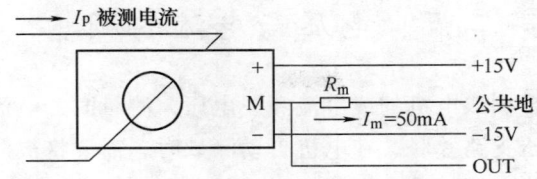

图 9-2 磁平衡式电流传感器接线法

图,它们的输出信号一般为电压方式。

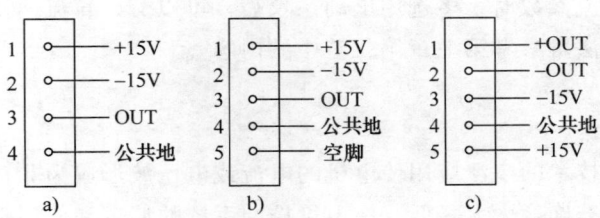

图 9-3 直测式电流传感器接线法

3. 电压传感器的接线法

电压传感器的接线方法如图 9-4 所示。一般有五个接线端子,其中"+HT""-HT"为一次侧端子,分别接被测电压输入端的正极和负极。另外三个端子为负边端子,"+"端接+15V电源,"-"端接-15V电源,"M"端为信号输出端。输出端的应用接线方法与磁平衡式电流传感器相同,可参考图 9-4 接线法。

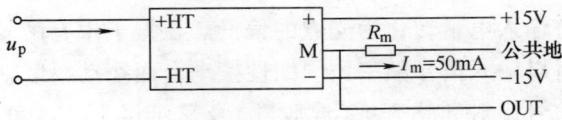

图 9-4 电压传感器接线法

4. 变换器接线法

变换器与传感器配合使用可形成不同的变换形式。电流传感器与变换器连接可组成电流变换器;电压传感器与变换器连接可组成电压变换器。变换器也可以单独使用。如果将其他传感器(如压力、温度等)的输出信号接于变换器,则可将普通的传感器输出信号变换成 0~20mA 或 4~20mA 的标准信号,以便于长距离传输或与计算机接口,其接线方法如图 9-5 所示。

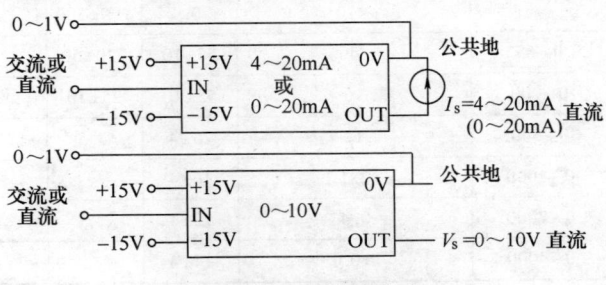

图 9-5 变换器接线法

第二节　电压与电流的测量

电机试验时，一般需要测取电机的线电流和线电压，测量时，电流表应与被测电流支路串联，电压表应与被测电压支路并联。在电机自动测试时，需要将被测电流、电压变换成与其成正比的标准直流电流或电压信号，因此还需要使用电流、电压变换器。

一、指示式仪表

测试电机的电压电流参数时，多选用电动系仪表，可以交、直流两用。电动系仪表的结构和测量电压电流的方法可参考第七章第二节中的内容。

二、示波器

近年来，电机变频技术的广泛应用使电机的电流或电压波形成为非正弦波形，用普通指示式仪表测量时，测量准确度大大降低。在电机控制系统的调试和使用中往往需要了解电流或电压的波形、幅值、有效值或平均值等；不仅需要了解电机稳态运行时的情况，还常常需要测量电机电流、电压随时间变化的动态过程。这些情况下的测量工作，一般电工测量仪表难以胜任，可考虑采用示波器进行测量。示波器是一种图示测量仪器，可分为光线示波器和电子示波器两类。

1. 光线示波器

光线示波器是研究电机瞬变过程的重要工具，它能记录电机瞬变状态下的电流、电压等参数随时间变化的曲线，可用于电机与电器的有关波形、参数和性能的分析。

光线示波器的振子将输入电量转化为光点的偏摆。在振子中有吊丝悬挂的小镜，当信号送入振子线圈后，小镜将以输入信号频率做周期性摆动，而摆动幅度则与输入信号的幅值成正比。光线通过小镜将信号反射到感光纸（或胶卷）及显示屏上，就可以同时拍摄或观察到被测信号的瞬变过程。

常用的光线示波器有8线、10线、16线等几种，使用光线示波器时正确选择振子对于保证曲线的测量质量十分重要，表9-1示出了FC6型振子的参考技术数据。

表 9-1　FC6 型振子的参考技术数据

振子型号	固有频率/Hz	工作频率/Hz	直流灵敏度/(mm/mA)	内阻/Ω	外阻/Ω	最大电流/mA	最大振幅/mm
FC6-10	10		$\geq 2\times 10^4$	120±24	≥1400	0.004	—
FC6-30	30		3×10^3	120±24	900±300	0.05	—
FC6-120	120	0~65	840	55±10	220±50	0.2	±100(1+3%)
FC6-400	400	0~200	76	55±10	25±10	2	±100(1+3%)
FC6-1200	1200	0~500	12	20±4		6	±50(1+3%)
FC6-2500	2500	0~1000	2.1	16±4		30	±50(1+3%)
FC6-5000	5000	0~2000	0.4	12±4		90	±30(1+5%)
FC6-10000	10000	0~4000	≥0.1	14±4		100	±10(1+5%)

图 9-6 示出了光线示波器记录的同步发电机三相突然短路电流波形。

2. 电子示波器

电子示波器是一种能够反映任何两个参量互相关联的 X-Y 坐标图形的显示仪器。如果把被测电压信号加到垂直偏转系统,而水平偏转系统加上线性扫描电压(时间基准电压),则示波器屏幕上的水平轴为时间轴,屏幕上的波形就是被测电压随时间变化的波形,称为示波器的垂直工作状态。如果把两简谐电压分别加到水平偏转系统和垂直偏转系统,还可以进行频率和相位的测量,称为示波器的水平工作状态。

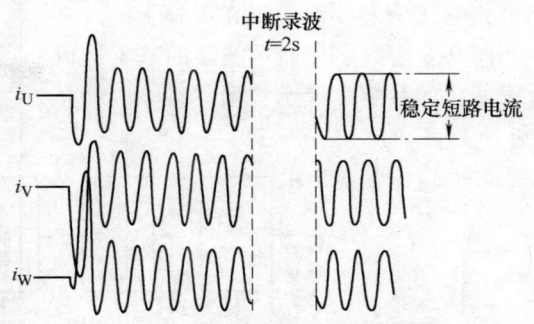

图 9-6 同步发电机三相突然短路电流波形

电子示波器工作时,利用被测电压控制示波管中的电子束,通过电子束的偏转反映被测信号的变化。由于电子束轰击荧光屏而激发出亮点,亮点连成的轨迹就反映了被测信号的波形。

电子示波器的基本构成如图 9-7 所示,主要包括 Y 放大器、同步触发电路、扫描发生器、X 放大器、示波管 CRT 以及直流稳压电源等。被测信号经 Y 放大器放大后,控制电子束的垂直偏转;扫描发生器用于产生锯齿波电压,经 X 放大器使电子束形成水平扫描;当不需要扫描时,由开关 S_2 切换到 X 输入端,放大 X 轴输入信号;为了使显示的波形稳定,需要设置同步触发电路。当由被测信号实现同步时,开关 S_1 置于"内"处,当需要外接同步信号时,开关 S_1 应切换至"外"处。

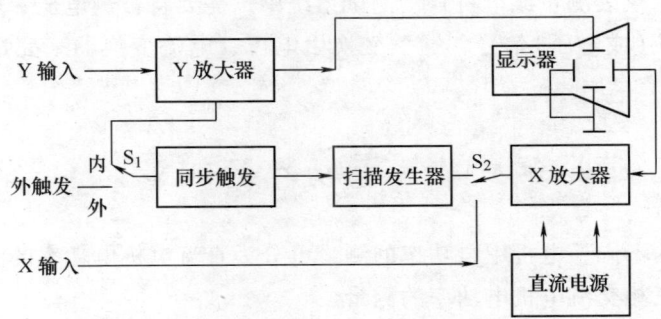

图 9-7 电子示波器的基本构成

用示波器进行电压(电流)测量时,可直接从显示器上获得被测电压峰-峰值,即

$$U_{\mathrm{p\cdot p}} = h D_{\gamma} \tag{9-1}$$

式中 h——被测电压的峰-峰值高度(cm 或 div);
D_{γ}——偏转因数(V/cm 或 V/div)。

然而,由于示波器的固有误差、光迹宽度及视觉误差等原因,用电子示波器测量电压的准确度较低,一般仅为±5%左右。要想提高测量准确度,需要采用数字存储示波器。

3. 数字存储示波器

借助于数字技术的发展,近年来智能化数字仪器仪表的发展十分迅速,数字存储示波器改变了传统模拟示波器的工作方式。对某一模拟量电压信号进行测量时,首先对实时的电压信号进行采样，经 A-D 转换成数字量后，存储在存储器中，然后再根据需要进行 D-A 转换，把被测电压信号波形复现在屏幕上。

图 9-8 为数字存储示波器的基本构成。当图中的控制电路为微型计算机时，就构成了一台智能化的数字存储示波器。

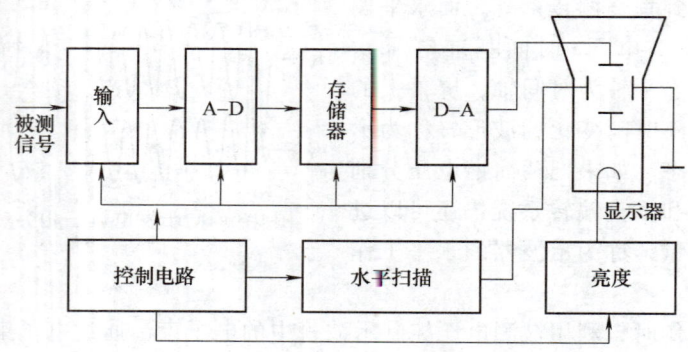

图 9-8 数字存储示波器的基本构成

数字存储示波器具有模拟示波器所不可比拟的测量功能，它充分利用了其计算功能和显示功能，可以在显示被测电压（电流）波形的同时，实时显示出信号的频率、周期、幅值、有效值、平均值等信息，还可以对上述信息和波形进行数字存储，以备随时调用。数字存储示波器一般还具有扫描速度和测量量程自动变换等功能，因此，使用起来十分方便。

三、电压、电流变换器

在采用智能数字仪表测量或电机自动测试系统中，需要将被测电压、电流变换成与其成正比的标准直流电流（或电压）信号，这一变换由电压、电流变换器来完成。变换器的内容参考本章第一节。

第三节 电功率的测量

根据电机类型的不同，电机中电功率的测量可分为直流电机电功率的测量、单相交流电机电功率的测量和三相交流电机电功率的测量。

一、直流电机电功率的测量

直流电功率可用直流电压表和电流表来测量，如图 9-9 所示。

一般说来，对于电压较高、电流较小的电机适宜采用图 9-9a 的接法，而对于电压较低、电流较大的电机采用图 9-9b 的接法比较合适。

直流电功率也可以用功率表直接读取，如图 9-10a、b 所示。图中所示仪表为电动式交、直流两用仪表，其中，电流表和电压表作为测量时监视之用，以防止损坏功率表。

一般情况下，功率表的电压线圈与电流线圈应在接线端子处直接连接，否则会增加测量误差，同时，直流功率表电流线圈的"*"号端（或"+"端）应与电源正极连接，一般不可以与负载端的正极连接，如图 9-10a、c 所示，而图 9-10b 的连接方法是错误的。

小功率直流电机测试时,仪表的损耗往往不能忽略,需要修正测量结果。

二、单相交流电机电功率测量

单相交流电机电功率测量电路与图 9-10 相同,为了扩大功率表的量程和使用安全,在测量大电流、高电压情况下的单相交流电功率时,可以使用电流互感器和电压互感器。若电流、电压两者之一需要扩大量程时,也可以只使用一种互感器。

应该指出,被测电机的功率因数对功率测量结果影响很大。普通功率表是按 $\cos\varphi = 1$ 来校准的,适合功率因数较高的电机试验;在低功率因数场合测量时,例如测试电机空载特性时,应选用低功率因数功率表。低功率因数功率表一般分为 $\cos\varphi = 0.1$ 和 $\cos\varphi = 0.2$ 两种。

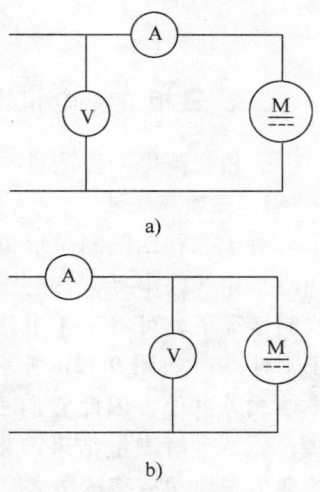

图 9-9　用电压表、电流表测量直流电功率

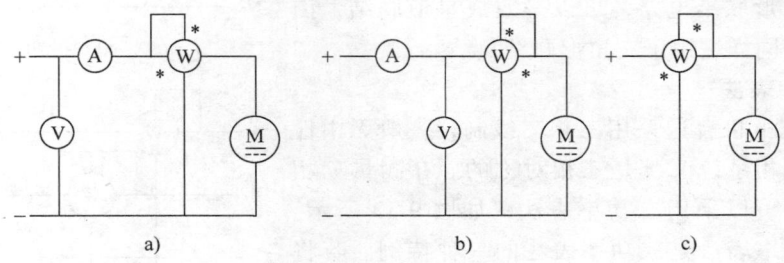

图 9-10　用功率表测量直流电功率

在小功率电机测试时,仪表所消耗的功率往往不能忽略,建议采用如图 9-11 所示的接线。

当按图 9-11a 方法接线时,电流表、功率表的电流线圈及连接导线的损耗 P_A 按下式计算,并应将它们从测量结果中减掉。

$$P_A = I^2(R_A + R_{WA} + r) \quad (9\text{-}2)$$

式中　I——电流表的读数;

　　　R_A——电流表的内阻;

　　　R_{WA}——功率表电流线圈内阻;

　　　r——功率表至负载端连接导线(包括开关等)的电阻。

当按图 9-11b 方法接线时,电压表的损耗 P_V 和功率表电压线圈回路的损耗 P_{WV} 按下式计算,并应将它们从测量结果中减掉。

$$P_V = \frac{U^2}{R_V}; \quad P_{WV} = \frac{U^2}{R_{WV}} \quad (9\text{-}3)$$

式中　U——电压表的读数;

　　　R_V——电压表线圈回路总电阻;

　　　P_{WV}——功率表电压线圈回路总电阻(包括外接附加电阻)。

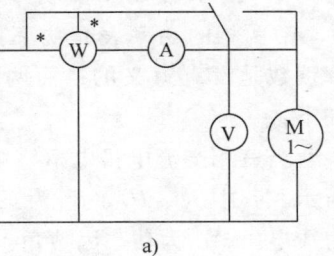

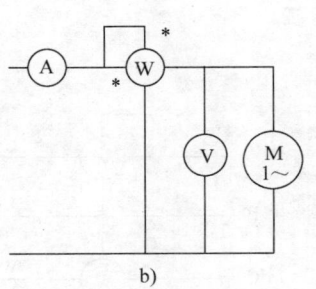

图 9-11　小功率电机测试的原理接线图

三、三相交流电机电功率的测量

三相交流电功率测量时，可以采用三功率表法或者二功率表法。

1. 三功率表法

对于三相四线制星形负载电路，用三功率表法测量三相有功功率时，各功率表的电流线圈与三相线路串接，各电压线圈分别并接在相线和中性线之间，如图9-12a所示。在三相三线制情况下，可将三个电压线圈的非"*"端接成人工中性点，如图9-12b所示。理论上，人工中性点与中性线等电位，因此它们可以连接起来，也可以不连接，而不会对测量结果产生影响。三相电路的总有功功率为三块功率表读数之和，三相电路可以是对称的，也可以是不对称的。

对于三角形联结电路，可以等效成星形联结，因此三功率表法同样适用于三角形联结负载。

2. 二功率表法

三相交流电机普遍采用三相三线制，一般无中性线引出，其三相系统又都是三相对称的。在测量三相电功率时，也可以采用二功率表法，如图9-13所示。本质上，二功率表法是三功率表法的一种特例。若将三功率表法的人工中性点移至三相中的任意一相上，例如V相，则V相功率表因电压线圈承受零电压而始终为零功率，因而V相功率表可弃之不用，这样只有U、W两相的功率表有功率指示。然而它们各自的功率读数是没有意义的，而两块功率表功率读数的代数和却是三相总电功率。对此可证明如下：

当三相交流电机电枢绕组为星形联结（或等效成星形联结）时，电机的相量图如图9-14所示。其中$\dot{U}_U$、$\dot{U}_V$、$\dot{U}_W$为三相对称相电压，$\dot{I}_U$、$\dot{I}_V$、$\dot{I}_W$为三相对称相（线）电流，$\dot{U}_{UW}$、$\dot{U}_{VW}$为线电压，φ为功率因数角。由相量图可知

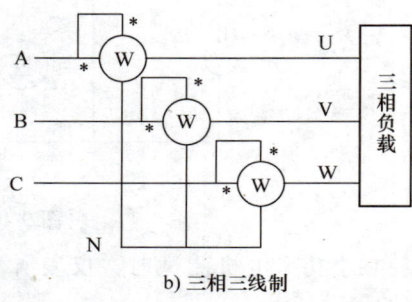

图9-12 三功率表法 (a) 三相四线制 (b) 三相三线制

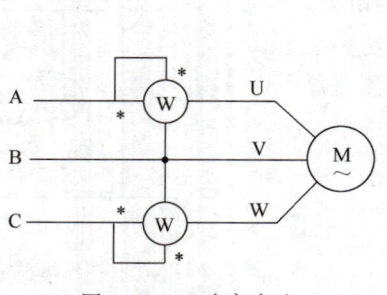

图9-13 二功率表法

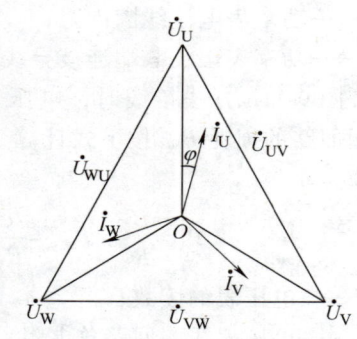

图9-14 三相电机的相量图

第九章 车用电机系统电量的测量

$$U_{UW} = U_{VW} = U ; \quad I_U = I_V = I \tag{9-4}$$

二功率表读数分别为

$$P_I = UI\cos(30°-\varphi) \quad P_{II} = UI\cos(30°+\varphi) \tag{9-5}$$

二功率表读数的代数和为

$$\begin{aligned}
P &= P_I + P_{II} \\
&= UI\cos(30°-\varphi) + UI\cos(30°+\varphi) \\
&= UI[\cos(30°-\varphi) + \cos(30°+\varphi)] \\
&= 2UI\cos 30°\cos\varphi \\
&= \sqrt{3}\,UI\cos\varphi
\end{aligned} \tag{9-6}$$

显然，二功率表读数的代数和即三相总功率。

由式(9-5)可知，两功率表读数的大小和符号将随功率因数角 φ 的变化而变化，变化规律如图 9-15 所示。可以看出，只有 $\cos\varphi = 1$ 时，两块功率表的读数才是相等的，而当 $\cos\varphi = 0.5$ 时，接于 W 相的功率表的读数将开始变为负值。这时可将 W 相功率表的极性转换旋钮旋至"-"侧，功率计算时，用 U 相功率表的读数减去 W 相功率表的读数，所得数值才是被测三相功率。交流电机测试时，可根据图 9-15 来分析判断电机功率因数的大小和变化。

有些场合需要对电功率进行自动测量或自动控制，这时应采用交流功率变送器作为功率检测元件，即把被测量变换成标准直流电压(或电流)信号，以便进行运算和控制。

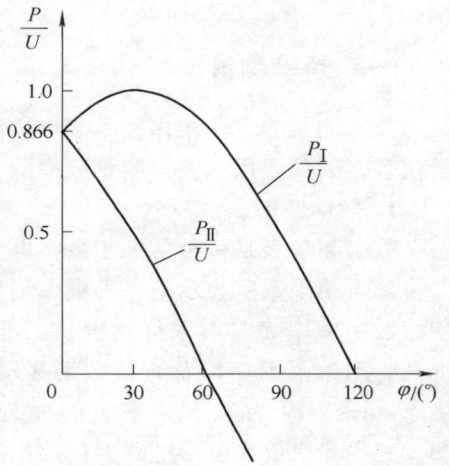

图 9-15 P_I、P_{II} 与 φ 的关系

除了上述电功率测量方法外，电功率还可以通过电功率分析仪进行测量。电功率分析仪主要用于分析电机和控制器的电量信号。变频器的电压、电流等信号含有较多的谐波含量，传统的仪器仪表无法进行准确的测量，而采用数字采样技术的新型功率分析仪，不但能够进行准确的电气测量，还可以进行谐波分析等。图 9-16 为某一型号功率分析仪的外观，图 9-17 为测量电机三相电压和电流的波形，图 9-18 为功率分析仪的谐波分析功能。

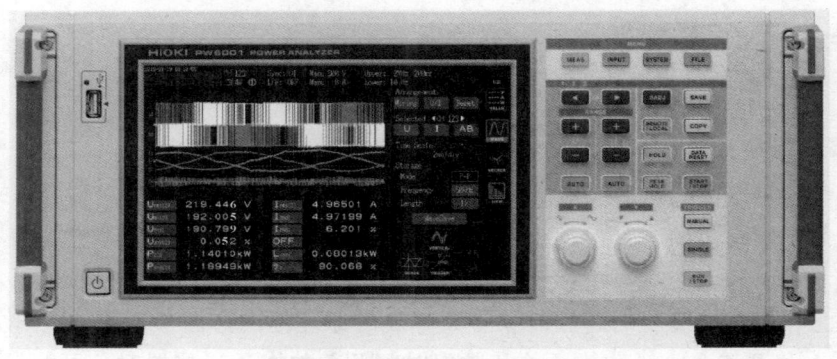

图 9-16 功率分析仪外观

图9-17 电机三相电压电流波形

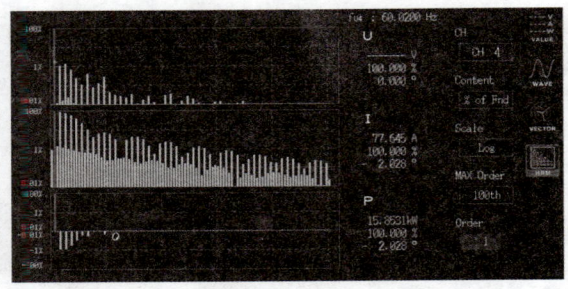
图9-18 谐波分析功能

第四节 频率和相位的测量

一、频率测量

频率测量的方法很多，本节将主要介绍目前广泛应用的数字频率表和微分式频率表等测量仪表，以及应用示波器测量频率的方法。

1. 数字频率表

数字频率表是一种借助于数字电子电路，测量在标准时间内被测频率信号的脉冲数目，并将测量结果数字显示的一种频率测量仪表。

数字频率表具有采样速度快、准确度高、测量范围广以及直接数字显示等优点。图9-19为数字频率表的原理框图。它主要由放大整形电路、门控电路、脉冲计数器、数字显示、晶体振荡器、分频器等几部分组成。

被测频率信号经放大整形后，通过门控电路，由计数器计数。控制门开启

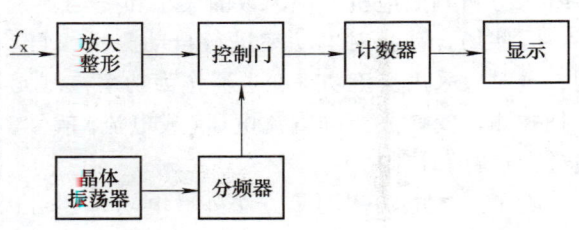
图9-19 数字频率表原理框图

时间由标准晶振脉冲经分频器分频后的脉冲宽度来确定。设晶振脉冲周期为T_0，分频器的分频倍数为K，则控制门开启时间为$T_D = KT_0$。若被测频率信号的频率为f_x，周期为T_x，则在T_D时间内计数器的计数脉冲数为

$$N = \frac{T_D}{T_x} = T_D f_x \tag{9-7}$$

若取$T_D = 1s$，则式(9-7)变为

$$N = f_x \tag{9-8}$$

此时，数字显示的数值即为被测频率值。

显然，数字频率表的测量误差为$\pm 1/N$，当被测信号频率较低，计数值较小时，测量的准确度降低。

一种宽量程、高准确度的高性能数字频率表的原理框图如图9-20所示。被测高、低频信号分别从A和B输入，当功能开关和频率时间开关放在适当位置时，可测量未知信号的

第九章 车用电机系统电量的测量

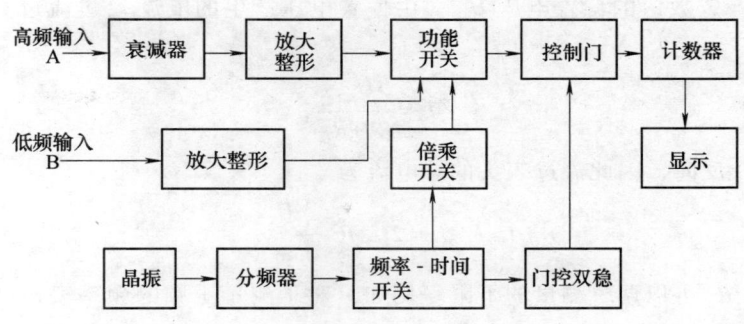

图 9-20 高性能数字频率表原理框图

频率和周期、两个信号的频率比、任何特定时间间隔以及给定累计时间内的脉冲数等。当被测信号频率较低,标准时间内的计数脉冲较少,而使测量准确度降低时,可采用标准时间倍乘措施,使控制门的开启时间倍乘,可以有效提高测量的准确度。若配备微处理器或通过标准接口,还可以借助于计算机实现自动测试。

2. 微分式频率表

微分式频率表的结构简单、功耗小、元器件通用性好,因此得到广泛应用。

图 9-21 为微分式频率表原理电路及波形图。该电路可分为稳压电路、微分电路和偏置电路三个部分。设置稳压电路有两个作用:其一是使所测频率与信号电压值无关;其二是提高阶梯波前沿陡度。微分电路的充电回路由电容 C、二极管 VD_1 和磁电系表头电阻 R_m 组成。若充电回路的等效电阻为 R,阶梯波电压的峰峰值为 $2U_z$,充电电流为 i_1 时,通过表头电流的平均值为

$$I_1 = \frac{1}{T}\int_0^T i_1 \mathrm{d}t = \frac{1}{T}\int_0^T \frac{2U_z}{R}e^{-\frac{t}{RC}}\mathrm{d}t \tag{9-9}$$

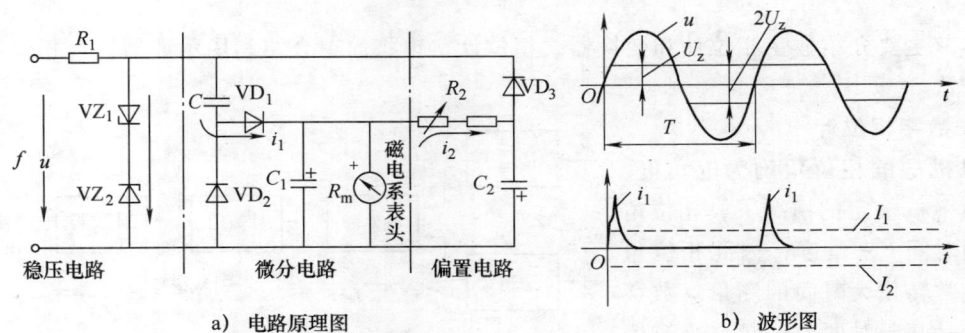

a) 电路原理图　　　　　　　　　　b) 波形图

图 9-21 微分式频率表原理电路及波形图

设计时已考虑到使被测信号的周期远大于微分电路的时间常数 RC,即 $RC \ll T$,则式 (9-9) 可写成

$$I_1 = 2U_z fC \tag{9-10}$$

式 (9-10) 表明,表头的偏转与被测频率 f 成正比。图 9-21b 示出了稳压管削波后的输入梯形波电压波形,微分电路的充放电流 i_1 的波形以及 i_1 的平均值 I_1。

偏置电路可以提高测量频率下限。偏置电路由电容 C_2、电阻 R_2 及二极管 VD_3 组成。电

容 C_2 上应保持一定数值的偏置电压 U_{C2}。由偏置电压产生的电流 i_2 也流过表头，其平均值 I_2 为

$$I_2 = \frac{U_{C2}}{R_2 + R_m} \tag{9-11}$$

由于 I_2 与 I_1 反向，因此流过表头的总电流为

$$I = I_1 - I_2 = 2U_z fC - \frac{U_{C2}}{R_2 + R_m} \tag{9-12}$$

显然，调节 R_2 可以调整测量的下限。例如，对于测量工频的频率表，可在平均总电流为零时，使仪表指示对准 50Hz。这样当 $I_1 < I_2$ 时，被测频率低于 50Hz；$I_1 > I_2$ 时，被测频率高于 50Hz。由于偏置电路的设置，使微分式频率的读数范围展宽，而且提高了仪表的准确度。

3. 示波器

（1）李萨育图形法

将两个简谐信号分别加到示波器的 X 轴和 Y 轴输入端，屏幕上显示出的图形称为李萨育图形。把被测频率信号加到示波器的 Y 轴输入端，而将已知频率的标准信号加到示波器的 X 轴输入端，当两个信号频率相同时，屏幕上显示的李萨育图形为一条直线（同相位或反相位时）或一个圆（相位差=90°时）或一个椭圆（0°<相位差<90°时）（图9-26），这时读取的已知标准信号的频率值即为被测信号频率值。

（2）测周期法

根据频率与周期的倒数关系，用示波器测取被测信号 N 个周期的时间为 T，则被测信号的频率 f 为

$$f = N/T \tag{9-13}$$

二、相位测量

本节主要介绍数字相位计和变换器式相位计，也将简单介绍利用示波器进行相位比较测量的方法。

1. 数字相位计

电机中的相位角均为电角度，在角频率 ω 一定的情况下，相位角可以用时间 t 来量度，因此相位角的测量常转化为时间的测量。数字相位计是基于对两个同频率交流信号波形过零点的时间差来进行相位测量的。图9-22为数字相位计的原理框图。

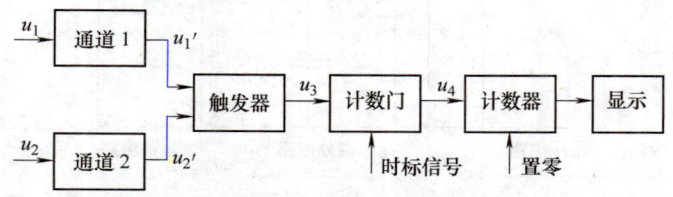

图 9-22 数字相位计的原理框图

数字相位计的工作原理说明如下：两个同频率交流信号 u_1、u_2，其相位差为 φ，当 u_1 和 u_2 由负到正过零时，分别经过通道1和通道2放大整形并输出正脉冲 u_1' 和 u_2'，使门控电路翻转，u_1' 打开计数门使计数器计数；u_2' 关闭计数门使计数器停止计数，计数器计得的脉冲数 N 正比于计数器的开门时间 Δt，即正比于 u_1 和 u_2 的相位差角 φ_0。图9-23为数字相位计的波形图。

用数字相位计测量功率因数角时,只需要将电压 u 和电流 i 的信号分别从通道 1 和通道 2 输入,就可以数字显示功率因数角 φ 或功率因数 $\cos\varphi$。

2. 变换器式相位计

变换器式相位表主要由电流互感器、二极管、移相电路和磁电系表头等构成。图 9-24 示出了其原理电路图和波形图。

图 9-24a 中有两个桥路,一是由 R_1、R_2、VZ_1、VZ_2 及磁电系表头组成的主桥,二是由 R_3、R_4、R_5 和 C_3 组成的移相桥。移相桥的输出电压 u_{ab} 的相位滞后于电源电压 90°,互感器的二次电流 i' 的相位则滞后于负

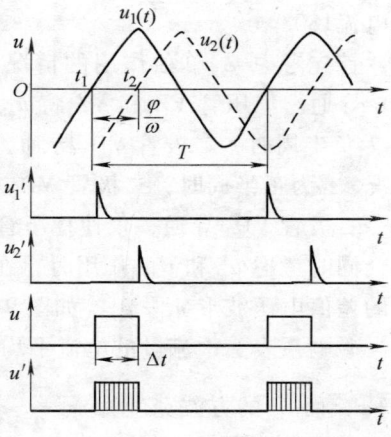

图 9-23 数字相位计的波形图

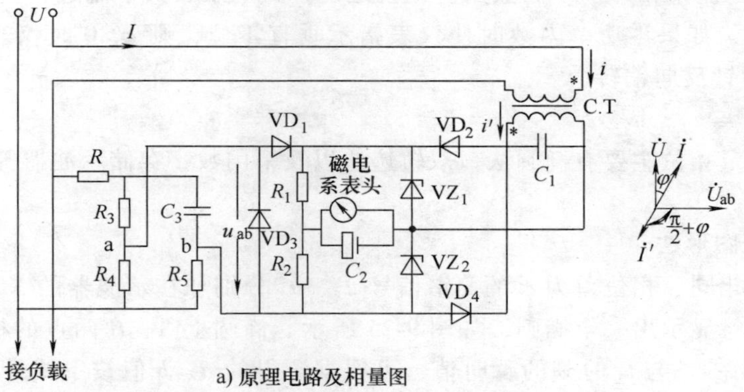

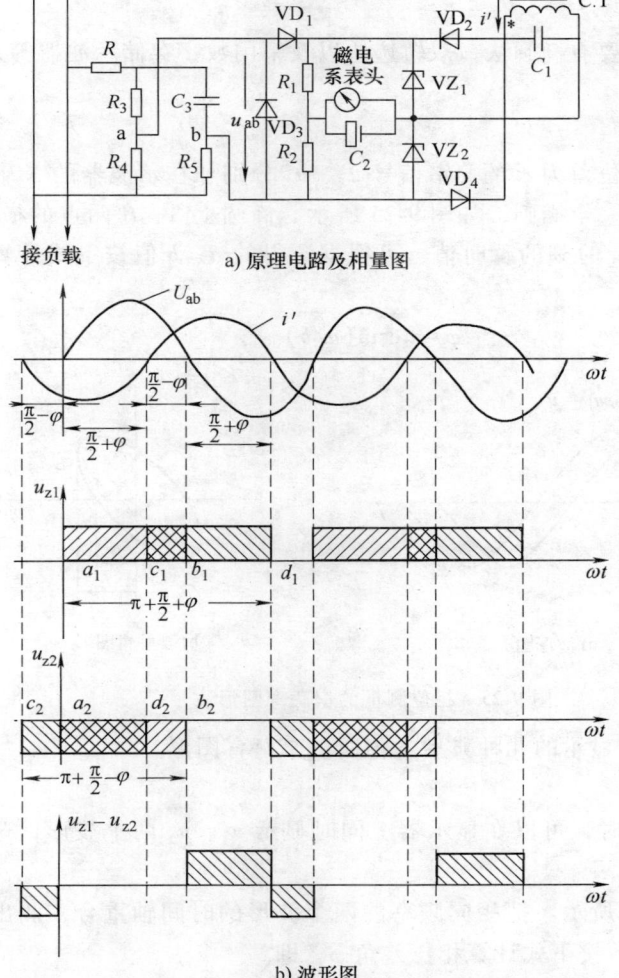

a) 原理电路及相量图

b) 波形图

图 9-24 变送器式相位表原理电路及波形图

载电流180°。

首先考虑 u_{ab} 单独作用的情况。u_{ab} 为正半周时，a 点电位高于 b 点电位，因而二极管 VD_1 导通。稳压管 VZ_1 和 VZ_2 将 u_{ab} 削成方波，并在稳压管上分别产生电压降 U'_{z1} 和 U'_{z2}。而 u_{ab} 为负半周时，二极管 VD_3 导通，则稳压管 VZ_1 和 VZ_2 上无电压降。然后考虑 i' 单独作用的情况。i' 为正半周时，二极管 VD_2 导通，仅使稳压管 VZ_1 产生方波电压 u''_{z1}；而 i' 为负半周时，二极管 VD_4 导通，仅使稳压管 VZ_2 产生方波电压 u''_{z2}。

同时考虑 u_{ab} 和 i' 的作用时，在稳压管 VZ_1 和 VZ_2 上分别产生的电压波形 u_{z1} 和 u_{z2} 以及二者的差值电压波形 $u_{z1}-u_{z2}$，如图9-24b所示。

磁电系表头中流过的电流平均值正比于 $u_{z1}-u_{z2}$ 这个差值电压。显然 u_{z1} 的方波宽度为 $\pi+\frac{\pi}{2}+\varphi$，而 u_{z2} 的方波宽度为 $\pi+\frac{\pi}{2}-\varphi$，它们之差为 $u_{z1}-u_{z2}=2\varphi$。这里的 φ 就是电压 u 与负载电流 i 之间的相位差角，即功率因数角。也就是说，磁电系表头中流过电流的平均值与功率因数角 φ 成正比。如果零功率因数时使仪表指示垂直零位，则 $\varphi>0$ 时仪表指针正向偏转，而 $\varphi<0$ 时仪表指针反向偏转。

3. 示波器

用示波器测量相位主要有椭圆法、双轨迹法以及采用数字存储示波器等几种方法，下面将简要加以介绍。

（1）李萨育图形法

把两个频率相同、相位差为 φ 的简谐信号 u_1、u_2 分别加在示波器的 X 轴与 Y 轴的输入端，在显示器上将显示出一个椭圆，如图9-25所示。椭圆上 A、B 两点的横轴坐标 a、b 分别相当于信号 u_1 在 t_1 与 t_2 时刻的瞬时值，可根据测得的 a、b 值按下式计算出功率因数角 φ，即

$$\varphi = \arcsin(a/b) \tag{9-14}$$

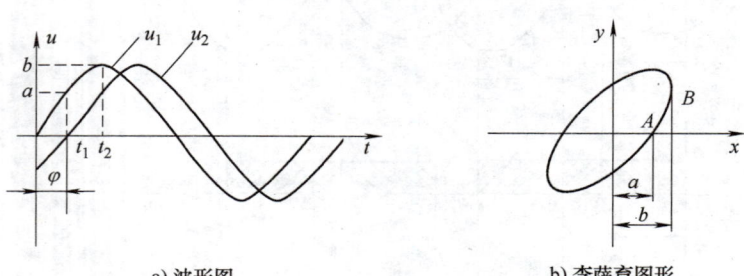

a) 波形图　　　　　　b) 李萨育图形

图9-25　相位测量的李萨育图形法

图9-26示出了示波器显示的几种典型 φ 值时的李萨育图形。

（2）双轨迹法

采用双线示波器测量时，可以在显示器上同时显示 u_1、u_2 两个波形，这时可采用以下两种方法测量它们的相位。

第一种方法如图9-27所示。把相同频率的两个波形的时间轴重合，测出它们的相位差长度 a 和周期长度 b，然后按下式计算相位差角 φ，即

$$\varphi = 2\pi a/b \tag{9-15}$$

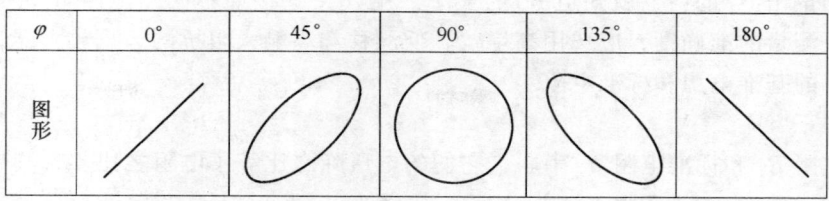

图 9-26　几种典型 φ 值时的李萨育图形

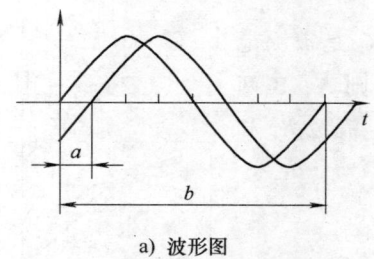

a) 波形图

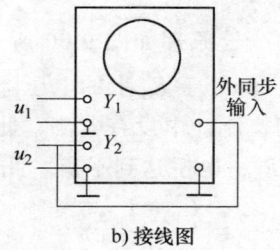

b) 接线图

图 9-27　双轨迹法之一

采用这种方法时，扫描电压必须被其中一个正弦信号所同步，因此需要采用外同步触发，如图 9-27b 所示。

第二种方法如图 9-28 所示。调节两个输入通道的增益，使被测信号 u_1、u_2 的幅值相等，测量幅值高度 A 与两波形交点高度 B，用下式计算相位差角 φ，即

$$\varphi = 2\arctan\sqrt{(A/B)^2 - 1} \tag{9-16}$$

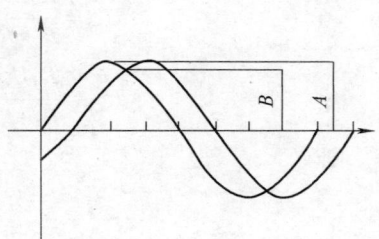

图 9-28　双轨迹法之二

第五节　电阻的测量

一、电阻的测量方法

1. 比例运算法

比例运算法的原理图如图 9-29 所示。被测电阻 R_r 接入运算放大器的反馈回路，标准电阻 R_s 接入放大器的反相输入端。若忽略标准电源 E_s 的内阻，放大器的输出电压 U_o 为

$$U_o = -\frac{R_r}{R_s} E_s \tag{9-17}$$

故

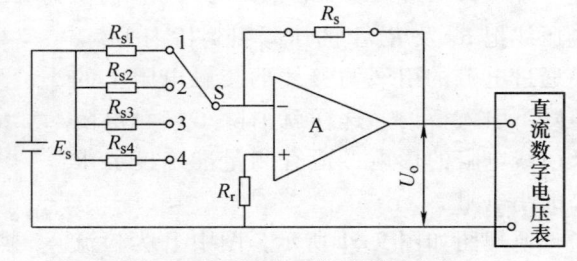

图 9-29　用比例运算法测量电阻

$$R_r = -\frac{R_s}{E_s} U_o \tag{9-18}$$

可见，测量出 U_o 的值，就知道 R_r 的大小。用开关 S 接通不同的电阻 R_s，即可改变量程。为了保证测量的准确度，应选用高增益、低漂移和高输入阻抗的运算放大器，选用精度高和稳定性好的基准电源和标准电阻。

2. 比率法

将被测电阻 R_x 和标准电阻 R_s 串联，它们的电压降之比等于电阻之比。若测出两个电阻上的电压降 U_x 和 U_s，则被测电阻为

$$R_x = \frac{U_x}{U_s} R_s \tag{9-19}$$

3. 惠斯顿电桥法

惠斯顿电桥的测量原理如图 9-30 所示，R_x 是被测电阻。当 R_x 上的电压降等于 R_3 上的电压降时，则 A、B 两点没有电位差，即检流计中没有电流，此时 I_1 流经 R_x 和 R_2，I_2 流经 R_3 和 R_4，电桥达到平衡。此时

$$U_{CA} = U_{CB}$$

其中

$$U_{CA} = \frac{R_x U_{CD}}{R_x + R_2}$$

$$U_{CB} = \frac{R_3 U_{CD}}{R_3 + R_4}$$

则有

$$\frac{R_x}{R_x + R_2} = \frac{R_3}{R_3 + R_4}$$

即

$$R_x = \frac{R_2}{R_4} R_3 \tag{9-20}$$

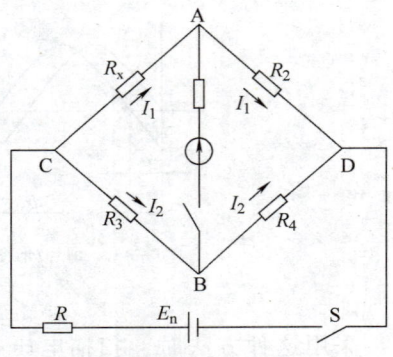

图 9-30 惠斯顿电桥测量法

若 R_2 和 R_4 成一定比例，R_3 为可调电阻，调节 R_3 使电桥平衡，则可得到 R_x。
R_x 包括引线电阻，故实际的电阻值应该等于 R_x 减去引线电阻。

4. 开尔文电桥法

开尔文电桥的接线特点是将连接 R_x 及标准电阻 R_n 的试验用电流线和电压线分开，利用电压线把 R_x 及 R_n 上的压降引到桥内平衡，使通过电流的引线与接线的接触电阻上的压降不引入桥内，这样就消除了接触电阻及引线电阻的影响，适宜测量准确度要求高的小电阻。

原理图如图 9-31 所示，图中 P 为检流计，R_x 为被测电阻，R_3、R_4、R_3'、R_4' 为桥臂电阻，R_n 为标准电阻，C1、C2 为被测电阻的电流接头。

当检流计中没有电流通过时，C、D 点

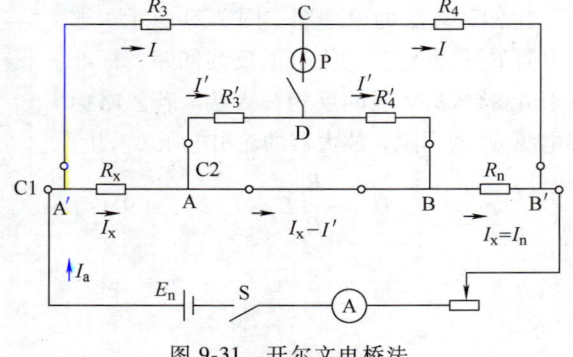

图 9-31 开尔文电桥法

的电位相等，即

$$R_x I_x + R_3' I' = R_3 I$$
$$R_n I_x + R_4' I' = R_4 I$$

又有

$$R_{AB}(I_x - I') = (R_3' + r_4') I'$$

最终得到

$$R_x = \frac{R_{AB}(R_4' R_3 - R_3' R_4)}{R_4(R_{AB} + R_3' + R_4')} + \frac{R_n R_3}{R_4}$$

如果 $R_3 = R_3'$，$R_4 = R_4'$，可得

$$R_x = \frac{R_3}{R_4} R_n \qquad (9\text{-}21)$$

5. 电流电压表法（四端子引线测量）

电流电压表法又称伏安法，是最原始最简便的方法，它的原理是在被测绕组中通以直流电流，因而在绕组的电阻上产生电压降，只要测出电路中的电流和负载两端的电压降，根据欧姆定律，就可以计算出电阻。

对于测量电机绕组类的微小电阻，电压表或者电流表的引线电阻产生的误差将会对测量结果产生极大的影响，会产生很大的误差，所以应当尽量减小引线电阻的影响。为此，一般采用四端子的引线方式测量。它是在被测电阻的两端各连接两根导线，将电压线和电流线分开测量，测量的电压不再是恒流源两端的直接电压，而是电阻两端的电压，由于电压测量和电流测量端的输入阻抗很高，

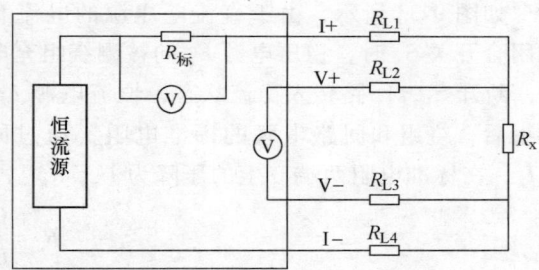

图 9-32 四端子引线测量

可以忽略测量电压引线上的电阻（或压降），也可以认为万用表的分流作用可以忽略。这种引线方式可完全消除引线的电阻影响，如图 9-32 所示。

图中 R_x 是被测电阻，$R_{L1} \sim R_{L4}$ 是引线电阻（包括接触电阻），恒流源的输出电流经 $R_标$、R_{L1}、R_{L4} 加在 R_x 上，电流恒定时，R_{L1}、R_{L4} 的大小对于电阻 R_x 上的电流没有影响。由于电压表的输入阻抗很高，用于测量被测电阻两端电压的引线电阻对测量也没有影响，由于 $R_标$ 已知，根据标准电阻两端的电压就可以计算出回路电流，再由被测电阻 R_x 上的压降和整个回路流经的电流，根据欧姆定律即可算出 R_x 的阻值。

可以看出，四线制测量法比通常的测量法多了两根馈线，使电压测量端与恒流源两端之间的连线断开。由于断开了电压测量端与恒流源端，稳流源与被测电阻 R_x、R_{L1}、R_{L4} 构成一个回路。馈线 R_{L1}、R_{L4} 电压没有送至电压测量端，送至电压测量端的电压只有 R_x 两端的电压。因此，馈线电阻 R_{L1}、R_{L4} 对测量结果没有影响，同样地，馈线电阻 R_{L2}、R_{L3} 对测量也没有影响，所以四线制用于测量小电阻准确度很高，但是对于具有小电阻、大电感的绕组，测量时间会延长，消耗功率大，准确性差。

6. 微机辅助测量法

数字式直流电阻测试仪适用于测量各种产品的直流微小电阻，尤其是测量带有电感线圈

的电阻,整个测试过程由单片机控制,自动完成自检、过渡过程判断、数据采集及分析,具有较高的测量准确度、较快的测试速度,并且稳定性好,可以尽量地消除人为测量误差,测量原理图如图9-33所示。

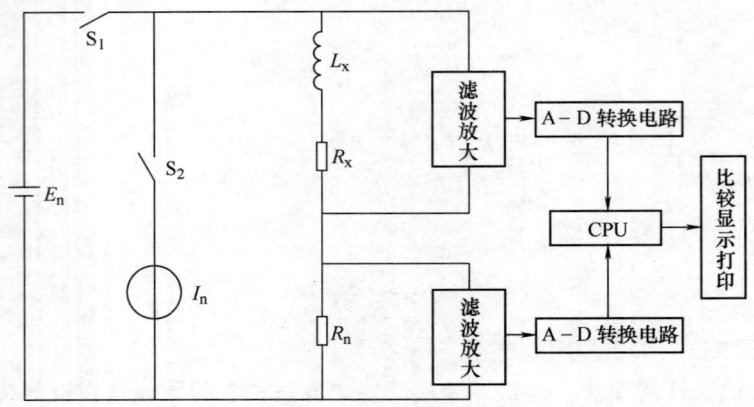

图9-33 微机辅助测量法

E_n—直流电压源 I_n—恒流源 L_x—电感 R_x—被测电阻 R_n—标准电阻

如图9-33所示,由于直流电压源的电流有可能过大,所以要利用恒流源来提供电压。当闭合开关S_1时,稳压电源E_n向被测绕组充电。当电流达到恒流源电流值I_n时,此时闭合S_2,断开S_1,回路转入稳流状态,恒流电源I_n强制向回路提供电流。当测试回路过渡过程结束后,绕组和回路串联的标准电阻都通过同一电流I_n,在绕组两端产生的电压降$U_x=R_xI_n$;在标准电阻两端产生的压降为$U_n=R_nI_n$,则绕组电阻为

$$R_x = \frac{U_x}{U_n}R_n$$

通过高精度放大器和A-D转换器测出绕组和标准电阻两端电压,即可换算得到绕组的电阻值R_x。

实际上,电机绕组是一个简单的电阻R_x和电感L_x串联电路,最原始的测量方法是在线圈两端加一直流电压,如图9-34所示,图中S是开关,L_x是绕组电感,R_x是绕组的直流电阻,E是直流电源,当$t=0$时合上开关S,回路电压方程为

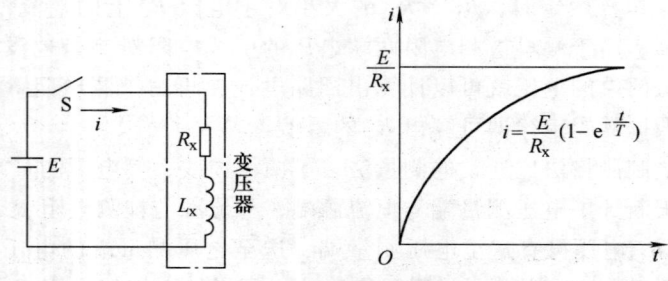

图9-34 电感对测量的影响

$$E = L_x\frac{di}{dt} + iR_x$$

设$t=0$时$i=0$,则突然外加直流电压时,此时的绕组电流为

第九章 车用电机系统电量的测量

$$i = \frac{E}{R_x}(1 - e^{-\frac{t}{T}})$$

式中，$T = \dfrac{L_x}{R_x}$ 为回路时间常数。

可见，接通直流电压时，i 含有一个直流分量和一个衰减分量，当衰减分量衰减至 0 时，i 达到稳定值 I_0，电感不起作用，则线圈的直流电阻为

$$i = \frac{E}{I_0} \tag{9-22}$$

此时可通过测量 E 和 I_0 得到 R_x。但是，如果绕组的 L_x 很大，R_x 很小，此时 T 很大，致使需经过很长时间才能使电流达到稳定，不能满足快速准确测量绕组直流电阻的要求，这时，就需要采用其他测试方法了。

7. 快速测量感性直流电阻的方法

目前使用的几种方法的原则基本上是使 $L_x R_x$ 回路的电流尽快过渡到稳定电流。图 9-35 为增大回路电阻电路突变法（变阻快充法）电路及电流关系。

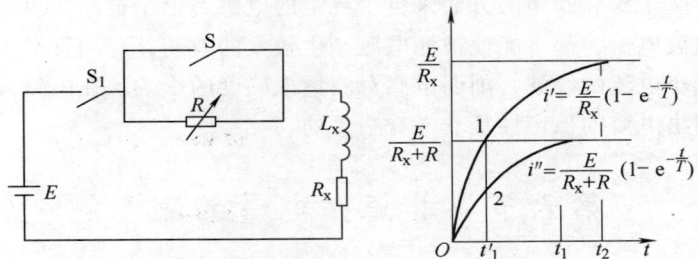

图 9-35　增大回路电阻电路突变法电路及电流关系

当闭合开关 S 时，此时的回路电流方程为

$$i' = \frac{E}{R_x}(1 - e^{-\frac{t}{T'}}) \tag{9-23}$$

式中，$T' = \dfrac{L_x}{R_x}$。

当断开开关 S 时，回路电流方程为

$$i'' = \frac{E}{R_x + R}(1 - e^{-\frac{t}{T''}})$$

式中，$T'' = \dfrac{L_x}{R_x + R}$。

由于 $R \gg R_x$，所以 $T'' \ll T'$。

测量时，将开关 S_1 和 S 闭合，附加电阻 R 短路，使全部电压加在被测绕组上，电流沿曲线 1 以较大的速率上升。一直达到预定电流 $I\left(I = \dfrac{E}{R_x + R}\right)$ 时，断开开关 S，

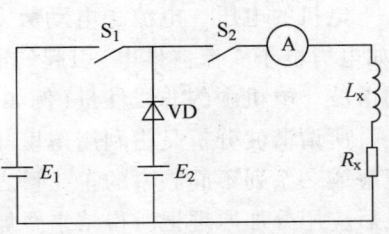

图 9-36　高压充电低压测量法

则电流 I 由曲线 1 立即稳定到曲线 2 的稳态值，此时即可测量，充电时间将大大缩短。

图 9-36 为高压充电低压测量法（增压快充法）电路，$E_1 > E_2$。测量时，首先同时合上开

关 S_1、S_2，E_1 对绕组充电。监视电流表，当电流达到稳定值 $I = \dfrac{E_2}{R_x}$ 时，断开 S_1，加在绕组两端的电压为 E_2，稍待电压稳定后就可以测量电阻了。

二、提高测量范围和精度的方法

车用驱动电机绕组的阻值一般为几毫欧到几百毫欧，一般的 A-D 转换器输入电压范围为 0~2.5V 或 0~5V，要保证 A-D 转换器的精度，输入到 A-D 转换器的电压值不能太小，这样要保证测量范围内的精度，就要使恒流源输出的电流大一些比较好。但是大的电流会导致被测电阻上的压降太大，超出 A-D 的测量范围，所以，最好的途径是恒流源的输出电流是可变的。

要保证测量结果准确，就要提高测量的精度和稳定度，例如提高 A-D 转换器的位数，采用 24 位的 A-D 转换器，提高 A-D 转换器基准电压的准确度和稳定性，选择高品质的电压基准；对放大电路和滤波电路进行精心设计和调整，选用高质量的低噪声的运算放大器，在元器件的摆放和电路板的布线方面进行合理的设计，尽量减少干扰和噪声的影响。

另一个容易产生干扰和噪声的方面来自于绕组的电感，由于被测绕组的电感特性，测量电路中很微小的纹波电流，都可能使被测电压产生较大的波动，对测量准确度产生很大的影响。因此，要想减小电流的纹波，削弱电感对测量准确度的影响，在电路设计时增加滤波电路，提高稳流源输出电流的稳定性是非常有必要的。

第六节 非正弦电量的测量

近年来，随着电力电子技术的发展，应用于电机控制和调速系统的半导体变流装置日益增多。在这些变流装置中，作为换流元件的电力半导体器件工作在开关状态，使变流装置的电压和电流多为非正弦波形。电压和电流中的谐波给有关电量的测量和电机的性能测试带来困难，主要在于：传统的交流电工测量仪表大多是专门为测量工频正弦交流量而设计制造的，用于测量非正弦电量时，将会产生较大的误差。本节首先介绍有关电机谐波分析的基本原理，然后对非正弦供电时电机的电流、电压、功率、功率因数以及谐波等的测量原理和测试方法做简要介绍。

一、谐波分析

电机的电压、电流、电动势及磁动势中产生谐波的原因很多，如供电电源的非正弦量（如电力电子变流器供电）引起的谐波、电机结构因素（如磁极形状、绕组结构、开槽等）引起的谐波、电机中的非线性量（例如饱和、涡流、趋肤效应等）引起的谐波等。

所谓谐波分析是指利用傅里叶级数将非正弦周期变化的电压、电流、磁动势、电动势等分解成一系列不同频率的正弦量之和，然后对各频率正弦量单独作用的情况进行分析计算，最后应用叠加原理把所得结果叠加起来，以便对电机性能做出评价。

设给定的周期函数为 $f(x)$，可按傅里叶级数展开为

$$f(x) = a_0 + \sum_{k=1}^{\infty}(a_k \cos kx + b_k \sin kx) \tag{9-24}$$

第九章 车用电机系统电量的测量

式中，第一项 a_0 称为 $f(x)$ 的恒定分量；第二项中，$k=1$ 时称为 $f(x)$ 的基波分量，$k \geq 2$ 时称为相应次数的谐波分量，统称为高次谐波。系数 a_0、a_k 和 b_k 可按下式计算，即

$$\left.\begin{aligned} a_0 &= \frac{1}{2\pi} \int_{-x}^{x} f(x) \mathrm{d}x \\ a_k &= \frac{1}{\pi} \int_{-x}^{x} f(x) \cos kx \mathrm{d}x \\ b_k &= \frac{1}{\pi} \int_{-x}^{x} f(x) \sin kx \mathrm{d}x \end{aligned}\right\} \quad (9\text{-}25)$$

由于旋转电机结构上的对称性，电机中的周期函数通常也具有对称性。当周期函数以直角坐标系的纵轴对称时，它是一个偶函数，当周期函数以原点对称时，它是一个奇函数。

原则上讲，坐标轴线的选取可以是任意的，在电机理论中，一种通用的选取方法是当以电角度计量时，空间矢量（例如磁动势）的幅值轴线选在相绕组轴线（简称相轴）上，而时间相量（例如相电流）的时间轴线（简称时轴）也选在对应的相轴上。因此磁动势和相电流都是偶函数，用傅里叶级数把它们展开时，应不含式（9-24）中的正弦分量。

由于旋转电机结构上的对称性，电机中的对称周期函数一般满足 $f(x) = -f(x+\pi)$，也就是说将函数波形沿横轴平行移动半个周期后，将与原波形对称于横轴，即所谓镜对称。满足镜对称的对称周期函数中不含有恒定分量 a_0。可以证明，具有镜对称特性的对称周期函数的傅里叶展开式中将只含奇次谐波分量（1，3，5，…）而不含偶次谐波分量（2，4，6，…）。图9-37示出了具有镜对称特性的方波的傅里叶分解波形，图中只给出了基波、第3次谐波和第5次谐波的波形。

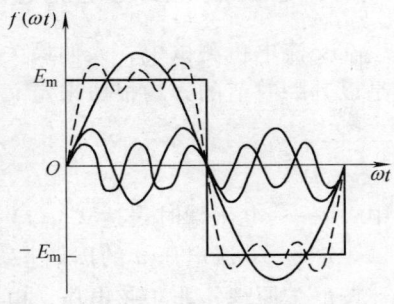

图9-37 对称周期函数的傅里叶分解

对于三相交流电机，由于绕组的三相对称联结，还可以消除三相合成磁动势和绕组线电动势中的3和3的整数倍次谐波。

综上所述，三相交流电机的合成磁动势和线电动势的谐波分析中，将只含有5、7、11、13等 $(6k \pm 1)$ 次谐波分量，其中 $k=1$，2，3，…。从理论上讲，傅里叶级数是一个无穷级数，只有取无穷多次才能准确代表被分解的周期函数。从实际应用上讲，却只能分析有限次数。下面介绍一个电力电子变流器供电电源谐波分析的简单例子。

电力电子变流器供电时，变流器输出的电压、电流波形一般为非正弦形。图9-38为晶闸管相控单相调压电路带纯电阻负载时的电路图及其输出电压波形。显然，输出电压中包含基波和一系列高次谐波，用傅里叶级数分解后，输出电压及各高次谐波电压有效值的标幺值

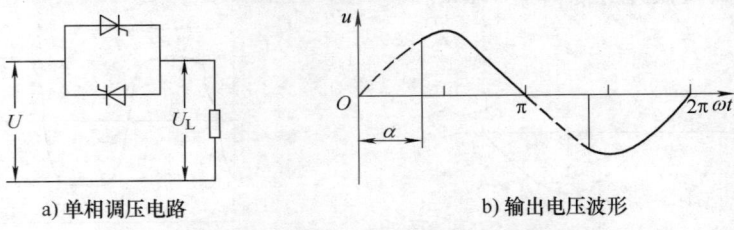

a) 单相调压电路　　　　b) 输出电压波形

图9-38 单相调压电路及其输出电压波形

(以电源电压为基值)与触发延迟角 α 的关系见表 9-2。

表 9-2 输出电压及谐波电压有效值与触发延迟角 α 的关系

谐波电压 触发延迟角 α	U_1	U_3	U_5	U_7
	电压标幺值			
30°	0.989	0.081	0.071	0.059
60°	0.935	0.266	0.154	0.077
90°	0.839	0.450	0.150	0.150
120°	0.699	0.540	0.312	0.156
150°	0.500	0.468	0.413	0.340

可以看出，随着触发延迟角 α 的增大，输出电压有效值逐渐减小。输出电压中基波分量也逐渐减小，而高次谐波所占比例却逐渐增大。如果用该电源给单相异步电动机供电，电压的调节范围将十分有限，否则电机的运行性能将迅速变坏，甚至根本无法运行。

二、非正弦电压与电流的测量

在交流电机测试中，人们最关心的电压、电流值应该是它们的有效值，电压与电流有效值是以其瞬时值的方均根值来定义的。以电压为例，其有效值 U 为

$$U = \sqrt{\frac{1}{T}\int_0^T u^2 \mathrm{d}t} \tag{9-26}$$

式中 u——电压瞬时表达式 $u(t)$；
  T——交流电压 u 的周期。

按电工原理，非正弦电压、电流有效值可分别表示为

$$U = \sqrt{U_1^2 + U_2^2 + \cdots + U_m^2 + \cdots} \tag{9-27}$$

$$I = \sqrt{I_1^2 + I_2^2 + \cdots + I_n^2 + \cdots} \tag{9-28}$$

式中，U_1, U_2, $\cdots$, U_m 和 I_1, I_2, $\cdots$, I_n 分别为非正弦电压、电流的基波有效值和各高次谐波分量的有效值。

交流电机测试中常用的电压表和电流表多以工频正弦交流量的有效值来校准，在测量非正弦电量时将会产生误差，而且波形正弦性畸变率越大，测量误差也越大。因此，在测量非正弦电量时，测量仪表的选用应十分慎重。例如，应用电动系电压表（0.5 级）测量图 9-39 所示的三相相控交流相电压波形时，其有效值误差随触发延迟角 α 的变化而变化。α = 90° 时，测量值相对理论值的误差已超过 4%。应用数字式万用表测量图 9-40 所示平顶电压波时，万用表的有效值误差可能高达 9.5%。

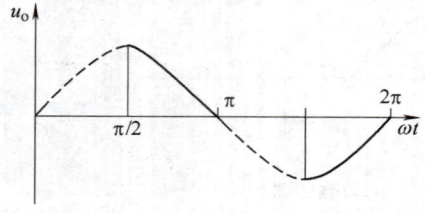

图 9-39 α = π/2 时相控电压波形

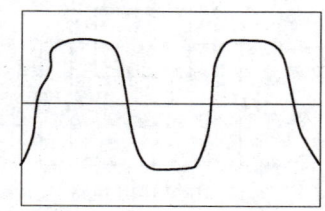

图 9-40 平顶电压波

非正弦电压、电流有效值的测量可以有两种方法:一种是以软件为基础的微机测试法;另一种是以硬件为基础的自动测试系统。下面做简要介绍。

1. 微机计算法

如果将交流电压 u(或电流 i)在一个周期 T 内分成间隔为 Δt 的 N 个子区间,当 Δt 足够小时,式(9-26)中的积分运算可以足够准确地用下式中的求和运算来代替,即

$$U = \sqrt{\frac{1}{T}\sum_{m=1}^{N}u_m^2 \Delta t} \qquad (9\text{-}29)$$

式中,u_m 为 $t=(m-1)\Delta t$ 时的电压值。

如果令 N 个子区间的时间间隔 Δt 相等,则有 $\Delta t = T/N$,那么式(9-29)又可表示为

$$U = \sqrt{\frac{1}{N}\sum_{m=1}^{N}u_m^2} \qquad (9\text{-}30)$$

如果被测量是电流,显然有与式(9-30)形式相同的表达式,即

$$I = \sqrt{\frac{1}{N}\sum_{m=1}^{N}i_m^2} \qquad (9\text{-}31)$$

式中,i_m 为 $t=(m-1)\Delta t$ 时的电流值。

根据式(9-30)和式(9-31),可用微机来测量任意波形交流电压和电流的有效值。具体方法是,被测电压和电流信号由模拟量输入电路输入后,由 A-D 转换器将模拟量转换为数字量,然后送入微机(或单片机),微机根据在一个周期 T 内采集到的 N 个离散值,按式(9-30)和式(9-31)计算出电压和电流的有效值。

显然,用上述方法测得的电压和电流有效值也为近似值,测量的准确度主要受制于 A-D 转换器的转换速度和转换精度。

2. 模拟式变换器法

非正弦电压和电流有效值的测量可用模拟电路来实现。前文介绍的霍尔式电流(电压)传感器,由于其二次电流可以真实地反映一次电流的波形,因此也可以作为非正弦电流、电压测量的检测元件。

下面介绍一种非正弦有效值测量指示仪表的构成原理。为了测量电压和电流的方均根值,可以设计出具有二次方律伏安特性的整流变换器,然后由低通滤波器或磁电系机构进行平均值变换,而在标尺刻度时完成开二次方运算,最后形成方均根值仪表。这种仪表适用于无直流分量的高频或低频非正弦电压和电流有效值的测量。

如果某整流器的伏安特性为平方律曲线,则满足

$$i = Ku_i^2 \qquad (9\text{-}32)$$

式中 u_i、i——整流器输入电压和输出电流的瞬时值;
      K——二次方律整流系数。

对二次方律整流器的输出进行低通滤波取平均值,则整流器的输出电压为

$$U_o = \frac{1}{T}\int_0^T i\,dt = \frac{1}{T}\int_0^T Ku_i^2\,dt = K\frac{1}{T}\int_0^T u_i^2\,dt = KU_i^2 \qquad (9\text{-}33)$$

式中,$U_i = \frac{1}{T}\int_0^T u_i^2\,dt$ 为整流器输入电压 u_i 的有效值。

由式(9-33)可看出，二次方律整流器的输出电压 U_o 与输入电压有效值的二次方成正比。

为了实现整流器的二次方律伏安特性，可以采用分段逼近法。即用若干斜率不同的直线段组成的折线来近似二次方律曲线，如图 9-41 所示。

图 9-42 是二次方律曲线分段逼近法的电路实现。图中的点画线方框部分相当于一个可变电阻器，阻值的改变是靠二极管 $VD_1 \sim VD_6$ 的导通和截止来完成的。随着输入电压的增大，二极管 $VD_1 \sim VD_6$ 将顺序导通，而整流器负载电阻的减小意味着曲线斜率的增大。折线各折点的位置由 $R_2 \sim R_7$ 的滑动位置决定。实际上，只要精心选择分段段数和各段电阻的阻值，就可以足够准确地利用图 9-42 来获得二次方律整流特性。

从 R_0 两端可以得到整流器输出电流 i 的信号，这个电流的平均值与输入电压有效值的二次方成正比。为了获得指示仪表的有效值读数，在表盘标尺刻度时完成开二次方运算。一般的整流式有效值指示仪表就是按上述原理设计的。显然，上述表盘读数是非线性的。

对于自动测试装置或数字显示仪表，需要设计一种线性读数的有效值整流器，即设法使整流器的输出电流(或

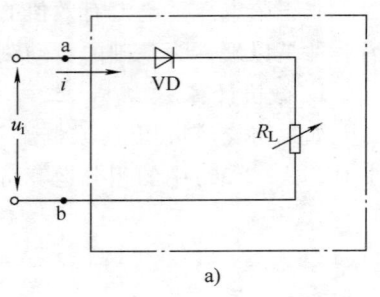

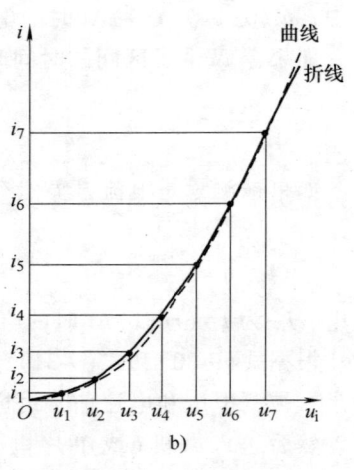

图 9-41　分段逼近法

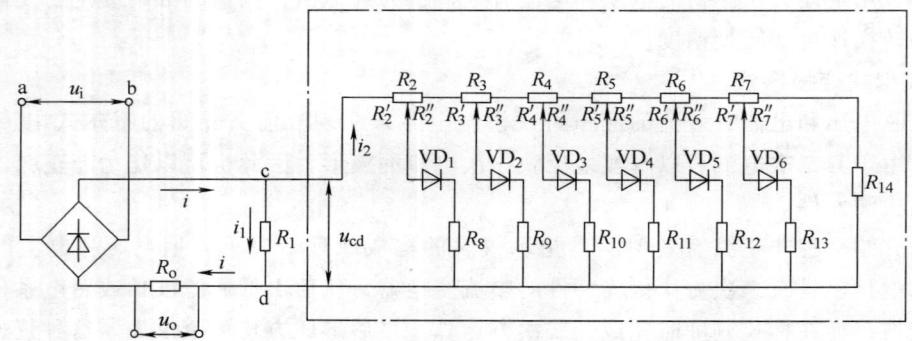

图 9-42　分段逼近法的电路实现

电压)与输入电压有效值成正比。图 9-43 给出了一个线性有效值整流器的实用电路，其工作原理可简述如下。

电路中设置了一个有足够大容量的电容器 C，只要电容器 C 的放电时间常数远大于被测量的周期，对于某一输入电压 $u_i(t)$，电容器的充电电压就会近似保持恒定。设电容器的稳定电压为 U_C，当 $U_a < U_C$ 时，二极管 $VD_5 - VD_7$ 均截止，电容器经 R_a、$R_1 \sim R_4$ 放电，这是折线的第一段；当 u_i 增大，使 $u_a > U_C$ 时，出现充电电流 i_a，折线斜率变大，这是折线的第二段；当 u_i 继续增大使 $u_b > U_C$ 时，二极管 VD_5 导通，出现电流 i_b，这时 i_a 与 i_b 共同为电容器 C 充电，使折线斜率再一次变大，这就是折线的第三段；当 u_i 进一步增大，将使 VD_6、VD_7 顺序导通，从而完成第四段和第五段折线的近似。

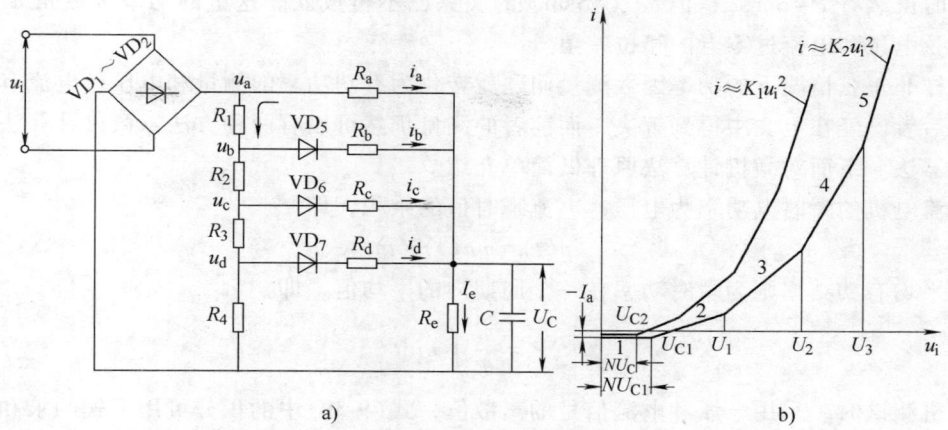

图 9-43 线性有效值整流器

可以看出，电阻 $R_a \sim R_d$ 将决定各段折线的斜率，而电阻 $R_1 \sim R_4$ 则决定了折线的折点，只要适当选择各电阻值，就能得到一条逼近某一所需抛物线的折线。

当被测电压的有效值 U_i 变化时，电容器 C 上的稳定电压 U_C 也随之变化，各折点电压也将随之变化，但各段折线的斜率仍将保持不变，显然这是逼近另一条抛物线的折线。因此，随着被测电压有效值的变化，就得到了一个对应的折线簇。可以证明，电容器上的稳定电压 U_C 与被测电压的有效值 U_i 成正比。这样就得到了一个线性有效值变换器的基本电路。如果用上述电路构成指示仪表，将具有线性刻度标尺的有效值读数，适用于无直流分量的非正弦电量测量。

三、功率与功率因数的测量

由正弦波电压、电流供电时，电机的功率因数可按相电压与相电流的相位差角的余弦来计算。然而在非正弦情况下，上述计算功率因数的方法不再适用。

通常，非正弦电路的有功功率和无功功率分别定义为其基波和各高次谐波的有功功率及无功功率之和，即

$$P = m \sum_{k=1}^{\infty} U_k I_k \cos\varphi_k \tag{9-34}$$

$$Q = m \sum_{k=1}^{\infty} U_k I_k \sin\varphi_k \tag{9-35}$$

式中　U_k、I_k、φ_k——每相第 k 次谐波的电压、电流有效值及其相位差角；
　　　m——电机相数。

而视在功率仍为

$$S = mUI \tag{9-36}$$

式中　U、I——非正弦波相电压和相电流有效值，如式（9-27）和式（9-28）所示。

非正弦供电时，一般说来，$S^2 > P^2 + Q^2$，因此对非正弦情况下的功率因数的定义，学术界有着不同的意见，一般情况下，仍以下式作为等效功率因数，即

$$\cos\varphi = \frac{P}{S} = \frac{P}{mUI} \tag{9-37}$$

这时虽然有 $P = S\cos\varphi$，但是 $Q = S\sin\varphi$ 的关系已不再成立。这里的功率因数角 φ 已经不是非正弦电压和电流过零点的相位差角。

这样非正弦情况下的功率因数测量问题就转化为有功功率的测量和电压、电流有效值的测量，后者已经在上文中得到解决，而前者的测量仍然可以有两种方法：微机计算法和模拟式变换器法。下面对微机计算法原理做简单介绍。

交流电机的瞬时电功率为电压、电流瞬时值的乘积，即

$$p(t) = mu(t)i(t) \tag{9-38}$$

而平均有功功率则为瞬时功率在一个周期内的平均值，即

$$P = \frac{m}{T}\int_0^T ui\,dt \tag{9-39}$$

微机测试时，采用电压和电流信号的离散值，式(9-39)中的积分可用下式的求和来近似计算，即

$$P = \frac{m}{T}\sum_{j=1}^N u_j i_j \Delta t \tag{9-40}$$

式中 u_j、i_j——第 j 个采样点的电压和电流离散值；
N——一个周期内的采样点数。

当选择 N 个相等子区间时，有 $\Delta t = T/N$，故平均有功功率的计算公式可表示为

$$P = \frac{m}{N}\sum_{j=1}^N u_j i_j \tag{9-41}$$

可见，平均有功功率的测量也转化为对电压、电流信号离散值的采样。对每个采样点的乘法运算、累加运算和平均值运算将由软件编程来实现。

四、谐波的测量

GB 755—2008 规定，电压波形正弦性畸变率用以下公式定义，即

$$DFV_m = \frac{U_m}{U_1} \times 100\% \tag{9-42}$$

$$DFV_m = \frac{\sqrt{\sum_{m=2}^{\infty} U_m^2}}{U_1} \times 100\% \tag{9-43}$$

式中 DFV_m——第 m 次谐波电压波形正弦性畸变率，DFV 为总电压波形正弦性畸变率；
U_m 和 U_1——第 m 次谐波电压和基波电压的有效值。

谐波测量就是根据谐波分析原理，测取被测非正弦电量中各次谐波分量的有效值并计算其波形正弦性畸变率。常用的谐波测量方法有频域法和时域法，现简单介绍如下。

(1) 频域法谐波分析仪

频域法谐波分析仪利用窄带带通滤波器，从输入的非正弦信号中选出特定频率的谐波分量，用频率连续可变的标准正弦波定标。一种采用并行分析法的谐波分析仪的原理框图如图 9-44 所示。它具有十个窄带带通滤波器，这些滤波器的通频带从仪器测量范围的最低频到最高频，各自接有幅度检波器。被测信号的各频率分量同时通过相应的滤波器和检波器，又同时送到显示器，因此这种谐波分析仪可用于研究周期性非正

弦信号的瞬变过程。

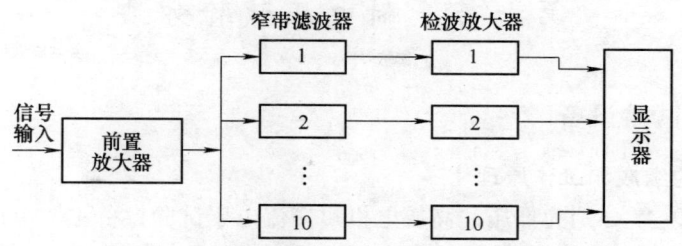

图 9-44　并行分析法谐波分析仪的原理框图

（2）外差式谐波分析仪

目前使用最多的是外差式谐波分析仪，外差式谐波分析仪本质上也是一种频域方法，其原理框图如图 9-45 所示。

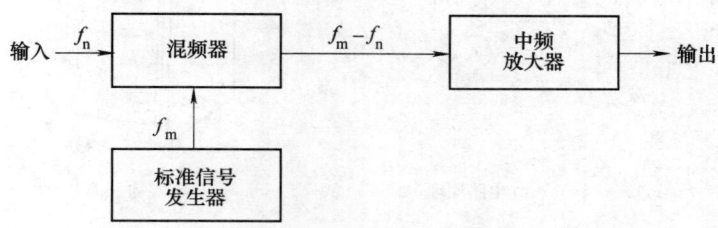

图 9-45　外差式谐波分析仪的原理框图

标准信号发生器产生频率连续可变的标准正弦波 f_m，与被测非正弦输入信号 f_n 同时送入混频器，混频器输出差频信号 f_m-f_n，然后由中频放大器选频输出。

中频放大器具有固定的频率范围（$f_1±\Delta f$）。当差频信号满足 $f_m-f_n±\Delta f=f_1±\Delta f$，即 $f_m-f_n=f_1$ 时，可通过中频放大器，而其他频率的信号则被滤掉。因此，只需使标准正弦波信号频率连续变化，就可以测出输入信号中的各次谐波分量。

（3）数字谐波分析仪

数字谐波分析仪采用的是谐波分析的时域法。把被测非正弦周期信号经 A-D 转换器变为数字量，送入微处理机进行快速傅里叶变换（FFT 运算），计算出各次谐波的幅值和相位，并且同时计算出被测信号的波形正弦性畸变率，最后数字显示或打印。这种仪器响应速度快、测量准确度高，可以做成便携式，适合于谐波分析的稳态和瞬态测试。

数字谐波分析仪的原理框图如图 9-46 所示。

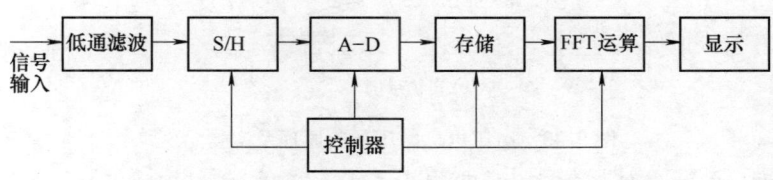

图 9-46　数字谐波分析仪的原理框图

第七节 耐电压试验方法

一、耐电压试验设备

1. 试验设备的组成和工作原理

图 9-47 和图 9-48 分别为低压和高压电机耐交流电压试验设备主要组成部分的电路图和实物示例图。

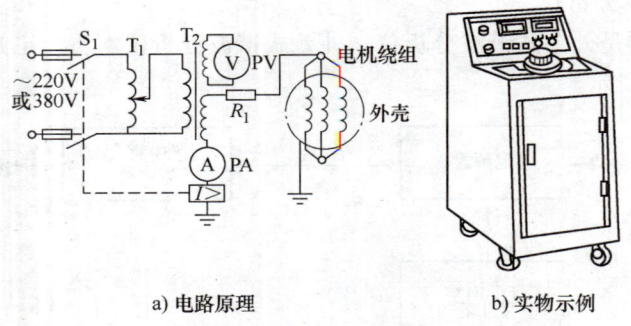

a) 电路原理　　　　b) 实物示例

图 9-47　低压电机耐压试验原理及实物示例

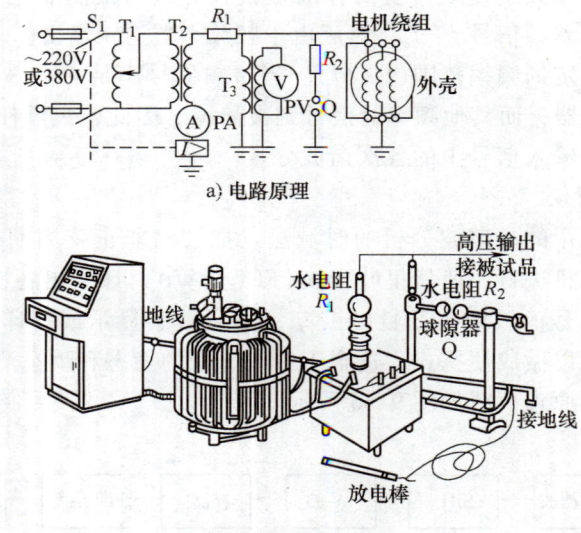

a) 电路原理

b) 实物示例

图 9-48　高压电机耐压试验原理及实物示例

试验过程中,首先,低压交流电(我国为 50Hz,380V 或 220V)通过控制开关 S_1 输给调压器 T_1;然后,调节调压器 T_1,按需要输出不同值的电压送给升压变压器 T_2,升压变压器 T_2 将电压升到需要的数值后加到被试电机上。电压表 PV 指示出试验电压;电流表 PA 指示出高压泄漏电流;电阻 R_1 的作用是在试品出现短路时,使变压器输出电流受到限制,从而避免变压器受到较大的短路电流损伤,所以也称为"限流保护电阻",其值一般为每伏 0.2~1Ω 选配。对于高压电机,需要采用球隙保护装置 Q,用于防止对被试电机加过高的电压,一般在试验前进行调整,使之在电压达到 1.1~1.15 倍试验电压时放电;R_2 是球隙保护电阻,其值一般可按每伏 1Ω 选配。

2. 对耐压试验设备有关元件的要求

在国家标准中,除要求试验电压尽可能为正弦波以外,对试验设备还有如下要求。

(1) 对升压变压器额定容量的要求

对额定电压为 1140V 及以下的电机,每 1kV 试验电压应不小于 1kV·A;对额定电压大于 1140V 的电机,每 5kV 试验电压应不小于 1kV·A。也可以根据被试电机的电容量 C 按式 9-44 计算,即

$$S_N = 2\pi fCUU_{NT} \times 10^{-3} \tag{9-44}$$

式中　S_N——试验变压器最小容量(kV·A);
　　　f——电源频率(Hz);
　　　C——电机被试绕组的电容(F)。
　　　U——试验电压值(V);
　　　U_{NT}——试验变压器的高压侧额定电压(V)。

(2) 对试品过电压保护的要求

对额定电压为 3kV 及以上的电机应加球隙保护装置。

(3) 对试验电压测量和结果显示的要求

显示试验电压的电压表必须接在升压变压器的高压侧。当被试电机击穿时,试验设备应具有声光指示和自动切断电路的功能,应有手动复位措施。

二、工频耐电压试验

对于车用驱动电机而言,工频耐压试验需要分别在电机绕组与电机机壳之间、电机绕组与温度传感器之间、电机控制器相关元器件之间进行。

1. 电机绕组与电机机壳之间的工频耐电压试验

试验时,电压应施加于绕组和机壳之间,试验电压的频率为工频,电压波形应尽可能接近正弦波形。此时,不参加试验的其他绕组和埋置的检温元件等均应与铁心或机壳连接,机壳应接地。当绕组各相或各支路始末端单独引出时,应分别进行试验。如果三相绕组的中性点不易分开,三相绕组应同时施加电压。

试验过程中,试验电压的有效值按照表 9-3 选取。加载过程中,施加的电压应从不超过试验电压全值的一半开始,然后以不超过全值 5% 的速度均匀地或分段地增加至全值,电压自半值增加至全值的时间应不少于 10s,全值试验电压应持续 1min。

当对批量生产的 5kW(或 kV·A)及以下电机进行常规试验时,1min 试验可用约 5s 的试验代替,试验电压值应符合表 9-3 的要求。也可用 1s 试验来代替,但试验电压值应为表 9-3 要求的 120%。试验完毕,待电压下降到全值的三分之一以下时,方可断开电源,并对被试绕组进行放电。

表 9-3 驱动电机绕组对机壳工频耐电压限值

项号	驱动电机或部件	试验电压(有效值)
1	持续功率小于 1kW 且最高工作电压小于 100V 的驱动电机的电枢绕组	500V+2 倍最高工作电压
2	持续功率不低于 1kW 或最高工作电压不低于 100V 的驱动电机的电枢绕组	1000V+2 倍最高工作电压,最低为 1500V
3	驱动电机的励磁磁场绕组	1000V+2 倍最高励磁电压,最低为 1500V

试验过程中,如果发现电压或漏电流急剧增加、绝缘冒烟或发生响声等异常现象时,应立即降低电压,断开电源,将被试绕组放电后再对绕组进行检查。

记录试验过程中漏电流的大小。

2. 驱动电机绕组对温度传感器的工频耐电压

若驱动电机的温度传感器固定于定子绕组中,驱动电机绕组对温度传感器应能承受 1500V 的工频耐电压试验,无击穿现象,漏电流应不高于 5mA。

试验时,将 1500V 耐电压施加于驱动电机绕组与温度传感器之间,驱动电机绕组和其他元件等均应与铁心或机壳连接,机壳应接地。对于驱动电机绕组中埋置多个温度传感器的情况,则应对每个温度传感器从事耐电压试验。

记录试验过程中漏电流的大小。

3. 驱动电机控制器工频耐电压

驱动电机控制器动力端子与外壳、动力端子与信号端子之间,应能耐受表 9-4 所规定的试验电压,驱动电机控制器信号端子与外壳之间,应能耐受 500V 的工频耐电压试验。驱动电机控制器动力端子与外壳、动力端子与信号端子、信号端子与外壳间的工频耐电压试验持续时间为 1min,无击穿现象,漏电流限值应符合产品技术文件规定。对于驱动电机控制器信号地与外壳短接的控制器,只需进行驱动电机控制器动力端子与外壳间的工频耐电压测试。

表 9-4 驱动电机控制器动力端子与外壳间、动力端子与信号端子间工频耐电压限值

最高工作电压(U_{dmax})/V	试验电压(方均根值)/V
$U_{dmax} \leqslant 60$	500
$60 < U_{dmax} \leqslant 125$	1000
$125 < U_{dmax} \leqslant 250$	1500
$250 < U_{dmax} \leqslant 500$	2000
$U_{dmax} > 500$	$1000 + 2 \times U_{dmax}$

试验过程中,驱动电机控制器的各个动力端子应短接,各个信号端子应短接。根据表 9-4 设置试验电压,在驱动电机控制器动力端子与外壳、控制器信号端子与外壳、控制器动力端子与控制器信号端子之间进行试验。

第九章 车用电机系统电量的测量

在驱动电机控制器动力端子与外壳，以及控制器信号端子与外壳的耐电压试验过程中，不参加试验的其他端子或部件应与外壳连接，外壳接地。

在驱动电机控制器动力端子与控制器信号端子之间的耐电压试验过程中，动力端子和不参加试验的其他元件应与外壳连接，外壳接地。

对有些因电磁感应等情况而导致高电压进入低压电路的部件（如脉冲变压器、互感器等），可在试验前予以隔离或者拆除。

记录试验过程中漏电流的大小。

需要说明的是，因工频耐电压试验对电机绝缘有损伤积累效应，所以，除非必需，一般不应进行重复试验。若必需时（例如用户强烈要求或某些验收检查时），则所加电压应降至第一次试验时的80%及以下。试验前，应检查电机的绝缘电阻，若绝缘电阻较低或电机有受潮现象，应对电机进行烘干处理，待电机的绝缘电阻达到理想值后，再进行试验。

对部分重绕的绕组或经过大修后的电机进行耐电压试验时，全部重绕绕组的试验电压值与新电机相同，部分重绕绕组的试验电压值为新电机试验电压值的75%。试验前，对旧的绕组应仔细地清洗并烘干。

三、冲击耐电压试验

根据电机类型的不同，冲击耐电压试验主要包括驱动电机电枢绕组的匝间冲击耐电压试验（有刷直流驱动电机电枢绕组除外）、驱动电机励磁绕组的匝间冲击耐电压试验以及有刷直流驱动电机电枢绕组的匝间冲击耐电压试验。试验所用仪器为对地耐冲击电压试验仪，其外形如图9-49所示。

试验冲击电压的波前时间可为$0.2\mu s$（容差$^{+0.3}_{-0.1}\mu s$）和$1.2\mu s$（容差$\pm 30\%$），优先推荐$0.2\mu s$。通过该试验测得

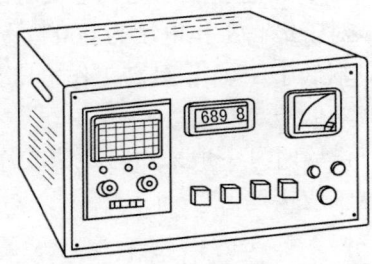

图9-49 对地耐冲击电压试验仪

的参考绕组与被试绕组放电波形，应为两条无显著差异的正常衰减振荡波形。

1. 电枢绕组的匝间冲击耐电压试验（有刷直流驱动电机电枢绕组除外）

驱动电机的电枢绕组匝间绝缘冲击试验电压峰值应不低于用式（9-45）计算值（有刷直流电机的电枢除外），并按四舍五入原则修约到百数位（百伏）的数值。

$$U_T = 1.7 U_G \qquad (9\text{-}45)$$

式中 U_T——电机绕组匝间绝缘冲击试验电压峰值（V）；

U_G——电机绕组对地绝缘工频耐电压试验值（有效值）（V），按表9-3选取。

根据电机绕组的连接方式，试验过程中绕组与对地耐冲击电压试验仪的连接方式如图9-50所示。其中，三相绕组六个线端都引出时，可按图9-50a所示接法，称为相联结，它较适用于无换相装置的老式两相三线匝间仪（现已很少使用），并需人工倒相。

2. 驱动电机励磁绕组的匝间冲击耐电压试验

对于驱动电机的励磁绕组，其匝间绝缘冲击试验电压峰值一般不低于式（9-45）的规定，当总匝数为6匝及以下时，其冲击试验电压峰值为250×被试绕组的总匝数，单位为伏（V），最低应为1000V。

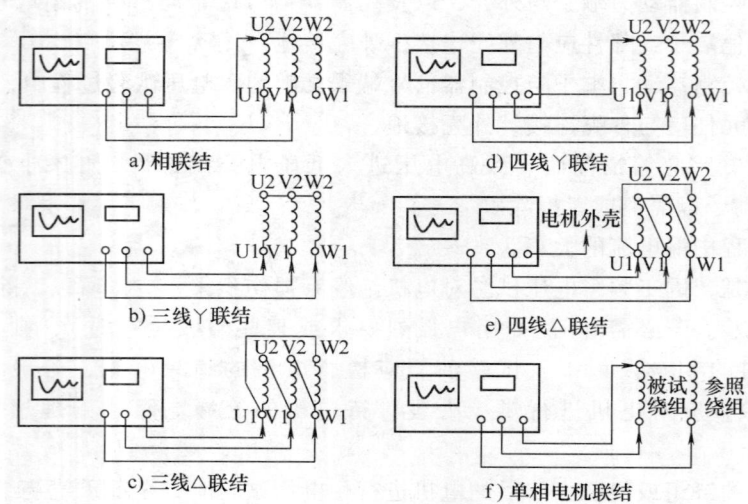

图 9-50 电机绕组匝间耐电压试验接线方法

试验时,将冲击试验电压直接施加于励磁绕组的引出线间,与被试绕组相关的未试线圈或绕组的引出线端应短接,并连同铁心接地。

3. 有刷直流驱动电机电枢绕组的匝间冲击耐电压试验

对于最高工作电压为 660V 及以下的有刷直流驱动电机,电枢换向片的片间冲击电压峰值应不低于 350V;最高工作电压为 660V 以上的有刷直流驱动电机,电枢的片间冲击电压峰值应不低于 500V。

试验时,一般采用跨距法或片间法进行试验,将冲击试验电压直接施加于换向器片间,电枢轴应接地。

(1) 跨距法

选取跨距内换向片的数目应根据绕组类型和试验设备具体确定,一般推荐 5~7 片。为了使每一片间都经受一个相同条件的电压试验,推荐逐片进行试验(可根据均压线的连接方式减少试验次数)。

(2) 片间法

依次对换向器上一对相邻换向片进行试验。试验时,若未试线圈中产生高的感应电压,则应在被试换向片两侧的换向片上设置接地装置,并良好接地。

第八节 绝缘电阻的测量

绝缘电阻试验包括驱动电机定子绕组对机壳的绝缘电阻试验、驱动电机定子绕组对温度传感器的绝缘电阻试验以及驱动电机控制器的绝缘电阻试验。试验用的仪器为绝缘电阻表,其工作原理如图 9-51 所示。绝缘电阻表主要用来检查电气设备电气线路对地及相间的绝缘电阻,以保证这些设备和线路工作在正常状态,避免发生触电伤亡及设备损坏等事故。它的刻度是以兆欧(MΩ)为单位的,故俗称兆欧表。

绝缘电阻表的两个线圈处于磁场中,并固定在同一轴上且相互垂直。一个线圈与电阻 R

串联,另一个线圈与被测电阻 R_x 串联,两者并联接于直流电源。在测量时,通过线圈的电流 $I_1 = U/(R_1+R)$,$I_2 = U/(R_2+R_x)$,其中 R_1、R_2 为线圈电阻,线圈受到磁场的作用,产生两个方向相反的转矩,转矩大小既与对应的电流成正比,又与线圈在磁场中所处的角度有关。当仪表的可动部分在转矩的作用下发生偏转,直到两个线圈产生转矩平衡时,指针停止摆动,指针偏转的角度取决于流经两个线圈的电流的比值,又与被测电阻 R_x 有一定的函数关系,偏转角 α 可以反映出被测电阻的大小。另外,仪表的偏转角 α 与电源电压 U 无关,所以手摇发电机转动的快慢不影响读数。

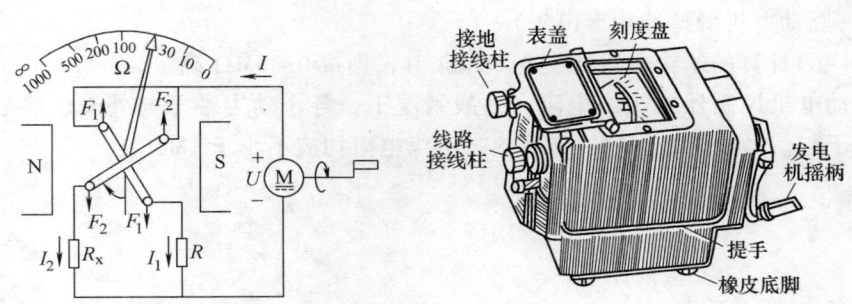

图 9-51 绝缘电阻表工作原理及实物示例

在实际试验时,一般采用数字式绝缘电阻表。数字式绝缘电阻表由中大规模集成电路组成,由机内电池作为电源经 DC/DC 变换产生直流高压,高压输出经被测试品(如电机绕组),产生一个直流电流,进而经过 I/V 变换经除法器完成运算直接将被测的绝缘电阻值显示出来。

试验前,应根据被测绕组(或测量点)的最高工作电压选择绝缘电阻表。当最高工作电压不超过 250V 时,应选用 500V 绝缘电阻表,当最高工作电压超过 250V,但是不高于 1000V 时,应选用 1000V 绝缘电阻表。测量时,应在绝缘电阻表指针或者显示数值达到稳定后再读取数值。

在测量驱动电机定子绕组对机壳的绝缘电阻时,如果各绕组的始末端单独引出,则应分别测量各绕组对机壳的绝缘电阻,不参加试验的其他绕组和埋置的检温元件等应与铁心或机壳做电气连接,机壳应接地;当中性点连在一起而不易分开时,则测量所有连在一起的绕组对机壳的绝缘电阻。

在测量驱动电机定子绕组对温度传感器的绝缘电阻时,如果驱动电机埋置有温度传感器,则应分别测量定子绕组与温度传感器之间的绝缘电阻;如果各绕组的始末端单独引出,则应分别测量各绕组对温度传感器的绝缘电阻,不参加试验的其他绕组和埋置的其他检温元件等应与铁心或机壳做电气连接,机壳应接地;当绕组的中性点连在一起而不易分开时,则测量所有连在一起的绕组对温度传感器的绝缘电阻。

在测量驱动电机控制器绝缘电阻时,试验前,控制器与外部供电电源以及负载应分开,不能承受绝缘电阻表高压冲击的电器元件(如半导体整流器、半导体管及电容器等)宜在测量前将其从电路中拆除或短接。试验时,分别测量控制器动力端子与外壳、控制器信号端子与外壳、控制器动力端子与控制器信号端子之间的绝缘电阻,不参加试验的部分应连接接地。

需要注意的是，每次测量结束后，每个回路应对接地的部分做电气连接使其放电。

一般情况下，驱动电机定子绕组对机壳以及驱动电机定子绕组对温度传感器的冷态绝缘电阻值应大于 20 MΩ，热态绝缘电阻值应不低于下式计算的值，即

$$R = \frac{U_{dmax}}{1000+\dfrac{P}{100}} \tag{9-46}$$

式中　R——驱动电机定子绕组对机壳的热态绝缘电阻（MΩ）；
　　　U_{dmax}——最高工作电压（V）；
　　　P——驱动电机的持续功率（kW）。

按式（9-46）计算的绝缘电阻低于 0.38MΩ 时，则按 0.38MΩ 确定。

对于驱动电机控制器的绝缘电阻，一般情况下，各个动力端子与外壳、信号端子与外壳、动力端子与信号端子之间的冷态及热态绝缘电阻均应不小于1MΩ。

第十章 车用电机系统非电量的测量

车用电机系统中的非电量主要指转速、转矩、温度、磁场、振动和噪声等物理量。这些物理量能够直接反映车用电机系统的品质表现和质量,对于评价车用电机系统有着较为重要的作用。

转速和转矩是影响电机性能及负载匹配关系的重要机械量,是电机制造厂和用户都十分关心的两个参量。电机温度是影响电机可靠性及寿命的重要参量。对于电机及其控制器中的绕组、铁心、IGBT 等部件,往往需要考核它们的温升是否与一定的容量相对应,是否超过规定的相应限值。气隙磁场是电机进行机电能量转换的物质基础和主要媒介,漏磁场虽然不参与机电能量转换,但对电机参数、运行性能和起动性能均有重要影响。振动和噪声对环境的污染、对人类健康的危害已经被公认。国家标准中详细规定了电机振动和噪声的限值及测试方法,了解和掌握这些测试方法及测试设备的基本原理是十分必要的。

测量非电量时,一般要借助传感器将非电量变换成电量,然后用电测量技术实现非电量的测量。非电量的电测原理如图 10-1 所示。

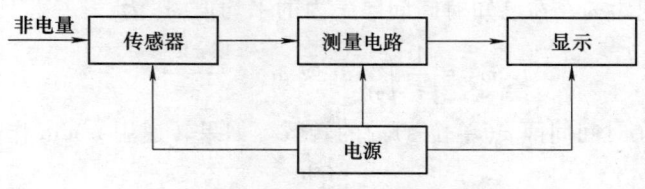

图 10-1 非电量的电测原理

第一节 转速测量原理及实现

电机转速一般指电机转子的每分钟转数(r/min),是电机测试中必须测量的一个重要参数。电机转速可以分为平均转速和瞬时转速,感应电机的转速还可以用转差率来表示。

转速测量方法很多,大多数是做电机平均转速的测量,在研究电机动态过程时,也需要测量电机的瞬时转速。本节将介绍电机转速测量常用的几种主要方法。

一、转速表测速

1. 离心式转速表

离心式转速表的外形如图 10-2 所示,主要由机心、变速器和指示器三部分组成(图 10-3)。重锤利用连杆与活动套环及固定套环连接,固定套环装在离心器轴上,离心器通过变速器从输入轴获得转速。另外还有传动扇形齿轮、游丝、指针等装置。

当离心器轴旋转时,重锤随着旋转所产生的离心力使活动套环向上移动并作用于压缩弹簧。当转速一定时,活动套环向上的作用力与弹簧的反作用力相平衡,套环将停在相应位置。同时,活动套环的移动通过传动机构的扇形齿轮传递给指针,在表盘上指示出被测转速

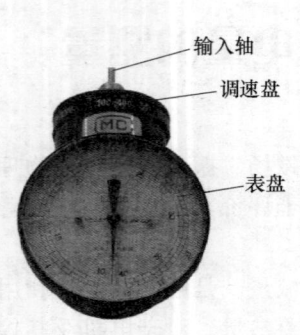

图 10-2 离心式转速表的外形

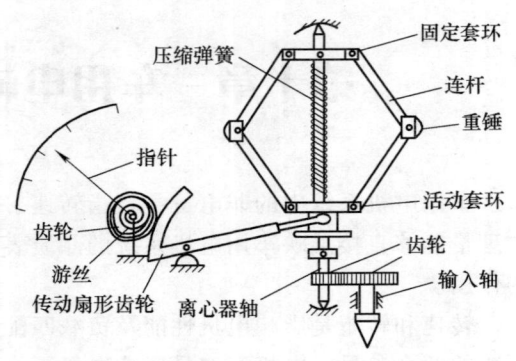

图 10-3 离心式转速表原理图

的大小。显然,转速表指针的偏转与被测轴旋转方向无关。

便携式转速表通常利用变速器来改变转速表的量程。如 LZ—30 型离心式转速表就具有下列五个量程(r/min):30~120,100~400,300~1200,1000~4000,3000~12000。

2. 定时式转速表

定时式转速表按照在一定时间间隔内测量旋转体转数的方法,确定转速的平均值,并由指针在表盘上直接指示被测转速值。

若被测角速度记为 ω,在已知时间间隔 τ 内的平均值 ω_n 为

$$\omega_n = \frac{1}{\tau}\int_0^\tau \omega \mathrm{d}t \text{ 或 } \omega_n = \frac{2\pi n_\tau}{\tau} \tag{10-1}$$

式中,n_τ 为旋转轴在时间间隔 τ(单位 s)内的转数。如果转速用 r/min 作单位,则

$$n = \frac{60 n_\tau}{\tau} \tag{10-2}$$

为了测定时间间隔 τ,要在转速表上安装定时机构,一般采用的时间间隔是 3s 或者 6s。

3. 磁电式转速表

磁电式转速表有电动式、电脉冲式、电谐振式、磁感应式等。

(1) 电动式转速表

电动式转速表带有直流发电机或交流发电机,其工作原理是当发电机的磁通 Φ 一定时,感应电动势 e 正比于转速 n。

(2) 电容式电脉冲转速表

这种转速表的结构原理如图 10-4 所示。换向器 K 是一个鼓形轮,由两个互相绝缘的带齿金属筒构成,两边的电刷在其表面连续滑动。中间电刷将电容器 C 时而与左边的圆筒接通(电容器由电源 E 充电),时而与右边的圆筒接通(电容器向测量仪表放电),形成与转速成正比的充放电脉冲。

(3) 磁电式电脉冲转速表

这种转速表的传感器原理如图 10-5 所示,利用齿顶、齿谷的交替,造成气体磁导的交变,使磁路中的磁通脉动,因而在测量线圈中产生交流电动势,该电动势的频率与转速成正比。磁电式电脉冲转速表的原理框图如图 10-6 所示。

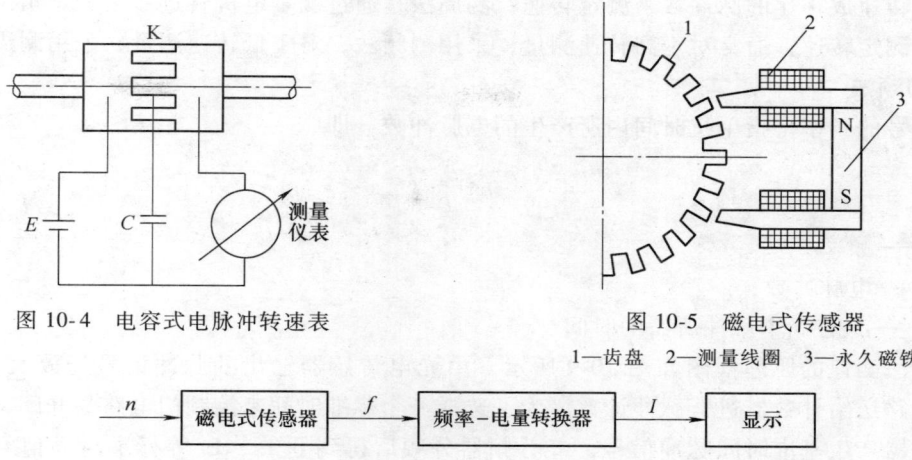

图 10-4 电容式电脉冲转速表

图 10-5 磁电式传感器
1—齿盘 2—测量线圈 3—永久磁铁

$n \rightarrow$ 磁电式传感器 $\xrightarrow{f}$ 频率-电量转换器 $\xrightarrow{I}$ 显示

图 10-6 磁电式电脉冲转速表的原理框图

二、光电数字测速

光电数字测速目前已经获得广泛应用,具有测量范围广、准确度高、能够测量瞬时转速等优点。所用传感器为非接触式传感器,通过传感器将光电信号转变为与转速有关的电信号,从而测量电机的转速。

光电数字式转速表由光电转速传感器和转速显示仪两部分组成。光电转速传感器分为投射式和反射式两种类型,如图 10-7 和图 10-8 所示,它把转速转换为电脉冲信号输出,供转速数字显示仪计数。

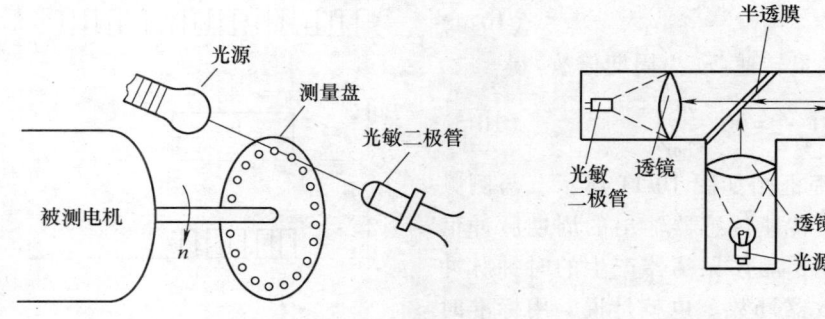

图 10-7 投射式光电传感器 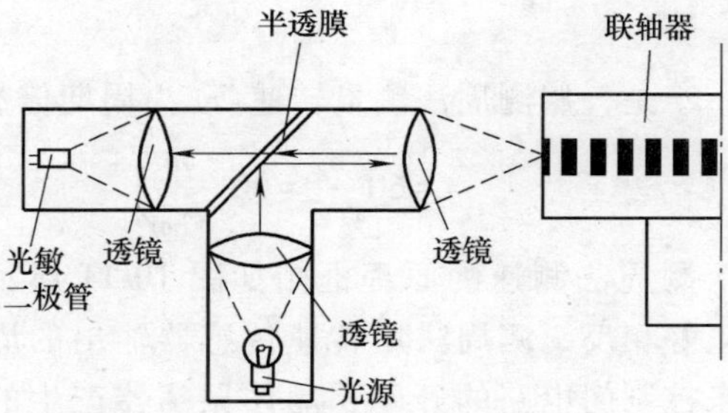　　　　　图 10-8 反射式光电传感器

转速传感器输出的电脉冲数可按下式求得,即

$$N = \frac{Znt}{60}$$

式中　N——输出电脉冲数;
　　　Z——传感器倍增数(每转一周传感器发出的脉冲数);
　　　n——转速;
　　　t——测量时间。

按测速工作原理,光电数字测速可分为测频法和测周法两种。测频法是测量标准的单位

时间内与转速成正比的脉冲数来测定转速；测周法是通过测量电机转过一个给定角位移所需的时间来测定转速。通常对于高转速测量，采用测频法；对于低转速测量，采用测周法。

1. 测频法

电信号的频率是指单位时间内所产生的电脉冲数，即

$$f = \frac{N}{t} \tag{10-3}$$

式中　f——频率；
　　　N——电脉冲数；
　　　t——产生 N 个脉冲所需的时间。

测频法测速的原理框图如图 10-9 所示。由光电传感器输出的脉冲信号经放大整形后，通过门电路送给计数器进行脉冲计数。为了选择一个标准时间来控制门电路的开闭，一般用晶体振荡器产生基准时间脉冲信号，经分频器分频后得到 0.1s、1s 等标准时间信号，通过门控电路发出指令来控制门电路的开闭。测频法波形如图 10-10 所示。

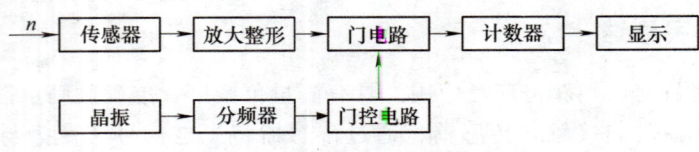

图 10-9　测频法测速的原理框图

2. 测周法

周期 T 是指电信号振荡一周所需的时间。假设时间标准信号周期为 τ_0，计数器读数为 N，则被测周期为

$$T = N\tau_0 \tag{10-4}$$

于是，用测周法测量转速（m 为周期倍数）得

$$n = 60\frac{m}{TZ} = 60\frac{m}{N\tau_0 Z} \tag{10-5}$$

测周法测速的原理框图如图 10-11 所示。与测频法正好相反，测周法用转速传感器输出的周期脉冲信号来控制门电路的开闭，晶体振荡器产生的时钟脉冲信号经门电路送入计数器计数。也就是说，用标准时钟脉冲信号来度量被测角位移的时间长度。

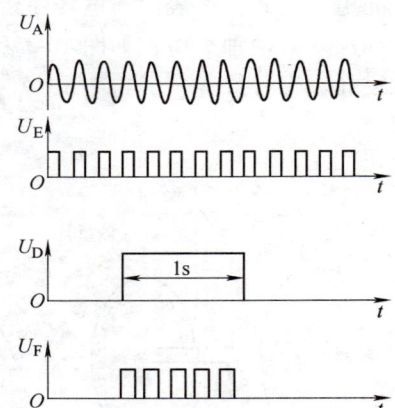

图 10-10　测频法波形图

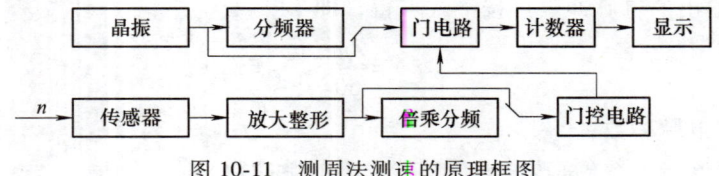

图 10-11　测周法测速的原理框图

三、闪频法测速

闪频法测速基于闪频效应原理。闪频效应就是物体在人的视野中存在视觉暂留而形成的

一种现象,暂留时间为 1/20~1/15s。闪频法测速既不需要与被测物体接触,也不需要转速传感器,使用方便。

荧光灯法是测量电机转速或转差率时常用的一种简便方法。荧光灯是一种闪光灯,将其接入 50Hz 电源时,荧光灯的实际闪光频率为每秒 100 次,闪频周期为 10ms。人的视觉暂留时间远大于荧光灯的闪频周期,因此用肉眼观察时,感觉不到灯光的闪动,而认为荧光灯一直在发光。

测量时,首先在电机轴端画上标记,如图 10-12 所示。也可以在联轴器的圆周表面做出黑白相间的等分标记,分别对应二极、四极和六极电机。当电机以同步转速旋转时,用荧光灯照在轴端标记上,眼睛看到的图案标记将静止不动。

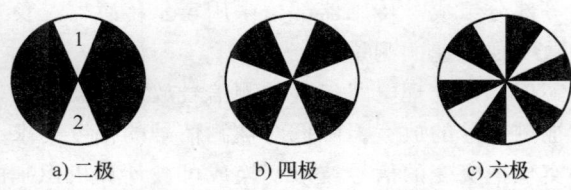

图 10-12 荧光灯法测速的轴端标记

当交流电机的转差率较小时,用荧光灯测定转差率十分方便。如果电机略低于同步转速运行,则眼睛看到的轴端标记将逆电机转向缓慢旋转,用秒表测定每分钟转过的圈数,即电机转速 n 与同步转速 n_s 之间的转速差 Δn,则电机转差率为

$$s = \frac{n_s - n}{n_s} = \frac{\Delta n}{n_s} \tag{10-6}$$

若轴端标记顺电机转向缓慢旋转,则电机转速将略大于同步转速。这时式(10-6)中的转差率为负值。

转差率 s 测定后可按下式计算出电机转速,即

$$n = (1-s) n_s \tag{10-7}$$

作为闪频法测速的一种,荧光灯法因其闪光频率为工频而固定不变,应用受到限制。如果闪光频率可以在较宽范围内调节,则测速范围可大大提高。当轴端扇面标记只有一个时,调节闪光频率 f_s 使标记静止不动,则电机转速(r/min)为

$$n = 60 f_s \tag{10-8}$$

即闪光频率等于电机的每秒转速,闪光数字测速仪就是根据这一原理制成的,其原理框图如图 10-13 所示。

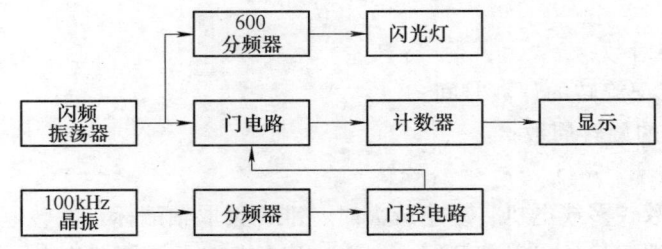

图 10-13 闪光数字测速仪原理框图

图中 100kHz 的晶体振荡器脉冲经分频器及门控电路(二分频)后,得到 0.1s 的测量信号,用来控制门电路的开闭。闪频振荡器脉冲一路经门电路到计数器记数,另一路经 600 分频后去触发闪光灯。

223

使用闪光数字测速仪时,应注意防止误读数。当闪光频率 f_s 小于电机每秒钟转速,且为其 $1/R(R=1,2,3,\cdots)$ 时,眼睛看到的静止轴端标记仍是一个,与 $n=60f_s$ 时完全相同。因此使用闪光数字测速仪时,闪频振荡器的频率应逐渐从高向低调节,直至第一次出现静止的一个轴端标记为止,此时的转速才是电机的真实转速。

四、基于霍尔传感器的速度测量

基于霍尔传感器的转速测量系统由传感器、信号预处理电路、处理器、显示器和系统软件等部分组成。传感器部分采用霍尔传感器,负责将电机的转速转化为脉冲信号,通过脉冲计数实现转速的测量。

信号预处理电路包含被测信号放大、波形变换、波形整形电路等部分,其中放大器实现对被测信号的放大,降低对被测信号的幅度要求,实现对小信号的测量;波形变换和整形电路实现把交变的信号波形变换成可被计算机识别的信号。系统原理框图如图 10-14 所示。

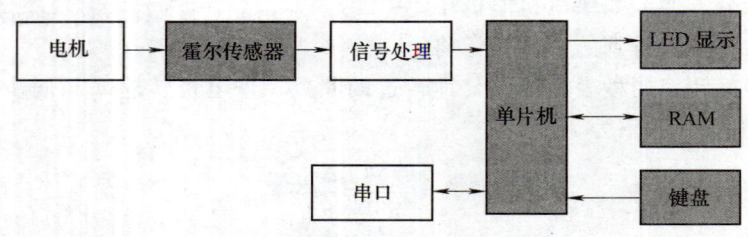

图 10-14 霍尔转速测量系统原理

五、转差率的测量

感应电机正常运行时的转差率一般很小,在 $0.02 \sim 0.06$ 的范围内,用测量转速 n 来确定转差率 s 的方法往往不能令人满意,转差率 s 的直接测量更为合适。下面介绍几种常用的转差率直接测量方法。

1. 荧光灯法

本方法在前面已做了简单介绍。当轴端标记数与电机极数相同时,电机的转差率也可按下式计算,即

$$s = \frac{pN}{tf_1} \tag{10-9}$$

式中 p——电机极对数;
t——轴端标记旋转的计数时间;
N——在 t 内的旋转周数;
f_1——电源频率。

当被测电机极数较多或电机转差率较大时,准确读取轴端标记的转速将比较困难。为了便于计数,可将轴端标记的扇形部分减少一半,即让标记数等于极对数。

2. 感应线圈法

用一个匝数很多的铁心线圈(匝数可达数千)放置于感当电机的轴端附近,利用转子电流产生的轴端漏磁场在铁心线圈中感应电动势。随后把线圈接至零位在中间的检流计,配合秒表测量 t 时间(单位 s)内检流计来回摆动的次数 N,则转子电流频率为 $f=N/t$,而电机的

转差率为

$$s = \frac{f}{f_1} = \frac{N}{tf_1} \tag{10-10}$$

3. 直读法

对于绕线转子电机，可在转子任意一相电路中串联一块零点居中的直流电流表，配合秒表测量 t 时间（单位 s）内指针摆动的次数 N，以与感应线圈法相同的公式计算电机转差率。

六、瞬时转速的测量

瞬时转速测量可采用测周法，即用时钟脉冲来度量电机转过给定角位移的时间。电机的瞬时角速度可表示为

$$\omega = \frac{d\theta}{dt} \approx \frac{\Delta\theta}{\Delta t} \tag{10-11}$$

当 $\Delta\theta$ 或 Δt 足够小时，电机在 Δt 时间内的平均角速度可认为是瞬时角速度。瞬时测速要求在短暂的时间内能够瞬时连续测量，因此只能借助于计算机进行数据处理、打印、显示等。

电机每转一周，传感器输出 Z 个角位移周期信号，可由计算机确定转过 $k\frac{2\pi}{Z}$ 弧度测量一次（$k=1,2,3,\cdots,Z$）。若晶振时钟周期为 T_0，转过 $k\frac{2\pi}{Z}$ 弧度时测得时钟脉冲数为 N，那么所用时间为 $\Delta t = NT_0$，则电机的瞬时角速度（单位 rad/s）为

$$\omega = \frac{\Delta\theta}{\Delta t} = \frac{2k\pi}{ZNT_0} \tag{10-12}$$

瞬时转速测量时，转速传感器可采用电容式结构。电容式传感器是比较精确的角位移传感元件，其定子内圆和转子外圆分别开有两个均匀分布的齿槽，定子与转子间有绝缘环相互绝缘，转子与电机转子同轴。

随着电机的旋转，传感器的定子与转子之间时而齿与齿相对，时而齿与槽相对，如图 10-15a 所示。当齿与齿相对时，定子与转子之间的电容量为最大值 C_{max}；当齿与槽相对时，电容量为最小值 C_{min}。电机每转过一个齿距，传感器电容值就变化一个周期。电机每转一周，电容值就变化 Z 个周期。

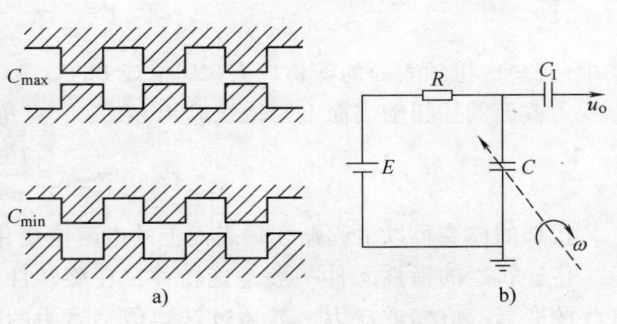

图 10-15 电容式转速传感器

将电容传感器接至图 10-15b 所示电路，则输出电压可用下式表示，即

$$u = U_m \sin Z\omega t \tag{10-13}$$

显然，该电路输出电压变化的角频率与电容值变化的角频率相等（均为 $Z\omega$），也就是说与被测电机旋转的机械角速度 ω 成正比。

目前转速转矩仪的内部晶振频率可达到 40MHz 以上，动态响应时间可达到 μs 级（这种

转矩仪称为瞬态转矩仪)，如果配用相位差式或者应变片式转矩传感器，也同样可以用来测量电机的瞬态转速和转矩。不过转速的测量方式不仅仅局限于电容式测量原理，也可以采用磁电式、光电式或者霍尔式测量方法。

第二节　转矩测量原理及实现

使机械转动的力矩叫作转动力矩，简称转矩。电动机产生的是驱动转矩，发电机产生的是制动转矩。转矩是电机最重要的特征参数之一，也是电机试验中必须测量的一项参数。转矩的测量方法及测试装置是从事计量和电机研究方面的技术人员长期探索的问题。

一、测量转矩的方法

测量转矩的方法有三种：传递法(扭转法)、平衡力法(反力法)及能量转换法。

1. 传递法(扭转法)

传递法是根据弹性元件在传递转矩时所产生的物理参数变化而测量转矩的方法，所谓物理参数是指弹性元件的变形、应力或应变。最常用于测量转矩的弹性元件是扭轴。

等截面圆柱形扭轴的变形为

$$\varphi = \frac{32\,TL}{\pi\,Gd^4} \qquad (10\text{-}14)$$

式中　φ——扭转角(rad)；

T——转矩(N·m)；

L——扭轴工作长度(m)；

d——扭轴直径(m)；

G——扭轴材料切变弹性模量(N/m^2 或 Pa)。

等截面圆柱形扭轴应力为

$$\tau = \frac{16\,T}{\pi\,d^3} \qquad (10\text{-}15)$$

式中　τ——扭轴表面的剪切应力(N/m^2 或 Pa)。

等截面圆柱扭轴表面上与轴线成 45°和 135°夹角的螺旋线上的主应变为

$$\varepsilon_{45°} = -\varepsilon_{135°} = \frac{16\,T}{\pi\,Gd^3} \qquad (10\text{-}16)$$

扭轴的应变可以引起贴在轴表面上的电阻应变片的电阻变化，构成应变型转矩传感器。

传递转矩的弹性元件一般是旋转件，在旋转件上所产生的变形、应变或应力，需通过转矩传感器中的信号变换机构转换成与转矩值成比例的信号，该信号再传输到转矩测量仪器上显示出转矩，如图 10-16 所示。

2. 平衡力法(反力法)

对于匀速工作的电机主轴受转矩作用时，在它的机体上必定同时作用着方向相反的平衡力矩，测量机体上的平衡力矩以确定主轴上作用转矩大小的方法，就是平

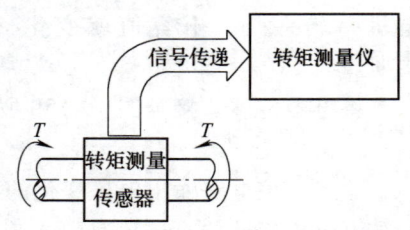

图 10-16　传递法转矩测量原理图

衡力法（也称反力法），如图10-17所示。作用在主轴上的转矩 T 应与作用在机壳上的力矩 M 相互平衡。

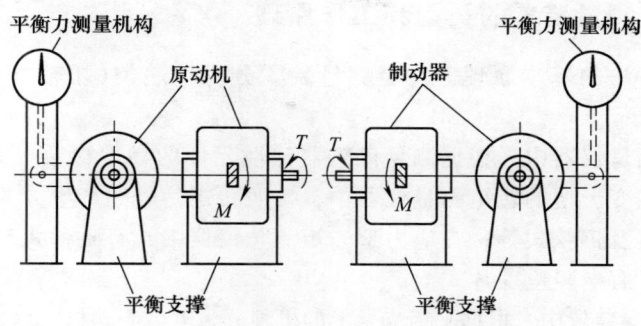

图 10-17　平衡力法转矩测量原理图

作用在机壳上的力矩 M 通常是通过作用在力臂上的作用力 F 而形成的。如果力臂长度为 L，则作用在机壳上的力矩 $M = FL$。显然，测得力臂上的作用力 F 和力臂长度 L，就可以确定力矩 M 及转矩 T 的值。

采用平衡力法测量转矩，没有从旋转件到静止件的转矩信号的传输问题。但是这种方法仅可测量稳态工作情况下的转矩，测量动态转矩误差较大。

3. 能量转换法

能量转换法是根据其他能量参数（如电能）测量机械能参数及转矩的方法。

按照能量转换的观点，电动机是把电能转换为机械能的机构；而发电机是把机械能转换为电能的机构，如图10-18所示。按照能量守恒定律，有

$$E_1 = E_2 + \Delta E \text{ 或 } P_1 = P_2 + \Delta P \quad (10\text{-}17)$$

式中　P_1、E_1——机构的输入功率和能量；

　　　P_2、E_2——机构的输出功率和能量；

　　　ΔP、ΔE——能量转换过程中的功率和能量损耗，若用效率表示时，则有

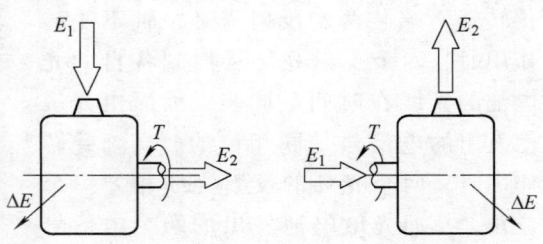

图 10-18　能量转换法转矩测量原理图

$$P_2 = P_1 \eta \text{ 或 } \eta = \frac{P_1 - \Delta P}{P_1} \quad (10\text{-}18)$$

如果需要测量的是电动机的转矩 T_M，则有

$$T_M = \frac{1}{K} \frac{P_1 \eta}{n} \quad (10\text{-}19)$$

式中　K——取决于所用单位的常数；

　　　P_1——输入的电功率。

如果需要测量的是发电机的转矩 T_G，则有

$$T_G = \frac{1}{K} \frac{P_2}{n\eta} \quad (10\text{-}20)$$

式中 P_2——发电机输出电功率。

由此可见,若已知 η,分别测得 P_1 或 P_2,则可确定机构的工作转矩。

二、常用转矩测量装置的类型和工作原理

按照转矩测量方法的基本原理,转矩测量装置分为传递类(扭轴类)、平衡类(测功机类)以及能量转换类。

在传递类转矩测量仪器中,根据测量传感器弹性元件的物理参数分为变形型、应力型、应变型三种。在扭轴变形型的转矩测量仪器中,按照转矩信号的产生方式分为光电式、磁电式、电容式、光学式及钢弦式等;在应力型转矩测量仪器中,有磁弹式及光弹式等;在应变型转矩测量仪器中,有电阻应变片式。

在平衡类转矩测量装置中,根据平衡支架上的机种分为电力测功机、水力测功机、电涡流测功机、磁滞测功机、磁粉测功机等;根据测力机构分为砝码式、摆锤式、弹簧式、电子秤式等。

在能量转换类测量转矩方法中,测量电机电参数的方法应用较多,例如损耗分析法、校准直流电机法、回馈法等。

1. 传递类转矩测量装置

(1) 光学与光电转矩测量仪

光学转矩传感器是利用光电元件测量转轴产生的扭转角变形,常见类型有反射式、透射式、光弹式和激光衍射式四种。

1) 反射式光学转矩测量仪。在转矩测量仪转轴两端装两个反射光环,轴不受转矩作用时,两个反射光环反射到各自的光敏电池的光线在时间上同步,因而由光敏电池发出的电信号是同相位的。当轴受转矩作用时,两个光环的反射光线相差一个相位角,从而光敏电池发出的两个电信号有一定的相位差,由此相位差换成数字显示出转矩值,如图 10-19 所示。

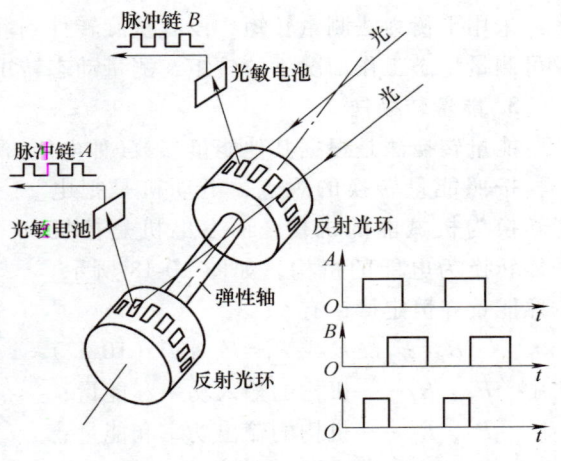

图 10-19 反射光环式转矩传感器示意图

2) 透射式光学转矩测量仪。在转矩测量仪转轴两端装上两个轻质圆盘,圆盘各自开有相等数量的槽,且圆盘两侧配备光敏管和光源灯泡。当弹性轴受转矩作用时,偏转角使两个圆盘错位,两个光敏管发出的脉冲信号产生相位差(和转矩成正比),用时钟脉冲填充后便可计数。如图 10-20 所示,图中微调机构用于仪器调零。

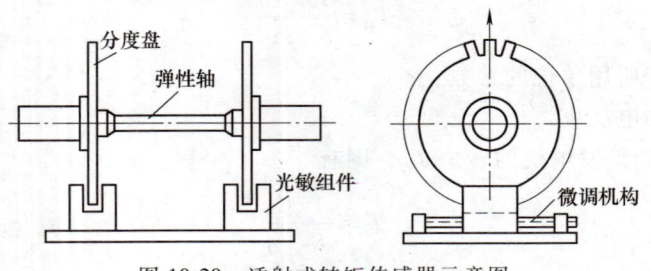

图 10-20 透射式转矩传感器示意图

3) 光弹式光学转矩测量仪。如图 10-21 所示，在弹性扭轴 1 的表面有一层光弹性材料涂层 2，并且弹性扭轴 1 的表面也是反射面。单色光源 3 经过起偏振器 4、四分之一波片 5，由半透膜镜片 8 反射到光弹性材料涂层 2 上。光线经过该材料涂层 2，会产生双折射现象，折射率与应力（转矩）大小有关（即光弹效应），光线经过二次折射和一次反射后，穿过半透膜镜片 8，并经过检偏振片 6，射向光敏元件 7。同时，另外一部分光线，由单色光源 3 经半透膜镜片 8 直接向图上方折射四分之一波片 5、检偏振片 6，到达光敏元件 7。

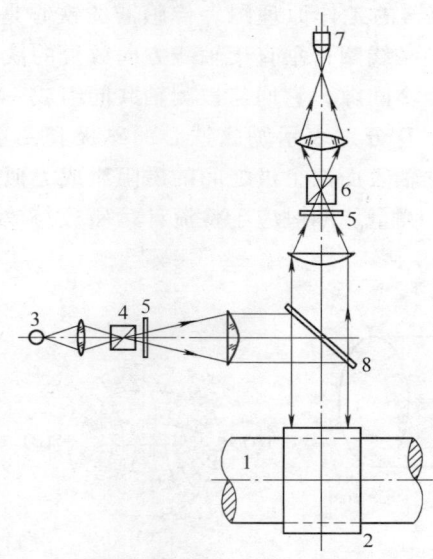

图 10-21　光弹转矩测量仪

1—弹性扭轴　2—光弹性材料涂层　3—单色光源　4—起偏振器
5—四分之一波片　6—检偏振片　7—光敏元件　8—半透膜镜片

转轴上的转矩大小正比于两组光线到达光敏元件 7 的相位差，而该相位差的大小又决定了光敏元件 7 上的光照强度，由此可知，光照强度与转矩成比例关系。而光敏元件的光电流与光照强度也成一定的比例关系，所以可根据光敏元件 7 的光电流输出测定转矩值的大小。仪器的测量准确度取决于光源、光弹材料、偏振片及光敏元件的质量。

4) 激光衍射式光学转矩测量仪。图 10-22 所示为激光衍射转矩测量仪。在弹性扭轴 1 的两端，固定着两个套管 2、3，套管上各装着圆盘 4、5。两个圆盘在对应的位置上各有一个缝隙，而两个缝隙组成的透光缝隙的大小则与扭轴的扭转变形有关，即缝隙的宽度与转矩的大小成正比。6 为氦-氖激光发生器，7、8 为反射镜，9 为衍射图形观测屏，扭轴每转一圈，可以在观测屏上看到一次衍射图形。

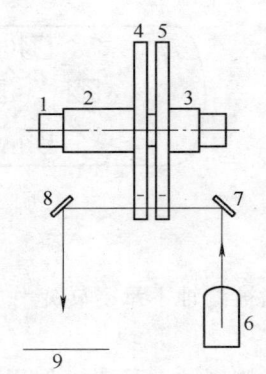

图 10-22　激光衍射转矩测量仪

1—弹性扭轴　2、3——套管　4、5—圆盘
6—氦-氖激光发生器　7、8—反射镜
9—衍射图形观测屏

当扭轴承受转矩作用时，衍射图形的光斑频率的变化为

$$(f-f_0) = \frac{1}{\lambda R}(W - W_0) \tag{10-21}$$

式中 f_0 和 W_0——转矩等于零时，衍射图形的光斑频率和狭缝的宽度；

f、W——在转矩作用下的光斑频率和狭缝宽度。

这种转矩测量仪线性关系较好，读数重复度误差可以保持在 0.01% 以下。

(2) 磁弹转矩测量仪

磁弹性效应是指铁磁材料在机械应力作用下，材料本身的导磁性能发生相应变化的现象。磁弹转矩测量仪利用磁弹性效应原理，属于应力型转矩测量仪器。

图 10-23 为桥式磁弹传感器的工作原理图。传感器的铁心是两个互相垂直的 Π 型铁心。平行于轴线放置的铁心绕有励磁线圈；垂直于轴线方向放置的铁心绕有测量线圈。两个铁心与被测轴表面之间分别有一个小间隙，它们与被测轴共同组成一个闭合磁路。

图 10-23c 中，A、B、C、D 分别表示励磁铁心的磁极和测量铁心的磁极在被测轴表面的投影。应用磁电相似原理，轴表面四个极之间的磁阻组成类似于电桥的结构。在这里，励磁线圈的磁动势对应于电源，测量线圈对应于检流计，磁极与被测轴表面的气隙磁阻对应于电阻。

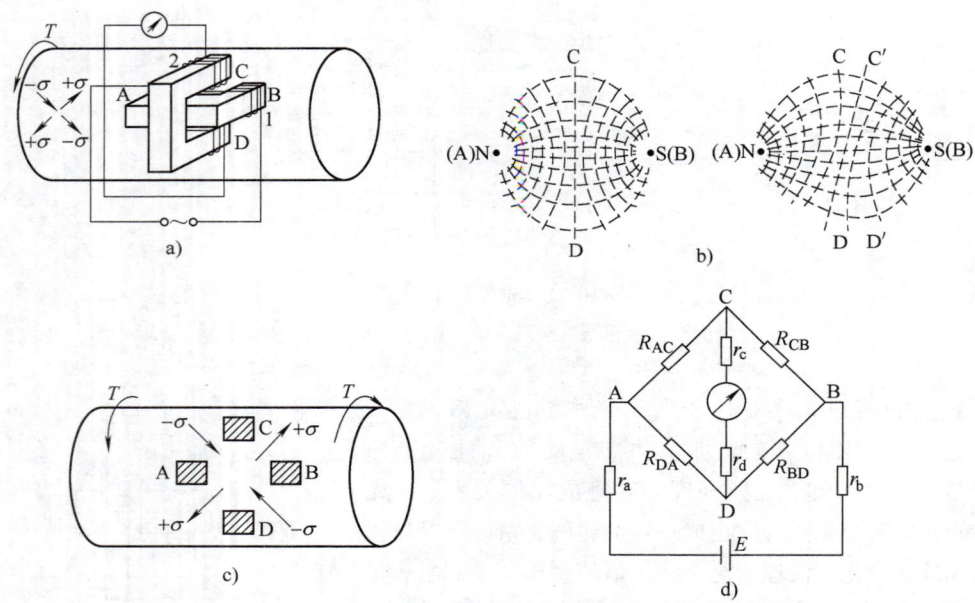

图 10-23 桥式磁弹传感器的工作原理图

当被测轴不承受转矩作用时，由于轴表面导磁性能为各向同性，磁桥平衡而没有信号输出。

当被测轴承受转矩作用时，与轴线成 45° 的两个方向分别产生最大拉应力和最大压应力。两种应力方向上的磁导率发生不同变化，使得励磁线圈在轴表面产生的磁场发生歪扭，等磁位线由原来的 C、D 移到 C′、D′，如图 10-23b 所示。C 点磁位高于 D 点磁位，因此将有部分磁通从 C 点穿过气隙，通过装有测量线圈的铁心，再穿过气隙回到轴表面流向 D 点，在测量线圈中产生一定的感应电动势。

当转矩作用方向改变时，磁力线的分布图形向相反的方向扭变，测量线圈铁心中的磁通相位改变 180°，所以在此线圈中的感应电动势的相位也改变 180°。

(3) 相位转矩测量仪

相位转矩测量仪属于变形型转矩测量仪器,当轴受转矩时,轴的一端相对另一端会产生一个偏转角。若轴在弹性限度内,偏转角将与转矩成正比,相位转矩测量仪就是利用上述关系来测量转矩的。

1) 相位差式转矩传感器。相位差式转矩传感器的工作原理在第七章中已经介绍,如图 10-24 所示。当存在转矩作用时,弹性轴产生的偏转角 $\Delta\theta$ 与外加转矩 T 成正比。此时,在两个

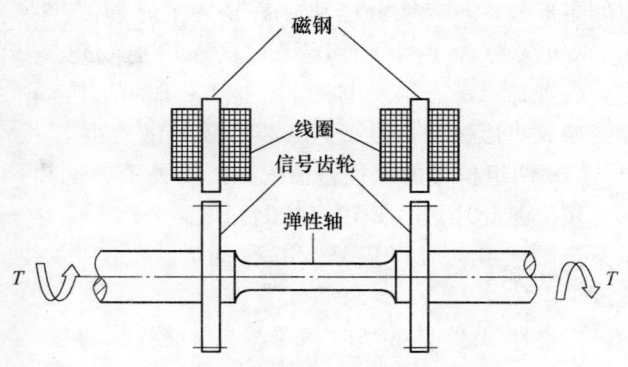

图 10-24 相位差式转矩传感器原理图

信号线圈中的感应电动势的相位差角也随之发生相应的变化,这一相位差角的变化也与外加转矩 T 成正比。

两个信号线圈中的感应电动势为

$$\begin{cases} U_1 = U_m \sin(2\pi nZt) \\ U_2 = U_m \sin(2\pi nZt + Z\theta) \end{cases} \quad (10\text{-}22)$$

式中　Z——齿轮齿数;

　　　n——轴转速(r/min);

　　　θ——两齿轮间的空间偏转角(rad)。

θ 由两部分组成:一是齿轮安装时的初始偏差角 θ_0;二是受转矩 T 作用后弹性变形产生的偏转角 $\Delta\theta = KT$。若设法补偿初始相位差 $Z\theta_0$ 之后,U_1 和 U_2 两个电压之间的相位差正比于转矩 T,就可以把这两路电压信号接至仪器进行测量。

2) 相位差式转矩测量仪工作原理。图 10-25 为双门数字转矩仪的原理框图,图 10-26 为信号波形图。

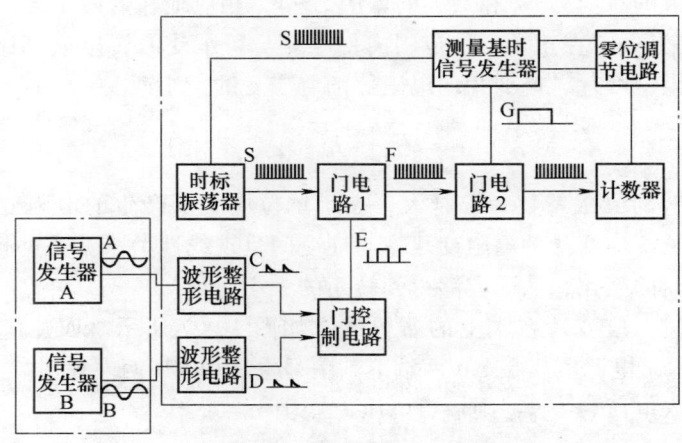

图 10-25 双门数字转矩仪的原理框图

正弦波信号 A、B 经过放大整形后变为较理想的矩形波，再经微分电路之后变为尖脉冲 C、D。两组尖脉冲信号 C、D 同时输入门控制电路。后者是双稳态触发电路，它把 C、D 两组信号变换成矩形脉冲信号 E。脉冲信号 E 的宽度 t 与 A、B 两组信号的相位差值成正比例关系。

相位差脉冲信号 E 用于控制门电路 1，使时标振荡器产生的时标信号 S 在时间 t 的范围内通过。

门电路 2 受测量基时信号发生器控制。在测量基时 τ 的范围内，允许来自门电路 1 的脉冲调制信号 F 通过（图 10-26 的 H 波形）。在时标信号频率固定条件下，通过的时标信号的数目 N 与 A、B 两信号的相位差成正比，亦与测量基时 τ 成正比。这部分时标信号 H 被输送到计数器显示。

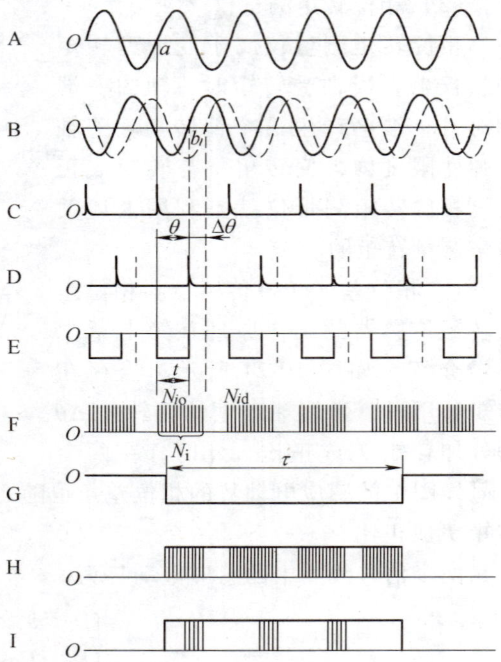

可见，数码 N_d 与转矩值 T 有如下关系，即

$$N_d = N - N_0 = KT \qquad (10\text{-}23)$$

图 10-26 双门数字转矩测量仪电路中的波形图

式中　N——通过门电路 2 的时标信号总数；

　　　N_0——转矩 T 等于零时，通过门电路 2 的时标信号总数；

　　　K——与仪器构造参数有关的常系数。

设有零位调节电路，标定时，在作用转矩为零的情况下预置 N_0，即可直接获得被测转矩的大小。

（4）应变转矩测量仪

应变转矩测量仪属于应变式转矩测量仪器。转轴受到转矩 T 作用时，在与轴线成 $\pm 45°$ 夹角方向上产生最大的拉应力 $+\sigma$ 和最大的压应力 $-\sigma$，相应地在这两个方向上有最大的拉应变 $+\varepsilon$ 和最大的压应变 $-\varepsilon$。在正常工作范围内，应变与所承受的转矩成正比。因此，如在最大应变方向粘贴电阻应变片，应变片的电阻值随着应变的大小而变化，即

$$\frac{\Delta R}{R} = K_0 \varepsilon \qquad (10\text{-}24)$$

式中，K_0 是金属材料的灵敏系数，K_0 越大，表示单位应变所产生的电阻变化越大，即对应变越敏感。由此可见，应变片的电阻变化率与应变间呈现线性关系。通过测量应变片电阻值的变化就能测得应变的变化，从而能够得到转矩的大小。

测量电机转矩时，应变片在轴上的布置通常如图 10-27 所示。四片应变片组成桥式电路，如图 10-28 所示。电源电压在 AB 两端上，信号电压由 CD 两端输出。

设电桥电路输入电压为 U_{AB}，则输出电压 U_{CD} 为

$$U_{CD} = U_{AB} \frac{R_2 R_4 - R_1 R_3}{(R_1 + R_2)(R_3 + R_4)} \qquad (10\text{-}25)$$

第十章 车用电机系统非电量的测量

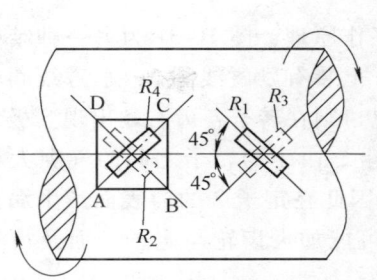

图 10-27 应变片在轴上的布置

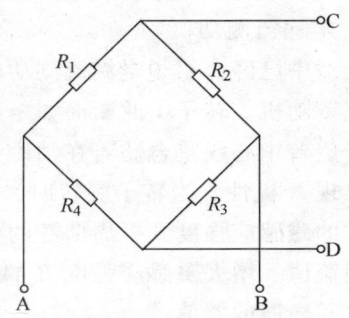

图 10-28 应变片桥

无应变时，$R_1 = R_2 = R_3 = R_4 = R$，电桥处于平衡状态，由式（10-25）可知 $U_{CD} = 0$；有应变时，若各电阻变化的绝对值相等，则

$$U_{CD} \approx U_{AB} K_0 \varepsilon \qquad (10\text{-}26)$$

电阻应变法测量转矩是一种比较简单、方便的方法。同时，采用全桥电路的测量方法，可以消除温度变化的影响以及轴向拉压力的影响。

2. 平衡类转矩测量装置

平衡类转矩测量装置，是根据驱动机械或制动机械机体上作用的平衡力矩的大小来测量转矩的装置。图 10-29 为平衡类转矩测量装置原理简图。图中 1 是原动机或制动器的机体，机体安装在平衡支承 2 上，并且可以绕自身的中心线 O 自由摆动。机体上装有力臂杆 3，力臂杆上作用着平衡力 F，4 是测量平衡力 F 的机构。按测得的平衡力 F 值，乘以力臂长度 L，就可以确定平衡力矩 FL。

（1）机械测功机

机械测功机亦即摩擦制动器，它是将动力机械传递来的机械能通过摩擦副之间的相对运动转化为热能的机构。

在图 10-30 所示的一种简单夹板摩擦制动器中，夹板用木块制造，制动鼓用铸铁制造。木块与制动鼓形成摩擦副，其间的压力可以靠手动螺钉调节。平衡力 F 的大小，可以用砝码或台秤计量，也可用弹簧秤测量。这种摩擦制动器只适用于低转速、小功率、短时间使用的情况。

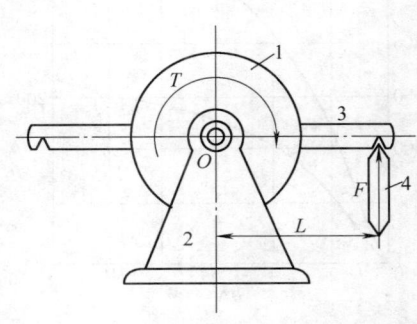

图 10-29 平衡类转矩测量装置原理简图
1—机体 2—平衡支承 3—力臂杆 4—测量平衡力机构

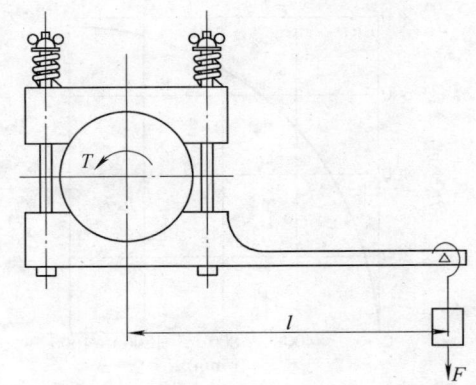

图 10-30 夹板摩擦制动器

(2) 电涡流测功机

第七章中已经介绍了电涡流测功机的基本结构和工作原理，图 10-31 为另一种结构形式的电涡流测功机。转子 1 的断面如矩形齿轮，在定子 2 上装有励磁线圈 3，励磁线圈的中心线与转子旋转中心线重合。若在励磁线圈中输入直流电，则在转子各齿右端出现 S 极性，各齿左端出现 N 极性。当转子旋转时，在定子的内表面上，由于与转子之间的气隙大小不断变化，它的磁感应强度发生周期性的变化（图 10-32），因此在定子 2 的内表面产生涡流。为了增大涡流值、增大磁感应强度 B 的变化量，应该尽可能加大齿轮与定子表面及齿谷与定子表面之间磁通的差值。

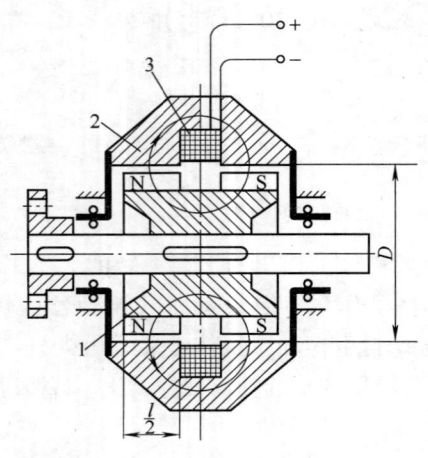

图 10-31　电涡流测功机结构
1—转子　2—定子　3—励磁线圈

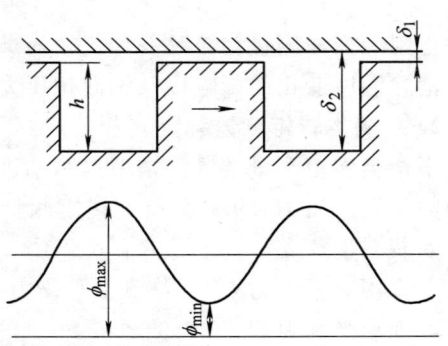

图 10-32　气隙变化与磁通变化

在定子中产生的涡流，使转子受到运动阻力，将输入的机械能量转换为热能。电涡流测功机必须进行冷却将涡流产生的热量带走，它的冷却有空气冷却和水冷却两种。

电涡流测功机的制动转矩与转速关系特性曲线如图 10-33 所示。调节励磁电流时，电涡流测功机的制动转矩变化曲线如图 10-34 所示。

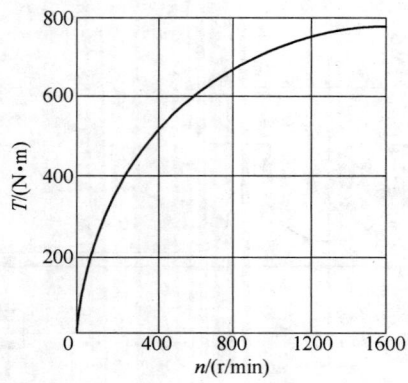

图 10-33　制动转矩与转速的关系

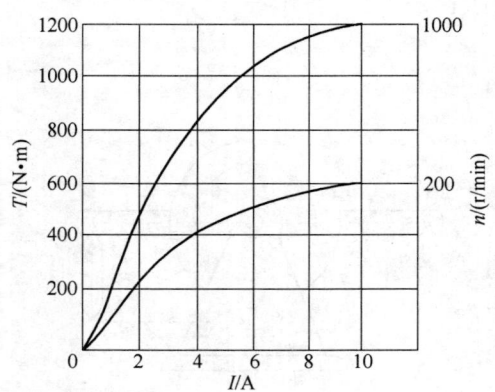

图 10-34　制动转矩与励磁电流的关系

电涡流测功机结构简单、使用方便、调节平滑,是很受欢迎的一种大功率测功机。测量部分已由平衡锤和刻度盘发展为利用转速转矩传感器实现数字测量和自动记录。

(3) 磁滞测功机

磁滞测功机由磁滞空心杯转子、内定子、外定子、轴承座和测力机构等组成。

磁滞空心杯转子用具有磁滞特性的合金制成,经过热处理后使其具有单畴或接近单畴组织。内、外定子铣有对数相同的齿槽。磁滞测功机线圈经直流励磁后使内、外定子具有相反极性,气隙中的磁感应强度在空间沿圆周方向呈脉动分布(接近正弦变化),在时间上是不变的,如图10-35所示。

磁滞转子的磁分子在气隙中旋转时,随不同位置的外磁场方向而使取向发生变化,如图10-35c所示。顺旋转方向看,设某一磁分子在区域A为S—N,转到区域B变为N—S,而转到区域C又恢复为与区域A相同。以此类推,其极性反复交变,交变频率与定转子齿数Z以及转子的转速n的乘积成正比。

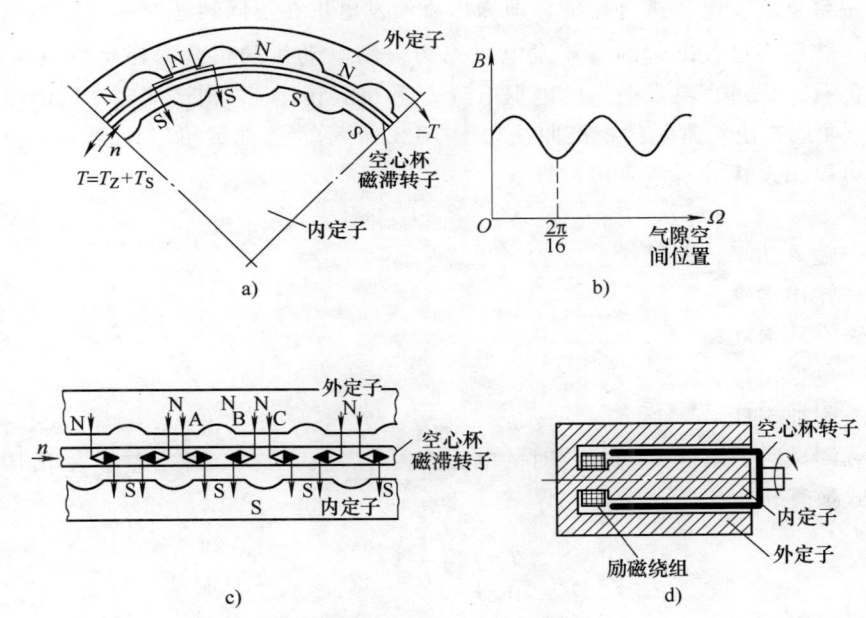

图10-35 磁滞测功机工作原理

由于选用的空心杯转子材料矫顽力很高,磁分子之间的摩擦力很大,当空心杯转子反复被磁化时,磁分子不能按外磁场方向及时做相应排列,在时间上滞后较大,形成磁滞角(滞后的角度),即外磁场轴线与磁分子轴线之间产生的偏移角。因而外磁场对磁分子产生切向力,呈现为磁滞转矩。随着磁滞角的加大,转矩也随之加大。当转子偏转某一角度时,全部磁分子在空间依次排列,各个磁分子同时对外磁场发生偏移,同时产生转矩,所产生磁滞转矩的总和即为空心杯转子产生的转矩。磁滞测功机原理如图10-35d所示。

由于磁滞测功机的内、外定子安装在同一外轴承座上,在同时受到一个和磁滞转矩大小相等但方向相反的转矩时,便产生与空心杯转子方向相同的偏转。磁滞制动转矩和励磁电流有关,和转子的转速无关,在图10-36中磁滞制动转矩T_Z为一水平直线。另外磁滞转子在气隙磁场作用下还产生涡流制动转矩T_S,涡流产生的制动转矩随被测电机的转速的上升而增加，如图10-36中曲线2所示。磁滞制动转矩和涡流制动转矩叠加在一起产生磁滞测功机总的制动转矩 T，因此磁滞测功机的机械特性如图10-36中曲线3所示。励磁电流越大，涡流制动转矩斜率越大，磁滞测功机的机械特性也越陡。故能在低速时产生较大的制动转矩，在堵转时，内、外定子对转子产生一定的静态磁拉力，从而产生相应的堵转转矩，这些都是磁滞测功机的可贵特性。

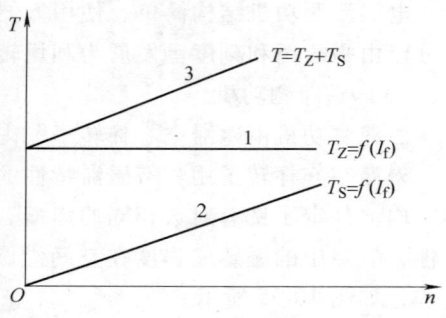

图10-36　磁滞测功机的机械特性曲线

（4）磁粉测功机、水力测功机、电力测功机

磁粉测功机、水力测功机、电力测功机的应用也较多，其结构和转矩测量方法在第七章中已经做了介绍，这里不再赘述。

3. 能量转换类转矩测量装置

首先对一台直流发电机进行校准，即测出直流发电机在不同转速时的 $T=f(I_a)$ 曲线，称为校准曲线。然后将已校准过的直流发电机作为被测电动机的负载，保持发电机的 I_f 为常数，改变其负载，记录直流发电机的电枢电流 I_a 和机组转速 n，则被测电动机的输出转矩可以从 $T=f(I_a)$ 曲线查出。常见的校准曲线如图10-37所示，该曲线可以用测功机和转速转矩仪标定，也可以用损耗分析法算出，得

$$P_1 = P_2 + P_0 + P_{cau} + P_s \tag{10-27}$$

式中　P_1——输入功率；
　　　P_2——输出功率；
　　　P_0——空载损耗；
　　　P_{cau}——电枢损耗；
　　　P_s——附加损耗。

如果实际测试时的电压 U 与标定时的电压 U_0 有区别，则在二者相差不大于10%的情况下，按照下式换算转矩，即

$$T = T_{U_0}\left(\frac{U}{U_0}\right)^2 \tag{10-28}$$

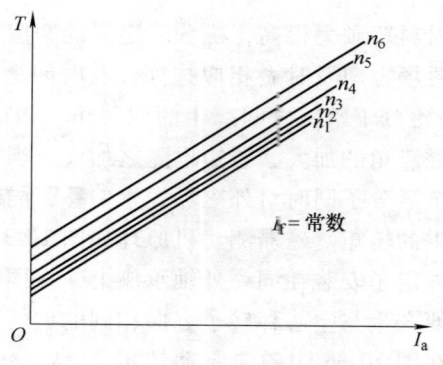

图10-37　直流发电机的转矩和电枢电流的关系

式中 T_{U_0}——根据 I_a 测得的转矩。

第三节 电机温度及工作温升的测量方法

电机运行时，定、转子绕组中因流过电流而产生 I^2R 功率损耗，铁心中因磁通交变而产生磁滞损耗和涡流损耗；因转子的机械旋转和电机通风等原因而产生摩擦损耗和通风损耗；电机中的谐波磁场和漏磁场等还会引起种种附加损耗。电机的上述损耗将会全部转换成热能，使电机各部分的温度升高。

电机某一发热部分的温度与冷却介质温度之差称为该部分的温升。当电机达到热稳定状态时，电机的温度将不再增加，这时损耗产生的热量全部散发到冷却介质中去，电机的温升也将稳定在一定的数值上。电机温升的测量主要是指电机绕组、与绕组接触的铁心、换向器和集电环等电机关键部件温升的测量，以及电机轴承温度的测量等。

电机在额定状态下长期运行而达到热稳定时，电机各部分温升的允许限值称为温升限值。电机绕组的温升限值主要取决于电机的绝缘特性。

应该指出，当最高环境温度超过 40℃ 或海拔超过 1000m 时，电机的温升限值和额定容量应予以修正，修正的方法和数值在 GB 755—2008 中做了规定。

下面将主要介绍电机温升测量的四种方法，即电阻法、检温计法、温度计法和叠加法。

一、电阻法

随着电机绕组温度的升高，绕组电阻也相应变化。在 $-50 \sim 150$℃ 范围内，绕组电阻随温度变化的关系式为

$$\frac{R_2}{R_1} = \frac{T+t_2}{T+t_1} \tag{10-29}$$

式中 R_2、t_2——试验结束时的绕组电阻（Ω）与绕组温度（℃）；

R_1、t_1——试验开始时的绕组电阻（Ω）和冷却介质温度（℃）；

T——与绕组材料有关的常数，对铜绕组 $T=235$℃、对铝绕组 $T=225$℃。

将式（10-29）稍加整理，即可导出绕组温升（单位 K）的计算公式为

$$\Delta t = \frac{R_2 - R_1}{R_1}(T+t_1) + t_1 - t_0 \tag{10-30}$$

式中 t_0——试验结束时的冷却介质温度（℃）。

用电阻法测得的是绕组的平均温度。

用电阻法测量断能停转后的电机温度时，要求在温升试验结束后立即进行电阻的测量。一般情况下，电机断能后应尽快测得第一点读数，以后每隔一段时间（如 10~30s）读取一次读数，测量持续一定时间，直至读数不发生明显变化为止。将测得的读数作为时间的函数绘成曲线（推荐使用半对数坐标），并将曲线回推至断能时刻，这样，所获得的温度即作为电机断能瞬间的温度。

二、检温计法

在电机制造过程中，预先把检温计埋置在电机绕组中，并将多个检温计适当分布，此

时，可以利用检温计示值或者检温计的平均值作为绕组温度。埋置检温计法还可用于电机铁心和轴承的温度测量。

电机温度测量时使用的检温计主要有热电阻、热电偶和半导体热敏电阻等。

1. 热电阻

热电阻检温计是利用金属导体的电阻随温度变化而变化的特性来测量温度的。对纯金属来说，电阻率 ρ 与温度 t 的关系可表示为

$$\rho = \rho_0(1 + \alpha t) \quad (10\text{-}31)$$

式中　ρ_0——零摄氏度时的电阻率；

α——电阻的温度系数。

铂、铜等金属材料的温度系数可以在很宽的温度范围内保持恒定，从而使铂、铜导体的电阻值与温度的关系也在很宽的温度范围内保持良好的线性度。另外，它们的物理、化学性能稳定，易于提纯，是较好的热电阻材料，在工程上广泛使用。常用铂热电阻和铜热电阻的主要性能数据见表10-1。

表10-1　常用铂热电阻和铜热电阻的主要性能数据

名称	代号	分度号	分辨力/℃	测温范围/℃	0℃的电阻值/Ω
铂热电阻	WZP	Pt100	1.0	-200～500	100
铂热电阻	WZP	Pt100.0	0.1	-150～200	100
铜热电阻	WZC	Cu50	0.1	-50～150	50
铜热电阻	WZC	Cu100	0.1	-50～150	100

2. 热电偶

两种不同材料的导体组成一个闭合回路时，如果两端结点的温度不同，回路中就会产生电动势和电流，这种现象称为热电效应，所产生的电动势称为热电动势，热电动势的大小与两种导体材料的性质及结点温度有关。这种热电变换元件称为热电偶。

热电偶两端的结点分别称为测量端（或热端）和自由端（或冷端）。实际测量温度时，热电偶的自由端与二次仪表连接组成测温装置。

常用热电偶材料及其主要用途见表10-2。在电机温度测量时，常采用铜-康铜热电偶。由于康铜热电特性的复制性差，故不同的铜-康铜热电偶的热电动势也不一致，因此测量仪表更换时，热电偶必须另行校正。

表10-2　常用热电偶材料及其主要用途

热电偶材料成分(质量分数%)		工作温度/℃		主要用途
正极	负极	短期最高温度	推荐温度	
铂(Pt)87 铑(Rh)13	铂(Pt)100	1600	1000～1300	金属熔炼、高温热处理、加热炉及其他高温测量
镍(Ni)90.5 铬(Cr)9.5	康铜(Cu)56.5、 Ni43、Mn0.5	800	0～600	石油、化工生产等
铜(Cu)100	康铜(Cu)55、Ni45	300	-200～300	石油、化工生产及电机、电器测温

3. 半导体热敏电阻

半导体热敏电阻结构简单，机械性能好，可压制成各种适用的形状；测温灵敏度高，电阻率高，可制成极小尺寸的敏感元件；适于快速测量、点温测量及表面温度测量等。

半导体热敏电阻按电阻值随温度变化的特性可分为三种类型，即负温度系数热敏电阻（NTC）、正温度系数热敏电阻（PTC）以及在某一特定温度下电阻值会发生突变的临界温度电阻器（CTR）。图10-38示出了不同类型热敏电阻的温度特性。

目前已有正温度系数的热敏电阻，但应用较多的仍然是具有负温度系数的热敏电阻。图10-39示出了具有负温度系数热敏电阻的典型伏安特性。可以看出，在电流较小时热敏电阻两端的电压与电流大致成线性关系，当电流超过一定值后，曲线向下弯曲，呈现出明显的非线性。

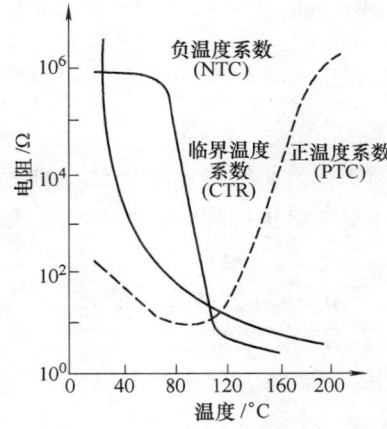

图10-38 热敏电阻的温度特性

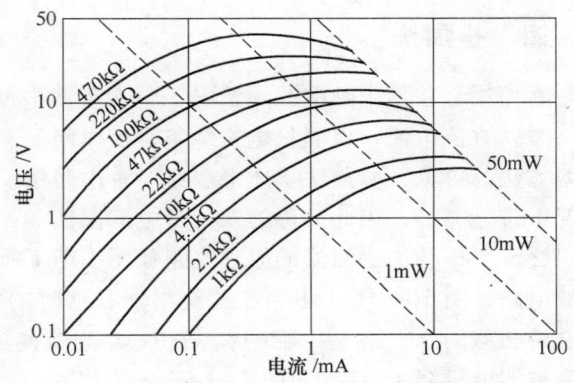

图10-39 具有负温度系数热敏电阻的典型伏安特性

4. 智能型数字显示温度控制仪

目前，智能型数字显示仪表已经成为自动化仪表产品的主流。智能型数字显示温度控制仪可以配合热电阻、热电偶等进行温度的测量、显示、报警和控制，是一种多功能、高性能的智能化仪表。它们具有以下特点：

1) 以微处理器为核心，内部采用数据总线和地址总线，外部采用接口总线。
2) 采用菜单式文字界面，用键盘选择仪表功能、量程和编程等。
3) 具有一定的可编程能力和数据处理能力，如计算、存储、温度自动补偿、自动稳零、程序控制、报警等。
4) 采用RS232、RS485、USB口、网口等接口形式，与上位机通信联网。

三、温度计法

采用温度计法测量时，将温度计的感温部位贴附在电机被测部分的表面来测量其温度。可以采用水银、酒精等膨胀式温度计，也可以采用半导体温度计以及非埋置的热电阻或热电偶温度计。

1. 膨胀式温度计

采用水银、酒精等膨胀式温度计时，应将温度计的感温泡贴附在电机的被测点，并用绝热材料覆盖，以减少环境气流等引起的热量泄漏。对于电机被测部位处于强交变磁场或移动磁场的情况，应采用酒精温度计而不应采用水银温度计。因为处于上述磁场中的水银导体将感应涡流，从而影响测量结果的准确性。

2. 半导体温度计

半导体温度计由热敏电阻和二次仪表组成。微型珠状热敏电阻置于笔形保护套内构成测试笔。珠状热敏电阻对温度十分敏感，具有较高的灵敏度和分辨力。二次仪表一般为直流非平衡桥式电路，用微安表显示温度值。半导体温度计的原理电路如图10-40所示。

半导体温度计的测温范围为-10~300℃。由于热敏电阻特性的分散性，每个温度计配有专用的测试笔，不能相互换用。

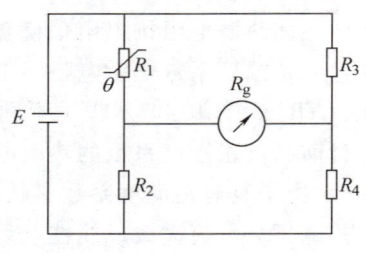

图10-40 半导体温度计的原理电路

四、叠加法

叠加法是在不中断电源的情况下，在负载电流上叠加一微弱直流电流，以测量电机绕组直流电阻随温度发生的变化，从而确定绕组温升的一种测温方法。可见，叠加法实质上也是一种电阻法。采用了开尔文电桥原理，而且是电机负载情况下带电测温，因此又称为双桥带电测温法。

交流电机叠加法测温的原理电路如图10-41所示。其中图10-41a为电机三相绕组Y联结时的电路，图10-41b为电机三相绕组△联结时的电路。可以看出，测量电路采用了与开尔文电桥相似的7支路、4端结构。图中D_x为被测电机相绕组，R_N为大功率标准电阻，其阻值为被测电机绕组电阻的0.02~1倍，准确度不低于0.5级。

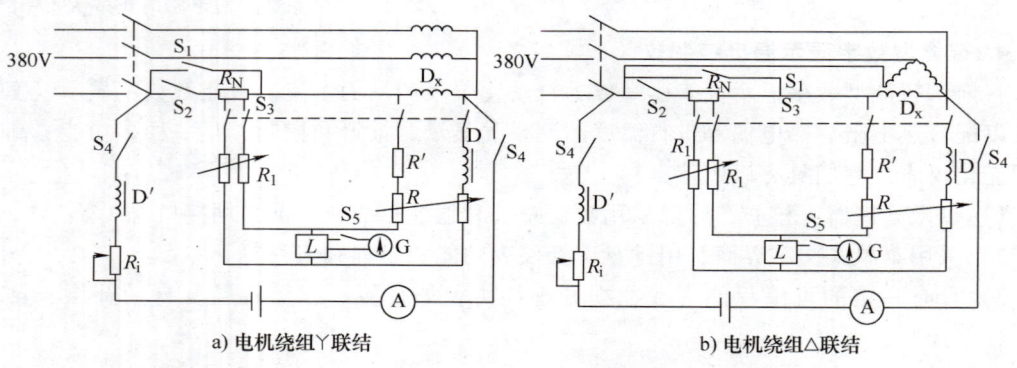

图10-41 低压电机叠加法测温的原理电路

根据开尔文电桥原理，当电桥平衡时，被测电机相绕组D_x的电阻R_x可用下式算出，即

$$R_x = R_N \frac{R+R_D}{R_1} \quad (10\text{-}32)$$

测量时，应首先测量绕组的冷态电阻，这时电机应处于断能停转状态。预先估计被测绕组电阻的大小，调节R和R_1至一近似数值。闭合S_2、断开S_1使R_N接入电路。再闭合S_3和S_4接通桥臂回路和直流回路。调节R_1使直流电流为所需数值（一般为被测电机额定电流的3%~5%）。然后闭合S_5接通检流计。最后调节R使电桥平衡，并用式(10-32)计算绕组冷

态电阻值，同时注意记录冷却介质温度。测量完毕后，必须先断开检流计(S_5)，再依次断开 S_4 和 S_3，然后闭合 S_1，断开 S_2，电机即可通电投入运行。

电机进行温升实验时，可按上述同样步骤测量绕组的热态电阻。应特别注意记录电机达到热稳定状态而温升试验结束前的绕组电阻和此时的冷却介质温度。最后用电阻法计算绕组温升。

利用叠加法测量电机绕组温升是在带电情况下进行的，人身和设备安全应是第一位的，为此需强调以下注意事项：

1）测量电路与高压电直接相联，应防止触电。
2）带电测量时，要防止开关 S_1、S_2 同时断开，以免电机单相运行。
3）为避免损坏检流计，测量时应最后接通检流计，测量完成后应最先断开检流计。
4）适当控制测量时间，避免元件过热损坏。
5）不测量时应闭合 S_1，断开 S_2、S_3、S_4，使测量电路脱离高压电。
6）为抑制电桥测量电路中的交流电压，必要时，采用∏形或L形滤波器。
7）应可靠接地。

第四节　电机磁场的测量方法

气隙磁场在电机的机电能量转换中起着十分重要的作用，气隙磁场的磁感应强度、每极磁通量以及磁场的分布情况可以在电机设计时确定，并通过试验加以验证。在永磁电机磁极装配时，为了使主磁极具有良好的对称性，常常需要对永磁块进行试验筛选，即对其磁性能进行逐一测试。

电机的漏磁场，特别是电机端部漏磁场的增大，将引起部分结构件的附加损耗大为增加，致使这些结构件局部过热和电机效率降低。在电机端部漏磁场的研究中，实验研究占有重要地位。

本节将介绍电机中磁场的测量方法，主要介绍应用较为广泛的探测线圈法、霍尔效应法和磁通计法。

一、探测线圈法

探测线圈法也叫感应法，是以电磁感应定律为基础的、测量磁场磁感应强度的一种最常用的方法。把一个匝数为 N、截面积为 S 的探测线圈放置在磁感应强度为 B 的被测磁场中，如果与线圈交链的磁通量 Φ 随时间发生变化，线圈中就会产生感应电动势，即

$$e = -N\frac{d\Phi}{dt} = -NS\frac{dB}{dt} \tag{10-33}$$

因此，磁感应强度 B 可由感应电动势 e 对时间的积分求出，即

$$B = \frac{1}{NS}\int e\,dt \tag{10-34}$$

一般来说，用探测线圈测得的磁感应强度是线圈截面 S 范围内的平均值。工程上，常用下式求得圆柱形探测线圈的平均截面，即

$$S = \frac{\pi}{12}(D_1^2 + D_1 D_2 + D_2^2) \tag{10-35}$$

式中　D_1——探测线圈的内径；
　　　D_2——探测线圈的外径。

在安置探测线圈时，应使探测线圈尺寸处于磁场的均匀范围之内，同时，应注意与电机机壳可靠绝缘。探测线圈引线也应相互绝缘，并将两根引线绞合在一起，以免感应额外的干扰电动势。测量探测线圈电动势时应采用灵敏度高、内阻抗大的仪表。当被测磁场波形为非正弦时，通常采用平均值电压表。当被测磁场为正弦交变磁场时，也可采用有效值电压表。

用平均值电压表测量交变磁场十分方便。由于电机结构的对称性，一般情况下，电机交变磁场的磁感应强度曲线对于时间轴是镜对称的。探测线圈所感应电动势的平均值 E_{av} 可表示成

$$E_{av} = \frac{2}{T}\int_0^{\frac{T}{2}} e\,dt = \frac{2NS}{T}\int_{-0}^{\frac{T}{2}} dB = 4fNSB_m \tag{10-36}$$

式中　f——磁场交变的频率；
　　　B_m——磁感应强度的最大值。

于是

$$B_m = \frac{E_{av}}{4fNS} \tag{10-37}$$

只要用平均值电压表测取探测线圈感应电动势的平均值 E_{av}，就可由式(10-37)计算出探测线圈放置处的磁场的磁感应强度的最大值 B_m。当磁场按正弦规律变化时，由于电动势平均值与有效值之间的关系为

$$E_{av} = \frac{2\sqrt{2}}{\pi} E \tag{10-38}$$

所以得到

$$B_m = \frac{E}{\sqrt{2}fNS} \tag{10-39}$$

式中的电动势有效值 E 可用有效值电压表测得。

上述测量方法的缺点是仪表的灵敏度与磁场的交变频率 f 有关。为了克服这一缺点，可在探测线圈的输出端接入一个积分电路，探测线圈的感应电动势为

$$e_1 = Ri + \frac{1}{C}\int i\,dt \tag{10-40}$$

当积分时间 t 远小于积分时间常数 RC 时，式(10-40)的解为 $i = e_1/R$，因此电容 C 两端的输出电压为

$$e_2 = \frac{1}{C}\int i\,dt = \frac{1}{RC}\int e_1\,dt \tag{10-41}$$

所以

$$B_m = \frac{1}{NS}\int e_1\,dt = \frac{RC}{NS}\int e_2 \tag{10-42}$$

由式(10-42)可以看出，被测磁场的磁感应强度与电压表指示值成正比，而与被测磁场的频率无关。

探测线圈法适用于测量正弦波或者非正弦波交变磁场电机，加接积分器后又特别适合于变频电机的磁场测量。

二、霍尔效应法

将一块半导体薄片放入垂直于半导体平面的磁场（磁感应强度为 B），并在半导体的两端（1、2）通以电流 I_c，此时移动着的载流子在磁场的作用下将受到洛伦兹力 f_B 的作用。于是半导体中的载流子（假设为电子）向一侧偏转（图 10-42 虚线箭头方向），并使该侧端面形成电子的聚集，这时半导体的两端（3、4）形成电场。因此在半导体薄片中移动的电子既受到洛伦兹力 f_B 的作用，又受到与此方向相反的电场力 f_E 的作用。当 $f_B = f_E$ 时，电子的聚集达到了动态平衡，电子就不再偏移。这时在端面（3、4）之间建立的电场称为霍尔电场，相应的电动势称为霍尔电动势 U_H，其大小与磁感应强度 B 和电流 I_c 成正比，即

$$U_H = R_H \frac{I_c B}{\delta} = K_H I_c B \tag{10-43}$$

式中　R_H——霍尔系数（与元件材料有关，反映霍尔效应的强弱）；
　　　δ——元件的厚度；
　　　K_H——元件的灵敏度。

当霍尔元件的几何尺寸和材料确定以后，一般条件下 R_H 和 K_H 为常数。

若磁感应强度 B 和元件平面的法线方向 n 成一定角度 θ 时，如图 10-43 所示，则霍尔电动势为

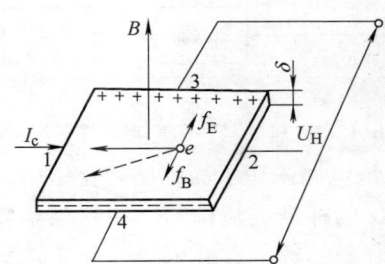

图 10-42　霍尔效应原理图

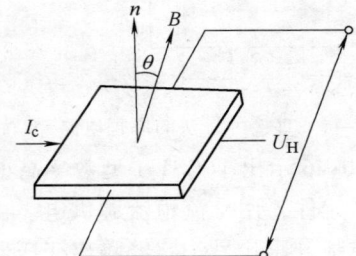

图 10-43　磁场方向与霍尔电动势

$$U_H = K_H I_c B \cos\theta \tag{10-44}$$

从式（10-44）可知，控制电流反向时，输出电动势的方向随之变化；磁场方向变化时，输出电动势也同时变换方向。

利用霍尔元件测量磁场的原理非常简单。把霍尔元件放在被测磁场中，输入控制电流 I_c，并保持电流为常值。这时霍尔电动势的大小就可以确定磁通密度 B 的大小。测量直流磁场时，若控制电流为直流，则霍尔电动势也是直流的；若控制电流为交流，则霍尔电动势也是同频率的交流电动势。交流电压易于放大，因此测量直流磁场时往往使用交流供电。测量交变磁场时，如果用直流的控制电流，则霍尔电动势是与交变磁场同样规律变化的交流电动势。

1. 恒定磁场的测量

利用霍尔元件测量电机中的恒定磁场时，常采用直接测量法和比较测量法。

直接测量法较为简单，直接测量霍尔电动势的大小就可以确定磁场的磁感应强度。

图10-44示出了直接测量法的原理电路,由霍尔元件、不等位电动势补偿电路和指示仪表等组成。霍尔元件的控制电流由直流电源 E 供电,R_1 为控制电流调节电阻,R_2 用于补偿不等位电动势,毫伏表用于指示霍尔电动势并确定被测磁场的磁感应强度。

比较测量法是指将两个参数和特性完全相同的霍尔元件分别放置在被测磁场和磁感应强度标准量具中,通过两个霍尔元件的霍尔电动势相比较来测量被测磁场的磁感应强度。比较测量法是一种具有较高准确度的磁场测量方法。

图10-45示出了比较测量法的原理框图。图中,两个霍尔元件分别由独立的恒流源供电,它的两个输出电压极进行反极性串联连接,将两个霍尔电动势的差值信号经放大后,由指零仪检出。调节标准量具的控制电流,使指零仪回零,此时两个霍尔电动势的差值为零,即两个霍尔电动势相等,可以从标准量具的标定值读取被测磁场的磁感应强度。

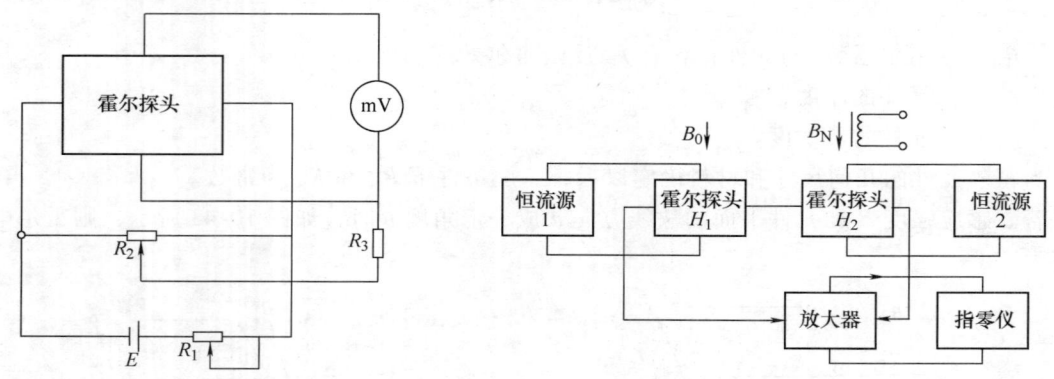

图10-44　直接测量法的原理电路　　　　图10-45　比较测量法的原理框图

图10-46示出了CST-1型数字高斯计的原理电路。该电路采用了高纯度砷化铟(InAs)薄片型霍尔元件,用交流恒流源供电。由恒流源产生1kHz的标准交流信号,一路供给霍尔元件作为控制电压,另一路经隔离变压器 T_4 送到数字衰减器。数字衰减器的三个手动数字盘可按10%、1%、0.1%做步进式调节。数字衰减器输出的标准信号与霍尔传感器输出的被测磁场信号分别送至双通道放大器。两个通道的输出信号由移相电容精确调节移相180°。两个信号经比较器比较后送入窄带放大器,然后经相敏放大器放大后,由指示仪表输出,或经滤波、放大后数字显示。

霍尔传感器的霍尔电动势输出端采用了桥式平衡网络,用来消除不等位电动势和噪声的影响。前置放大器前后的两个衰减网络作为量程转换之用,每档的衰减比均为1:10。

CST-1型数字高斯计是一种准确度较高的磁场测量仪器,具有较宽的测量范围和较高的分辨力,适用于测量恒定磁场和缓变磁场,特别适合具有较小间隙的电机气隙磁场和漏磁场的测量。表10-3列出CST-1型数字高斯计的主要技术指标。

表10-3　CST-1型数字高斯计的主要技术指标

测量方法	测量范围(量程)/Gs[①]	分辨力	准确度
直接测量法	1, 10, 100, 1k, 10k, 100k	1kGs, 10kGs 为满量程×0.001	500~8kGs 时为 0.5%±1 字
零值比较法	100, 1k, 10k, 100k	—	—
差值比较法	100, 1k, 10k, 100k	1kGs, 10kGs 为满量程×5×10⁻⁵	500~8kGs 时为 0.5%±0.1Gs

① 1T = 10000Gs。

第十章 车用电机系统非电量的测量

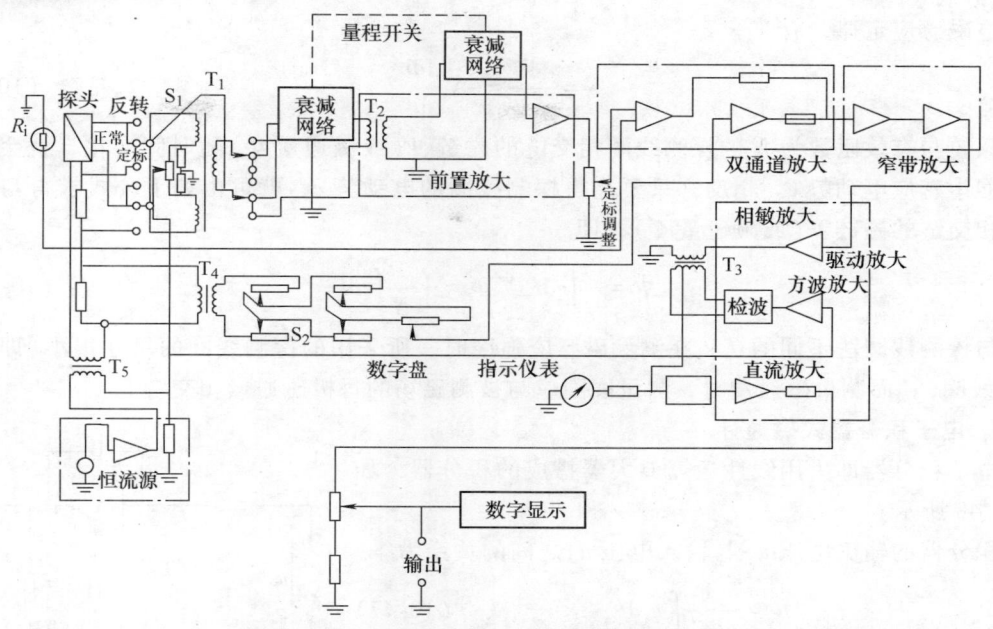

图 10-46 CST-1 型数字高斯计的原理电路

2. 交变磁场的测量

在交变磁场测量时,主要采用直接测量法。CT3 型霍尔效应特斯拉计是一种采用直接测量法的模拟式磁场测量仪器,其原理框图如图 10-47 所示。

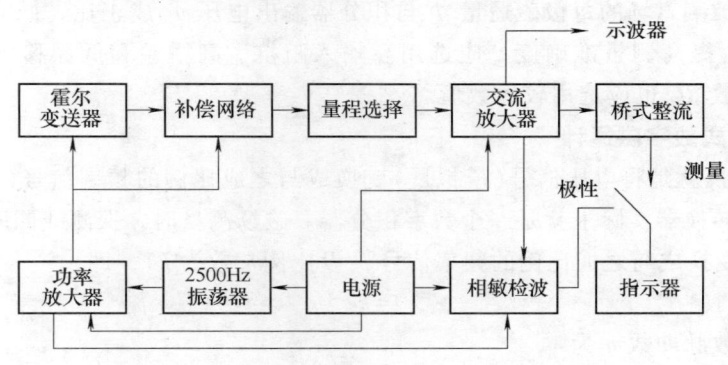

图 10-47 CT3 型霍尔效应特斯拉计的原理框图

该仪器由霍尔传感器、补偿网络、量程选择、交流放大、桥式整流、相敏检波、指示仪表及电源等几部分组成,可用来测量交变磁场或恒定磁场。

锗霍尔元件由 2.5kHz 的振荡器供电,供电电流为 8~10mA。磁场的测量频率为 0~600Hz,测量范围为 0.001~2.5T,测量准确度为 ±2.5%~±5%。使用该仪器测量磁场时,首先应进行调零和校准。测量时,应缓慢转动霍尔传感器,选取指示的最大值,然后将霍尔传感器转动 180°,取正反两次测量的平均值作为测量结果。

三、磁通计法

磁通计是测量磁场磁通量的仪表。从原理上讲,磁通计法也是一种探测线圈法。根据法

拉第电磁感应定律，有

$$e = -\frac{d\Psi}{dt} = -N\frac{d\Phi}{dt} \qquad (10\text{-}45)$$

只要与有效匝数为 N 的探测线圈相交链的磁链 Ψ（或磁通量 Φ）随时间变化，就会在探测线圈中感应电动势 e。相反，只要测得探测线圈的电动势 e，就可由如下公式求得与探测线圈相交链的磁链 Ψ（或磁通量 Φ），即

$$\Psi = -\int edt \text{ 或 } \Phi = -\frac{1}{N}\int edt \qquad (10\text{-}46)$$

与探测线圈法不同的是，在测量磁感应强度时，所采用的探测线圈的尺寸很小（即所谓"点"线圈）；而测量磁通量时，测量线圈应与被测磁场的每极磁通量相交链。

1. 电子积分器式磁通计

电子积分器即为用线性运算放大器搭成的积分器，如图 10-48 所示。

积分器的输出电压 u_o 与输入电压 u_i 之间的关系为

$$u_o = -\frac{1}{RC}\int u_i dt \qquad (10\text{-}47)$$

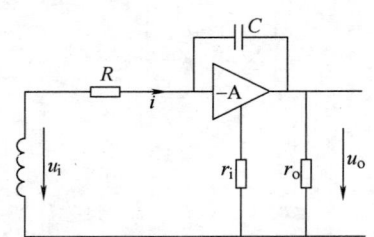

图 10-48　电子积分器原理电路

其中，u_i 就是探测线圈的电动势 e，R 和 C 分别为积分电阻和积分电容。将式(10-47)代入可得

$$\Phi = \frac{RC}{N}u_o \qquad (10\text{-}48)$$

可以看出，被测磁场的每极磁通量 Φ 与积分器输出电压 u_o 成正比，同时还与积分时间常数 RC 有关。为提高测量准确度，应选用高输入阻抗、高增益和低漂移的线性运算放大器，积分时间常数 RC 也应选用较大数值。

2. V/F 转换式数字磁通计

所谓 V/F 转换就是将电压信号（模拟量）变换成与之成比例的频率信号（数字量），配以加法计数器后，转换器实际上就是一个数字积分器。磁场测量时，探测线圈所感应的电动势 e 经 V/F 转换器变换成与之成比例的频率信号 f（设比例常数为 k），即

$$f = ke \qquad (10\text{-}49)$$

计数器的计数脉冲数 n 为

$$n = \int f dt = k\int edt = kN\Phi \qquad (10\text{-}50)$$

即被测磁通量 Φ 与计数脉冲 n 成比例。V/F 转换式数字磁通计的原理框图如图 10-49 所示。

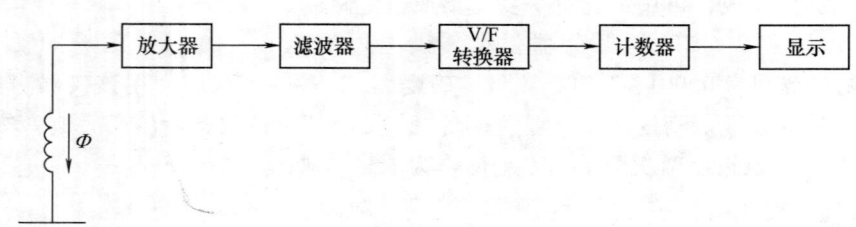

图 10-49　V/F 转换式数字磁通计的原理框图

第五节 电机振动试验

电机振动的测定是电机测试的一个重要方面,表征振动的主要参数是振动位移、振动速度和振动加速度等。电机振动测量时,利用振动传感器把上述电机振动参数变换成电参数信号,然后用测振仪进行信号处理和显示。

一、电机振动的测定方法及限值

国家标准 GB 10068—2008 中规定了旋转电机的振动测定方法及限值。

1. 电机振动测定方法

(1) 测量值

电机振动测量时,对转速为 600~3600r/min 的电机,稳态运行时采用振动速度有效值(mm/s)表示;对转速低于 600r/min 的电机,采用振动的位移幅值(双幅值)(mm)表示。

(2) 电机安装要求与运行状态

可参照对 GB 10068—2008 的有关规定,采用自由悬挂安装(将电机悬挂在弹簧上,或者安装在有弹性的支撑件上,如弹簧、橡胶垫等)或者刚性安装(电机紧固在坚硬的底板上),并满足一定的对悬置系统或底座的振动速度的要求。

采用键联接的电机,测量时轴伸上应带半键,且必须在不破坏原有平衡的前提下采取有效的安全措施。

(3) 测点配置

对轴中心高为 56~400mm 的电机,测点数为 6 点。在电机两端按轴向、垂直径向和水平径向各 1 点,其中垂直径向和水平径向测点的测量方向延长线应尽可能通过轴承支撑点的中心。

(4) 测量要求

测量时传感器与测点应接触良好,应具有可靠的连接而不影响被测部件的振动状态。传感器及其安装附件的总重量应小于电机重量的 1/50。当测振仪读数出现周期稳态摆动时,取其读数的最大值。

2. 电机振动限值

对不同轴中心高和转速的电机,其振动速度有效值应不超过表 10-4 的规定。

表 10-4 不同轴中心高的振动限值

振动等级	轴中心高/mm	弹性悬置(有效值)/(mm/s)				刚性安装
	标称转速/(r/min)	56~132	132~225	225~400	>400	>400
N	600~3600	1.8	2.8	3.5	3.5	2.8
R	600~1800	0.71	1.12	1.8	2.8	1.8
	>1800~3600	1.12	1.8	2.8	2.8	1.8
S	600~1800	0.45	0.71	1.12		
	>1800~3600	0.71	1.12	1.8		

二、车用电机系统的扫频振动和随机振动试验方法

该试验应在振动实验台上进行。试验时,将被测电机系统固定在振动试验台上,并处于正常安装位置,在不通电状态下进行试验,同时应将与被测电机系统连接的软管、插接器或其他附件安装并固定好。

振动试验分为扫频振动和随机振动两部分。扫频振动试验过程中,驱动电机及驱动电机控制器应能经受 X、Y、Z 三个方向的振动试验,若无特殊规定,根据安装部位,驱动电机及驱动电机控制器扫频振动试验的严酷度等级应满足表 10-5 的规定。

表 10-5 扫频振动试验严酷度等级

产品安装部位	频率/Hz	振幅/mm	加速度/(m/s^2)	扫频速率/(oct/min)	每一方向试验时间/h
发动机上	10~50	2.5		1	8
	50~200	0.16			
	200~500		250		
其他部位	10~25	1.2		1	8
	25~500		30		

注:1. 表中振幅和加速度适用于"Z"方向,对于"X"和"Y"方向,其振幅和加速度可以除以 2。
  2. 振动检验时的"Z"方向规定为:安装在发动机上的产品为与发动机缸孔轴线方向平行的方向;安装在其他部位的产品则为与汽车的垂直方向平行的方向。

随机振动试验时,驱动电机及驱动电机控制器也应经受 X、Y、Z 三个方向的随机振动试验,随机试验条件(试验严酷程度及试验时间)应根据电机系统在车上的不同安装部位,参考 GB/T 28046.3—2011 予以选择。

振动试验的检测点一般定为试验夹具与试验台的结合处。驱动电机及驱动电机控制器经振动试验后,零部件应无损坏,紧固件应无松脱现象;应能在额定电压、持续转矩、持续功率下正常工作。

第六节 电机噪声的测量方法

目前,电机的噪声已不只是作为环境污染的噪声源指标,也是电机设计、工艺和装配水平的综合反映。在电机产品的技术条件中,作为性能指标之一,电机的噪声已成为一项对电机产品竞争力有很大影响的性能指标。

按照产生原因的不同,电机噪声可分为电磁噪声、机械噪声和空气动力噪声。电磁噪声是指电机中由电磁原因产生的电磁力引发电磁振动而产生的噪声;机械噪声是指轴承的摩擦、转子的机械不平衡、电刷与换向器(或集电环)之间的摩擦等原因产生的噪声;空气动力噪声主要是指在冷却气体的风路中,当有涡流或压力的突然变化时,气体将引起扰动而产

生的噪声。空气动力噪声与风扇、风路和通风道的设计、制造水平直接有关。

电机噪声的测定是一个复杂、细致且技术性很强的工作。电机噪声的测定不仅受到测试方法、测试环境、测试仪器等诸多因素的影响，还与电机的运行状态有关。负载情况下引起噪声特性复杂的因素有调速电机的供电频率和电机转速变化对噪声的影响；电源电压非正弦和电压大小的变化对噪声的影响；负载变化引起电机定、转子磁场的变化对噪声特性的影响等。

一、电机噪声的物理量度

1. 声压与声压级

当机械振动在空气中传播时，使大气压产生一个压力波动，气压波动的大小称为声压（单位为 Pa 或 N/m²）。通常用声压来量度声音的大小。正常人耳的闻阈限声压为 $2×10^{-5}$Pa，痛阈限声压约为 20Pa。更高的声压会导致人耳鼓膜受伤。

为了便于量度，常用声压级来表示声音的大小，即

$$L_P = 20\lg \frac{P}{P_0} \tag{10-51}$$

式中　L_P——声压级(dB)；
　　　P——声压(Pa)；
　　　P_0——基准声压 $P_0 = 2×10^{-5}$Pa。

可以看出，基准声压（闻阈限声压）时的声压级为 0dB，声压每变化 10 倍，声压级则变化 20dB。当声压达到痛阈限声压时，对应的声压级为 120dB。

2. 声强级与声功率级

声波在介质中传播时具有一定的能量。声源在单位时间内辐射出的总声能称为声功率（W）。在单位时间内，通过垂直于声波传播方向单位面积的声功率称为声强（W/m²）。由于声强和声功率从人耳的闻阈限到痛阈限相差万亿倍，实际上用相对值的常用对数的 10 倍来表示，称为声强级和声功率级。

$$L_I = 10\lg \frac{I}{I_0} \text{ 和 } L_W = 10\lg \frac{W}{W_0} \tag{10-52}$$

式中　L_I——声强级(dB)；
　　　I——声强(W/m²)；
　　　I_0——基准声强 $I_0 = 10^{-15}$W/m²；
　　　L_W——声功率级(dB)；
　　　W——声功率(W)；
　　　W_0——基准声功率 $W_0 = 10^{-15}$W。

3. 频谱

人耳可听声音的频率范围为 20Hz~20kHz。为了分析的方便，把这个声频范围划分为若干频率段，称为频程或频带。在噪声测量中，常用的是倍频程和 1/3 倍频程。倍频程是指频率的上下限之比 ($f_2 : f_1$) 为 2∶1 的频带。为了更详细地描述噪声的频谱，可把一个倍频程再分为三段小频带，称为 1/3 频程。目前通用的倍频程的中心频率见表 10-6。

表 10-6　常用的倍频程及中心频率

中心频率 f_0/Hz	倍频程 $f_1 \sim f_2$/Hz	中心频率 f_0/Hz	倍频程 $f_1 \sim f_2$/Hz
31.5	22~45	1000	710~1400
63	45~90	2000	1400~2800
125	90~180	4000	2800~5600
250	180~355	8000	5600~11200
500	355~710	16000	11200~22400

以频率为横坐标，以声压级、声强级或声功率级为纵坐标所绘制的噪声曲线称为噪声频谱。通过对噪声频谱的分析，可清楚地了解噪声的成分和性质，以便找到占主导地位的噪声源。图 10-50 示出了一台三相异步电动机的频谱分析图。

4. 响度与响度级

人耳对声音的感受不仅与声压有关，而且与声音的频率有关。相同声压级的声音，频率高的响度大。以频率为 1kHz、声压级为 40dB 的纯音响度作为响度的单位，称 1son。

响度级也是用响度的相对值的对数量来定义的，单位为方(phon)。其确定方法是：取 1kHz 的纯音作为基准声音，若某一噪声听起来与基准纯音一样响，则该噪声的响度级(phon)就等于基准纯音的声压级(dB)。利用与基准纯音相比较的方法，通过大量试验得出的等响度曲线如图 10-51 所示。

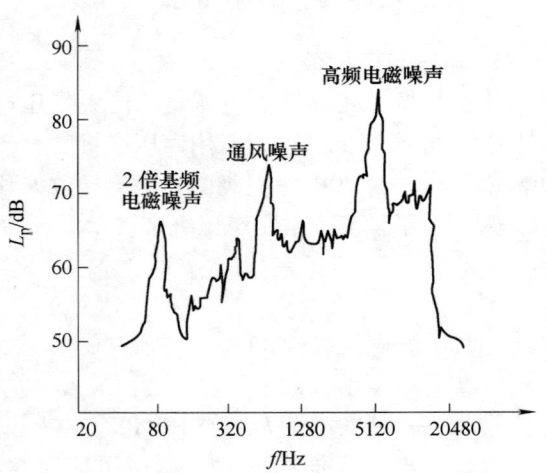

图 10-50　三相异步电动机的频谱分析图

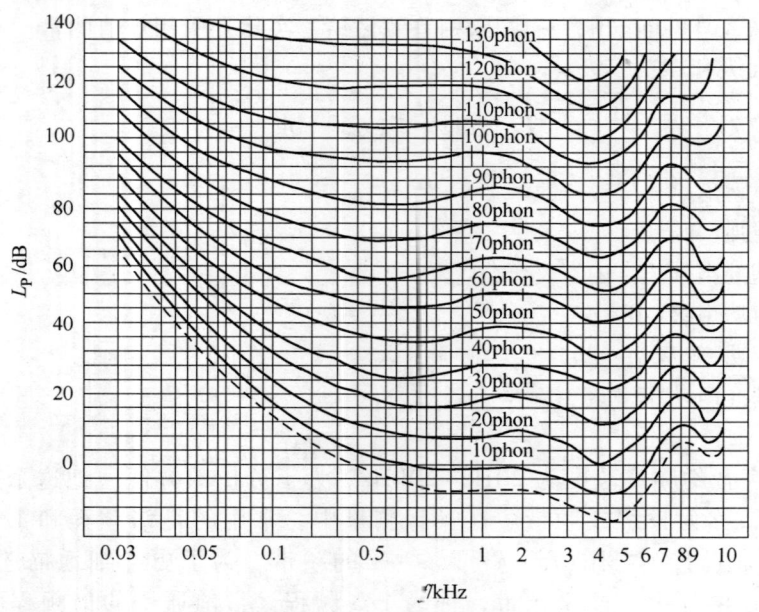

图 10-51　等响度曲线

图中最下面一条为闻阈限等响度曲线,最上面一条为痛阈限等响度曲线。可以看出,人耳对 2~5kHz 的高频段声音最为敏感,而对于低频段声音则较不敏感。响度与响度级的换算关系为

$$\lg N = 0.03 L_N - 1.2 \tag{10-53}$$

式中　N——响度(son);

　　　L_N——响度级(phon)。

5. 声级的运算

在噪声测量时常遇到多个噪声源声级的相加、相减和求平均值的运算。显然,这种运算不是声级分贝值的直接算术运算,而要通过声强来进行计算。

n 个声强级 L_{I1}、L_{I2}、$\cdots$、L_{In} 相加时,总声强级 L_I 为 $L_I = 10\lg \sum_{i=1}^{n} \dfrac{I_i}{I_0}$。由于 $L_{Ii} = 10\lg \dfrac{I_i}{I_0}$,所以

$$L_I = 10\lg \sum_{i=1}^{n} 10^{0.1 L_{Ii}} \tag{10-54}$$

n 个声压级相加时可用类似的方法进行处理。

在现场测量噪声时往往需要从总声级中减去环境声级,以求得被测设备的声级。两个声压级相减时可用如下公式,即

$$L_{PS} = 10\lg \left[\left(\dfrac{P_t}{P_0} \right)^2 - \left(\dfrac{P_b}{P_0} \right)^2 \right] = 10\lg(10^{0.1 L_{Pt}} - 10^{0.1 L_{Pb}}) \tag{10-55}$$

式中　P_t 和 L_{Pt}——总声压与总声压级;

　　　P_b 和 L_{Pb}——环境声压与环境声压级。

n 次测量求声压级的平均值时,可得

$$\overline{L_P} = 10\lg \left(\dfrac{1}{n} \sum_{i=1}^{n} 10^{0.1 L_{Pi}} \right) \tag{10-56}$$

二、电机噪声的测定方法及限值

1. 电机噪声的测定项目及测定时的状态

电机噪声的测定项目有噪声的 A 计权声功率级、电机噪声的 1/1 倍频程或 1/3 倍频程频谱分析、电机噪声的方向性指数等。

GB/T 10069.1—2006 中,对电机噪声测定时的状态做出了如下规定:电机应在空载稳定运行状态下进行测定;对于直流电机,测定时其转速和电压应保持额定值;对交流电机,则应保证供电频率和电压的额定值;对多速电机或调速电机,应在噪声为最大的额定转速下进行测定;同步电机一般应在额定电压下作为同步电动机运行状态进行测定;对允许正反转运行的电机,应在产生最大噪声的那个转向下测定。

GB/T 10069.1—2006 中对被测电机的安装也做出规定。对于轴中心高 $H \leq 400$mm 的电机应采用弹性安装,当电机轴中心高 $H \leq 250$mm 时,其弹性支撑系统的压缩量应符合下式的要求,即

$$15 \times \left(\dfrac{1000}{n} \right)^2 < \delta \leq \varepsilon z \tag{10-57}$$

式中 δ——电机放置后弹性系统的实际变形量(mm)；

n——电机的转速(r/min)；

ε——弹性材料线性范围系数，对乳胶海绵等于0.4；

z——弹性材料压缩前的自由高度(mm)。

当电机轴中心高250mm<H≤400mm时，可直接采用橡胶板作弹性垫。对于轴中心高H>400mm的电机，应采用刚性安装。此时，安装平台、基础和地基三者应刚性连接。安装平台和基础不可产生附加噪声或者与电机产生共振。

2. 电机噪声的测定

这里只介绍在半自由场或类半自由场中电机噪声的测定。在混响室中电机噪声的测定方法请参照国家标准 GB/T 10069.1—2006。

(1) 测试环境的声场条件

电机噪声测定时，测试环境对测量方法和测量结果有很大影响。不同的测试环境构成了不同的声场条件。

所谓自由场是指声音可向任何方向无反射地自由传播的环境区域。具有这种声场条件的测试房间称为消声室。

一个反射面上的自由场称为半自由场，一般指半消声室或室外硬地平面上无任何反射物的环境区域。工程实际中，实验站或大房间等类似一个反射面上的自由场的环境区域称为类半自由场。当被测电机无法进入消声室时，允许在类半自由场的条件下进行噪声测试，但测试结果必须进行环境反射影响的修正。

(2) 噪声测点配置

为了尽可能使电机噪声测定时的测量面为等声强圆，对应不同的电机尺寸，国家标准 GB/T 10069.1—2006 中规定了不同的测点配置方法，包括半球面法、半椭球面法和等效矩形包络面法。表10-7 示出了电机噪声测点配置方法和应用范围。

表10-7 电机噪声测点配置方法和应用范围

测点配置方法	电机尺寸		测点配置				测点数	测量面积 S/m^2
	轴中心高/mm	长度 L/H	测量半径		第1~4测点高度/mm	测点与电机外壳距离/m		
			r/m	R/m				
半球面法	H≤90	≤3.5	0.4	0.31	250		4	$S=2\pi r^2$
			1	0.97			5	
半椭球面法	90<H≤225	>3.5				$d=1$	5	$S=2\pi a(b+c)$
等效矩形包络面法	H>225				H	$d=1$	5	$S=4(ab+bc+ca) \cdot \dfrac{a+b+c}{a+b+c+2d}$

如果相邻两测点A计权声压级的差值为5dB及以上时，应在两测点间的测量面上增加测点。

现场测试时，被测电机噪声以外的其他声音（即电机停机情况下测得的噪声）统称为背景噪声。当背景噪声低于被测电机在该点测量值 10dB 以上时，测量值不做修正；在 4~10dB 时按表 10-8 进行修正（即测量值减去表中值）；在 4dB 以下时测量值无效。

表 10-8 被测电机噪声的修正

测量值与背景噪声之差/dB	4	5	6	7	8	9	10
修正值 K_1/dB	2.2	1.7	1.3	1.0	0.8	0.6	0.4

若噪声源发出的声音在各个方向上的辐射是均匀的，则这种噪声是无方向性的。而有些电机的噪声不是这样，它们在某些方向上强一些，因此需要测定噪声方向性指数。

在半自由场里，当电机测量面上某方向的声压级为 L_P 时，该测量面上的平均声压级为 $\bar{L}_P$，则噪声方向性指数 G（dB）为

$$G = L_P - \bar{L}_P + 3 \quad (10\text{-}58)$$

在全自由场中的噪声方向性指数为

$$G = L_P - \bar{L}_P \quad (10\text{-}59)$$

3. 声级的计算

（1）平均声压级

电机噪声的 A 计权平均声压级按下式计算，当所有测点中任何相邻点声压级之差小于 5dB 时，平均声压级也可按算术平均值计算。

$$\bar{L}_P = 10\lg\left[\frac{1}{N}\sum_{i=1}^{N} 10^{0.1(L_{Pi}-K_{1i})}\right] - K_2 - K_3 \quad (10\text{-}60)$$

式中　L_{Pi}——第 i 点的 A 计权声压级（dB(A)）；

　　　K_{1i}——第 i 点的背景噪声修正值（参见前表）；

　　　N——测点数；

　　　K_2——环境反射修正值（dB）（参见 GB/T 10069.1—2006）；

　　　K_3——温度气压修正值，按下式计算

$$K_3 = 10\lg\left[\sqrt{\frac{293}{273+t}} \times \frac{p_0}{100}\right] \quad (10\text{-}61)$$

式中　t——测试环境的温度（℃）；

　　　p_0——测试环境的气压（kPa）。

（2）频带平均声压级及 A 计权声压级

当背景噪声修正或环境反射修正需要按频带进行时，应先按 A 计权平均声压级计算各修正的 1/1 倍频程或 1/3 倍频程平均声压级，然后按下式计算总的 A 计权平均声压级，即

$$\bar{L}_P = 10\lg\left[\sum_{i=1}^{M} 10^{0.1(\bar{L}_{Pi}+K_{Ai})}\right] \quad (10\text{-}62)$$

式中　L_{Pi}——第 i 个频带的平均声压级（dB(A)）；

　　　K_{Ai}——频带声压级 A 计权修正值（参见 GB/T 10069.1—2006）；

　　　M——频带数。

（3）声功率级

电机噪声的 A 计权声功率级为

$$L_W = \overline{L}_P + 10\lg\frac{S}{S_0} \qquad (10\text{-}63)$$

式中　S——测量面面积(m^2)，基准面面积 $S_0 = 1m^2$。

4. 电机的噪声限值

随着电机额定功率的增大和转速的增高，电机噪声也将随之增大。电机的噪声还因冷却方式和防护形式的区别而有所不同。

国家标准 GB 10069.3—2008 中规定了旋转电机在单台空载稳定运行时 A 计权声功率的噪声限值，见表 10-9。

表 10-9　旋转电机在单台空载稳定运行时 A 计权声功率的噪声限值

额定转速/(r/min)	0~960	960~1320	1321~1900	1901~2360	2361~3150	3151~3750
额定功率/kW			噪声限值/dB(A)			
1~1.1	73	76	78	81	84	88
1.1~2.2	74	78	82	85	88	91
2.2~5.5	78	82	86	90	93	95
5.5~11	82	85	90	93	97	98
11~22	86	88	94	97	100	100
22~37	90	91	98	100	102	102
37~55	93	94	100	102	104	104
55~110	96	98	103	104	106	106
110~220	99	102	106	107	109	110
220~550	102	105	108	109	111	113

第十一章 车用电机系统台架试验

基于电力测功机、电涡流测功机等多种测功设备建立的试验台架是车用电机系统性能的重要试验设备，完整的试验台架一般包括测功机、电池模拟器（直流电源）、电功率分析仪、转速/转矩传感器、冷却系统、数据采集系统、台架控制及通信系统、联轴器以及其他机械的和电气的连接设备。有效利用试验台架进行电机系统的性能试验，能够准确地完成相应的参数测量，充分了解车用电机系统的工作能力，加快车用电机系统以至于整车的开发速度。

车用电机系统的试验台架可以与高低温试验箱、振动试验台、电磁兼容设备、半实物硬件在环仿真系统等仪器设备和开发工具结合在一起，从而更为充分地模拟车用电机系统的实际工作环境。

这一章将讨论车用电机系统试验台架的结构、关键参数的台架测量方法、动态试验方法以及可靠性耐久性试验理论等内容。

第一节 试验台架结构

车用电机系统的试验台架结构如图 11-1 所示。

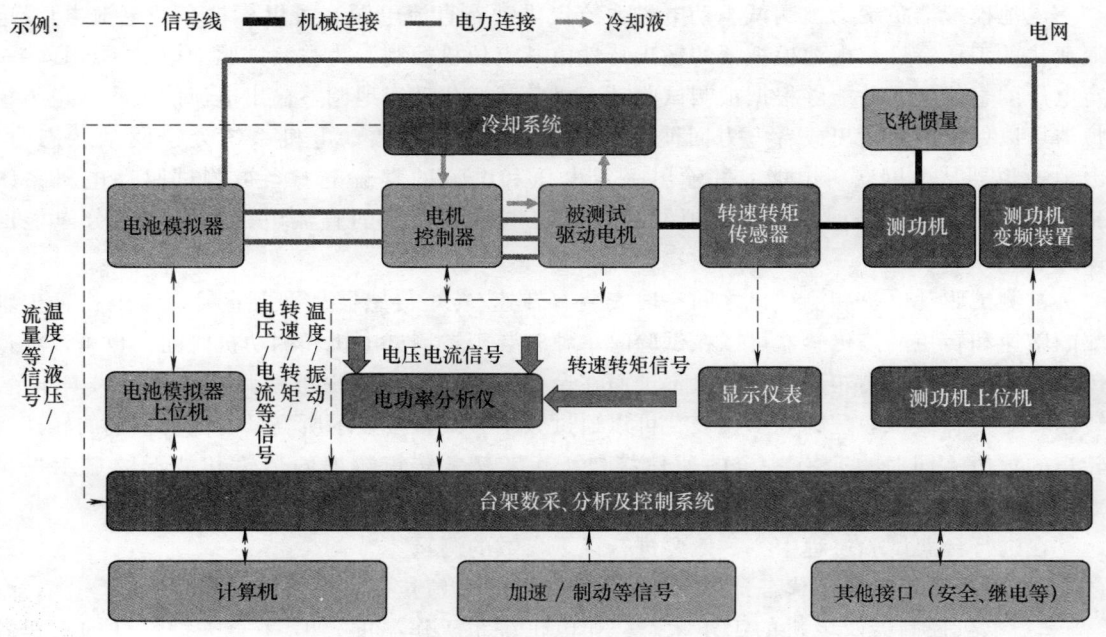

图 11-1 车用电机系统的试验台架结构

被测试驱动电机、转速/转矩传感器、测功机（一般以交流电力测功机居多）之间采用弹性联轴器顺序连接以传递机械动力，电池模拟器、电机控制器与被测试驱动电机之间采用电气连接以传递电功率。测功机与测功机变频装置之间也为电气连接，测功机上位机为测功机系统的控制单元，可以检测测功机和测功机变频装置的工作状态，也可以通过变频装置调整测功机的工作状态，从而实现对测功机的控制。在台架试验过程中，测功机需要模拟被测试驱动电机轴端负载的大小，在加减速或者变速过程等动态工作特性测试过程中，有时候需要模拟相关车辆机械惯量的大小，可以采用交流电力测功机电惯量模拟的方式，但是这种方式无疑将增加测功机的功率或者转矩等级，特别是模拟的惯量较大时，必须采用功率或者转矩等级大得多的测功机来实现，并且要求测功机的动态响应特性要高，这将导致测试成本的急剧增大。为了解决这一问题，一般情况下可以将测功机的电惯量模拟和机械飞轮惯量模拟相结合，采用机械飞轮模拟主要惯量部分，采用测功机的电惯量模拟功能进行小惯量补偿，从而可以在不增加太多测试成本的情况下实现对整车惯量的模拟。

冷却系统为台架上被测试驱动电机及电机控制器提供冷却环境，冷却方式可以是风冷，也可以是液冷。有些情况下，被测试驱动电机和电机控制器自带有冷却风扇进行冷却，也有些情况需要试验台架为其提供一定流量、压力和温度的冷却液进行冷却，冷却管路的连接视被测试系统的要求而定，既可以是图11-1所示的串联式冷却方式（即冷却液顺序进入电机控制器和被测试驱动电机，然后返回至冷却系统，构成一个串联液路，冷却液流经电机控制器和被测试驱动电机的流量相同，冷却液可以循环使用），也可以为被测试驱动电机和电机控制器单独提供冷却液（流经电机控制器和被测试驱动电机的冷却液路可以单独提供，流量可以不相同）。

电池模拟器负责为被测试驱动电机系统提供动态直流电源，可以模拟车载电池电压/电流变化的工作特性。电池模拟器的输出特性由其上位机控制，为被测试驱动电机系统提供一定电压的直流电，并能够根据被测试驱动电机负载变化动态地调整输出电流的大小。电池模拟器可以处于电力输出或者电力回馈工作状态，当被测试驱动电机系统处于驱动状态时，电池模拟器从电网获得电能，并输出一定电压和电流的直流电，当被测试驱动电机系统工作于回馈制动状态时，电池模拟器吸收一定电压和电流的直流电，并将这部分电能回馈到电网。

被测试驱动电机和测功机之间一般安装有转速/转矩传感器，可以直接测量电机输出轴端的转速和转矩。该传感器可以在试验时单独安装于被测试电机和测功机之间，也可以将该传感器长期固定于测功机输出轴上，进而在台架安装过程中减少机械调整和连接的工作量。转速转矩传感器一般配有显示仪表，可以通过数字方式直接显示所测量的电机轴端的转速和转矩的数值，同时也带有一定的通信接口，为转速、转矩数据的传输和波形的显示提供方便。

在进行台架试验过程中，一般要进行以下参数的测量。
1）冷却系统的工作状态：如冷却液温度、压力、流量等。
2）电机控制器及电机的工作状态：如电机绕组工作温度、IGBT等关键部件的工作温度、直流电压/电流、交流电压/电流、电机轴端的转速/转矩、电机振动状态等。
3）测功机的工作状态：如测功机的电压/电流及温度，振动状态，转速/转矩等。
4）转速转矩传感器输出的数值等。

第十一章 车用电机系统台架试验

在测量的以上参数中，有些参数既可以由电机控制器获得，也可以通过单独设置独立的传感器获得，例如电机轴端转速，其数值既可以通过电机控制器测量旋转变压器或者转速码盘获得，也可以通过转速转矩传感器独立测量获得，为了保证测量的独立性和台架数据采集系统的完整性，一般情况下，由单独的传感器获得为好，这样，通过对独立传感器的校准及必要的期间核查等质量保证手段，就可以很容易地确保测量结果的准确性。

在台架系统中，一般还需要配置被测试电机系统直流电力侧和交流电力侧的电压/电流传感器，并将相关的测量信号输入电功率分析仪。需要注意的是，在选择电压传感器和电流传感器时，除了需要考虑电压、电流的测量范围之外，特别要考虑交流电测量传感器的工作频率带宽、测量响应时间等动态参数，以确保对高动态高压脉宽调制信号测量的准确性。

电功率分析仪一般具有多个测量通道，除了测量各相电压电流信号外，也可以将转速/转矩传感器输出的信号（一般为频率或者电压信号）直接或者通过显示仪表上的接口与之相连，这样可以在同样的时钟触发条件下同步测量被测试电机和电机控制器的电压电流和转速/转矩信号，确保信号测量和计算的准确性。

台架数据采集、分析和控制系统获得电池模拟器、电功率分析仪、转速/转矩传感器、测功机系统、冷却系统等各部件工作时的状态信息，同时做出信号的分析和显示。台架控制系统可以根据试验要求设计试验程序，并确保试验过程的顺利进行，例如，通过试验需求的加减速及制动信号（外界给出信号），对被测试电机控制器发出加减速或制动的指令，同时为电池模拟器发出加减速及制动过程中电压随之变化的指令，通过控制测功机系统输出的转速或者转矩的大小，实现对所需求试验程序的控制，完成对被测试电机系统的加载。又如，台架控制系统利用继电器或者其他开关装置，通过控制开关工作的先后顺序，确保各零部件上电（或下电）过程的先后逻辑，通过检测开关装置的工作状态，在高压安全没有确认或者高速旋转零部件没有被保护的情况下，台架不予起动等，确保试验过程中台架安全及互锁功能的实现。

台架通信包括与被测试电机系统的通信，以及独立的台架测试系统的通信，均可以采用普通的串并行总线、CAN 总线、GPIB 总线、PXI 总线等各种方式实现，具体采用何种总线取决于对测试对象和测量准确度的要求。现阶段，台架测量和控制系统对电机控制器、测功机之间的通信以 CAN 总线为主；对于独立的台架测量系统，如果对测量准确度要求较高，对被测电机及其控制器的电压/电流和转速/转矩等信号采集的同步性要求较高，则采用 PXI 总线为好，但是也会导致测试设备成本的提高。

部分情况下，电动车辆可以具有多个驱动电机，例如轮毂电机，如果需要同时对这些驱动电机进行台架试验，则需要将图 11-1 的台架结构进行调整，需要利用多个测功机进行试验，各个测功机之间需要协调控制；还有一些电动车辆是由多个电机（或其他动力）耦合后驱动的，在进行试验时，可以将电机单独进行台架试验，也可以与耦合装置一并进行台架试验。以上情况所构成的试验台架已经是一个电传动系统的试验台架了，测量、分析和控制的参数将会更多，系统也将更复杂。图 11-2 为一个双电机驱动电传动系统性能试验台架结构的示例。

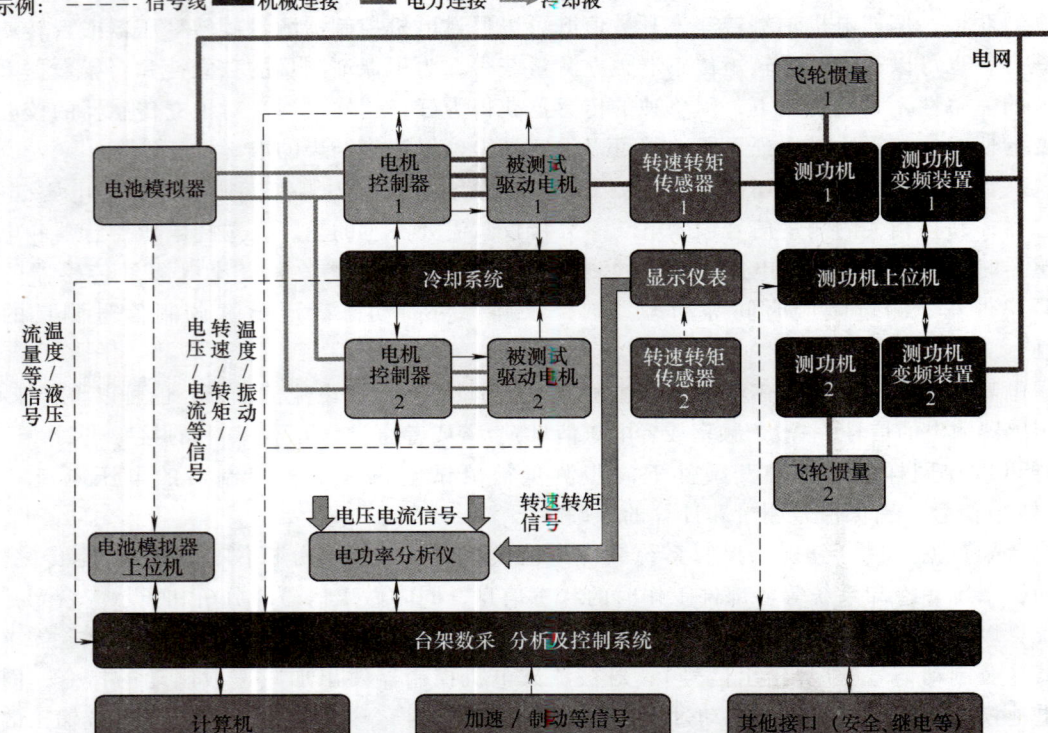

图 11-2 电传动系统性能的试验台架结构示例

第二节 关键参数的台架试验方法

车用电机系统的技术条件和试验方法已经有相关的国家标准可供参考,如《GB/T 18488.1—2015 电动汽车用驱动电机系统第 1 部分:技术条件》和《GB/T 18488.2—2015 电动汽车用驱动电机系统第 2 部分:试验方法》,这里仅就关键参数的台架试验方法予以阐述。

一、驱动电机及控制器效率的测量

一般情况下,在某一特定工作点上,电机的效率、电机控制器的效率以及电机和控制器组成的系统效率需要分别测量和计算。

电机控制器效率应根据其输入功率和输出功率的比值计算,即

$$\eta_c = \frac{P_{co}}{P_{ci}} \tag{11-1}$$

式中 η_c——电机控制器效率;
P_{co}——电机控制器输出功率(kW);
P_{ci}——电机控制器输入功率(kW)。

试验时,与电机控制器配套提供的辅助装置,如冷却风机、水泵等,如果与电机控制器

共用同一个电源供电,其功率应一并测出,并计算在效率内;如果采用另外的单独电源供电,则需要单独测量或计算辅助装置的功率值,但在效率计算时可以不考虑。

电机效率应根据其输入功率和输出功率的比值计算,即

$$\eta_m = \frac{P_{mo}}{P_{mi}} \tag{11-2}$$

式中　η_m——电机效率;
　　　P_{mo}——电机输出功率(kW);
　　　P_{mi}——电机输入功率(kW)。

试验时,与电机配套的辅助装置,如冷却风机等,如果与电机转子轴同轴或者有其他机械连接,或者与电机绕组共用同一个电源供电,其功率应一并测出,并计算在效率内;如果采用另外的单独电源供电,则需要单独测量或计算辅助装置的功率值,但在效率计算时可以不考虑。

如果要测量电机和电机控制器组成的系统的效率,考虑到测量过程中现有电气测量仪表对于变频电力信号测量的误差,以及电机控制器本身效率较高的特性,不推荐采用式(11-1)和式(11-2)直接相乘计算的方法获得电机系统的效率。建议将电机系统一并在试验台架上进行试验,根据电机系统输入输出参数的测量和计算获得电机系统的效率。

当电机系统处于电动工作状态时,输入功率为电机控制器直流母线输入的电功率,输出功率为电机轴端的机械功率,电机系统电动工作状态下的效率按照式(11-3)计算。

$$\eta = \frac{Tn}{9.55UI} \tag{11-3}$$

当电机系统处于馈电工作状态时,输入功率为电机轴端的机械功率,输出功率为电机控制器直流母线输出的电功率,电机系统馈电工作状态下的效率按照式(11-4)计算。

$$\eta = \frac{9.55UI}{Tn} \tag{11-4}$$

式中　η——电机系统的效率;
　　　n——电机转速(r/min);
　　　T——电机轴端转矩(N·m);
　　　U——电机控制器直流母线电压平均值(V);
　　　I——电机控制器直流母线电流平均值(A)。

二、转速/转矩工作测试点的选取

台架试验过程中,为了更加全面地掌握被测试电机系统在全部工作范围内的转速/转矩特性,需要在尽可能多的工作点处进行测试和分析,但是为了减少测试工作量,又不宜选择过多的工作点。

选择转速点时,在电机系统工作转速范围内一般取不少于10个转速点,最低转速点宜不大于最高工作转速的10%,相邻转速点之间的间隔不大于最高工作转速的10%,测试点选择时应包含必要的特征点,如额定工作转速点、最高工作转速点、持续功率对应的最低工作转速点以及其他特殊定义的工作点等。

在选择转矩测试工作点时，在每个转速点上一般取不少于 10 个转矩点，对于高速工作状态，在每个转速点上选取的转矩点数可以适当减少，但不宜低于 5 个，测试点选择时也要包含必要的特征点，如持续转矩数值处的点、峰值转矩（或最大转矩）数值处的点、持续功率曲线上的点、峰值功率（或最大功率）曲线上的点以及其他特殊定义的工作点等。

三、测量参数的选择

台架试验过程中需要测量哪些参数与试验目的有很大关系，也与台架状态和关键零部件的监控、安全运行有关。对车用电机系统进行台架性能试验和验证时，在相关的测试点处可以全部或者部分选择以下相关参数以便于进行数据采集、分析、监控或者控制。这些参数主要包括：电机控制器直流母线电压和电流；电机的电压、电流、频率及电功率；电机的转矩、转速及机械功率；驱动电机、电机控制器或电机系统的效率；电机电枢绕组的电阻和温度；冷却介质的流量、压力和温度；台架关键部位或者关键零部件的振动；其他特殊定义的测量参数等。对于车用电机系统开发过程中进行的台架试验，还需要考虑通信协议的执行情况、关键参数的标定情况，以及电感、电阻的非线性变化情况等。

四、参数测量过程中的注意事项

台架试验过程中任何参数的测量都是在一定的工作条件下完成的，确定了某一转速转矩测量工作点之后，测量仪表准确度、测试过程中的损耗、电机绕组及其他零部件的工作温度、电压电流的供给、具体测试点的选择等，都会影响到测试结果的准确性。不同的工作状态，对于同一个参数测量获得的数值必定会产生一定的差异。因此在测量过程中，为了获得更为准确一致的测量结果，需要对测量过程和测量状态加以控制。

测试前，根据测量准确度要求的大小，选用的测量仪表应具有足够准确度。

测量时，被测电机系统应处于热平衡工作状态，电机控制器的直流母线工作电压以额定电压为准，必要时，可以根据测试目的设置其他测试条件，电机系统可以在实际冷状态或者热状态条件下工作，电机控制器的直流母线电压可以设置在最高工作电压、最低工作电压、额定工作电压或其他工作电压处，测试的转速和转矩可以是一个工作点，也可以是一条特性曲线或者全部工作区，但是，需要在测试报告中记录相应的测试条件。

测试时，电机控制器输入、输出功率可以通过测量其输入或输出的电压和电流计算获得，电压和电流的测量点应选在驱动电机控制器靠近接线端子处。控制器的输入功率、输出功率和效率也可以使用电功率分析仪直接测量获得。

一般情况下，电机控制器和电机之间的电力传输线缆不会对测量结果产生明显影响，如果线缆的长度或阻抗严重影响到了被测系统的工作特性，则需要调整线缆，或者对测量结果予以修正，以避开或减少影响。

测试过程中，为保证测量的准确度，电机的工作转矩和转速宜直接在电机轴端测量，电机轴端和转速/转矩传感器之间应是刚性连接。如果可以忽略联轴装置的传动效率和中间的风磨损耗，也可以在驱动电机轴端与转速/转矩传感器之间放置联轴环节，此时，转速/转矩传感器的读数即电机轴端的输出值。对于精密测量，或者需要考虑到联轴装置的传动效率和测试过程中的风磨损耗的情况，应对试验结果进行修正。

五、关键参数的台架试验和验证

1. 持续转矩和持续功率

测试过程中,电机控制器直流母线电压设定为额定电压,电机系统可以工作于电动状态,也可以工作于馈电状态。测试时,根据电机系统的技术条件,使其工作于规定的持续转矩和持续转速条件下,应能够长时间正常工作,并且不超过电机的绝缘等级和规定的温升限值。

利用该测试验证的转速、转矩数值,就可以计算获得电机在相应工作点的持续功率,即

$$P_m = \frac{Tn}{9550} \tag{11-5}$$

式中 P_m——电机轴端的持续功率(kW)。

2. 峰值转矩和峰值功率

可以在电机系统实际冷态下进行峰值转矩试验,试验过程中,电机控制器直流母线电压设定为额定电压,电机系统可以工作于电动状态,也可以工作于馈电状态。

试验时,根据电机系统的技术条件,使其工作于规定数值的峰值转矩、峰值转速条件下,并持续一定时间,电机系统应能够正常工作,并且不超过电机的绝缘等级和规定的温升限值。峰值转矩的大小与试验持续时间有很大关系,对于同一个被测试电机系统,如果要求的持续时间短,则可以获得更大的峰值转矩,如果要求的持续时间长,则对应的峰值转矩数值就会明显降低。因此,一般情况下,为便于比较,很多企业将电机能够持续工作 30s 的最大工作转矩作为峰值转矩。

作为峰值转矩的一种特殊情况,可以测试电机系统在每个转速工作点的最大转矩,测试过程中,在最大转矩处的测试持续时间可以很短,一般情况下远低于 30s,根据测试数据,就可以绘制电机系统转速-最大转矩曲线。

如果需要多次进行峰值转矩的测量,宜将电机恢复到实际冷态,再进行第二次试验测量。

获得峰值转矩和相应的工作转速之后,就可以利用式(11-5)计算电机系统在相应工作点的峰值功率,相应地,峰值功率也与试验持续时间相对应。

3. 堵转转矩

测试过程中,电机控制器直流母线电压设定为额定电压。测试时,应将电机转子堵住,电机系统工作于实际冷状态下,通过电机控制器为电机施加所需的堵转转矩,记录堵转转矩和堵转时间。

改变电机定子和转子的相对位置,沿圆周方向等分取 5 个堵转点,分别重复以上试验,每次重复试验前,宜将电机恢复到实际冷状态。每次堵转试验的堵转时间应相同。

取 5 次测量结果中堵转转矩的最小值作为该电机系统的堵转转矩。

4. 最高工作转速

测试过程中,电机控制器直流母线电压设定为额定电压,电机系统宜处于热工作状态。测试时,应匀速调节试验台架,使电机的转速至最高工作转速,并施加一定的负载,工作稳定后,在此状态下的持续工作时间应不少于 3min。

5. 效率 MAP 和高效工作区

在电机系统转速转矩的工作范围内，按照本节第二部分介绍的方法选择工作点，测试点选取应尽量分布均匀，但是也要根据效率分布情况适当调整。在电机系统效率变化比较大的区域，操作点应该选取多一些，防止丢掉重要信息。一般情况下，在高功率区，从一个测试点到另一个测试点的效率变化比较小，所以测试点选取时每个转矩或转速之间的间隔可以大一些；对于轻负载区，效率变化较大，测试点选取间隔应该小一些。在测试点的选择数量上，不宜低于 100 个。这样一来，稳态测试后绘出的电机系统整体效率 MAP 信息就比较完整。

测试时，被测电机系统应达到热工作状态，电机控制器的直流母线工作电压为额定电压，电机系统可以工作于电动状态，也可以工作于馈电状态。

在不同的转速和不同的转矩点进行测试，根据需要记录电机轴端的转速、转矩，以及电机控制器直流母线电压和电流、交流电压和电流等参数，然后计算各个测试点的效率。

测试过程中，由于效率测试点多，如果将所有的测试点都通过测量做出来，耗费的时间将很长。为了解决这个问题，可省略某些测试点，省略的原则是测试结束后利用已测量、计算的效率值通过插值求出省略测试点处的效率值。按照表 11-1 所示的测试点进行测量，其中 * 表示测量获得的数据，空白表示省略的试验测量，"无"表示受到测试条件限制无法进行测量的点。测试结束后，将计算效率值添加到表 11-1 中对应的转速、转矩位置上，剩余的空白处就是需要线性插值（或其他方式插值）的点。线性插值分两步：首先利用空白处左右两端附近的效率值，对每一行的空白处进行插值；接下来就是利用测试计算的效率值和（或）第一步完成的插值效率值将剩余的空白处添满，方法是利用剩余空白处上下的效率值线性插值。

表 11-1 稳态测试操作点选取

转速/(r/min)	转矩/(N·m)																		
	1	2	3	4	5	6	7	8	9	10	20	30	40	50	60	70	80	90	100
500	*	*	*	*	*	*	*	*	*	*	*	*	*	*	*	*	*	*	*
1000	*	*		*		*		*		*	*	*		*		*		*	*
1500	*	*			*		*			*	*		*		*		*		*
2000	*	*																	
3000	*			*		*		*		*	*	*		*		*		*	*
4000	*	*			*		*			*	*		*		*		*		*
5000	*			*		*		*		*	*	*		*		*		*	*
6000	*	*			*		*			*	*		*		*		*		无
7000	*	*			*		*			*	*		*		*		*	无	无
8000	无	无	无	无	无	无	无	无	无	无	无	无	无	无	无	无	无	无	无

利用测试和插值获得的数据，通过绘制等效率曲线，就可以获得电机系统的效率 MAP 图，如图 11-3 所示。

一种简单的测算高效区的方法是，统计高于一定效率（例如高于 85%）的符合条件的测试点的数量，其值和总的试验测试点数量的比值，即为高效工作区的比例。也可以在试验数据的基础上，采用数值拟合和数学插值的方法计算获得相应的高效工作区。

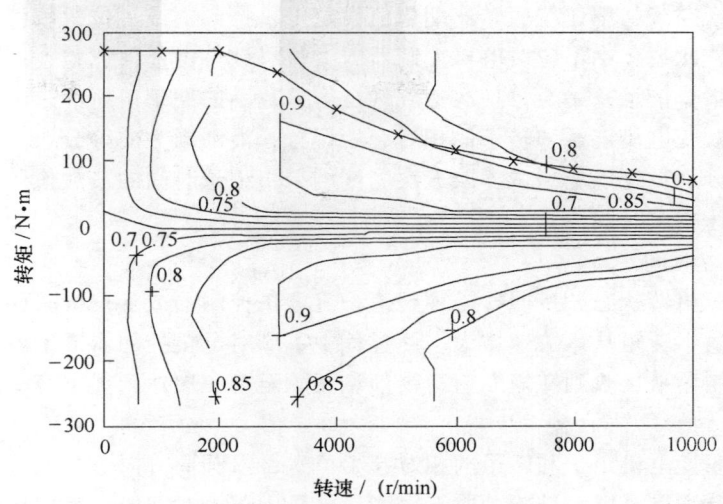

图 11-3 某车用电机系统工作在 1、4 象限的效率 MAP 图示例

6. 控制精度

试验时,电机控制器直流母线电压设定为额定电压,电机系统处于热态、电动工作状态。

(1) 转速控制精度

电机系统处于空载状态,在 10%~90% 最高工作转速范围内,均匀取 10 个不同的转速点作为目标值。按照某一转速目标值设定电机控制器或上位机软件,电机由静止状态直接旋转加速,并至转速稳定状态,此过程中不应对电机控制器或上位机软件做任何调整,记录电机工作稳定后的实际转速,并计算实际转速与目标转速的差值,或者实际转速与目标转速的偏差占目标转速值的百分数,此值即为这一转速目标值对应的转速控制精度。

对每一个转速目标值均进行以上测试,选取转速控制精度中的误差最大值,作为电机系统的转速控制准确度。

(2) 转矩控制精度

电机系统处于负载状态,在设定转速条件下的 10%~90% 峰值转矩范围内,均匀取 10 个不同的转矩点作为目标值。按照某一转矩目标值设定电机控制器或上位机软件,电机输出由零转矩直接工作至转矩和转速稳定状态,此过程中不应对电机控制器或上位机软件做任何调整,记录电机系统的实际转矩值,并计算实际转矩值与目标转矩的差值,或者实际转矩与目标转矩的偏差占目标转矩值的百分数,此值即为在特定转速条件下,这一转矩目标值对应的转矩控制准确度。

对每一个转矩目标值均进行以上测试,选取转矩控制准确度中的误差最大值,即为特定转速条件下电机系统的转矩控制准确度。

加载过程中,电机的工作转速会发生变化,其转速可以由测功机设定并控制。

7. 响应时间

试验时,电机控制器直流母线电压宜设定为额定电压,电机系统宜处于热态、电动工作状态。

(1) 转速响应时间

电机系统处于空载状态，按照转速期望值设定电机控制器或上位机软件，电机由静止状态直接旋转加速，此过程中不应对电机控制器或上位机软件做任何调整，记录电机控制器从接收到转速期望指令信息开始至第一次达到规定容差范围的期望值所经过的时间。

试验时，应改变电机定子和转子的相对起始位置，沿圆周方向等分取五个点，在同一转速期望值条件下分别重复以上测试，取五次测量结果中记录时间的最大值作为电机系统对该转速期望值的转速响应时间。

（2）转矩响应时间

电机系统处于堵转状态，按照转矩期望值设定电机控制器或上位机软件，对电机进行转矩控制，使电机输出转矩从零快速增大，此过程中不应对电机控制器或上位机软件做任何调整，记录电机控制器从接收到转矩期望指令信息开始至第一次达到规定容差范围的期望值所经过的时间。

测试时，应改变电机定子和转子的相对起始位置，沿圆周方向等分取五个点，在同一转矩期望值条件下分别重复以上试验，取五次测量结果中记录时间的最大值作为该电机系统对该转矩期望值的转矩响应时间。

六、电机系统的馈电性能测试

上文中提到的测量点的选择、测量参数和试验方法等，同样适用于馈电特性试验过程。试验时，被测电机系统由原动机（测功机）拖动，处于馈电状态，根据试验目的和测量参数的不同，电机控制器工作于设定的直流母线电压条件下，电机在相应的工作转速和转矩负载下进行馈电试验。

记录馈电状态时电机控制器的直流母线电压、直流母线电流、电机各相的交流电压、交流电流，以及电机轴端的转速和转矩等参数，同时计算并获得功率、馈电效率等数值，绘制相关曲线。必要时，应对试验结果进行修正。

第三节　基于整车行驶工况的测试技术

车用电机系统稳态性能测试并不能完全反映车用电机系统的性能，还要综合考虑动态测试的影响。车用电机系统的动态性能测试反映电动汽车行驶过程中整个驱动系统表现出来的特性。传统上，动态性能测试都是在整车上完成的，但是在开发初期，要优化电机及控制器的拓扑结构、优化控制算法以及修改控制参数等，如在整车上进行测试拆装以及烧写控制程序相当不方便，相反，在试验台架上完成动态测试克服了这些缺点。

汽车行驶规范是指预先确定的汽车行驶速度与时间的变换关系曲线图，汽车测试时必须沿着规范给定的速度-时间程序行驶，通常称为多工况道路循环测试法，电机系统动态性能测试也可以采用这种多工况道路循环测试法，在台架上再现电动汽车行驶过程。动态试验过程中车用电机系统表现出来的特性接近实际的电动汽车道路行驶过程中车用电机系统的动态特性，例如采用 UDDS 城市工况循环模拟城市道路工况，采用 HWFET 高速公路工况循环模拟高速公路工况，以及采用 10-15 工况模拟混合动力汽车工况等，三种工况循环如图 11-4、图 11-5、图 11-6 所示。

底盘测功机上进行的整车动态性能测试中，驾驶人通过踏板控制汽车的加速、减速和制动，

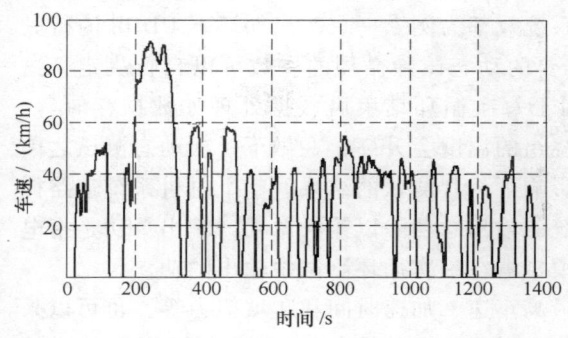

图 11-4　UDDS 城市工况循环

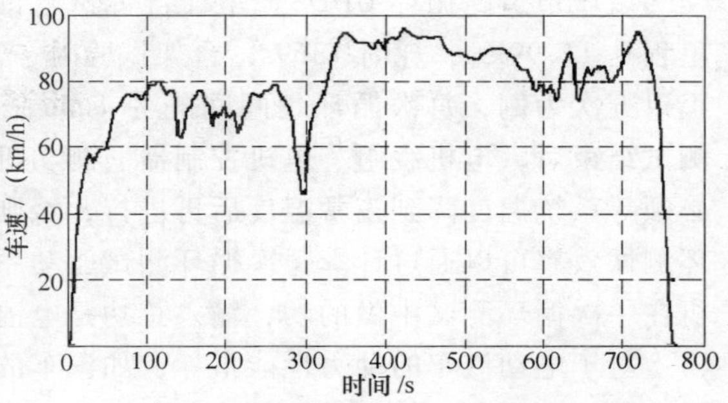

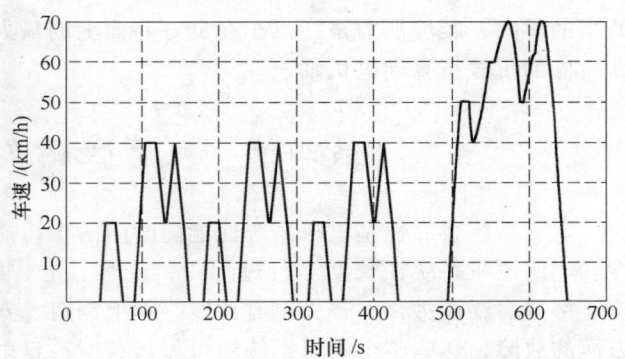

图 11-5　HWFET 高速公路工况循环

通过控制底盘测功机转矩给定,将阻力施加到车轮上,底盘测功机模拟汽车行驶道路工况,完成汽车的动态性能测试。同样,对于电动汽车电机驱动系统的动态性能试验也可以采用类似原理进行测试,测功机模拟各种工况条件。电动汽车行驶工况以一种附加负载的形式通过测功机加载到被测电机上。

针对不同的车型选用不同的工况循环作为电机驱动系统在试验台架上

图 11-6　混合动力汽车的 10-15 工况法

动态仿真环境,根据车速-时间工况求出电动汽车驱动系统中电机的工作转速和加在电机轴上的负载,二者作为试验台架的输入量,将转矩(或者转速)命令给电机控制器、转速(或者转矩)命令给测功机控制器,在同一时间坐标系下,电机按转矩-时间给定运行,同时,测功机按转速-时间给定运行,从而在台架上模拟电动汽车行驶过程中车用电机系统的实际工况和负载变化情况。利用该试验可以测试和评价车用电机系统及其关键零部件在标准工况下的效率、转速-转矩、充放电等性能,可以评价在相同行驶工况条件下不同的车用电机系统拓扑结构、不同的 PWM 调制算法以及不同的控制算法之间的差别。图 11-7 为某一车用电机系统按照 UDDS 工况换算得到的转速和转矩工作点的分布图。

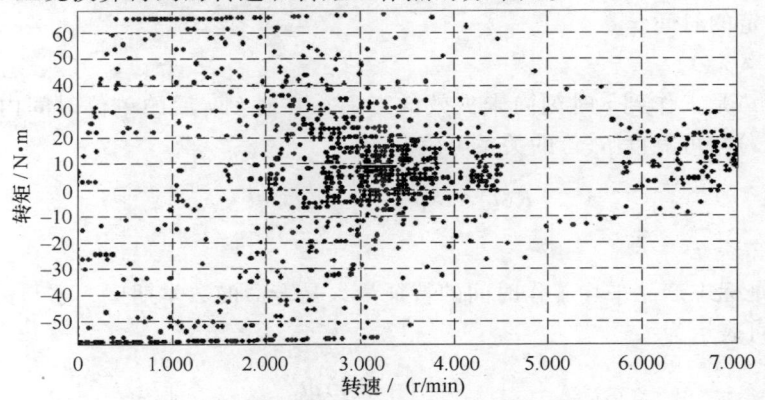

图 11-7　动态试验 UDDS 工况转速、转矩工作点分布图

以城市道路循环 UDDS 行驶工况测试电机系统效率为例。一个工况循环下 UDDS 的行驶里程是 11.99km，耗时 1369s，台架试验时，需要的动态试验循环的次数可以自行决定，这里以五次为例，每次循环之间间隔为 1min，用于每次循环结束后数据处理如数据存储等。测试结束后，电机绕组、电机控制器、测功机绕组的温度会升高，在做下一次动态测试之前必须等系统温度降到正常温度后再进行，否则影响下一次测试的结果。整个电机系统道路循环测试效率可以通过计算每次循环测试驱动系统的输出总功除以输入总功。输出总功是指电机在一次循环测试中做的功，输入总功是电池模拟器在一次循环测试中输出的功。

对于电动汽车的动力性能指标，如汽车的最高车速、加速时间和爬坡能力等，也可以采用类似的方法在台架上进行试验。对于电机系统来说，整车的最高车速折算到电动机输出轴就是其最高工作转速；加速时间就是将整车的速度折算成电机转速后，电机运行到设定转速所需的时间；爬坡能力是指汽车在良好路面上的最大爬坡度，对于电机来说，可将最大爬坡度对应的负载折算到电机轴上。

第四节 可靠性耐久性试验简介

电机系统可靠性是电机系统性能随时间的保持能力，是与时间密切相关的重要的质量特性。车用电机系统在长期运行过程中，受热、电、机械和化学等不利因素的影响，一些结构、部件会逐渐劣化，丧失原有性能，加上制造、安装及维护不当等原因，出现电气和机械方面的故障，影响整个电机系统的可靠运行。一旦电机和控制系统出现故障，轻则使电气性能下降或者系统寿命降低，重则导致重大安全事故。

电动汽车用电机系统的可靠性测试方法可以参考 GB/T 29307—2012，这里仅介绍可靠性耐久性的测试理论。

一、可靠性数量特征

在可靠性研究中，常用的基本数量特征主要有可靠度 $R(t)$、失效率 λ 和平均寿命 L 等。

（1）可靠度 $R(t)$

可靠度是产品在规定条件下和规定时间内完成规定功能的概率，记作 $R(t)$，产品寿命 T 是随机变量，因此，可靠度可表示为

$$R(t) = P(T>t) \tag{11-6}$$

式中 t——规定的时间。

（2）失效率 $\lambda(t)$

失效率 $\lambda(t)$ 是工作到 t 时刻尚未失效的产品，在时刻 t 后的单位时间内发生失效的概率。失效率 $\lambda(t)$ 与可靠度 $R(t)$ 的关系可表示为

$$R(t) = \exp\left[-\int_0^t \lambda(t)\,dt\right] \tag{11-7}$$

（3）平均寿命 L

平均寿命是标志产品平均工作时间的特征量，是寿命的数学期望，它与失效概率密度和可靠度的关系可表示为

$$L = \int_0^{+\infty} t f(t)\,dt \tag{11-8}$$

平均寿命对于不可修复产品和可修复产品的含义是不同的。对于不可修复产品，是指产品失效前平均工作时间，记作 MTTF(Mean Time to Failure)；对于可修复产品，是指平均故障间隔时间，记作 MTBF(Mean Time between Failure)。

根据产品在生产使用过程中的失效率变化情况，可以将其划分为早期失效期、偶然失效期和耗损失效期，即图 11-8 所示的失效率浴盆曲线，它描述了失效率与使用时间的关系。可以看出，一个产品的寿命周期可分为如下三个阶段：①早期失效期，在这一个阶段，主要表现为产品在设计、制造和总装过程中的缺陷而导致的故障，一般会在筛选试验或试运行过程中剔除；②偶然失效期，当某产品经过一定

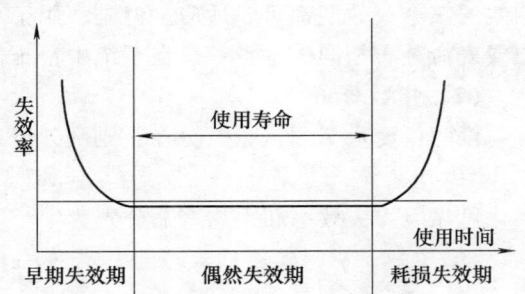

图 11-8 产品失效率与使用时间的关系

时间的磨合以后，在这一阶段表现出来的故障率趋于稳定，其可靠性大幅度的提高取决于产品设计制造水平，而这正是研究的目的和对象，通过对这一阶段产品失效的分析，可以找出设计、制造过程中的不足，并加以改进，提高产品质量；③耗损失效期，产品在使用寿命的后期，由于老化、疲劳、磨损等，失效率急速增大。对于发生早期故障的产品一般生产方可通过筛选试验予以剔除，因而可以近似认为现场使用的产品基本都运行于偶然失效阶段，其失效率假定为常数。

车用驱动电机系统作为复杂的机电能量转换装置，各个部分的失效机理不同，在系统整个寿命周期里所处的失效期也有所不同。例如电机的转轴、机壳和端盖，在其还处在偶然失效期时，电机其他部分如绕组绝缘或轴承已经处于损耗失效期。

二、常见的寿命分布类型

常见的连续型寿命分布类型主要有正态分布、对数正态分布、威布尔分布、指数分布等，在电子电气产品可靠性分析中，威布尔分布和指数分布应用最广泛。

(1) 威布尔分布

两参数威布尔分布的概率密度函数为

$$f(t)=\frac{m}{\eta}\left(\frac{t}{\eta}\right)^{m-1}e^{-\left(\frac{t}{\eta}\right)^m} \quad t \geqslant 0 \tag{11-9}$$

可靠度、失效率和平均寿命分别为

$$R(t)=e^{-\left(\frac{t}{\eta}\right)^m} \tag{11-10}$$

$$\lambda(t)=\frac{m}{\eta}\left(\frac{t}{\eta}\right)^{m-1} \tag{11-11}$$

$$\text{MTTF}=\eta\Gamma\left(1+\frac{1}{m}\right) \tag{11-12}$$

式中　η——尺度参数，$\eta>0$，η 越大，分布的分散程度越大；

m——形状参数，$m>0$，m 取不同值时，概率密度函数曲线的形状不同，使得威布尔分布拟合能力较强，$m<1$ 时，故障率递减，相当于浴盆曲线的早期失效期；$m>1$ 时，故障率递增，相当于产品的损耗失效期；$m=1$ 时，故障率为常数，即

指数分布情况，相当于产品的偶然失效期。

Γ( )——伽玛函数。

威布尔分布含有两个参数，对各种类型的实验数据拟合能力强，应用范围较广，对浴盆曲线的三个失效期都可以适应。但是，用于系统寿命分布时，要求串联系统的每个元件都相似或寿命分布相同，这点一般在系统中很难得到满足。

（2）指数分布

设随机变量 T 服从指数分布，则失效概率密度函数为

$$f(t)=\lambda e^{-\lambda t} \quad t\geqslant 0,\ \lambda>0 \tag{11-13}$$

可靠度、失效率和平均寿命分别为

$$R(t)=e^{-\lambda t} \tag{11-14}$$

$$\lambda(t)=t(\text{常数}) \tag{11-15}$$

$$\text{MTTF}=\frac{1}{\lambda} \tag{11-16}$$

指数分布在一定的条件下，还可以用来描述整机和复杂系统的故障间隔时间的失效分布。系统是由大量元件构成的，任何一个元件失效都会造成整个系统发生故障，所有元件的平均寿命有一致的下界，元件之间的失效相互独立，且失效后立即修复或更换，这样，当系统工作较长时间后，该系统故障间隔时间分布即近似地为指数分布。电机经过设计过程中的可靠性筛选，消除了早期故障，基本工作在偶然失效阶段，可认为其寿命服从指数分布。

三、电机系统的失效模式

以永磁同步电机驱动系统为例，其薄弱环节是绕组绝缘、轴承、永磁体、母线电容、功率器件、传感器和控制电路，其中以绕组绝缘、轴承、永磁体、功率器件和控制电路（含传感器）故障最为常见。

绕组故障的形成主要有两类原因：一类是绝缘系统本身缺陷，比如绝缘介质中存在空洞或杂质，电机长期运行时，绝缘漆劣化，导电污物在线圈表面形成连通，绝缘遭到破坏；另一类是电机绕组长期工作在大电流或高温工况下，导致绝缘过热烧毁，如图11-9所示。

图 11-9　过热造成的电机绕组外层被烧毁的情况

图11-10给出了 F 和 H 绝缘等级下绕组绝缘寿命和失效率随温度的变化趋势，可以看出，在绕组温度超过一定值后，绕组绝缘失效率随温度升高而急剧上升，在达到最高允许温度之后，绝缘材料性质恶化，绝缘性能变差，可能发生绝缘击穿或烧毁现象。

轴承可靠性与其工作环境和负荷等密切相关，轴承载荷变化、转速变化、轴承材料品质、安装情况、润滑条件和保养情况等都会对可靠性造成一定影响。由于电机铁心和绕组对轴承的热辐射，以及 PWM 高频脉冲电压供电情况下轴电流的增加，轴承工作温度较高，基本额定动载荷随温度升高而迅速下降，当温度高于允许值后，润滑脂分解、黏度下降、氧化

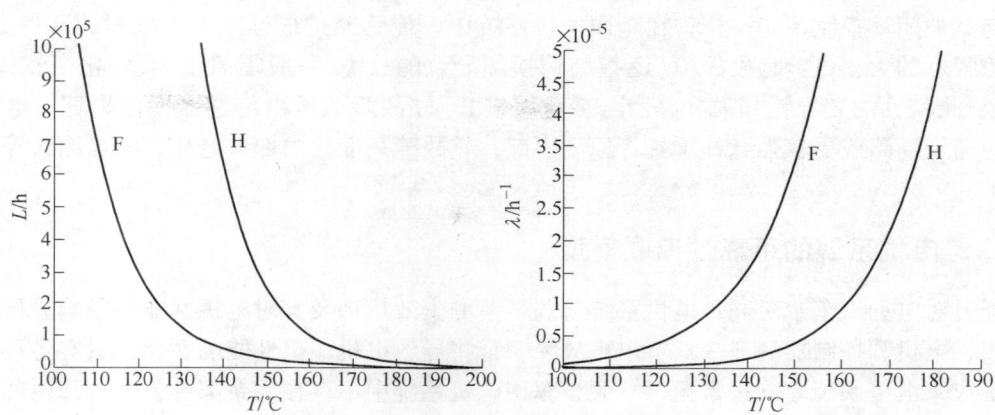

图 11-10　不同绝缘等级下绕组绝缘寿命和失效率随温度的变化关系

失效，加速轴承外圈表面的磨损和脱落。

永磁体提供永磁同步电机正常运转所需的励磁磁场，为保证车用永磁电机长期可靠运行，要求永磁体的磁性能保持相对稳定。在电机长期运行过程中，永磁材料性能随温度、外磁场、工作环境及时间发生相应变化，在受到振动、高温和过载电流的作用下，极易发生失磁。车用电机永磁体常采用钕铁硼（NdFeB）永磁材料，其居里温度低，热稳定性较差，不可逆损失率和温度系数较高，这将显著影响永磁电机的运行特性和使用寿命。可以看出，与可靠性密切相关的主要因素是热稳定性和磁稳定性。图 11-11 为永磁体失磁后电机的相电流变化情况，以及电机速度和转矩的响应情况。

IGBT 工作中的应力主要是热应力和电应力，即过热、过电压、过电流、超功耗和高转换速率，在这些应力的联合作用下，IGBT 的失效机理主要有过热烧毁、雪崩击穿以及过电流或过高功耗造成器件性能不可恢复性的漂移劣化等。图 11-12 为过电流导致 IGBT 烧毁的情况。

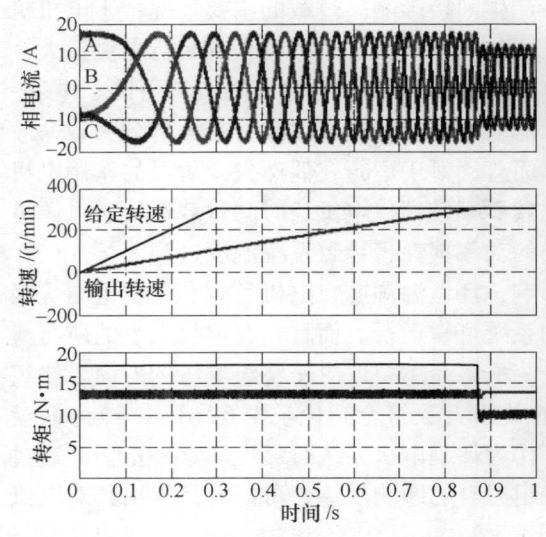

图 11-11　永磁体失磁后电机的输出状态

图 11-12　过电流烧毁的 IGBT

与其他闭环控制系统一样，在车用电机系统中，传感器是最容易发生故障的部件之一。按故障程度的大小可分为硬故障（泛指结构损坏导致的故障，一般幅值较大，变化突然）和软故障（泛指特性的变异，一般幅值较小，变化缓慢）。硬故障一般由传感器元件损坏、电系统发生短路、断路或受较强脉冲干扰等原因引起；软故障一般是由部件老化、零点漂移等原因引起的。

四、电机系统的可靠性串联模型

通过对电动汽车永磁同步电机系统薄弱环节的失效机理及其对电机性能的影响分析，可以看出，电机和控制器的任一环节出现故障，都将导致电机输出性能的恶化，只有各环节都正常工作，电机系统才能正常运行。假设车用电机系统中不存在冗余部件，则各薄弱环节之间的可靠性逻辑关系为串联关系，其可靠性模型框图如图 11-13 所示。

图 11-13　车用永磁同步电机系统可靠性模型框图

五、电机系统的可靠性影响因素

通过对车用电机系统薄弱环节失效机理和故障模式的分析，可以获得影响可靠性的若干关键因素。

电动汽车用电机系统电源有发电机和蓄电池，其电压不稳定，而直流母线电压对控制器元器件的可靠性有较大影响，一方面体现在电应力本身对器件的影响，另一方面，电压变化时控制器为了实现车辆正常行驶所要求的负载会调节电流，使得电机和控制器损耗发生变化，改变电机及控制器的工作温度，导致电机绕组绝缘性能降低。

过载造成轴承机械负载过重，电流增大，电机损耗增加，对驱动控制线路中功率器件的寿命产生直接影响，并通过温升对绕组绝缘寿命产生间接影响。过载的主要情况：①电机机械负载过大，三相运行电流偏大；②定子绕组三相电压不平衡，引起某相的运行电流过大。

过热导致定子绕组绝缘老化、烧毁，永磁体退磁，轴承润滑性能和动载荷下降，电容、功率管、控制电路元器件烧坏，转轴变形，传感器老化速度加快等故障，且大部分为致命故障或严重故障，使电机和控制器丧失正常功能。而且，对于运行在偶然失效阶段的车用电机系统，相对于其他影响因素，高温导致的系统失效概率较高。电机长时间过载运行、电源电压过低时，控制器开关损耗以及电机绕组和铁心的功率损耗将导致系统温度过高。

热应力对电机系统各部件的可靠性有显著影响，环境温湿度、电机负载和母线电压等因素直接或间接通过温升影响电机温度，从而影响系统可靠运行。而且，在电机系统的所有薄弱环节中，绕组绝缘故障发生频率最高，整个系统的寿命主要取决于绕组绝缘的寿命。绕组绝缘的可靠性受温度影响最大，寿命与温度间的关系大致符合阿伦尼斯（Arrhenius）寿命模型，随温度升高而下降。因此，可以将绕组温度作为评判电机系统可靠性的参考指标，通过分析环境温湿度、电机负载和母线电压对电机绕组温升的影响规律，可以间接得出其对电机可靠性的影响。

通过以上分析可以知道，影响驱动电机系统可靠性的主要因素涉及母线电压高低、轴端负载大小、工作温度热应力及环境应力等，了解了这些因素，就可以为电机系统的可靠性台

第十一章 车用电机系统台架试验

架试验提供一定的加载方式,提供试验环境条件。

六、加速寿命试验基本理论

1. 加速寿命原理

可靠性试验在产品研制和生产的各个阶段中,有着不同的目的和内容。其中,寿命试验是可靠性试验的主要内容,通过寿命试验,可以了解产品的失效规律和可靠性指标,评价和分析产品寿命特征。

按照施加的应力水平的不同,寿命试验又可分为正常寿命试验和加速寿命试验。正常寿命试验是指对产品施加正常应力(产品标准中规定的额定应力)水平的寿命试验;加速寿命试验是指强化试验条件,使试件加速失效,以便在短时间内得到正常应力条件下的各项可靠性指标。

加速寿命试验建立在一定的失效物理理论以及合理的工程统计和假设基础上,利用与物理失效规律相关的统计模型对超出正常应力水平的加速条件下获得的可靠性信息进行转换,从而得到产品在正常应力下可靠性特征可复现的数值估计。一般是在相对较短的时间内(通常几周或几月)通过加速工作应力确定产品可靠性,可借助于热、电、机械等外界或内部应力使之加速,一般产品的寿命随应力的增加而递减。按照施加应力的不同可分为以下三种,如图 11-14 所示。

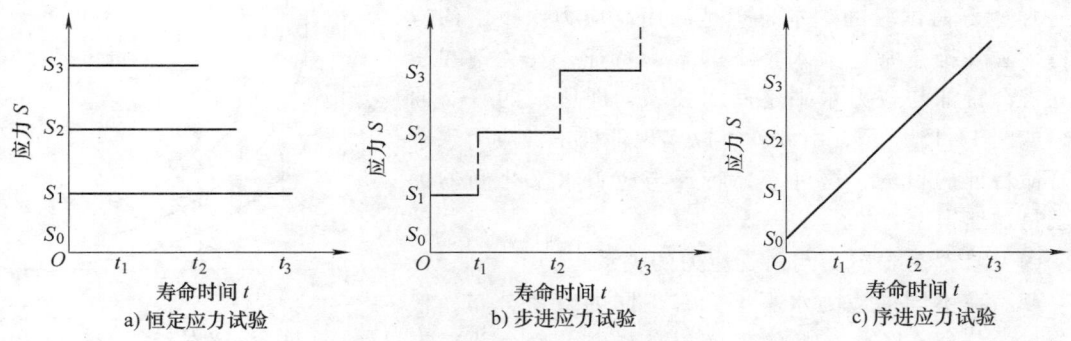

图 11-14 三种加速寿命试验原理图

(1) 恒定应力加速寿命试验(Constant-Stress Accelerated Life Test,CSALT)

将一定数量的样品分为几组,每组固定在一定的应力水平下进行寿命试验,要求选取各应力水平都高于正常工作条件下的应力水平。

(2) 步进应力加速寿命试验(Step-Stress Accelerated Life Testing,SSALT)

先选定一组应力水平,它们都高于正常工作条件下的应力水平 S_0。试验开始时把一定数量的样品在此应力水平下进行试验。经过一段时间,如 t_1 时间后,把应力水平提高到 S_1,未失效的产品在应力水平 S_1 继续进行试验,如此继续下去,直到一定数量的产品发生失效为止。

(3) 序进应力加速寿命试验(Progressive Stress Accelerated Life Testing,PSALT)

所施加的应力水平将随时间等速上升,直到一定数量的产品发生失效为止。

在上述三种加速寿命试验中,以恒定应力加速寿命试验最基本,理论最成熟,从中得到的信息也最多。

2. 加速应力

加速寿命试验中的应力是广义的应力概念，它指产品寿命期内影响产品寿命过程的所有条件，通常有热应力（如温度）、机械应力（如振动、摩擦、压力、载荷、频率）、电应力（如电流、电压、功率）、湿应力（如湿度）、化学应力（如气体浓度）、辐射等。应力的作用效果由产品的几何特性、材料特性（组成特性和损坏特性）与工艺参数等固有因素决定。表征应力高低的数量值称为应力水平；产品在正常使用条件下的应力水平叫作正常应力水平；在加速寿命试验中，人为施加的超出正常水平的应力水平叫作加速应力水平。

加速寿命试验在选择加速应力时主要考虑应力对失效机理的加速作用，要求加速应力便于试验控制，并且存在合适的加速模型。通常情况下，对于电子产品的加速寿命试验可以选择温度、湿度、电压等作为加速应力，电气产品的加速寿命试验选择电压、电流、电功率或者电负载等作为加速应力，而机械产品则选择转速、载荷或压力等作为加速应力。

产品失效的快慢与受到的外加应力条件密切相关，不同类型的应力将会促使不同失效机理的发展。对于寿命试验来说，受试产品的失效机理一定要与实际使用状态的失效机理保持一致。因此，在选择试验应力类型和应力水平时，要根据车用电机系统实际运行状态和不同零部件的失效机理来选择对系统可靠性影响较大的应力，应力水平保持在被测电机系统实际运行所处的水平及以上，且要保证系统的失效机理与实际运行时的失效机理相同。

3. 加速模型

加速寿命试验的基本思想是利用高应力水平下的寿命特征去外推正常应力水平下的寿命特征，其关键在于建立寿命特征与应力水平之间的关系，即所谓的 $S-t$ 曲线，如图11-15所示，由此就可以实现外推正常应力水平下寿命特征的目的，这种寿命特征与应力水平之间的关系就是加速模型。

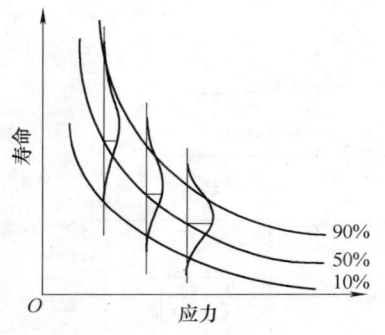

图11-15　产品寿命分布与应力的关系

（1）产品寿命分布与所受应力的关系

产品在不同的应力水平下，有不同的寿命分布，根据分布的分位点，将产品的寿命分布与应力寿命关系表示在同一张图上时，就得到类似图11-15所示的寿命分布与应力关系曲线，可以看出，随着应力的增加，产品寿命分布大致呈指数递减，且不同应力水平下的产品寿命分布参数有所差异。

（2）常用的加速模型

加速模型可分为失效物理加速模型和数学统计加速模型两大类。其中，失效物理加速模型是通过与失效机理相关的物理原理推导得到的加速模型，其模型数学表达形式已知，模型参数待定，因此，基于失效物理加速模型的加速寿命试验的基本任务就是通过试验对模型参数进行辨识。数学统计加速模型是通过寿命特征与应力类型的多项式回归来建立的，主要有广义对数线性模型、多项式加速模型、比例危险函数模型等。

由于目前车用驱动电机系统缺乏有效的失效数据，暂时无法利用统计数据进行数学回归建模，常用的失效物理加速模型主要有以下几种：

1）阿伦尼斯（Arrhenius）模型。产品失效从根本上讲都是基本的物理和化学过程，而温度对于许多物理化学过程来讲都是一个重要因素，因此在加速寿命试验中温度常常被用作加速应力。化学家阿伦尼斯(Arrhenius)于1880年研究了温度激发类化学过程,在大量的化学反应数据基础上提出了寿命特征 θ 与温度的关系,总结出 Arrhenius 加速模型,即

$$\theta = Ae^{\frac{E}{KT}} = Ae^{\frac{B}{T}} \tag{11-17}$$

式中　θ——产品寿命特征;
　　　A——常数,与产品和试验方法相关;
　　　E——退化机理的激活能,其值随退化机理的不同而有所不同;
　　　K——Boltzman 常数;
　　　T——热力学温度。

Arrhenius 模型表明,产品寿命特征随着温度的上升而按照指数函数规律下降。对式(11-17)两边取对数,可得线性化(对 $1/T$)的 Arrhenius 模型,即

$$\ln\theta = a + b/T \tag{11-18}$$

式中,$a = \ln A$,$b = E/K$。

Arrhenius 模型在电子产品的加速寿命和退化试验中得到了较普遍的应用。

2) 幂律(Power Law,PL)模型。在加速寿命试验中,除了温度应力以外还大量应用了机械应力和电应力。大量实验数据证实,产品在机械应力与电应力作用下的寿命特征与应力的关系常常满足幂律模型,即

$$\theta = AS^{\alpha} \tag{11-19}$$

式中　A、α——常数,与产品和试验方法等相关;
　　　S——应力水平。

幂律模型表明,产品寿命特征是应力的幂函数。对式(11-19)两边取对数,可得线性化(对 $\ln S$)的幂律模型为

$$\ln\theta = a + b\ln S \tag{11-20}$$

式中,$a = \ln A$,$b = \alpha$。

幂律模型适用于如机械疲劳、机械磨损、电压击穿、绝缘击穿等失效机理场合,在机械产品和电工产品的加速寿命试验中应用广泛。

3) 艾林(Eyring)模型。对于除温度以外还包含其他应力 S 的普遍情况,反应速度(退化速度)与应力的关系可以用以下广义 Eyring 模型描述,即

$$\theta = ATe^{E/(KT)} S^{\alpha} \tag{11-21}$$

如果 T 变动范围较窄,上述模型即可以变为热应力变动范围不太大情况下的 Eyring 模型,即

$$\theta = Be^{E/(KT)} S^{\alpha} \tag{11-22}$$

式中　A、E、α、B——待定常数;
　　　K——Boltzman 常数;
　　　T——热力学温度;
　　　S——温度以外的其他应力。

对式(11-22)两边取对数,可得线性化的 Eyring 模型为

$$\ln\theta = a + b/T + c\ln S \tag{11-23}$$

式中,$a = \ln B$,$b = E/K$,$c = \alpha$。

4) 多应力加速模型。Simoni 于1984年提出了描述电应力和温度应力与产品寿命关系的

加速模型，认为电应力和温度应力会对产品寿命产生累积损伤影响。该模型为

$$\frac{L}{L_0} = \left[\frac{E}{E_0}\right]^{-N} e^{-B \cdot DT}, \quad E > E_0 \tag{11-24}$$

式中　　N——$N = n - b \cdot DT$，$DT = 1/T_0 - 1/T$，n 为幂律模型中的参数，b 为材料系数，T_0 为室温，T 为热力学温度；

B——阿伦尼斯模型中的参数；

E——施加的电应力水平；

E_0——产品进行加速试验的最小电应力（在这个电应力水平和室温的条件之下，产品的寿命可认为是无限的）。

L_0——当 $E < E_0$ 且在室温 T_0 下产品的基本寿命。

Simoni 将描述电应力寿命关系的幂律模型与描述温度的指数模型相乘，并将各自模型中的常数认为是另一个应力的函数，由此复合而得到多应力寿命模型。这是目前运用较为广泛的复合电应力温度应力寿命模型。

(3) 系统级产品加速寿命试验研究方法

对元器件和零部件级产品，由于其失效模式和机理比较单一，所以很容易确定能有效地加速失效而又不改变失效机理的应力及加速模型。而对整机或系统产品，其包含多种元器件和材料，故障模式、失效机理及可靠性影响因素比较复杂，系统失效是多个潜在失效机理相互竞争的结果，很难确定不改变设备的失效机理的应力条件，试验过程中需施加多种加速应力以更加真实地反映系统在正常应力下的故障情况，但这样建立系统在高应力下与正常应力条件下失效率之间的关系模型就变得很困难。

目前对整机或系统产品加速寿命试验的研究方法有转化法、性能退化法和可靠性增长理论法。

1) 转化法：根据木桶原理，任何一种产品的寿命都取决于该产品中易失效件的寿命，无论产品的其他关键件、重要件或性能设计怎样优越，一旦影响产品性能的任何一个零部件或元器件发生失效，该产品的寿命即告终结，因此产品寿命取决于它的薄弱环节中易失效件的寿命。那么，找出薄弱环节后，整机产品的加速寿命试验就转化为零部件或元器件的加速寿命试验。

2) 性能退化法：当产品受到环境应力作用时，材料的性能或状态会随之产生复杂的物理-化学变化，经过一定的作用累积期并达到某种量级时，会导致产品损伤的出现，表现为产品输出参数的变化，当损伤达到某一极值时，产品就会发生故障。因此，产品发生故障的可能性与其性能参数逼近极限状态的过程密切相关。

3) 可靠性增长理论法：对于参试产品来说，加速寿命试验是一个可靠性随着试验时间的增加、试验量级的增大逐步下降的过程。如果能把加速寿命试验视为可靠性的"负增长试验"，那么，现已成熟的可靠性增长试验中的理论和分析方法均可以在加速寿命试验中应用。

利用可靠性增长理论来研究整机或系统级产品的加速寿命试验是一种新的方法，其可行性还有待进一步研究；性能退化法把研究对象当作一个黑匣子，不用考虑失效机理的复杂性，也不考虑产品的内部，只关心其主要性能参数随应力、时间的变化情况，再利用退化模型对其寿命进行预测。但该方法只能得到产品寿命的点估计值，不能得到其他一些可靠性指

标(如可靠度、可靠寿命)的点估计值,更不能得到可靠性指标的区间估计值。虽然提出较早,也有一些相关的退化模型,但对此应用不多,成功范例较少;转化法是目前比较实用且用得较多的方法,成功范例也较多。

转化法最关键的是对产品薄弱环节的分析,根据对车用驱动电机系统失效机理的分析和相似产品现场使用经验,如果将绕组绝缘、永磁体、轴承、功率开关器件和控制电路(含传感器)定为系统加速寿命试验的薄弱环节,结合其可靠性影响因素(上文提到的高低压电应力、轴端负载、工作温度热应力、以及环境应力),经过试验分析,选取加速应力,就可以进行相应的可靠性分析和加速寿命计算。

第十二章 车用电机系统的现代试验测试技术

传统的电机测试采用普通的指针式或数字式仪表由人工读数和记录,然后人工整理数据并描绘曲线或编写测试报告,读表的不同时性以及读数、记录、计算中的各种人为误差,降低了试验结果的准确度。

在数字仪表基础上发展起来的数字式自动测试系统可以控制测量过程,处理测试数据,记录与显示测量结果。与传统测试相比,现代电机测试具有以下特点:

1) 能自动控制被测电机的起停,自动采集试验数据,自动进行数据处理及参数计算,自动打印试验报告,绘制特性曲线,试验过程可全部自动进行。

2) 由于试验过程可由计算机程序控制,故只要改变计算机程序,就可改变试验项目,也可以根据不同工况要求进行各种研究性试验。

3) 多路数据采集具有同步性,消除了人工读表的不同时所引起的误差。

4) 测量准确度高,重复性好。采用各种高准确度的数字仪表和传感器,可保证各种参数的高准确度测量,计算机能进行高准确度的运算。

5) 能自动进行故障检测及诊断,自动声光报警或通过计算机显示故障原因,并采取适当的保护步骤,防止造成危险和损害。

6) 节省时间和人力,大大提高试验效率,减轻劳动强度。

7) 工作可靠,操作简便。为了保证系统工作可靠,在系统中采用有效的联锁、隔离、抗干扰等措施。

本章将从以下几个方面对现代电机测试技术加以介绍,即多通道数字信号测试技术,智能仪表、试验测试与通信技术,动态试验测试技术,PLC 及其在电机测试中的应用,自动测试技术,硬件在环仿真试验技术,虚拟试验及试验仿真技术。

第一节 多通道数字信号测试技术

近年来,随着社会发展和科技进步,数字信号测试技术已经越来越广泛地应用于人类活动的各个领域,而采样定理是数字信号测试技术的基础,正是由于可以将模拟信号采样量化,而同时又可以保证不破坏信号的频率特性,所以才有了将信号处理数字化的可能。在现代电机测试中,模-数(A-D)转换器和数字信号处理器(DSP)得到了广泛应用,基于高性能 A-D 和 DSP 的数字处理单元已经成为现代电机检测的核心模块,对整个测试系统性能的提升起到了决定性作用。

对于多通道数字信号处理单元,其 A-D 的通道数与 DSP 的路数有多种不同的结构方式,不同的硬件结构方式适应于不同的应用场合。在电机测试中,综合考虑测试中的具体需求以及硬件上 A-D 和 DSP 芯片的性能价格比因素,多通道数字信号处理单元可以归纳为以下几种构成模式。

第十二章　车用电机系统的现代试验测试技术

一、与单片 DSP 构成的时分多通道模式

图 12-1 所示是单片 A-D 和单片 DSP 构成的时分多通道数字信号处理单元结构框图。在这种结构模式中，A-D 一般选用高速高位数芯片，DSP 选用高速芯片，而各通道输入的是窄带低频模拟信号。在实际电机测试过程中，可以根据需要分时段选通不同通道的模拟信号进入 A-D 和 DSP，准实时完成对应通道的数字化变换与处理任务，也可以由高速 A-D 采用时分方式准实时地对多通道的模拟信号进行数据采样，然后由 DSP 分别完成对应的变换和处理任务。无论采用哪种工作方式，都要求在 A-D 完成下一帧数据的取样之前，单片 DSP 能够实时完成上一帧数据的处理任务，因而 A-D 采样的速率不能太高，否则会出现数据通道堵塞或数据丢帧现象。

二、与多片 DSP 构成的时分多通道模式

图 12-2 所示是单片 A-D 和多片 DSP 构成的时分多通道数字信号处理单元结构框图。在这种结构模式中，A-D 一般选用高速高位数芯片，DSP 可以选用价格比较低廉的中高速芯片，而各通道输入的可以是宽带中频模拟信号，也可以是窄带中频模拟信号。在实际电机测试过程中，若输入信号需要高的 A-D 取样速率即每一帧取样数据的时间窗短，则需要多个 DSP 协调工作才能够实时完成其变换和处理任务。若输入信号只要求中高速率的 A-D 取样，每一帧取样数据的时间窗比较长，此时单片高速 A-D 可采用时分方式准实时地对多个通道的模拟信号进行数据取样，而后由多个 DSP 协调工作来实时完成其变换和处理任务。无论采用哪种工作方式，由于有多片 DSP 来协同完成单片 A-D 采集的数据，可以有效保证 A-D 完成下一帧数据的取样之前 DSP 能够实时完成上一帧数据的处理任务，因而可以允许 A-D 的高速率取样，一般不会出现数据通道堵塞或者数据丢帧现象。

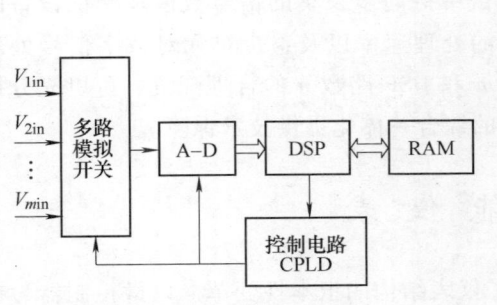

图 12-1　单片 A-D 与单片 DSP
构成的时分多通道模式框图

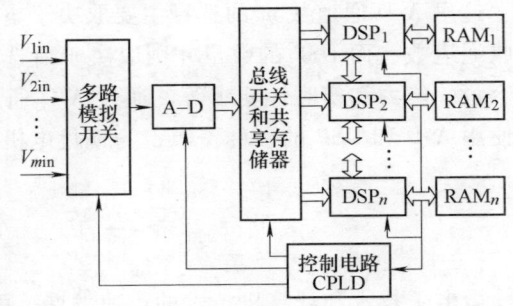

图 12-2　单片 A-D 与多片 DSP
构成的时分多通道模式框图

三、多片 A-D 与单片 DSP 构成的时分多通道模式

图 12-3 所示是多片 A-D 和单片 DSP 构成的时分多通道数字信号处理单元结构框图。在这种结构模式中，A-D 一般选用中高速高位数芯片，DSP 选用高速芯片，在实际电机测试过程中，用于对电机多个参数的同步测量。这种时分多通道模式需要单个 DSP 能够实时完成其对应的变换和处理任务，因此要求 DSP 有很高的处理速度。反过来说，由于是单片 DSP 来完成多通道 A-D 采集的数据，要有效保证各 A-D 完成下一帧数据的取样之前 DSP 能够实

时完成上一帧数据的处理任务,因而 A-D 的取样速率不能太高,否则会出现数据通道堵塞或数据丢帧现象。

四、多片 A-D 与多片 DSP 构成的时分多通道模式

图 12-4 所示的是 m 片 A-D 和 n 片 DSP 构成的多通道数字信号处理单元结构框图。在这种结构模式中,A-D 一般选用高速高位数芯片,DSP 也选用高速芯片。在实际电机测试过程中,多路模拟输入信号可以根据需要分时地程控驱动 A-D 进行数据取样,也可以同时驱动 A-D 进行数据取样,后者适用于多通道信号同步采集并行处理。无论哪种应用方式,由于有多个 DSP 来协调工作,从而可以有效保证各 A-D 完成下一帧数据的取样之前 DSP 能够实时完成上一帧数据的处理任务,可以允许 A-D 的高速率取样,一般不会出现数据通道堵塞或数据丢帧现象。

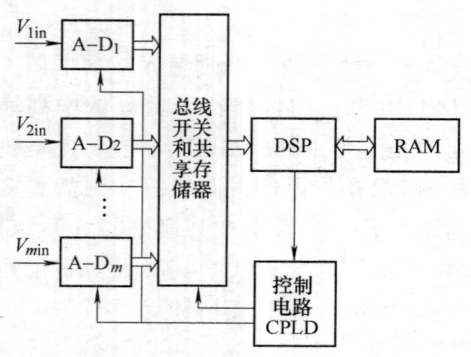

图 12-3 多片 A-D 与单片 DSP 构成的时分多通道模式框图

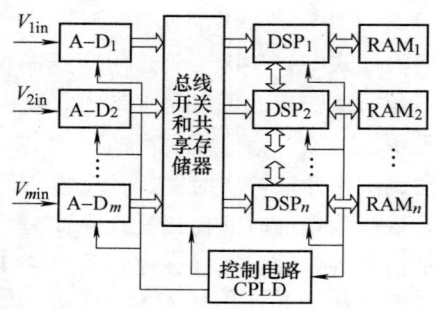

图 12-4 m 片 A-D 与 n 片 DSP 构成的时分多通道模式框图

这里 A-D 通道数 m 的选择主要取决于电机测试中待同步采集的信号数以及测试设备的接收通道数,而 DSP 的数量 n 则取决于所选芯片的处理速率以及整个单元对数字信号处理的容量、能力和实时性要求等。通过 A-D 通道数 m 和 DSP 路数 n 的合理配置,可以充分挖掘使用 A-D 和 DSP 的硬件资源,为现代电机测试的综合一体化提供技术保障。

第二节 智 能 仪 表

微电子技术和计算机技术的飞速发展,引起了仪表结构的根本性变革。以微控制器为核心,以计算机控制理论为基础,将计算机技术、电子技术和测量控制技术等相关技术有机结合,产生了新的智能化测量控制系统,即"智能仪表"。智能仪表是计算机科学、电子学、数字信号处理、人工智能、大规模集成电路等信息技术与传统的仪器仪表技术的结合。

智能仪表可以采集数字信号或者通过 A-D 转换器采集模拟信号,将采集到的信号送入控制器进行信号处理,并将处理后的信号通过数字信号接口输出或者通过 D-A 转换器输出模拟信号,最后通过网络接口实现仪表与仪表或者仪表与计算机的通信。此外,可以采用一些先进的控制理论和控制方法,使智能仪表具备更为智能的人机交互接口。

本节将主要介绍智能仪表的定义、主要功能、特点和基本组成,并提出智能仪表的研制步骤及发展趋势。

第十二章　车用电机系统的现代试验测试技术

一、定义

智能仪表是指仪表中配有微控制器，使其具有对数据、命令等进行存储、运算、逻辑判断及自动化操作等功能。与传统仪表相比，新型智能仪表在测量过程自动化、测量结果的数据处理以及功能的多样化方面，具有更大的优势。

二、组成

通常，智能仪表由硬件和软件两大部分组成。硬件部分包括 MCU、过程输入/输出通道（模拟量和开关量输入/输出通道）、人机交互部分和接口电路以及 USB、Internet、GPRS、短消息数据通信接口等。

主机电路用来存储数据和程序，并进行一系列运算处理，它通常由微处理器、ROM、RAM、Flash、FRAM、I/O 接口和定时/计数电路等芯片组成，或者它本身就是一个单片机或嵌入式系统。模拟量输入/输出通道用来输入/输出模拟信号；数字量输入/输出通道用于输入/输出数字信号。人机交互部分是操作者与仪表之间的桥梁，通信接口则用来实现仪表与外界的数据交换功能，进而实现网络化互联的需求。外部时序逻辑扩展部分常用 CPLD/FPGA 等器件来扩展 CPU 的功能，显示打印模块用于外接打印机和 LCD/LED。

智能仪表的软件通常包括监控程序、中断处理（或服务）程序以及实现各种算法的功能模块。监控程序是仪表软件的中心环节，它接收和分析各种命令，管理和协调全部程序的执行；中断处理程序是在人机交互部分或其他外围设备提出中断申请并为主机响应后直接转去执行的程序，以便及时地完成实时处理任务；功能模块用来实现仪表的数据处理和控制功能，包括各种测量算法（例如数字滤波、标度变换、非线性校正等）和控制算法（PID 控制、前馈控制、滞后控制、模糊控制等）。

三、功能特点

与传统仪器仪表相比，智能仪表具有以下功能特点：

1）操作自动化。仪器的所有测量过程如开关启动、键盘扫描、模式选择、数据采集以及显示打印都是通过单片机或微处理器来控制，实现了测试过程的自动化。

2）具有自校准和自诊断功能。包括自动调零、自动故障与状态检验、自动校准、自诊断及量程自动转换等功能，这种功能可以在仪表起动时应用，也可以在仪表运行过程中应用，极大地方便了仪表的维护。

3）具有数据处理功能。智能仪表由于采用单片机或微处理器，使得原来用硬件逻辑无法解决或很难解决的问题，现在利用软件可以非常方便地解决。如传统的数字万用表只能用来测量电阻、交直流电压、电流，而智能型数字万用表不仅能进行上述测量，还能对测量结果进行零点平移、取平均值、求极值、统计分析等复杂的数据处理，有效地扩展了仪表的功能。

4）具有友好的人机对话功能。智能仪表使用键盘代替传统仪器的切换开关，操作人员只需通过键盘输入命令，就能实现测量功能。此外，智能仪表还通过显示屏将仪器的运行情况、工作状态以及测量结果及时地告知操作人员，使仪器的操作更加方便、直观。

5）具有可程控操作能力。一般智能仪表都配有 RS232、RS485、GPIB 等标准通信接口，可以很方便地同计算机及其他仪器连接组成自动测试系统,来完成复杂的测试任务。

四、常用的智能仪表

1. 带微处理器的数字电压表

带微处理器的数字电压表是一种智能仪表,可直接测量直流电压电流、交流电压电流及电阻等。该仪表以微处理器为核心,包括输入信号转换电路、A-D 转换电路、微处理器、键盘、显示器、GPIB 接口以及功能控制、量程切换控制、模数转换控制等电路。带微处理器的数字电压表原理框图如图 12-5 所示。

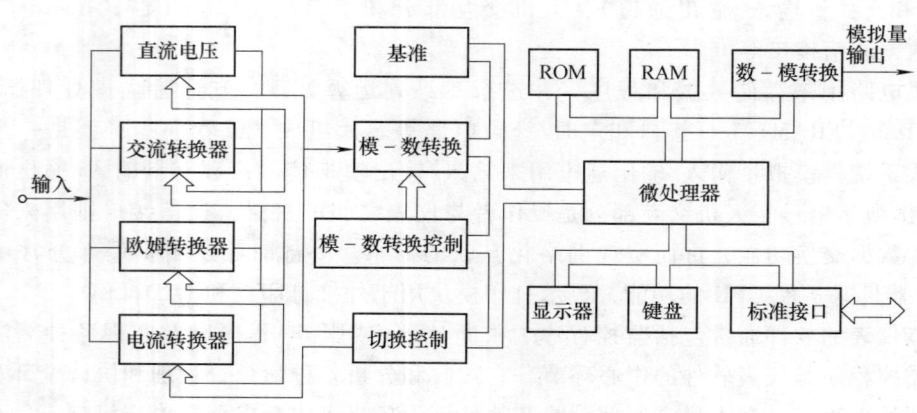

图 12-5　带微处理器的数字电压表原理框图

经输入电路转换后的直流电压信号,由 A-D 转换器变换成数字量并写入 RAM 中,经微处理器转换后送至显示器显示。若调用运算程序,则测量结果经运算程序处理后送至显示器显示。使用者可通过键盘选择测量功能、量程以及调用仪表的运算程序,根据测量要求按下相应的键,微处理器对键盘进行扫描和分析,产生与按键相对应的控制代码,使仪表在使用者所要求的状态下工作。带微处理器的数字电压表一般具有以下数据处理功能,即定标换算、百分误差运算、最大值与最小值提取、极限运算、合格与不合格判断、统计运算(包括平均值、方差、标准偏差、方均根值等)、热电偶线性化运算等。

2. 数字存储示波器

数字存储示波器(Digital Storage Oscilloscope,DSO)也是一种智能仪表,它是将输入的被测连续模拟信号通过 A-D 转换器变换成离散数字信号并存储于存储器中,转换完成一批数据后通过光栅扫描将数字信息经过变换显示在显示屏上。数字存储示波器既适用于重复信号的检测,也适用于单次瞬态信号的测量。与记忆示波器相比,数字存储示波器具有存储时间长,能捕捉触发点前的信号,可通过接口将数据共享等特点。

数字存储示波器(DSO)基于取样原理,利用 A-D 转换技术和数字存储技术,能迅速捕捉瞬变信号并长期保存。它首先对模拟信号进行高速采样,获得相应的数字数据并存储,存储器中储存的数据用来在示波器的显示屏上重建信号波形;然后利用数字信号处理技术对采样得到的数字信号进行相关处理与运算,从而获得所需的各种信号参数(包括可能需要使用万用表测试的一些元器件电气参数)。它能够根据得到的信号参数绘制信号波形,并可对被测信号进行实时的、瞬态的分析,以方便用户了解信号质量,快速准确地进行故障诊断。

第十二章　车用电机系统的现代试验测试技术

数字示波器的核心内容是将连续模拟被测信号转换为数字信号，即取样。从连续模拟被测信号中离散（时间上）地取样转换成数字数据作为"样品"，用来表达原信号的部分特性或全部特性。为了保证转换的数字数据与被测信号的关系是线性的，取样时可以在一个被测信号周期内取许多点或者多个被测信号周期内采集一个点，取样间隔可以相等，也可以不等。取样方式大致有两种：实时取样、非实时取样。

1) 实时取样：取样脉冲频率高于信号频率，在信号的一个周期内采集多次被测信号的瞬时值，用其包络线反映原波形。为了比较真实地再现被测信号原貌，实时取样时，一个被测信号周期内要求取样点数 N 大于或等于5，当 $N=10$ 时，波形完全再现信号；当 $N=5$ 时，波形微显失真；当 $N=3$ 时，波形呈明显失真。

2) 非实时取样：又分为顺序取样和随机取样。非实时顺序取样是指在一个或多个被测信号周期内取样一次，取样信号每次延迟 $\Delta t + NT$（T 为被测信号的周期，$N=1,2,3,\cdots$），取样后的离散数字信号构成了包括反映原信号的波形情况，但这个包括的周期与原信号的周期相比低得多，相当于将被测信号在时间轴拉伸了。非实时随机取样是指在一个或多个被测信号周期内取样一次，但每次取样相对于原信号不是固定 $\Delta t + NT$ 时间，而是具有一定的随机性（相对于被测信号某一固定相位参考点），以取样时刻相对于参考点的 Δt 时间段为"尺度"在时间轴排序取样点，由此形成的包络再现了被测信号的信息。

根据取样的方法不同，数字示波器可以分为实时取样数字存储示波器、随机取样数字存储示波器、顺序取样数字存储示波器。以上三种示波器各有优缺点，实时取样示波器可以观测非周期信号，非实时取样示波器可以比较容易地做到观测高频信号的能力。

与模拟示波器相比，数字示波器具有以下特点：

1) 测量准确度大大提高，时间和幅度准确度可达 $10^{-4} \sim 10^{-3}$ 量级。

2) 具有预置、毛刺、间隔、漏失等先进触发功能。在模拟示波器中，触发是指当输入信号的某一电平到来时，即引起水平扫描开始，并在 Y 轴输入信号的作用下开始波形的实时显示。因此触发总是处于实时波形的始端，即观测者只能看到触发后的信号波形。在数字示波器中，在等待触发信号到来之前采样和存储就已经开始，因此当触发开始时，显示屏上复现的波形可以包括触发之前的输入信号波形，而触发点的位置可以被预置。这种"预置触发"功能具有很大的实用价值。

3) 具有多种存储方式，如波形可存于内存、硬盘、U 盘等。

4) 具有数学运算功能，如波形的加、减、乘、除、微积分、对数、指数运算等。

5) 具有菜单选择、通道状态和测量结果全屏幕注释功能。

图 12-6 为一台典型的智能化数字存储示波器的原理框图。整机由四部分组成，即微机控制与存储部分、垂直偏转部分、水平偏转部分和显示屏（CRT）显示部分。各部分电路之间的连接基本上是总线结构，使用者对仪器的控制是利用前面板按键通过总线向 CPU 传送控制信息来实现的，整机工作在程序控制之下。

数字存储示波器有两种基本工作方式，即模拟方式和存储方式。之所以保留模拟方式，是由于在模拟方式下，工作带宽不受 A-D 转换速度的影响，可以在一定程度上弥补示波器工作带宽的不足。控制与存储电路是数字存储示波器的核心部分。CPU、工作程序 ROM、信号 ROM、测量 RAM 以及内部总线构成了一台微型计算机，配合挂接在总线上的 S/H（采样保持器）、A-D、D-A、键盘以及显示器等外围设备，使数字存储示波器具有了强大的存

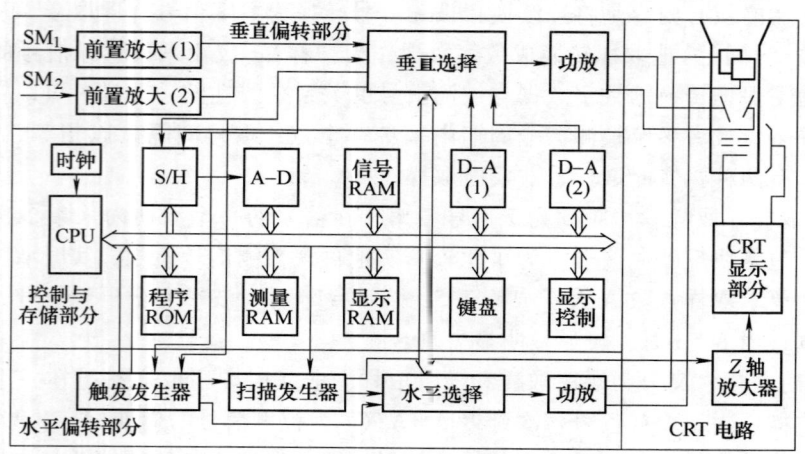

图 12-6　智能化数字示波器的原理框图

储、控制、测量以及显示等功能。

数字存储示波器充分利用了 A-D、D-A 等测量硬件和内部处理软件的计算功能，使之成为了一台功能广泛的数字化分析测量设备，例如波形的峰峰值、有效值、频率、波形上任意两点的电位差和时间差、信号波形的平均值处理等测量与分析功能。数字存储示波器对波形参数的测量一般采用光标法，即在显示屏上设置两条水平光标线和两条垂直光标线，光标线与波形的交点与信号 ROM 中的相应数据相对应。在设置不同的测量和计算项目时，示波器可在程序控制下，根据光标位置实现测量与计算。

五、智能仪表的设计

研制与开发一台智能仪表是一个复杂的过程。这一过程包括分析仪表的功能要求、拟制总体设计方案、确定硬件结构和软件算法、研制逻辑电路、编制程序、仪表的调试和性能功能测试等。为保证仪表质量和提高研制效率，应在正确的设计思想指导下进行智能仪表研制的各项工作。

1. 模块化设计

依据仪表的功能、准确度要求和经济技术指标，自上而下（或由大到小）按仪表功能层次把硬件和软件分成若干模块，分别进行设计与调试，然后把它们连接起来，进行总调试。

通常把硬件分为主机、过程通道、人机联系、通信接口、传感器及工作电源等几个模块，而把软件分成监控程序（包括初始化、键盘与显示管理、中断管理、时钟管理、自诊断等）、中断处理程序及各种测量和控制算法等功能模块。这些硬件和软件模块还可以根据所设计的仪表的特殊性与特殊功能继续细分，由下一层次的更为具体的模块来支持和实现。模块化设计的优点是，无论硬件还是软件，每个模块都相对独立，故能独立地进行研制和修改，从而使复杂的研制工作得到简化。同时模块化设计方式有助于研制工作的分解和设计研制人员之间的分工合作，从而提高了工作效率和研制速度。

2. 模块的连接

上述各种软、硬件研制和调试之后还需要将它们按一定的方式连接起来，才能构成完整的智能仪表，以实现既定的各种功能。软件模块的连接一般是通过监控主程序调用各种功能模块，或采用中断的方法实时地执行相应服务模块来实现的。

硬件模块连接方式有两种：一种是以主机模块为核心，通过设计者自行定义的内部总线（数据总线、地址总线和控制总线）连接其他模块；另一种是以标准总线连接其他模块（例如STD总线等）。第一种方法由设计人员自行研制模板，电路结构简单，硬件成本低；第二种方法，设计人员可选用商品化模块，配接灵活方便，研制周期短，但硬件成本高。

六、智能仪表的发展

智能仪表与测控技术、电子技术、微机技术以及生产工艺水平密切相关，除了仪表的体系结构、电路设计、电路调试、软件编程、实现功能的方法和算法以外，还包括电子元器件、机械结构、编程调试手段、焊接制作工艺等。可以说，作为一个小型的微机化控制部件，智能仪表设计涵盖了计算机控制系统设计的所有方面，而由于其结构的特殊性，它对实现技术的要求更高。就工业自动化应用领域而言，目前国外大公司生产的智能仪表几乎都采用了专用仪表集成电路，即针对某一类智能仪表设计的要求设计集成电路芯片，芯片中包括了MCU、A-D、D-A、显示键盘电路接口、测量电路和控制电路等，在保证仪表功能和准确度的前提下，最大限度地将仪表电路"浓缩"到专用芯片中，简化仪表电路。这些仪表无一例外地采用了表面贴装工艺和自动化流水线焊接，电路调试和测试也是在计算机辅助下完成的。在仪表功能设计方面，由于长期的技术积累，这些大公司已形成各自的专有技术体系，往往一台仪表具有相当多的功能，通过设置选择使用，可以适应各种不同的应用需求，真正地发挥了智能仪表灵活性强的特点。

近年来，国内的自动化仪表生产水平也有了长足的进步，通过引进技术、合资等方式，部分厂家已能规模化地生产通用型智能仪表，其技术水平和生产工艺也与国外产品相当，但不可否认的是，其中一些产品的核心技术并没有被完全掌握。还有一些单位依靠自己的力量，自主研发生产智能仪表，并取得了成功。

目前，国内自主开发生产的通用型仪表一般采用通用芯片器件的组合设计仪表电路，表面贴装工艺也逐渐被采用，同等功能的仪表在尺寸、外观等方面毫不逊色。此外，一些企业和研究所也研发了在特殊行业特殊应用中适合国内应用需求的智能仪表产品，并得到普遍应用。

当今世界正面临一场以应用微电子技术和计算机技术为核心的信息革命，它涉及的范围非常广泛。智能仪表以微控制器为核心，并具有信息采集、显示、处理和优化控制功能，随着智能技术的发展，这类高精度、高性能、多功能仪表的应用将会越来越广。

第三节 接口技术及现场总线发展简介

一、接口技术

1. 串行接口

（1）定义

串行接口（Serial Interface）简称串口，也称串行通信接口（通常指COM接口），是采用串行通信方式的扩展接口，其数据是一位一位地顺序传送。串行接口的特点是通信线路简单，只要一对传输线就可以实现双向通信，并可以利用电话线，从而大大降低了成本，特别适用于远距离通信，但传送速度较慢。

串行接口按电气标准及协议分为 RS232、RS422、RS485 等。RS232、RS422 和 RS485 标准只对接口的电气特性做出规定，不涉及接插件、电缆或协议。

（2）RS232

RS232 也称标准串口，最常用的一种串行通信接口，其全名是"数据终端设备（DTE）和数据通信设备（DCE）之间串行二进制数据交换接口技术标准"。它是在 1970 年由美国电子工业协会（EIA）联合贝尔系统、调制解调器厂家及计算机终端生产厂家共同制定的用于串行通信的标准。传统的 RS232C 接口标准有 22 根线，采用标准 25 芯 D 形插头座（DB25），后来使用简化为 9 芯 D 形插座（DB9），现在 25 芯插头座已很少采用。

RS232 采取不平衡传输方式，即所谓单端通信。由于其发送电平与接收电平的差仅为 2~3V，其共模抑制能力差，再加上双绞线上的分布电容，其传送距离最大约为 15m，最高速率为 20kbit/s。RS232 是为点对点（即只用一对收、发设备）通信而设计的，其驱动器负载为 3~7kΩ。根据以上特点，RS232 适合本地设备之间的通信。

由于 RS232 是早期为促进公用电话网络进行数据通信而制定的标准，其逻辑电平对地对称，完全与 TTL 和 CMOS 逻辑电平不同。逻辑 0 电平规定为 5~15V 之间，逻辑 1 电平规定为 -15~-5V 之间。系统要采用 RS232 接口必须使用电平转换电路。图 12-7 所示为电平转换电路。其中 ICL232 为电平转换芯片。

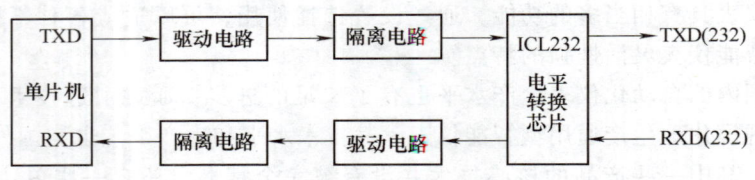

图 12-7 电平转换电路

（3）RS422

RS422 标准全称是"平衡电压数字接口电路的电气特性"，它定义了接口电路的特性。典型的 RS422 是四线接口。实际上还有一根信号地线，共五根线。由于接收器采用高输入阻抗和发送驱动器具有比 RS232 更强的驱动能力，故允许在相同传输线上连接多个接收节点，最多可接十个节点。即一个主设备（Master），其余为从设备（Slave），从设备之间不能通信，所以 RS422 支持点对多的双向通信。接收器输入阻抗为 4kΩ，最大负载能力是 10×4kΩ+100Ω（终端电阻）。RS422 四线接口由于采用单独的发送和接收通道，因此不必控制数据方向，各装置之间任何必需的信号交换均可以按软件方式（XON/XOFF 握手）或硬件方式（一对单独的双绞线）实现。RS422 的最大传输距离为 1219m，最大传输速率为 10Mbit/s，其平衡双绞线的长度与传输速率成反比，在 100kbit/s 速率以下，才可能达到最大传输距离。只有在很短的距离下才能获得最高速率传输。一般 100m 长的双绞线上所能获得的最大传输速率仅为 1Mbit/s。

（4）RS485

RS485 是从 RS422 基础上发展而来的，所以 RS485 许多电气规定与 RS422 相仿。如都采用平衡传输方式、都需要在传输线上接终端电阻等。RS485 可以采用二线与四线方式，二线制可实现真正的多点双向通信，而采用四线连接时，与 RS422 一样只能实现点对多的通信,即只能有一个主(Master)设备,其余为从设备,但它比 RS422 有改进,无论四线还是二线连接方式,总线上可接 32 个设备。RS485 与 RS422 的不同还在于其共模输出电压是不同的,RS485 是 $-7\sim12\mathrm{V}$ 之间,而 RS422 在 $-7\sim7\mathrm{V}$ 之间,RS485 接收器最小输入阻抗为 $12\mathrm{k}\Omega$,RS422 是 $4\mathrm{k}\Omega$;由于 RS485 满足所有 RS422 的规范,RS485 的驱动器可以在 RS422 网络中应用。RS485 与 RS422 一样,其最大传输距离约为 1219m,最大传输速率为 10Mbit/s,平衡双绞线的长度与传输速率成反比。

2. 并行接口

(1) 定义

并行接口简称为"并口",是一种增强了的双向并行传输接口。优点是无需在 PC 中用其他的卡,无限制连接数目(只要有足够的端口),设备的安装及使用容易,最高传输速度为 1.5Mbit/s。

所谓"并行",是指多位数据同时通过并行线进行传送,这样数据传送速度大大提高,但并行传送的线路长度受到限制,因为长度增加,干扰就会增加,容易出错,当传输距离较远、位数又多时,导致了通信线路复杂且成本提高。

(2) 无线通信

无线通信是仅利用电磁波而不通过线缆的通信方式。1997 年 6 月,IEEE 通过了 802.11 标准,802.11 标准是 IEEE 制定的无线局域网标准,主要是对网络的物理层(PH)和媒质访问控制层(MAC)进行了规定,其中对 MAC 层的规定是重点。各厂商的产品在同一物理层上可以互操作,逻辑链路控制层(LLC)是一致的,即 MAC 层以下对网络应用是透明的。这样就使得无线网的两种主要用途"(同网段内)多点接入"和"多网段互连"易于实现。在 MAC 层以下,802.11 标准规定了三种发送及接收技术:扩频(Spread Spectrum)技术、红外(Infrared)技术和窄带(NarrowBand)技术,扩频又分为直接序列(Direct Sequence,DS)扩频技术(简称直扩)和跳频(Frequency Hopping,FH)扩频技术。

(3) GPIB

通用接口总线(General Purpose Interface Bus,GPIB)是一种国际通用的可编程仪器的数字接口标准,是专为仪器控制应用而设计的,在测控系统中被广泛使用。IEEE 488 标准确定了 GPIB 在电气、机械与功能方面的定义,IEEE 488.2 更明确地定义了控制器与仪器通过 GPIB 通信的方法。随着 IEEE 488 标准的完善、GPIB 总线传输速率的提高以及带 GPIB 接口的仪器成本不断下降,GPIB 在虚拟仪器系统中得到了更为广泛的应用。

GPIB 是高速率 8 位并行接口,传输速率达 1Mbyte/s。总线包括 8 根数据线、3 根挂钩线、5 根管理线和地线,可以使用 IEEE 488 标准 24 芯簧片连接器。接口总线提供的一个控制器在 20m 的排线长度内最多可连接 1415 个仪器,若使用 GPIB 扩增器与延长器便可以突破这两个限制,GPIB 连接器是一种多方面适用并符合工业标准的产品,适用于实验室内多个设备之间的互联。

GPIB 总线规定了十种接口功能,其中最重要的是控者、讲者和听者功能。计算机具有控者、讲者和听者功能,控者功能是指管理系统通信的功能,可发布总线命令、接受中断请求、执行服务程序等;讲者功能将发送该设备数据或信息到其他设备上;听者功能接收由其他设备发来的数据,或从控制器获取信息。GPIB 结构图如图 12-8 所示。

二、总线技术发展简介

现场总线(Fieldbus)是20世纪90年代发展形成的,用于过程自动化、制造自动化、测试等领域的现场设备互连的通信网络,是现场通信网络与控制系统的集成,并由此产生了新一代的现场总线控制系统(Fieldbus Control System,FCS)。它大致经历了如下四个发展阶段。

1. 模拟仪表控制系统(Analog Control System,ACS)

20世纪50年代以前,检测控制仪表尚处于发展的初级阶段,采用安装在试验现场、仅具备简单测控功能的基地式仪表,其信号只能在本仪表内起作用,一般不能传给别的仪表或系统,操作人员只能通过对各仪表的巡视,了解试验过程。后来,出现了单元组合式仪表,采用统一的模拟信号,如0~10mA、4~20mA或者0~5V的直流信号等,实现信号较远距离的传递,可以将试验现场各处的参数集中采集和观测。

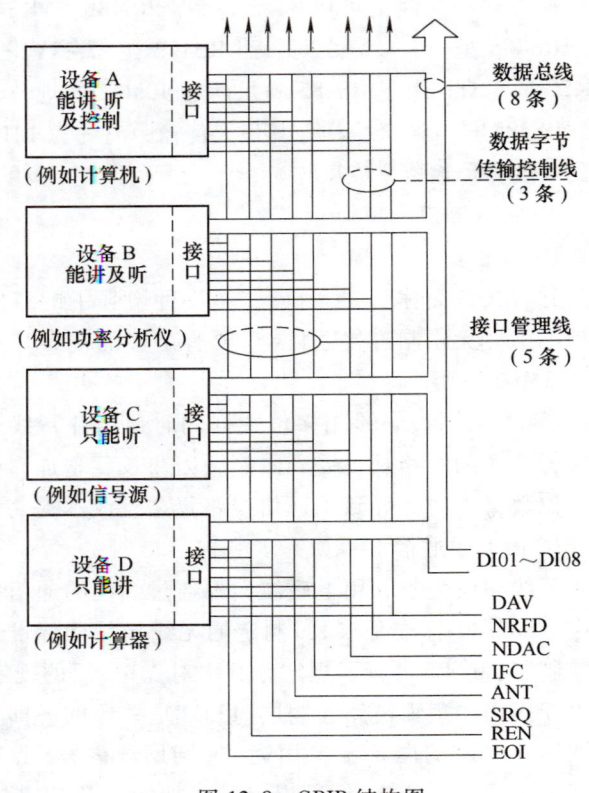

图12-8 GPIB结构图

2. 直接数字控制(Direct Digital Control,DDC)系统

20世纪60年代初,由于试验和生产流程趋于大型化,参数测量趋于连续化,原有的模拟信号一对一物理连接测量的方式已经满足不了快速变化的参数测量和采集的需求,信号传输的抗干扰性差也导致信号测量准确性的下降。与此同时,数字计算机的发展与普及为实现直接数字控制提供了十分重要的技术手段。

图12-9是DDC系统的结构图,利用数字计算机和外围设备(如过程接口)取代传统的模拟控制和测量仪表,可以以数字形式实现常规的参数测量和数据处理,还能采用复杂控制算法对系统进行控制,从而使自动控制发生了质的飞跃。

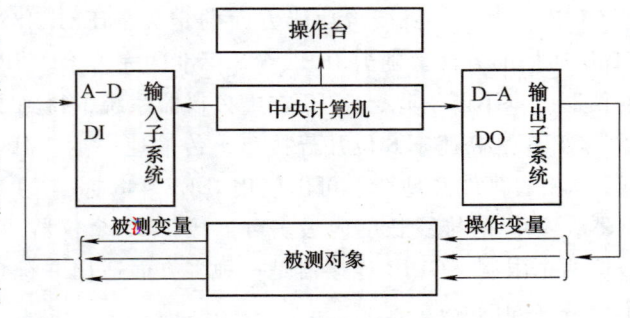

图12-9 DDC系统的结构图

3. 集散控制系统(Distributed Control System,DCS)

DDC方式在提高了系统参数测量灵活性和系统控制精度的同时也带来了一些风险,由于只有一个 CPU 在工作，一旦计算机出现故障，便造成所有测量和控制回路的瘫痪，系统越大，此风险也就越突出。

20 世纪 70 年代中期，随着大规模集成电路研制成功和微处理器问世，出现了数字调节器、PLC 以及多个计算机递阶构成的集中和分散相结合的集散控制系统，这是一种针对多参数测量和多回路控制特点而建立的一种分散型控制系统。

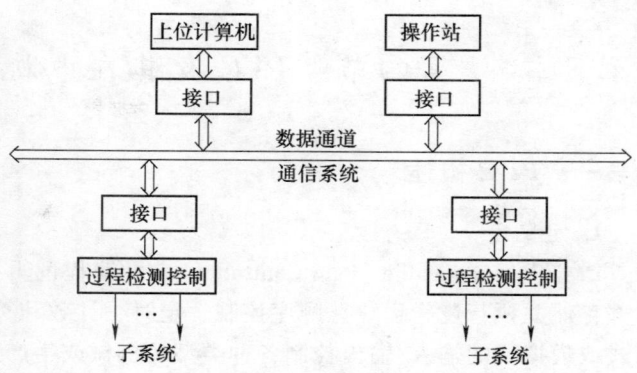

图 12-10　DCS 结构图

典型的 DCS 结构图如图 12-10 所示，它主要由过程检测控制、操作站和通信系统三大部分组成。

4. 现场总线控制系统（Fieldbus Control System, FCS）

DCS 与 ACS 比较，具有连接方便、采用软连接方法使系统容易更改、显示方式灵活、显示内容多样、数据存储量大等优点；与 DDC 系统比较，它具有操作监视方便、危险分散、功能分散等优点。然而 DCS 仍然是一种数字-模拟混合系统，DCS 的现场仪表仍然使用传统的模拟仪表，可靠性差，安装维护成本高；其次互换性差，各制造商的 DCS 自成标准，不能互换，给用户在使用和维修上增加了困难。

20 世纪 90 年代后期，在 DCS 基础上开发一种适用于工业环境的网络结构和网络协议的现场总线及现场总线仪表，FCS 就是采用现场总线作为通信系统的数据采集和控制系统。FCS 的体系结构如图 12-11 所示。

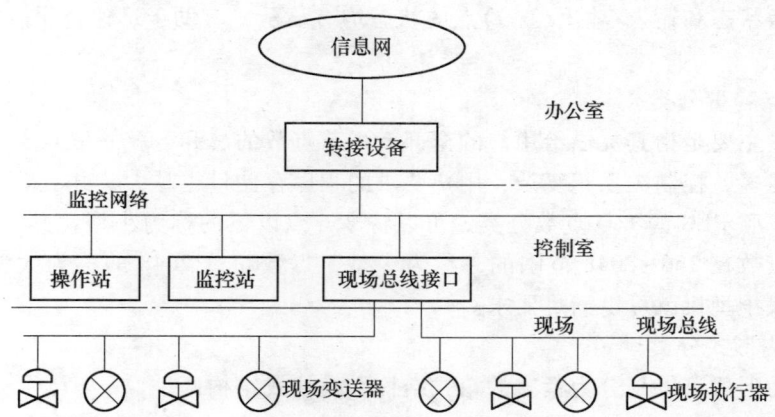

图 12-11　FCS 的体系结构

与传统的 DCS 相比，FCS 将 DCS 中的 I/O 总线用现场总线来替代，并直接用于试验和生产现场；FCS 用现场总线数字仪表替代 DCS 中的现场模拟仪表，其变送器不仅具有信号变换、补偿、累加功能，而且具有诸如 PID 等运算控制功能，其执行器不仅具有驱动和调节功能，而且有特性补偿、自校验、自诊断和 PID 控制功能。

第四节　PLC及其在电机测试中的应用

一、PLC概述

1. 定义

PLC(Programmable Logic Controller)为可编程逻辑控制器,它采用可编程的存储器在其内部存储并执行逻辑运算、顺序控制、定时、计数和算术操作等面向用户的指令,并通过数字式或模拟式的输入/输出控制各种类型的机械或生产过程。

2. 特点

PLC之所以能在现代工业检测和控制系统中迅速占据主导地位,与其突出的特点密切相关。

1) 可靠性高,抗干扰能力强。PLC的软硬件具有非常完善的抗干扰措施,几乎能适应各种工作现场的要求,其平均安全使用寿命可达10万h以上。

2) 适应性强,应用灵活。PLC产品已成系列化,并且采用模块式的硬件结构,用户可以根据需要灵活选用。

3) 编程方便,易于使用。PLC的编程可采用与继电控制电路极为相似的梯形图语言,也发展了面向对象设计的顺序流程图语言(Sequential Function Chart),也称功能图,直观易懂,使编程更加方便。

4) 系统设计、安装和调试方便。PLC含有大量的中间继电器、时间继电器、计数器等"软元件",可以通过编程代替接线,对控制系统进行模拟调试。

5) 维修工作量小。PLC具有完善的自诊断及信息存储监视功能,其内部的工作状态、通信状态、异常状态和输入/输出(I/O)点的状态均有显示,有助于迅速查明故障原因。

3. 分类

（1）按节点容量分类

PLC的容量主要是指其提供给用户的全部I/O节点数的总和。就一般意义而言,要求处理的I/O点数越多,控制关系越复杂,用户要求的程序存储量也越大,并且要求的指令及其功能也越多。按照PLC的I/O点数分类,可以将256点以下的称为小型,其中小于64点的可称为微型;点数在256~2048范围的,称为中型,点数超过2048的称为大型。在电机测试技术中,一般小型机就可以满足要求。

（2）按结构形式分类

PLC按结构形式可以划分为紧凑的箱式结构和模块式结构两种。

箱式结构又称为整体式结构,它将PLC的基本部件,如CPU、系统和用户程序存储器、电源、基本I/O节点等紧凑地置于一个标准机壳内,组成PLC的基本单元(主机)。PLC的功能和I/O点数可以通过扩展接口与模块化的各种功能扩展单元相连,使用户可以根据需要对PLC进行配置。箱式结构的PLC体积小,成本低,安装方便。

模块式结构的PLC是由一些标准模块单元组成的,例如CPU模块、模拟量和数字量的输入或输出模块、电源模块、通信模块等,系统的组成是通过标准机架或基板由标准的连接电缆实现的。各种模块功能独立,外形尺寸相同,用户可以根据需要选择。目前,中、大型

PLC 和部分小型 PLC 多采用这种结构形式。

4. 结构/组成

PLC 实质是一种专用于工业控制的计算机，基本构成包括以下几部分：

（1）电源

PLC 的电源按照其结构形式分为内置式和模块式两种。小型箱体式 PLC 采用内置开关电源，模块式结构则单独有可供选择的开关电源模块。PLC 的电源不但满足其内部电路所需，而且也为输入/输出量或外部设备提供 DC24V 电源，但在外部设备选用该电源时，必须注意所选电源的容量。

（2）中央处理单元（CPU）

中央处理单元（CPU）是 PLC 的控制中枢，它按照 PLC 系统程序接收并存储从编程器键入的用户程序和数据；检查电源、存储器、I/O 以及警戒定时器的状态，并诊断用户程序中的语法错误。当 PLC 投入运行时，首先它以扫描的方式接收现场各输入装置的状态和数据，并分别存入 I/O 映像区，然后从用户程序存储器中逐条读取用户程序，经过命令解释后按指令的规定执行逻辑或算术运算，结果送入 I/O 映像区或数据寄存器内。等所有的用户程序执行完毕后，将 I/O 映像区的各输出状态或输出寄存器内的数据传送到相应的输出装置，如此循环，直到停止运行。

为了进一步提高 PLC 的可靠性，近年来对大型 PLC 还采用双 CPU 或多 CPU 构成冗余系统，即使某个 CPU 出现故障，整个系统仍能正常运行。不同型号 PLC 的 CPU 芯片是不同的，有采用通用 CPU 芯片的，如 8031、8051、8086、80286 等，也有采用厂家自行设计的专用 CPU 芯片的，如西门子 S7-200 系列 PLC。

（3）存储器

PLC 的存储器包括系统程序存储器和用户存储器两部分。系统程序存储器用来存放由生产厂家编写的系统程序，并固化在 ROM 中，主要包括三部分内容：一是系统管理程序，主管 PLC 运行；二是用户指令解释程序，将用户键入的 PLC 编程语言转变为机器语言指令，再由 CPU 执行；三是标准程序模块与系统调用，它包含许多不同功能的子程序及其调用管理程序，PLC 的具体工作都是由这部分程序来完成的。

用户存储器包括用户程序存储器（程序区）和功能存储器（数据区）两部分。用户程序存储器用来存放用户针对具体工作要求编制的 PLC 程序；用户功能存储器用来存放（记忆）用户程序中使用的 ON/OFF 状态、数值、数据等，它构成了 PLC 的各种内部器件，也称"软元件"。用户存储器的大小，关系到用户程序容量的大小和内部器件的多少，是反映 PLC 性能的重要标志之一。

（4）输入/输出接口

输入/输出接口是 PLC 与外界连接的接口。现场输入接口电路包括光耦合电路和微机输入接口电路，是 PLC 与现场控制之间的输入通道；现场输出接口电路有输出数据寄存器、选通电路和中断请求电路，它向现场的执行部件输出相应的控制信号。

（5）编程器

编程器供用户对 PLC 编程、编辑、调试和监视。编程器分为手持式和计算机两大类。手持式编程器是某一厂家生产的 PLC 专用设备，只能对该厂的产品使用。现代 PLC 一般采用计算机通过专用编程软件编程，可以脱机编程及程序调试，并且可以方便地通过在线方式对程序进行调试和监控 PLC 的运行状态。

(6) 通信接口

为了实现"人-机"或"机-机"通信，PLC 配置了多种通信接口，通过这些通信接口与监视器、打印机及其他 PLC 或计算机相连。与监视器（CRT）相连，可将系统的过程参量或图像直接显示；与打印机相连，可将用户编程中所需要的系统信息和参数输出打印；与其他 PLC 相连，可以组成多机系统或网络，实现大规模的控制或监测。

(7) 其他部件

PLC 还可以配备 EPROM 写入器、存储器卡等其他外部设备。

二、PLC 工作原理

PLC 的工作方式是一个不断循环的顺序扫描方式，每一次扫描所用的时间称为扫描周期。CPU 从用户程序的第一条指令开始，按编程顺序逐条地执行用户程序，直到用户程序结束，经 CPU 对信息进行处理后，再返回第一条指令开始新的循环扫描。

执行用户程序时，需要各种现场信息，PLC 采集现场信息的方式有两种。一种是集中采样方式，即在一个扫描周期内，先把所有的输入节点信号集中采样，并存放到输入映像寄存器中，执行用户程序所需的输入状态统一到输入映像寄存器中读取，而不是在输入端或输入模块中读取；二是立即输入方式，即随程序运行逻辑的需要，通过用户程序中的"立即输入指令"直接从输入端或输入模块读取状态或信息。但要注意，后者在程序执行过程中，其输入映像寄存器中的内容要在下一个扫描周期时才变化。

同样，PLC 对外部输出也有集中和立即两种方式，工作的原理和过程与输入完全一致，只是信息是存放在输出映像寄存器中。PLC 对输入/输出信号的传送还有其他方式，如输入/输出刷新和禁止指令等。输入/输出刷新指令是通过用户程序中的指令，在需要时对输入/输出映像寄存器的内容统一刷新一次。输入/输出禁止指令是在某种需要时关闭所有的 PLC 输入/输出，常用于紧急状态或保护。

PLC 的整个工作过程可以分为以下三部分：

1. 上电处理

上电后 PLC 将自动对系统进行初始化，包括硬件初始化，I/O 节点或模块配置检查，停电保护范围设定及其他初始化处理等。

2. 扫描过程

PLC 上电处理完成后进入扫描工作过程，扫描过程一般分为三个阶段，即输入采样、用户程序执行和输出刷新三个阶段。

1) 输入采样：在输入采样阶段，PLC 以扫描方式依次读入所有输入状态和数据，并将它们存入 I/O 映像区中的相应单元内。输入采样结束后，转入用户程序执行和输出刷新阶段，在这两个阶段，即使输入状态和数据发生变化，I/O 映像区中的相应单元的状态和数据也不改变，因此，如果输入是脉冲信号，则该脉冲信号的宽度必须大于一个扫描周期，才能保证在任何情况下，该输入均能被读入。

2) 用户程序执行阶段：PLC 按由上而下的顺序依次扫描用户程序（例如梯形图），在扫描每一条梯形图时，先扫描梯形图左边的由各触点构成的控制线路，并按先左后右、先上后下的顺序对由触点构成的控制线路进行逻辑运算，然后根据逻辑运算结果，刷新该逻辑在系统 RAM 存储区中对应位的状态，或者刷新该输出在 I/O 映像区中对应位的状态，或者确定是否要执行该梯形图所规定的特殊功能指令。即在用户程序执行过程中，只有输入点在 I/O 映像区内的状态和数据不会发生变化，而其他输出点和软设备在 I/O 映像区或系统 RAM 存储区内的状态和数据都有可能发生变化，而且排在上面的梯形图，其程序执行结果会对排在下面的凡是用到这些数据的梯形图起作用；相反，排在下面的梯形图，其被刷新的逻辑状态或数据只能到下一个扫描周期才能对排在其上面的程序起作用。

3）输出刷新阶段：当扫描用户程序结束后，PLC 进入输出刷新阶段，CPU 按照 I/O 映像区内对应的状态和数据刷新所有的输出锁存电路，再经输出电路驱动相应的外设。这时，才是 PLC 的真正输出。

3. 出错处理

PLC 每扫描一次，执行一次自诊断检查，确定 PLC 自身的动作是否正常，如 CPU、电源、程序存储器、I/O、通信等是否异常或有错误。若检查出异常，CPU 面板上的 LED 及异常继电器会自动接通，并在特殊寄存器中存入异常代码。当出现致命错误时，CPU 被强制为 STOP 状态，所有的扫描立即停止。

三、PLC 在电机测试中的应用

电机测试主要涉及一些电量与非电量的采集、处理、分析等问题，电量主要包括电压、电流、频率、功率、功率因数等，非电量主要是电机的转速、转矩、温升、磁场、振动和噪声等，开关量主要是电机的起/停控制、报警或一些必要的逻辑关系问题。利用 PLC 可以采集被测数据，应用电机学的基本原理编制用户程序，进行参数计算和性能分析，再把需要的结果打印或通过屏幕显示。因此，无论从需要测量这些物理量的数值，还是处理、分析这些数据所需要的内存来看，PLC 都是电机测试系统的首选机型。在电机测试中采用 PLC 不但具有微机测试的特点，而且由于 PLC 自身具有良好的电磁兼容性、可靠性和组合方便等特点，为电机测试和监控带来了极大的方便。本节将以异步电机（不含控制器）的性能测试为例，介绍 PLC 在电机测试中的具体应用。

1. 测试系统硬件

图 12-12 示出了一个三相异步电机 PLC 综合测试系统。图中 Q 为空气开关；KM 为电机主电路接触器，用电流变送器检测线电流，电流变送器可以为单相，也可以是两相或三相，相应地，模拟量扩展模块的 A-D 输入口也需要相同的数量；用功率变送器检测三相有功功率；用电压变送器检测线电压，电压变送器可以是单相的，也可以是三相的。KA 是被测电机的热过载保护继电器，其常闭触点接在 CPU224 的 I0.4 上。被试三相异步电机采用热电偶分别对电机的绕组（J1）、铁心（J2）、电机表面（J3）和电动机的输出端轴承（J4）进行测温，相应的点接在 S7-200 系列 PLC 的热电偶专用扩展模块 EM231 的输入端。被测电机的负载采用磁粉制动器（也可以采用其他类型测功机），其激励电源采用线性开关电源，即对于从模拟量模块 EM235 输出的电流调节信号，开关电源的输出成线性变化，而磁粉制动器的力矩与激励电流成线性关系。电机的转速检测采用数字式光电编码器，直接利用 PLC 提供的 DC24V 电源供电，用 CPU224 的 I0.5 高速计数输入口（可以在程序中定义）直接采集光电编码器输出的脉冲信号。

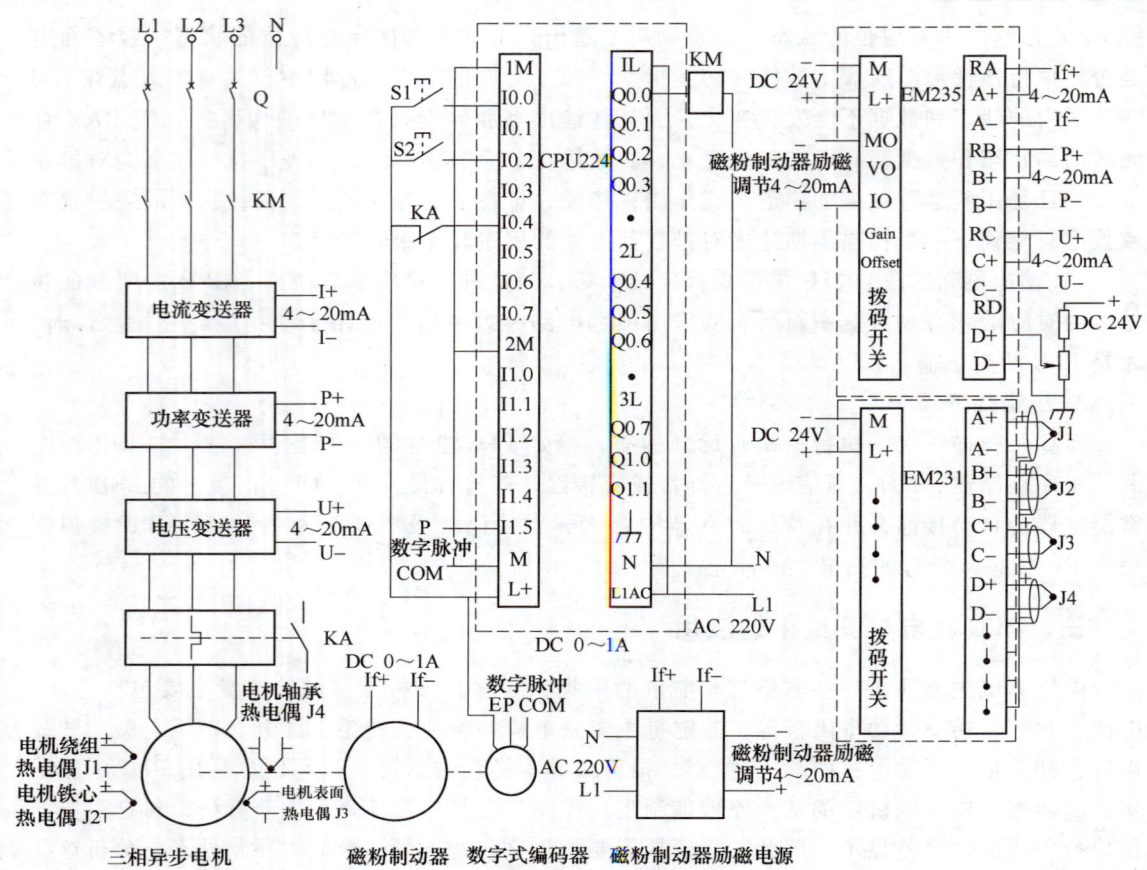

图 12-12 三相异步电机 PLC 综合测试系统

由于作为负载的磁粉制动器的制动转矩与其励磁电流之间有着良好的线性关系,使负载的调节与控制可以全部由软件实现。如果再配以频率恒定的调压电源,就可以完成异步电机的空载试验、堵转试验、负载试验以及温升试验等各项试验。

2. 测试系统软件

三相异步电机 PLC 综合测试系统的软件框图如图 12-13 所示。框图中初始化是对程序内部所使用的存储器和累加器进行清零以及 PLC 的上电自动初始化;电机的热过载保护来自 KA,用来监视被试电机是否过载;电机停止运行的命令来自按钮 S1,从 I0.0 输入,在 PLC 内部使用的是其"非"状态,所以"停止"按钮也是常开;电机起动来自按钮 S2,从 I0.2 输入;电机转矩给定来自给定电位器,从模拟量输入模块 EM235 的模拟量输入口 D 输入,转矩给定的数值可以通过 TD200 文本显示器看到,根据给定值从模拟量输出口 [I0,M0] 输出 4~20mA 的信号,控制磁粉制动器,以达到控制被测电机负载的目的;电机的线电流、三相功率及线电压分别从模拟量输入端口 A、B、C 输入,并利用计算公式分别转换成有效值和实际值;电机的定子绕组、铁心、机壳表面以及轴承的温度分别通过 J1、J2、J3、J4 四个热电偶,从专用热电偶模块的 A、B、C、D 端口输入,并计算出温度的实际值;电机的转速通过与被测电机同轴连接的数字光电编码器,将数字脉冲直接由高速计数口 I1.5 输入,并计算出电机的实际转速和转差率。根据前面的采样和计算结果,测试结果可以直接通过打印机打印,或在相应的文本显示器上输出。

第十二章 车用电机系统的现代试验测试技术

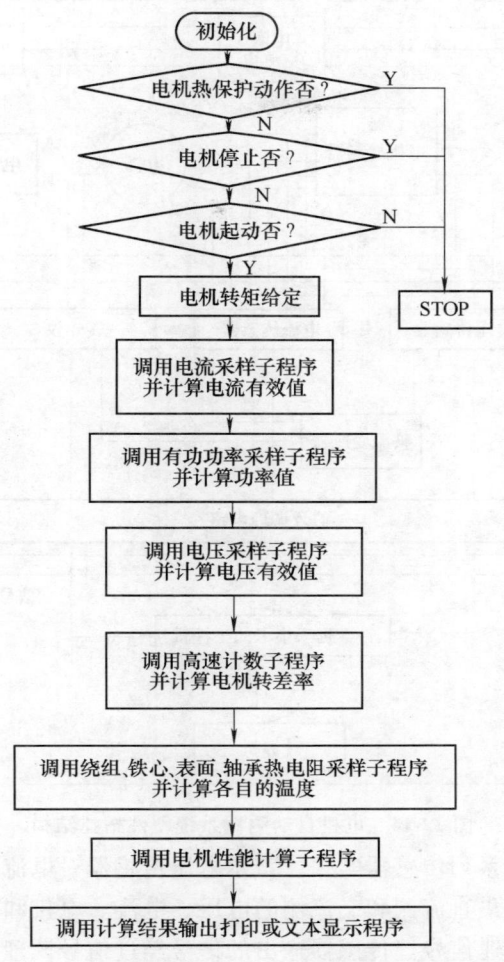

图 12-13 异步电机 PLC 综合测试系统的软件框图

第五节 自动测试技术

目前，电机自动测试技术已获得广泛应用，但有很多电机制造企业，特别是一些小型企业仍采用传统测试方法，手工调节、人工读表、人工数据处理等，工作效率低、劳动强度大，而且要求测试人员工作时精力高度集中并具有丰富的试验经验，即使这样，测试精度也往往难以保证。在计算机技术和电子技术已经相当普及的今天，构建一个电机自动测试系统已经不是一件十分困难的工作。

一、自动测试系统硬件拓扑结构

图 12-14 是一种电机自动测试系统硬件拓扑结构，主要由三部分组成：信号来源、信号测量、信号采集和分析。信号来源模块中，电网交流电送入电池模拟器，电池模拟器将三相交流电转换为实际电动汽车上电机控制器所需的直流电，再由电机控制器进行转换，驱动电机运行。测试过程中，测功机为电机提供合适的负载。

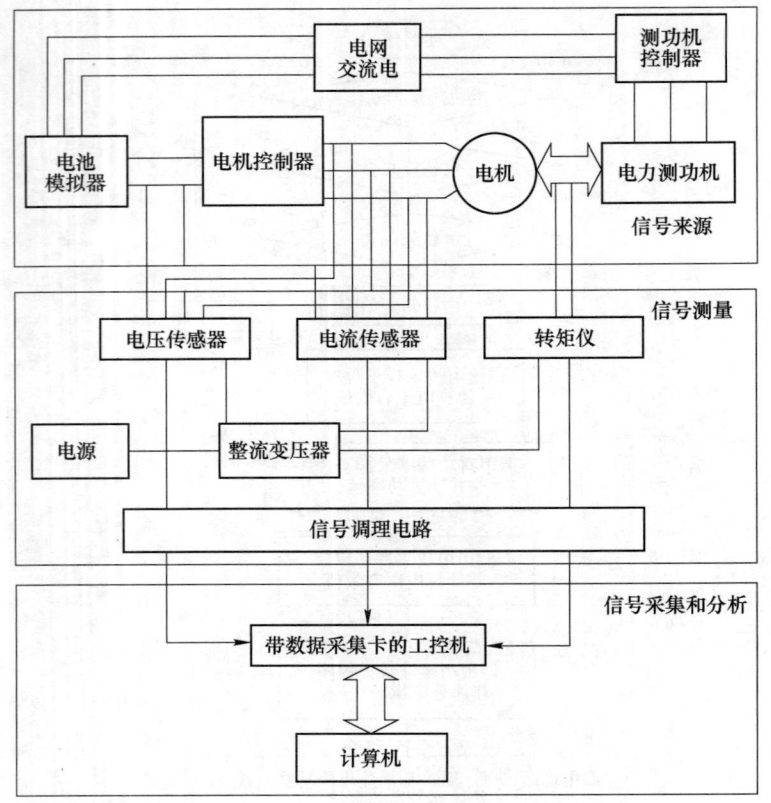

图 12-14 电机自动测试系统硬件拓扑结构

信号测量模块通过一系列传感器实现。霍尔电压传感器、电流传感器安装在电机控制器输入端和输出端,分别采集直流侧和交流侧的电压、电流。电机和测功机机械连接,中间装有转矩仪,采集转矩、转速信号。传感器输出的信号经过信号调理电路进行硬件滤波,并转换为数据采集卡可以接收的信号(例如−10~10V 的电压信号)。

信号采集和分析模块是测试系统的上层实现。数据采集卡将所有采集的信号送到上位机,上位机的软件程序实现数据的采集、保存和处理。

二、自动测试系统中的数据采集系统

电机自动测试系统中一般需处理两种数据:一种是模拟量;另一种是数字量。数字量数据通过数字量接口电路直接送入计算机进行处理和运算。数据采集系统一般是指把连续变化的模拟量信号变换成计算机能够识别的数字量信号的信号处理系统。数据采集系统主要包括采样保持器 S/H、模拟多路开关和 A-D 转换器等,如图 12-15 所示。

图 12-15 为共享 A-D 式数据采集系统。在模拟开关前,每一信号通道配置一个采样保持器,用同一个状态控制信号控制这些采样保持器,可实现对各通道的同时采样,然后进行分时处理。对于电机自动测试系统,这种采样的"同时性"十分可贵,可以保证被测试点数据的准确性,减小测试的系统误差。但共享 A-D 方式要以使用多个采样保持器为代价。如果电机自动测试系统的试验电源和负载均具有良好的稳定性(例如采用了负反馈闭环控制),可以采用一种经济实用的结构方式,即共享 S/H 和 A-D 方式,如图 12-16 所示。

第十二章 车用电机系统的现代试验测试技术

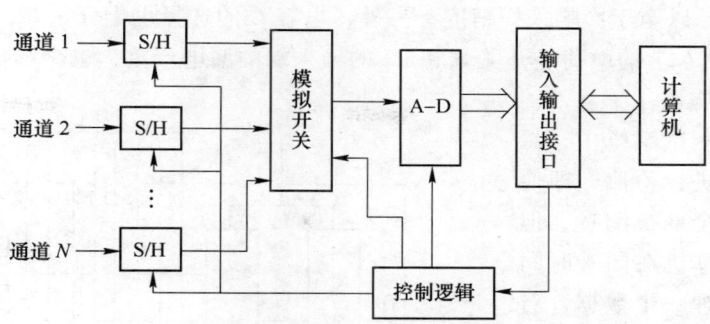

图 12-15 数据采集系统的一般构成

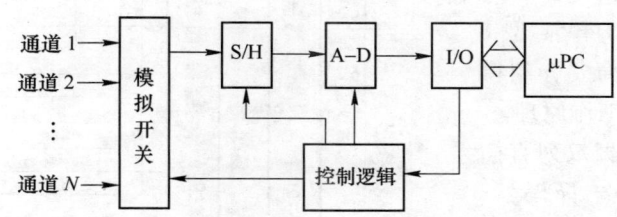

图 12-16 共享 S/H 和 A-D 模式

这种方式的优点是需要的芯片数量少，可以方便地扩展通道数量。缺点是需要对各通道实行分时控制，采样周期较长，这种分时采样的"不同时性"也会给测试带来一定的系统误差。

1. 采样保持器

采样保持器的作用主要有两点：一是保证被转换的模拟量在转换过程中保持不变；二是可将多个相关模拟量在同一瞬时的状态保持下来，供分时转换和处理之用，以确保被测模拟量在时间上的"同时性"。典型采样保持器的工作原理图如图 12-17 所示。

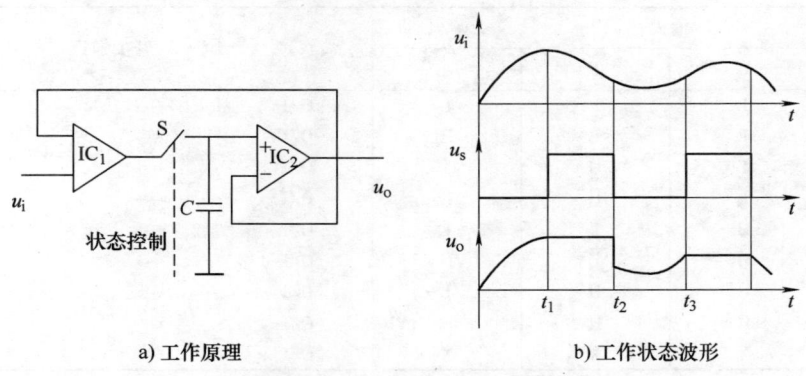

a) 工作原理　　　　　　b) 工作状态波形

图 12-17 采样保持器的工作原理图

由图可知，采样保持器有两种工作状态，即采样状态和保持状态，两种工作状态的转换由状态控制端的控制逻辑来决定。当状态控制信号为"0"时，采样保持器处于采样状态，这时，输出信号 u_o 跟随输入信号 u_i 变化；当状态控制信号为"1"时，采样保持器处于保持状态，这时输出信号 u_o 将保持转换瞬间（t_1 或 t_3）的输入信号 u_i 的值。应该指出，开关 S 应是一个近似理想的开关，开关 S 不应产生控制端与输出端之间的耦合，这种耦合可能在开关过程中产生尖脉冲,以至于影响采样精度。另外,电容 C 的选择也十分重要,C 越大,采样时间越长;C 太小,C 上的电荷经开关 S 和 IC_2 的输入端的漏电严重,也会影响采样精度。

2. 模拟开关电路

在电机自动测试系统中,总要对多个模拟量进行检测,即使能够同时检测到全部被测量,但 A-D 转换器和计算机在同一时间内只能转换和处理一个数据,对多路通道的数据采集必须进行分时控制,这个工作由模拟多路开关来完成。下面以 CD4051 型 8 选 1 模拟开关为例,简要介绍模拟多路开关的结构与工作原理。

CD4051 为 16 引脚双列直插式封装,由电平转换、译码器/驱动器和开关电路三部分组成,其原理框图如图 12-18 所示。电平转换单元可实现 CMOS 到 TTL 逻辑电平的转换,具有较宽的输入电平范围。译码器可根据计算

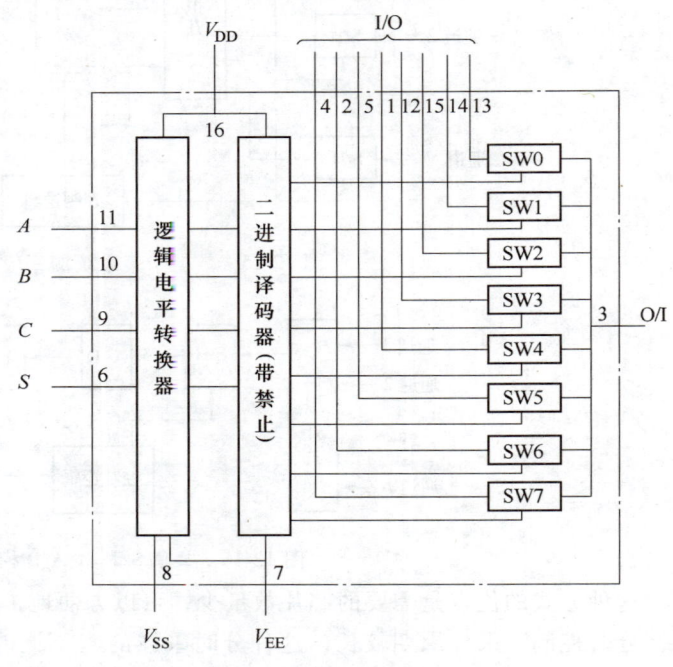

图 12-18　CD4051 的原理框图

机提供的 A、B、C 端的三位数字编码信号,产生 8 选 1 的译码控制信号,驱动 8 个通道中的一路导通。利用译码器的禁止功能,可方便地实现模拟开关的扩展。表 12-1 为 CD4051 的真值表,图 12-19 为两片 CD4051 扩展成 16 选 1 模拟开关的接线图。

表 12-1　CD4051 的真值表

输入				开关通道		
S	C	B	A			
L	L	L	L	O/I	↔	O_0/I_0
L	L	L	H	O/I	↔	O_1/I_1
L	L	H	L	O/I	↔	O_2/I_2
L	L	H	H	O/I	↔	O_3/I_3
L	H	L	L	O/I	↔	O_4/I_4
L	H	L	H	O/I	↔	O_5/I_5
L	H	H	L	O/I	↔	O_6/I_6
L	H	H	H	O/I	↔	O_7/I_7
H	X	X	X	O/I	↔	

CD4051 的开关电路为 CMOS 集成电路开关,是一种较为理想的电子开关,不仅可以切换数字信号,也可以用来切换模拟信号。

3. A-D 转换器

电机自动测试系统中模拟量经采样保持和模拟多路开关后,必须转换成数字量才能送入计算机,完成从模拟量到数字量转换的器件称为 A-D 转换器。从工作原理上 A-D 转换器可

第十二章 车用电机系统的现代试验测试技术

分为两种类型,即逐次逼近型和双积分型。为了使用上的方便,很多 A-D 转换器芯片内部带有多路开关、可编程放大器、采样保持器以及三态输出锁存器等,配用很少的外部器件,就可以构成完整的全功能数据采集系统,对于电机自动测试系统,一般 16 路模拟开关和 12 位 A-D 转换器就可以满足数据采集的需要,而且留有了一定的扩展空间。

三、电机运行状态与自动控制

1. 电机运行状态

电机测试时的运行状态主要指以下几个方面:

1) 完成不同的试验项目时,电机处于不同的运行状态。例如空载试验、堵转试验、负载试验、温升试验等,电机将分别处于空载运行、堵转运行、变负载运行、恒负载运行等不同的运行状态。

2) 每一个试验项目一般都需要测取特性曲线。例如空载特性曲线、堵转特性曲线、工作特性曲线、转矩-转速特性曲线以及温升曲线等。为了测取这些特性

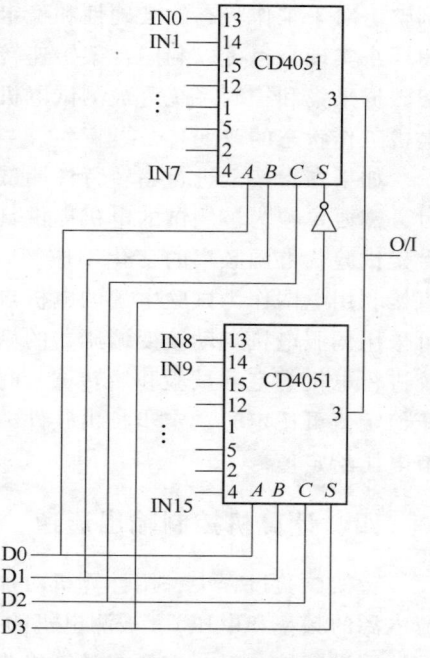

图 12-19 CD4051 扩展图

曲线,需要测取多个测试点的数据,从而测得完整的特性曲线。有时虽然只需要额定运行点的数据,但为了避免测量的偶然误差,仍然需要测出特性曲线,然后在曲线上查得额定运行点的数据。

3) 电机的每一个试验都是在满足一定条件的情况下完成的,这些条件不应因负载、温度等变化而改变。电机自动测试时,需要对这些试验条件进行自动控制,以保持测试条件的稳定性,才能保证测试数据的准确性。

2. 运行状态控制方式

电机测试时,需要不断对电机的运行状态进行调节,对于电机自动测试系统,这种运行状态的调节应能实现自动控制,一般情况下,是通过台架 CAN 总线结构实现的,CAN 总线主要用来完成台架控制器与电池模拟器、被测电机系统、测功机系统及其他台架设备之间的通信和指令发送,可以调节试验台架各设备的工作状态,也可以对部分参数进行数据采集。

对于电机测试系统而言,在试验台架上,需要为被测试的电机系统提供稳定的直流电压,或者按照试验的需要,提供可控的直流电压,这一部分功能由电池模拟器在台架控制系统的控制指令下实现,电池模拟器利用自身的电压或电流反馈环节实现对直流电压的准确和稳定的输出,以及对直流电流需求变化的响应。对于试验负载的工作状态,也包括两个方面,一个是负载大小的自动调节,另外一个是负载稳定性的控制,加载时,需要台架控制系统与测功机系统通信,对测功机控制器发出需求指令,并由测功机系统本身的反馈条件实现负载的准确加载。也可以通过台架上的转速转矩传感器获得被测试电机轴端的转速转矩信号,并利用该信号作为负载调节的被控量,实现负载的加载和稳定性控制。

对于被测试电机系统在测试过程中的工作点选择,需要由台架控制器发出控制指令给电机控制器,电机控制器再根据需求指令调节电机供电电压和电流,进而实现电机工作状态的

调整。对于工作状态的准确性和稳定控制，则可以根据电机控制器自带的转速闭环或者转矩闭环来实现，也可以利用台架转速转矩传感器提供的转速转矩信号作为调节变量，并通过台架数据采集和控制系统为被测试电机系统发出转矩或者转速的调节指令，利用反馈控制实现电机工作状态的改变。

如果在台架上进行堵转特性测试或者空载特性测试，也可以不考虑电机控制的作用，此时，需要单独为被测试的电机提供具有频率控制和电压控制的电源。对于三相异步异步电机台架试验，电源频率的变化不应超过额定频率的±1%，电源电压应保持额定值不变。对于直接利用电网作为试验电源的电机自动测试系统，应采用感应调压器来实现电压调节，这时可采用伺服电机自动改变调压器的耦合角度，来实现电压的自动调节。如果利用自动测试系统进行电机的空载试验和堵转试验时，需要各测试点电压进行自动调节，那么各测试点的电压给定值可按定时、定步长由软件编程自动给定，也可在控制台上设置给定电位器，手动调节电压给定值。

四、计算机控制输出通道

台架试验过程中，用计算机对加速踏板、制动踏板、电池模拟器输出电压（或者试验交流电源的频率和电压）、被测电机的工作点和负载等进行调节，以及对继电器、接触器和报警器等进行控制时，需要在计算机与被控对象之间设置接口电路，这些接口电路可分为模拟量输出通道、开关量输出通道以及 CAN 总线连接通道。其中，CAN 总线连接通道更多的是实现对被测电机和试验设备工作状态的控制，这里不做过多的分析，对于台架上的模拟量输出通道和开关量输出通道，现简要介绍如下：

1. 模拟量控制的输出通道

对于车用电机试验台架上的某些设备，如加速踏板、制动踏板等，有些情况下需要单独采用模拟量控制，由计算机完成给定值和反馈量（例如转速或者转矩）的比较及偏差值的 PID 运算后，输出数字控制信号，然后经模拟量输出通道把数字量转换成模拟量才能完成上述模拟量的控制。模拟量控制的输出通道包括 D-A 转换器、模拟多路开关、数据保持电路以及电平转换与放大电路等，如图 12-20 所示。

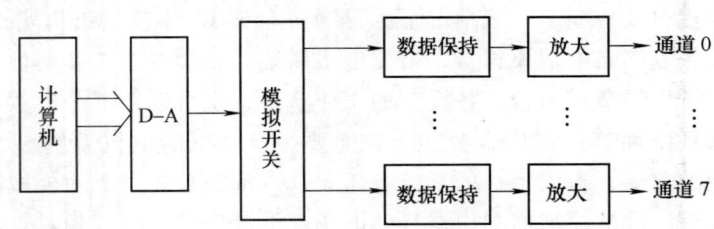

图 12-20　模拟量输出通道原理图

计算机运算处理后送出的控制信号是数字量，将数字量转换成模拟量的器件称为 D-A 转换器，当计算机发出某通道的控制命令时，首先通过数据总线发出 D-A 转换器的起动命令及该通道的选通命令，然后由 D-A 转换器将数字控制信号转换成模拟量，由数据保持电路保持，并经放大电路输出，以便实现对加速踏板等试验设备的控制。

2. 开关量控制的输出通道

电机自动测试系统中，还有一些需要控制的开关量，例如试验电源的投入与分断、负载

第十二章 车用电机系统的现代试验测试技术

的投入与切除、系统故障的声光报警等。开关量控制时,由计算机发出控制命令,经过开关量输出通道后,对继电器、接触器、报警器和信号灯等进行控制。

图 12-21 示出了开关量输出通道的原理框图,主要由输出接口、光电隔离和功率放大等部分组成。

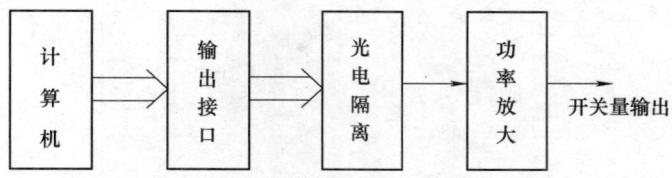

图 12-21 开关量输出通道原理图

五、电机自动测试系统软件

电机自动测试系统需要完成的试验包括空载试验、堵转试验、负载试验、馈电试验、温升试验等,完成不同试验时电机所处的工作状态不同,试验条件和调节参数也各不相同,因此针对不同的试验项目应编制不同的程序。主程序可存放在计算机中,供试验时调用,而一些子程序则可为各项试验所共享。例如,数据采集、数据处理以及显示、打印等。本节将以负载试验为例,介绍电机自动测试系统的软件编制方法。

1. 主程序的编制

图 12-22 为三相异步电机自动测试系统的负载试验主程序流程图。

(1) 试验准备

试验准备阶段的操作流程如图 12-23 所示。首先应根据被测电机的标称数据确定好各仪表及传感器的量程。量程确定无误后即可给系统上电,包括系统的主电源、控制电源、测量仪表与传感器电源、微机系统电源等。然后即可调用试验程序并输入被测电机的标称数据等,准备开始进行试验。

(2) 开始试验

试验准备工作完成后,在确认系统各部分均处于正常工作状态的情况下就可以开始试验了。开始试验部分的程序流程如图 12-24 所示。首先启动执行程序,并启动打印机打印被测电机的标称数据及试验日期等。然后,启动电池模拟器,被测电机主接触器吸合并处于起动准备状态。

(3) 负载调节、数据采样及数据处理

起动被测电机,稳定运行后,就可以开始执行负载调节、数据采样及数据处理程序,其程序流程如图 12-25 所示。首先,计算机通过总线或者加速踏板模拟量发出电机工作转矩点(或转速点)调节指令,对测功机发出转速点(或者转矩点)调节指令,是被测试电机系统工作于需求的第一个工作点。如果计算机通过采样判断实际工作点与预定值不一致,则继续发出调节指令,直至满足给定条件。采集这一工作点的模拟量信息(例如电压、电流

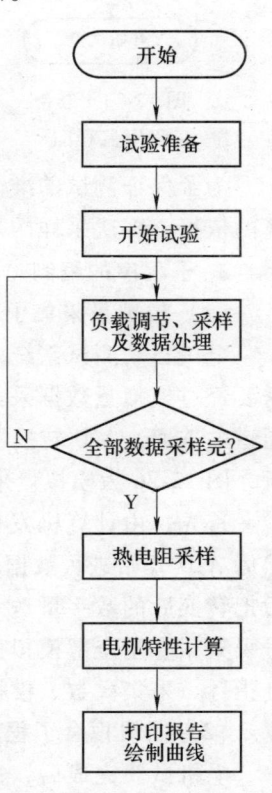

图 12-22 主程序流程图

299

等),并通过模拟量输入通道转换成数字量送入计算机进行处理;采集这一工作点的数字量信息(例如频率、转速、转矩等),并通过数字量输入通道直接送入计算机。然后,可按预订程序调整台架至下一个工作点,重复上述测量,直至全部测试点数据采样完毕。

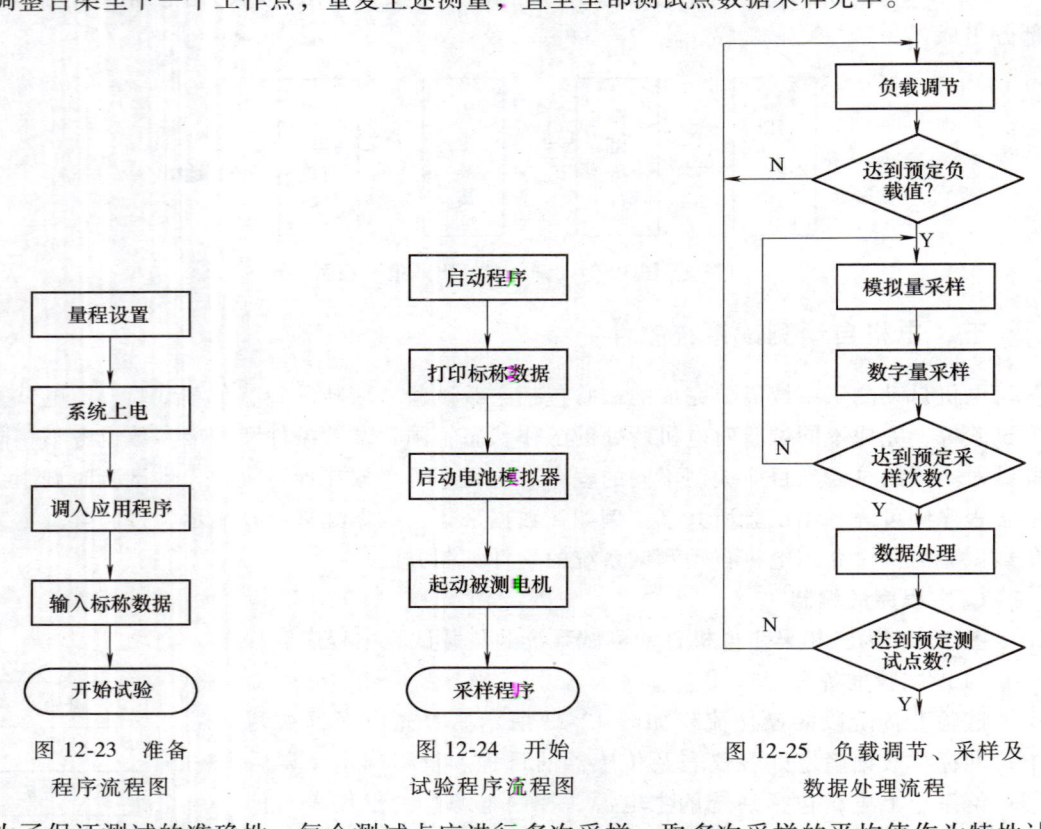

图 12-23 准备程序流程图　　图 12-24 开始试验程序流程图　　图 12-25 负载调节、采样及数据处理流程

为了保证测试的准确性,每个测试点应进行多次采样,取多次采样的平均值作为特性计算的依据。多次采样的平均值计算可由一个平均值子程序来完成。

2. 子程序的编制

(1) 模拟量采集子程序

电机自动测试系统中,需要检测的模拟量主要有电流、电压、功率、电阻以及温度等,需要经过模拟量数据采集系统把模拟量转换成数字量送入计算机。数据采集系统中模拟开关通道的选通、A-D 转换器的启动、转换后数字量的存储等都需要在计算机的统一控制下进行,图 12-26 为模拟量采集子程序流程图。

首先,由计算机发出通道选通命令,该通道的模拟信号经采样保持器送到 A-D 端口。然后 A-D 开始进行数据转换。转换过程中计算机不断对 A-D 进行巡检,直至转换结束,最后把转换后的数字量送入计算机内存。这一通道的信号采集结束后,即转向下一通道进行信号采集,直至全部模拟信号采集完毕后返回主程序。执行本子程序时,应预先设置数据区地址指针、采集次数、模拟量通道数和模拟量通道初值等。

(2) 曲线拟合子程序

电机试验完成后,往往需要绘出各种特性曲线,绘制电机特性曲线时,首先需要考虑的是曲线的平滑性和准确性。采用计算机绘图时,除非测试点数足够多,否则,只是把相邻测试点用直线段直接连接所得到的折线显然是不能满足要求的,如果增加测试点,要以延长试验时间为代价。

运用误差理论,为一组数据求一条最佳曲线的方法称为曲线拟合。常用的曲线拟合方法有直线拟合、高次多项式拟合、分段拟合以及指数拟合等。电机特性曲线往往是分段的几种不同函数关系的组合,因此,常常需要采用分段拟合的方法来平滑地绘出整条特性曲线。例如,对电机空载特性数据进行曲线拟合时,常采用二次多项式与三次多项式两段拟合的方法,拟合方程式如下:

$$y=f(x)=\begin{cases} ax^2+bx+c & x \leq x_0 \\ a_1x^3+b_1x^2+c_1x+d_1 & x \geq x_0 \end{cases}$$

该方程的约束条件是,在 x_0 处,两个函数值相等、两个函数的一阶导数和二阶导数也相等。通过选取不同的 x_0 值,应用最小二乘法,即可确定方程中的各待定系数,从而求得一条最佳的拟合曲线。空载特性曲线拟合子程序流程如图 12-27 所示。

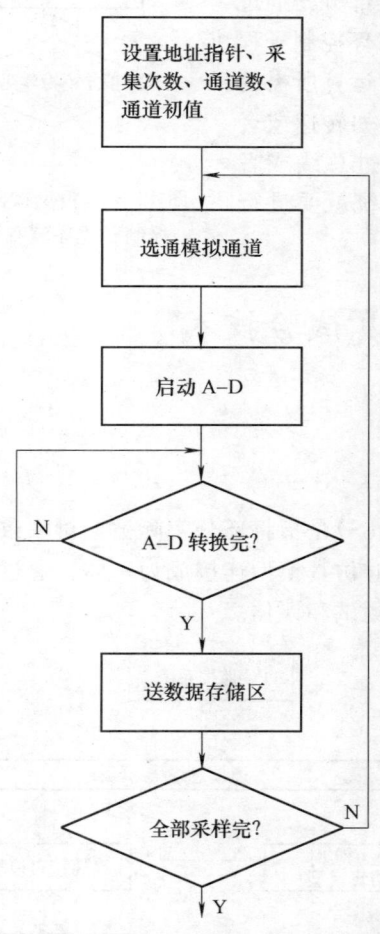

图 12-26 模拟量采集子程序流程图

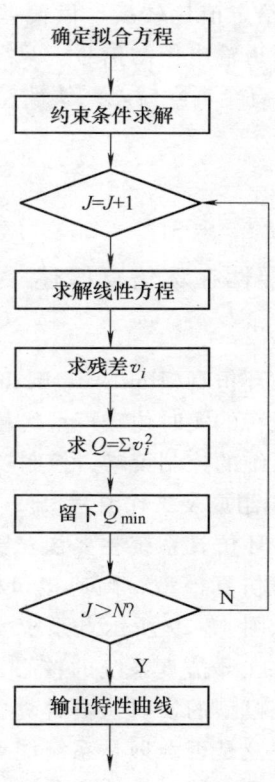

图 12-27 曲线拟合子程序流程图

利用曲线拟合绘制特性曲线时,首先需要根据特性曲线的变化规律选定拟合方程,并利用约束条件消去部分待定系数。然后构造一个关于其他待定系数的线性方程组,求解该线性方程以确定各待定系数，从而得到曲线方程的一个解。利用已知试验数据分别求得它们的残差 v_i，并计算 $Q=\sum v_i^2$。选取不同的 x_0 值可以得到不同的解，分别求得它们的残差与 Q 值，取其中 Q 值最小者即为最佳拟合曲线方程。

（3）负反馈闭环控制

电机自动测试时，需要对试验电源、被测电机系统以及测功机系统等进行实时调节，以保证测试条件与负载的准确性和稳定性。一般情况下，电池模拟器、被测电机系统及测功机系统内部均具有反馈闭环控制，台架试验时，仅需要台架控制器利用 CAN 总线与台架设备进行通信，发出控制指令即可。

有些情况下，需要利用台架控制器进行被测电机转速转矩的采集，并通过采样值与设定值比较，进一步对电池模拟器、被测电机或测功机的工作状态进行 PID 调整，这一 PID 调整过程部分是通过台架控制器实现的，此时，则需要设计额外的负反馈闭环控制子程序，流程图如图 12-28 所示。首先设置给定值以及 PID 运算所需的比例常数、积分时间常数和微分时间常数。被控量（例如转速或者转矩等）与给定值比较后，做偏差值的 PID 运算并通过总线或者模拟输出通道输出控制信号。只要系统存在偏差，系统就要进行 PID 调节，直至消除偏差，使被控量在给定值上运行。

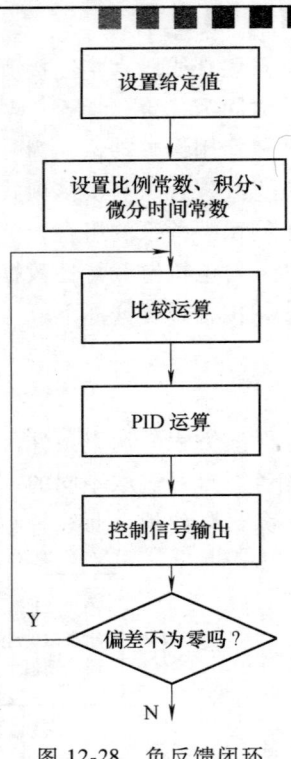

图 12-28 负反馈闭环控制子程序流程图

第六节 硬件在环仿真试验技术

一、硬件在环仿真概述

1. 定义

硬件在环仿真（Hardware In the Loop Simulation, HILS）是指将部分实际被控对象或系统部件用高速运行的实时仿真模型代替，而实物与系统实时仿真模型连接成为一体，通过仿真试验对实物系统的控制策略、控制功能及可靠性等进行测试和评估。

2. 结构组成及工作流程

硬件在环仿真系统主要由三部分组成，包括系统实时仿真模型、高速接口模块和 PC 监控系统，如图 12-29 所示。系统实时仿真模型是整个硬件在环仿真系统的核心，其主要功能是实现系统模型的实时仿真计算，整个系统中模型的建立及是否合理是系统能否正确完成实验的关键；高速接口模块充分利用其高速计算能力，可以在系统实时仿真模型和实物系统之间进行各种信号的传递；PC 监控系统作为人

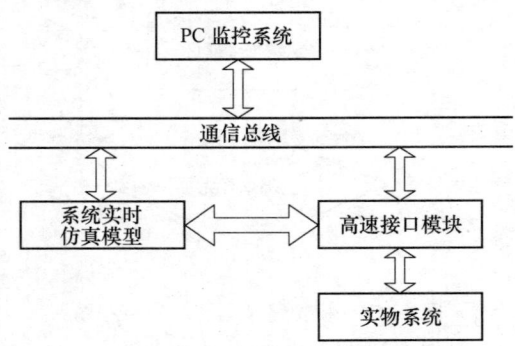

图 12-29 硬件在环仿真系统结构图

机交互平台，既可以方便地修改系统仿真模型的参数，又能及时地监控系统实时仿真模型在

第十二章 车用电机系统的现代试验测试技术

实物系统作用下运行状态的变化情况。

硬件在环仿真系统的工作过程如下：首先，系统实时仿真模型按照用户设定的初始参数运行，同时把仿真模型的计算结果通过高速接口模块送往实物系统，并在 PC 监控系统中显示计算结果；实物系统根据接收到的系统实时仿真模型的计算结果，按照一定的工作策略计算出相关参数，然后将参数通过高速接口模块反馈给系统实时仿真模型，系统实时仿真模型根据参数改变其运行状态；用户可以根据需要在监控系统的图形用户界面上改变仿真模型的系统参数，从而实现对系统状态的控制。

3. 特点

应用硬件在环仿真技术可以方便地实现发动机及驱动电机系统、混合动力总成、牵引力控制系统、线控转向系统、ABS 等方面的建模，并对其软硬件和参数进行匹配和优化设计，评估其控制算法和功能特性，为系统开发提供了方便安全的技术手段，大大减少了实车试验的次数，提高了系统的开发效率，降低了系统的开发费用。

硬件在环仿真的实时性和硬件在环的要求决定了其硬件系统具有以下特点：

1）高速运算能力，以满足实时性或严格的时间要求。
2）高速而适应面广的 I/O 接口，以适应硬件及传感器、执行器更新换代。
3）体积小、轻便，适于在不同的实验室及随车使用。
4）扩展性好，以满足系统复杂性不断提高的要求。

其软件系统的特点包括：模型编程过程简单，灵活而友好的人机交互能力，以及强大的数据记录及后处理能力。

HILS 的软硬件特点决定了该系统应采用由多个微处理器组成的多处理器结构，而不是使用大型超级计算机。

4. 发展

自 20 世纪 80 年代中期以来，用于实时仿真与硬件在环仿真的软硬件系统经历了以下三种形式：

（1）第一种形式

由开发人员通过购买商品化的处理器模板组成多处理器系统，专用接口模板自主设计，典型结构如图 12-30 所示。

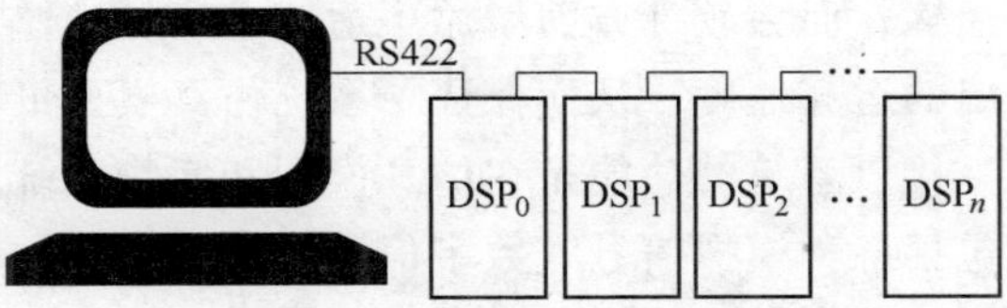

（2）第二种形式

ADI 专门为实时动态仿真设计的 ADRTS（Applied Dynamics Real Time Station）计算机系统，它由高速计算发动机和高速 I/O 系统组成，典型结构如图 12-31 所示。

（3）第三种形式

dSPACE 公司生产的面向实时仿真和高速 I/O 处理的硬件系统，其典型结构如图 12-32 所示。

图 12-30 普通多处理器结构

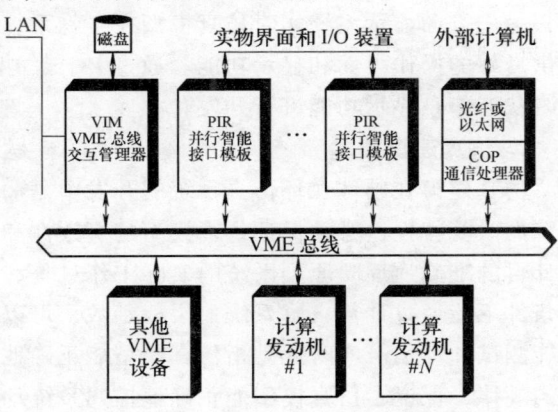

图 12-31 ADRTS 系统硬件结构

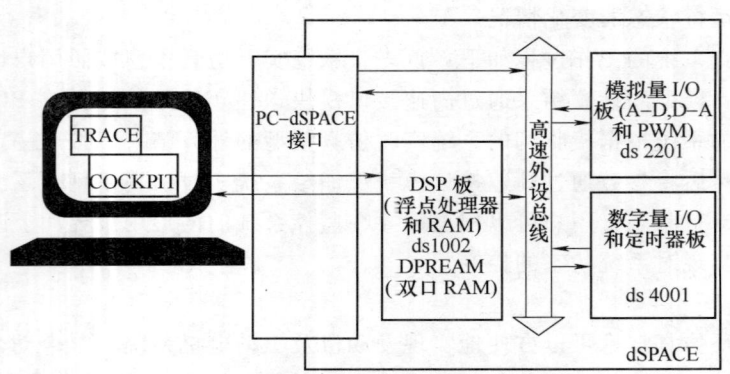

图 12-32　dSPACE 高速处理系统结构

二、硬件在环仿真的关键技术

1. 硬件构成技术

硬件在环仿真系统中的硬件构成主要包括系统实时仿真模型的硬件载体，接口系统硬件和监控系统硬件，这些硬件系统的选择直接关系到硬件在环仿真系统的有效性和实时性。

系统实时仿真模型的功能是实时提供模拟真实系统运行的状态参数，以达到对实物系统的性能进行测试和评估的目的。在仿真过程中，系统实时仿真模型的运算量非常大，因此对系统仿真模型的实时性要求非常严格，一般选用具有高速并行处理功能的数字信号处理（Digital Signal Processing, DSP）系统。DSP 系统采用程序存储区及其总线与数据存储区及其总线分开的结构，同时在硬件上设置了硬件乘法/累加器，可在单个指令周期内完成乘法/累加运算；而在软件方面增添了适应 DSP 数据结构的寻址指令和并行指令，大大提高了 DSP 系统的运算速度，从而保证了系统仿真模型可以进行高速实时的数据运算处理。

接口系统的功能是在仿真模型和实物系统之间进行状态信号和控制信号的传递，这些信号包括各种模拟信号、数字信号和脉冲信号，因此接口系统的主要功能是进行 A-D 和 D-A 转换。由于单片机具有可靠性好、易扩展、运行速度快等优点，一般选用单片机系统来构建整个硬件在环仿真系统的接口系统。

监控系统的功能包括两个方面：一方面提供操作者与系统实时仿真模型之间的交互功能；另一方面显示系统实时仿真模型在实物系统作用下的运行状态，这就要求监控系统能够提供良好的操作界面和显示功能。通过 PC 建立监控系统可以方便地对人机交互界面和系统实时状态信息显示功能进行开发。

2. 仿真建模技术

仿真建模在硬件在环仿真系统的开发中是一项特别重要的工作，由于仿真模型反映原型系统的时变特性，必须保证仿真模型的有效性和实时性。有效性是指仿真模型能根据不同的设计目的准确地反映原型系统的实际工作过程和运行特性，保证仿真模型在一定的约束和目标条件下能通过计算求解系统的目标函数，可以为实物系统提供准确的系统状态参数用于其功能测试和评估。实时性是指仿真模型能正确地描述系统信息的组织、处理和行为随时间变化的规律，保证了仿真模型能正确地描述系统动态过程与内部状态参数变化的因果关系，可以及时地反映仿真模型在实物系统的作用下运行状态的变化情况。

第十二章 车用电机系统的现代试验测试技术

硬件在环仿真系统的仿真建模应该注意以下问题：

1) 为了减少系统建模的工作量和开发难度，系统仿真模型应具备较好的通用性，可以根据不同的要求对参数进行修改，并对仿真系统模块进行重新组合，达到兼顾仿真模型的有效性和仿真工作效率的目标。

2) 在满足目标函数（评价参数）精度的前提下，通过适当的假设和简化使仿真模型简单化，以满足系统运行实时性和可靠性的要求。

3. 软件控制技术

从早期的经典控制到现代的智能控制，各种控制理论在硬件在环仿真系统的开发中得到了广泛应用，目前最常采用的控制方法是经典 PID 控制。现代控制理论的发展使得对于复杂的多变量系统、时变系统和非线性系统，甚至对于数学模型不甚精确的系统也能实施精确有效的控制，目前比较流行的智能控制方法主要有自适应控制、模糊控制和神经网络控制等。自适应控制可保证在被控对象、结构参数和初始条件发生变化时，能够求得状态的最优解；模糊控制是将人对系统的控制经验，根据模糊数学的方法转化为计算机的控制算法，进而对系统实现准确的控制；人工神经网络作为一种具有非线性映射能力的并行分布式处理系统，具有很强的知识获取能力、联想记忆能力、并行计算能力、良好的容错能力和自适应能力等，可以很好地解决系统输入信息之间的互补性和冗余性。

三、常用硬件在环仿真系统简介

现今采用的实时仿真系统及相关的软硬件设备中，值得一提的是德国 dSPACE 公司研制的 dSPACE 系统、德国 ETAS 公司开发的实时仿真测试系统 LabCar、由 MathWorks 公司开发的 Matlab 中针对硬件在环仿真的 xPC 软件包，以及美国 NI 公司的 LabVIEW RT，下面将对它们进行具体介绍。

1. LabCar 系统

LabCar 系统是由德国 ETAS 公司开发的汽车电子控制单元硬件在环实时仿真测试系统，它由软件监控部分、硬件设备部分和信号接口三个主要部分组成，结构示意图如图 12-33 所示。

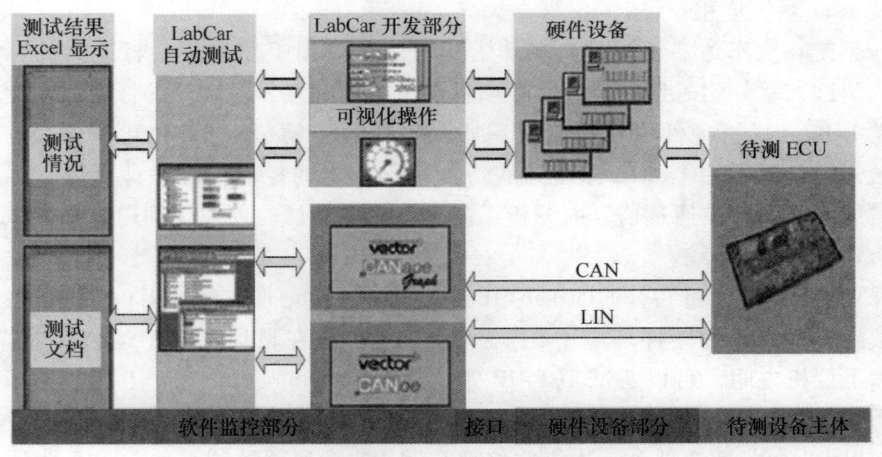

图 12-33　LabCar 整体应用架构示意图

(1) 软件监控部分

软件监控部分主要由用户界面（GUI）部分和仿真模型部分组成，用于汽车模型的创建和修改、实时仿真的控制、信号的排序及硬件的驱动。

用户界面（GUI）用于控制和修改测试系统，主要由四部分组成：LabCar Assissent、LabCar Operator、LabCar Developer 和 LabCar Automation。LabCar Assissent 用于控制协调所有软件，统一管理所有数据；LabCar Operator 用于可视化操作，是利用 LabCar 进行试验调试的窗口；LabCar Developer 用于软件开发，例如搭建和修改模型、编写控制功能模块等；LabCar Automation 用于自动进行的测试，它特别适合于重复性操作很多的场合，还可以自动生成试验报告。

仿真模型部分主要由物理汽车模型（Physical Vehicle Model）、开环模型（OLM）、实时输入输出模块（RTIO）、激励发生器和计时器模块组成。物理汽车模型用于仿真汽车、驾驶员和环境条件，开环模型用于将物理模型和产生的信号传递给硬件驱动程序，实时输入输出模块是用户设定硬件驱动程序的操作界面，激励发生器用于在必要的时刻向汽车模型提供激励信号，计时器模块用于控制模型的同步性。

(2) 硬件设备部分

硬件设备部分用于仿真汽车的传感器和执行器，接收由实物系统输出的控制信号，产生实物系统的输入信号，被测试的实物本身也是 LabCar 系统硬件的一部分。硬件部分由一套信号组件（Single Box）、一套负荷组件（Load Box）、一套测量和转接组件（Measurement and Breakout Box）组成，此外在运行时还需要一台操作 PC 以及待测实物系统，这样就组成了测试的硬件整体。其中，信号组件由仿真计算机（PowerPC 处理器）和设定信号的多个 I/O 硬件板组成，前者用于运行汽车模型，根据实物系统发出的控制信号和当前工况计算出当前值，后者则用于转换、发送和接收模型与实物系统之间传递的各种信号，负荷组件用于向实物系统提供各种模拟负荷或原始负荷，转接组件把 LabCar 测试系统和待测实物系统连接起来，并且提供在系统中嵌入真实部件的可能性。

(3) 信号接口部分

信号接口部分用于软硬件之间信号的转换，即测量、产生甚至在必要时修正信号。

(4) LabCar 系统应用

LabCar 系统在汽车仿真领域的应用非常广泛，可以用于发动机、驱动电机等实物系统软件模块的测试、软件实时性的检验、早期控制策略的开发、对程序的标定以及硬件在环仿真应用。在 LabCar 系统硬件在环仿真应用中，将待测实物（例如车用电机系统）直接嵌入 LabCar 系统进行测试，由 LabCar 系统接收待测实物发出的控制信号，计算后，再产生传感器信号反馈给实物系统，通过信号的分析，就可以在实车试验前发现问题，降低试验成本。

2. LabVIEW RT 系统

LabVIEW RT 系统通过在普通的 LabVIEW 开发环境中增加实时性 RT 模块，将开发完成的程序下载到一些指定的硬件环境中（称为目标环境），在目标环境中运行实时操作系统。在目标机和上位机之间，可以通过 TCP/IP 完成数据传递和人机交互、上位监控等功能，这样既保证了系统的实时特性，又保证了系统开发的简便性。

LabVIEW RT 包括两个部分，主机监控部分和 RT 系列硬件仿真部分，具体硬件架构示意图如图 12-34 所示。

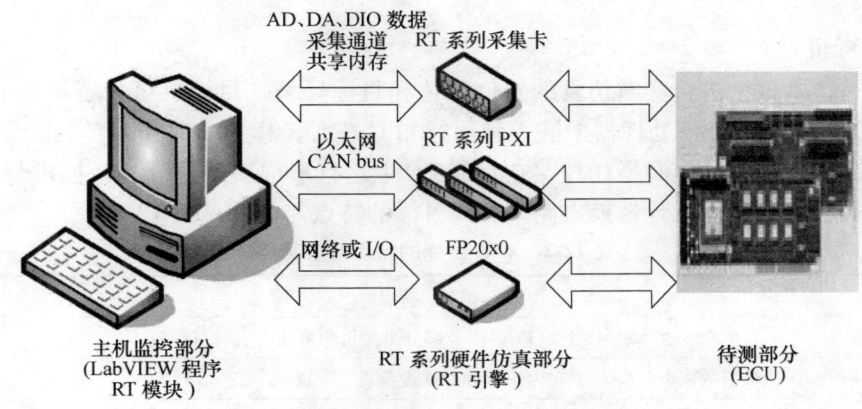

图 12-34　LabVIEW RT 硬件架构示意图

（1）主机监控部分

主机监控部分为含有操作系统的 PC、负责运行 LabVIEW 开发环境软件和 RT 模块，其中 LabVIEW 开发环境是利用 VI 程序编译仿真模型和进行整体的控制操作，RT 模块提供将 LabVIEW 的 VI 程序编译下载到执行的目标环境并提供两者之间的数据通信功能。

（2）RT 系列硬件仿真部分

RT 系列硬件仿真部分是利用 LabVIEW RT 进行硬件在环仿真的硬件平台即目标环境，在装载 RT 引擎后，便具有了在不同目标环境上提供实时运行 VI 程序的能力。

RT 系列硬件仿真部分目前有几种不同的形式，但是基本结构都可以分为两部分：第一部分为处理器和存储器部分，运行实时操作系统并将 LabVIEW 的 VI 下载到其存储器，使它在实时系统下运行；第二部分为采集和控制部分，即输入输出通道。目前 NI 公司针对不同的实时应用要求，提供三种平台类：RT 系列采集卡、RT 系列 PXI 和 RT 系列的 FieldPoint 模块。

（3）LabVIEW RT 硬件在环仿真应用

LabVIEW RT 实时控制系统基本开发步骤可以分为三步：

第一步：在 LabVIEW 平台上开发应用程序，计算机通过以太网或者 PCI 总线和目标硬件系统连接。

第二步：下载实时应用程序。将完成的应用程序下载到目标硬件系统中。RT 系列 PXI 或 Field-point 模块是通过以太网下载程序，RT 系列采集卡则通过 PCI 总线下载程序。

第三步：在目标硬件系统平台运行实时系统。当 VI 在目标平台上运行的时候，目标硬件系统和主计算机之间自动建立数据通信，在主计算机上的 LabVIEW VI 前面板上显示来自目标硬件系统的数据。

3. Matlab-xPC

Matlab-xPC 也就是常说的 xPC 目标，是 MathWorks 公司提供的一个基于 RTW 体系框架的产品，可将 PC 转变为一个实时系统，支持许多类型的 I/O 设备板，例如数据采集卡、CAN 卡等。xPC 目标采用了宿主机—目标机的技术途径，即"双机模式"。

（1）宿主机

宿主机通过运行 Simulink 来搭建模型以及对目标机实时监控，宿主机采用普通的 PC

便可。

(2) 目标机

目标机是仿真模型进行实时仿真的硬件载体和目标环境,目标机可为普通的 PC、工业控制机或 PC/104,在 CPU 处理器中嵌入和运行 xPC 核心,作为实时仿真的目标环境,xPC 目标是一个高度减缩型的实时操作核,在目标 PC 上运行形成实时系统。目标机与待测实物系统之间的通信需要自己设计转换电路。xPC 目标的特点与优势见表 12-2。

表 12-2 xPC 目标的特点与优势

方面	特点
底层需求	任何 286 或 AMD 以上的 PC,以及部分工控机均可作为实时目标机
驱动模块	包括数采卡、CAN 卡在内的多种 I/O 设备
通信方式	宿主机与目标机之间可通过 RS232 或 TCP/IP 进行通信
应用界面	应用程序界面(API)采用服务器/客户机模式,提供几十个函数用于宿主机对目标机的控制
参数调整	可在程序运行时从宿主机或目标机上动态调整参数
可视化	在宿主机与目标机上都可进行交互式的数据可视化与信号跟踪
开发工具	支持 Microsoft Visual C/C++5.0 以上版本的开发工具
运行模式	支持宿主机与目标机的双机模式,同样支持利用 xPC 目标的嵌入式模块,使目标机系统工作于单机运行模式

(3) Matlab-xPC 应用流程

首先在宿主机 Matlab-Simulink 模块中搭建好仿真模型,利用自动代码生成功能将模型编译成 C 代码,通过网线下载到目标机 xPC 目标环境中运行,同时,待测实物系统通过转换电路将待测信号转换后送到目标机中,通过仿真模型的计算后,将结果再送回到待测实物系统中,形成硬件在环仿真。整个过程,宿主机可以进行实时的数据监控和参数修改。具体流程示意图如图 12-35 所示。

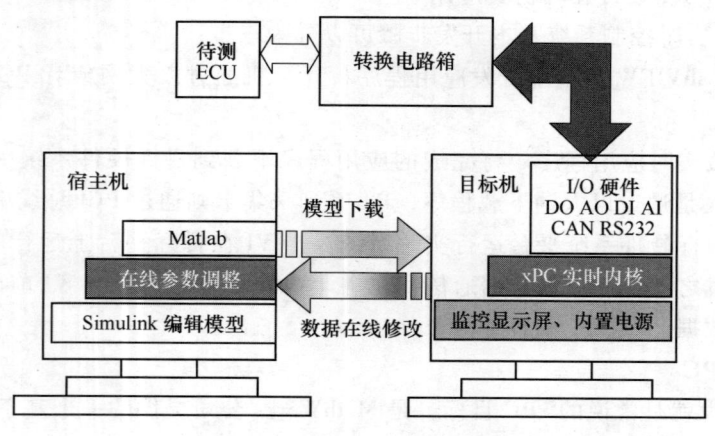

图 12-35 Matlab-xPC 流程示意图

4. dSPACE 系统

dSPACE 系统是 dSPACE 公司生产的面向实时仿真和高速 I/O 处理的硬件系统。dSPACE 系统是一套基于 MATLAB/Simulink 的开发及测试平台,实现了和 MATLAB/Simulink

的无缝连接。dSPACE 实时系统拥有高速计算能力的硬件系统(包括处理器、I/O 等)及方便易用的实时代码生成/下载和实验/调试的软件环境，它在设计上采用了标准化的板卡结构，提高了系统的通用型和可扩展性。同时，它借助于先进的数学工具软件和强大的运算能力，开发和维护也较为方便。

在实物系统开发的初期，把 dSPACE 实时系统作为控制算法代码的硬件运行环境。通过 dSPACE 提供的各种 I/O 板，在原型算法和实物系统之间搭建一座实时的桥梁；让研究人员将主要精力放在控制算法的研究和试验上。在 dSPACE 实验工具的帮助下，测试也方便了很多，只需在计算机显示器上随时观看测试工具软件记录的各种信号和曲线即可，从而大大节约测试费用，缩短测试周期，增加测试的安全性及可靠性。

dSPACE 系统具有前面三种形式所不能比拟的优点：组合性强、过渡性好、对产品实时控制器的支持性强、基于 PC Windows 操作系统、实时性好、可靠性高。

(1) dSPACE 系统硬件

dSPACE 组件系统是由处理器板与外围 I/O 板通过 PHS 总线构成的大系统，用户可以根据自己的需要扩展处理器板或 I/O 板。处理器板通过 PHS 总线连接在一起，处理器之间的数据传输速率高达 1Gbit/s 以上。I/O 板和处理器板之间可通过共享内存和光纤接口进行数据交换。dSPACE 处理器板以高性能的 Power PC 处理器为核心，可以实现高速运算与 I/O 的管理。

(2) dSPACE 软件

dSPACE 的软件包括实现软件和实验软件两部分。在实现软件中，采用 MathWorks 公司的 MATLAB/Simulink、Stateflow 进行算法开发、系统建模、离线仿真；利用实时接口(RTI)作为连接 dSPACE 实时系统与软件开发工具 MATLAB/Simulink 之间的纽带；利用 RTW 实现从 Simulink 模型到 dSPACE 实时硬件代码的无缝自动下载。在实验软件中，ControlDesk 是 dSPACE 公司开发的新一代试验工具软件，虽然控制器的开发及仿真模型的建立还是使用 MATLAB/Simulink，但是一旦模型已经通过 RTI 实现并下载到实时硬件中，余下工作就由 ControlDesk 完成，它将提供对试验过程的综合管理，利用它可以实现对实时硬件的图形化管理，轻松建立用户虚拟仪表，实现变量的可视化管理、参数的可视化管理、试验过程自动化。

第七节　虚拟仪器技术

一、虚拟仪器定义

虚拟仪器是利用计算机显示器的显示功能模拟传统仪器的控制面板，以多种形式表示检测结果；由 I/O 接口设备完成信号的采集、测量与控制；利用计算机强大的软件功能实现信号数据的运算、分析和处理，从而完成各种测试功能的一种计算机仪器系统。虚拟仪器的"虚拟"二字主要包含两方面的含义：一是指虚拟仪器的面板是虚拟的；二是指虚拟仪器测量功能是由软件编程来实现的。

二、虚拟仪器的特点

1) 在硬件平台确定后，由软件取代传统仪器中的硬件来完成仪器的功能。
2) 仪器的功能是用户根据需要来定义的。
3) 软件是关键，仪器的改进和功能扩展只需要进行相关软件的设计更新，而不需要购买新的仪器。
4) 价格低廉，可重复利用，研制周期较传统仪器大为缩短。
5) 虚拟仪器开放、灵活，可与计算机同步发展，可以很容易地实现与网络及其他周边设备的互连。

由其特点来看，虚拟仪器适应了现代化生产和科学研究对仪器的多品种、高精度、功能强、自动化程度高、实时性好的要求，代表着仪器发展的最新方向。

三、虚拟仪器的构成方式

虚拟仪器的构成方式包括：通过选用若干基本测试和控制模块组成一个通用仪器硬件平台，通过编制软件来扩展组成各种功能的仪器或者系统。构成虚拟仪器的硬件平台包括计算机和 I/O 接口设备。I/O 接口设备主要完成被测试对象的信号采集、放大和 D-A 转换，可以根据实际情况的不同采用不同的 I/O 接口硬件设备，如数据采集卡/板（DAQ）、GPIB 总线仪器模块、串口仪器模块、VXI 总线仪器模块、PXI 总线仪器模块等，如图 12-36 所示。

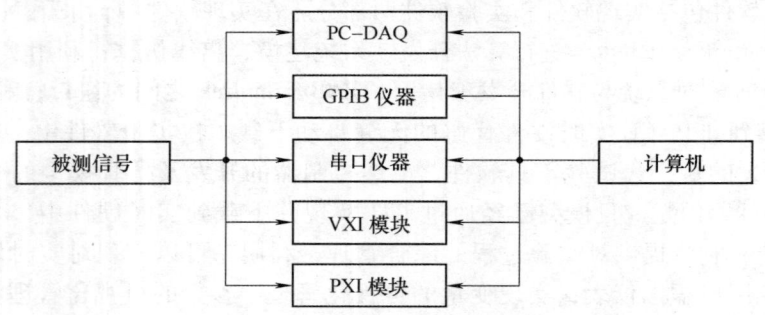

图 12-36　虚拟仪器的构成方式

1. PC-DAQ 系统

这是以数据采集卡（DAQ）、信号调理电路和计算机为仪器硬件平台组成的插卡式虚拟仪器系统。采用 PCI 或者 ISA 计算机总线，将数据采集卡直接插入计算机的空槽中即可。插入式数据采集卡是虚拟仪器系统中最常用的接口形式之一，其功能是将现场数据采集到计算机，或将计算机数据输出给受控对象，用数据采集卡配以计算机平台和虚拟仪器软件便可构成各种数据采集控制仪器系统，如信号发生器、电路和器件测试仪等。

2. GPIB 系统

这是以 GPIB 标准总线仪器与计算机为仪器硬件平台组成的虚拟仪器测试系统。GPIB 的出现使电子测量由独立的手工操作的单台仪器向组成大规模自动测试系统的方向发展，当进一步运用虚拟仪器技术后，能加入更多的数据分析处理能力，扩展仪器功能，充分发掘现有仪器的潜力。

3. VXI 系统

这是以 VXI 标准总线仪器模块与计算机为仪器硬件平台组成的虚拟仪器测试系统。VXI 总线平台弥补了计算机平台无统一插卡物理结构、机箱结构不利于散热和插卡接触可靠性差等缺陷。在 VME(Versa Module Europa Bus) 总线的基础上，从电磁干扰(EMI)、冷却通风、功率耗散等方面考虑，增大了模块的间距及模块间的通信规程、配置、存储器定位和指令等，为模块式电子仪器提供了一个开放式结构，成为模块式测试系统的关键支撑技术。

4. PXI 系统

这是以 PXI 标准总线仪器模块与计算机为仪器硬件平台组成的虚拟仪器测试系统。PXI 是 PCI 总线在仪器领域的扩展(PCI Extensions for Instrumentation)，它将 Compact PCI 规范定义的 PCI 总线技术发展成适合于试验、测量与数据采集场合应用的机械、电气和软件规范，从而形成了新的虚拟仪器体系结构。制订 PXI 总线规范的目的是为了将计算机的性能价格比优势与 PCI 总线面向仪器领域的必要扩展完美地结合起来，形成一种主流的虚拟仪器测试平台。

5. 串口系统

将带有 RS232 总线接口的仪器作为 I/O 接口设备通过 RS232 串口总线与计算机组成虚拟仪器系统，主要适用于速度较低的测试系统。与 GPIB 总线、VXI 总线、PXI 总线相比，它的接口简单，使用方便。当今计算机已更多地采用了 USB 总线和 IEEE 1394 总线。其中 IEEE 1394 总线是一种高速串行总线，由它构建的虚拟仪器系统的数据传输速度已经达到 100Mbit/s。

四、虚拟仪器的软件结构

虚拟仪器软件由两大部分构成：

1) 应用程序：包含实现虚拟面板功能的前面板软件程序，以及定义测试功能的流程图软件程序。

2) I/O 接口仪器驱动程序：完成特定外部硬件设备的扩展和驱动与通信。目前的虚拟仪器软件开发工具主要包括文本式编程语言(如 Visual C++,Visual Basic,LabWindows/CVI 等)和图形化编程语言(如 LabVIEW,HPVEE 等)。无论哪种虚拟仪器系统，都是通过应用软件将仪器硬件与通用计算机相结合的。

五、虚拟仪器未来的发展

自从 NI 公司率先提出虚拟仪器概念至今，已经逐步改革了全世界工程师和科学家测量和自动化的方法，虚拟仪器技术也趋于成熟和完善。

互联网也已经使数据共享进入了新的阶段，加速了虚拟仪器的网络技术及远程计算技术的发展，而这些技术是传统独立仪器不可能实现的。虚拟仪器技术可以很好地利用互联网的功能，将来自测量或控制设备中的数据直接发布到 Web 网页上，或是用手持式的数字助理工具读取数据，甚至还可以将数据输出到手机上。使用虚拟仪器技术，可以使用互联网的强大功能远距离控制仪器设备，或是与远在其他办公地点甚至其他国家的同事合作处理一个项目。商业科技的发展浪潮将会继续，同时也会将虚拟仪器技术推向新的水平。因此，性能的提高将会更容易实现，从而节省宝贵的开发及系统集成时间，同时又比传统仪器测量方案大幅降低成本。

参 考 文 献

[1] 王建. 汽车现代测试技术[M]. 北京：国防工业出版社，2013.
[2] 唐岚. 汽车测试技术[M]. 北京：机械工业出版社，2006.
[3] 李成华，粟震霄，赵朝会. 现代测试技术[M]. 北京：中国农业大学出版社，2012.
[4] 陈科山，王燕. 现代测试技术[M]. 北京：北京大学出版社，2011.
[5] 麻友良. 测试技术[M]. 北京：化学工业出版社，2008.
[6] 周传德. 机械工程测试技术[M]. 重庆：重庆大学出版社，2014.
[7] 王勇，王昌龙，戴乐晗. 现代测试技术[M]. 西安：西安电子科技大学出版社，2007.
[8] 樊尚春，周浩敏. 信号与测试技术[M]. 北京：北京航空航天大学出版社，2002.
[9] 王昌明，孔德仁，何云峰. 传感与测试技术[M]. 北京：北京航空航天大学出版社，2005.
[10] 李晓豁. 机械工程测试技术[M]. 沈阳：东北大学出版社，2005.
[11] 江征风. 测试技术基础[M]. 北京：北京大学出版社，2007.
[12] 李晓莹. 传感器与测试技术[M]. 北京：高等教育出版社，2004.
[13] 严普强，黄长艺. 机械工程测试技术基础[M]. 北京：机械工业出版社，1985.
[14] 张洪亭，王明赞. 测试技术[M]. 沈阳：东北大学出版社，2005.
[15] 刘惠彬，刘玉刚. 测试技术[M]. 北京：北京航空航天大学出版社，1989.
[16] 冯凯昉. 工程测试技术[M]. 西安：西北工业大学出版社，1994.
[17] 丁至成，王书茂，杨世凤. 工程测试技术[M]. 北京：中国农业出版社，2004.
[18] 韩云台. 测试技术基础[M]. 北京：国防工业出版社，1989.
[19] 黄惟一，童钧芳，王其生. 测试技术理论与应用[M]. 北京：国防工业出版社，1988.
[20] 范云霄，隋秀华. 测试技术与信号处理[M]. 北京：中国计量出版社，2006.
[21] 范云霄，刘桦. 测试技术与信号处理[M]. 北京：中国计量出版社，2002.
[22] 陈国强，范小彬. 工程测试技术与信号处理[M]. 北京：中国电力出版社，2013.
[23] 周德廉，邵国友. 现代测试技术与信号处理[M]. 徐州：中国矿业大学出版社，2005.
[24] 李洁. 微机控制电机综合测试系统[D]. 杭州：浙江大学，2002.
[25] 葛治国. 电机自动测试系统研制与研究[D]. 杭州：浙江大学，2002.
[26] 易浩波. 智能电机测试与控制系统的研究与开发[D]. 长沙：湖南大学，2003.
[27] 孙善辉. 电动汽车电机驱动特性评价试验台架的设计与开发[D]. 天津：天津大学，2005.
[28] 朱辉，王丽清，程昌圻. 硬件在环仿真系统的软硬件基础[J]. 小型内燃机，1998，27(6)：22-26.
[29] 位正. 新一代硬件在环仿真平台的研究和开发[D]. 北京：清华大学，2009.
[30] 齐鲲鹏，隆武强，陈雷. 硬件在环仿真在汽车控制系统开发中的应用及关键技术[J]. 内燃机，2006(5)：24-27.
[31] 皮秋生. CVT硬件在环仿真试验平台研究[D]. 长沙：湖南大学，2008.